제주신화와 해양문화

제주신화와 해양문화

허남춘 지음

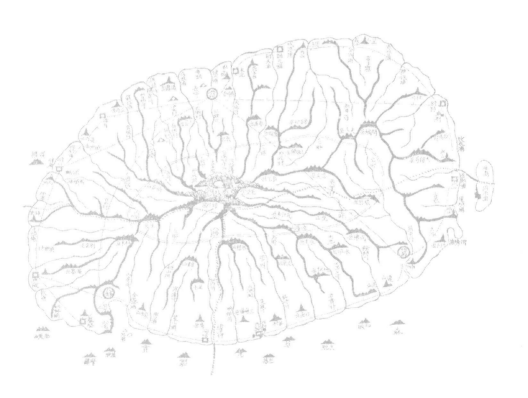

보고사
BOGOSA

머리말

한 시대가 저물고 다음 시대가 오고 있다. 장강의 뒷물결이 앞물결을 치듯이, 이제 나는 떠나야 한다. 그런데 제주섬을 뜨진 않을 것 같다.

21세기가 온 후, 지난 20년간 제주의 삶 속으로 걸어 들어갔다. 제주참여환경연대의 공동대표 일을 하면서 제주의 환경과 평화를 위한 행보를 시작했다. 2000년이 지나면서 한국학협동과정을 개설하여 '제주학' 동지들과 만날 수 있어 신이 났다. 2005년에는 탐라문화연구소장 일을 시작하여 6년간 제주문화의 전반을 돌아볼 수 있었다. 제일 의미 있었던 것은 내 전공이었던 고전시가와 결별하고 제주신화와 인연 맺고 신화 공부를 부지런히 해왔던 시간이다.

신화 공부가 무르익게 된 즈음 두 권의 신화 연구서를 출간한 바 있다. 이제 아마추어 연구자의 직분을 벗어나면서 세 번째 책을 출간하게 되었다. 정년을 앞두고 지난 몇 년의 연구를 정리하여 한 권의 책으로 엮는데, 아직도 아마추어 수준이다. 정년 후 나머지 시간 동안 수련을 더해 프로의 길을 걷고, 제주신화의 세계화에 조그만 기여를 하겠다고 다짐한다.

이번 저서의 제목은 '제주신화와 해양문화'로 정했다. 제주신화를 다루면서 주변 문화와의 상관성을 비껴갈 수 없었다. 그런데 가만히 들여다보니, 제주신화를 에워싸고 있는 것이 한반도에서 건너온 대륙문화의 속성보다는 바다를 건너온 해양문화의 속성이 큼을 실감하였다. 그래서 바다를 건너오는 숱한 영웅과 문명과 생명을 중심에 두고 신화의 맥락을 풀어나간 것 같다. 진정 제주는 대륙의 끝이 아니라

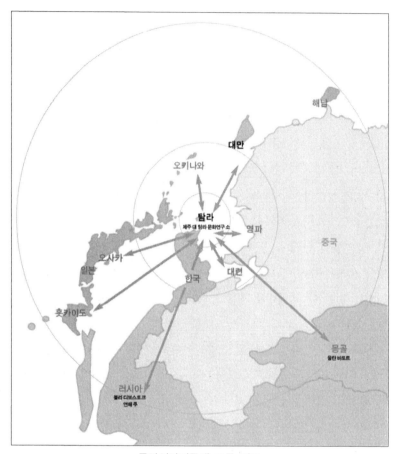

동아시아지중해 교류 지도

태평양을 향한 교두보다.

　우선 제주문화를 제대로 이해하기 위해서는 제주도의 지정학적 위치에 대한 이해를 새롭게 해야 한다. 제주는 대륙의 끝자락을 차지하는 변방이 아니라, 태평양을 향하는 출발점이다. 우리 앞바다는 우선 중국 동쪽과 일본 오키나와와 한반도 남부가 에워싸는 지중해 형태여서, 동아시아 지중해라 임시 명명하고 있는데 제주도는 그 중간 지점에 놓여 있다. 한·중·일 해양 교류의 근거지 역할을 하기에 충분하다. 우리 문화의 연구를 위해서는 중국 영파에서 오키나와와 일본 규슈를 잇는 해양벨트를 염두에 두어야 한다. 우리는 쿠로시오해류를 따라 떠오는 숱한 이야기에 귀 기울여야 한다.

아주 오래 전에 제주에 탐라국이 만들어질 때도 삼여신이 바다를 통해 고대문명을 전했다. 그래서 〈탐라국 건국서사시〉를 쓰면서 삼여신의 문화영웅적 면모를 살폈다. 오곡종자와 망아지를 가지고 바다를 건너는 여성영웅 덕분에 제주는 일찍 물적 토대를 마련하여 고대국가로 성장할 수 있었다는 취지다. 바다를 건너는 여신 이야기는 제주도 당본풀이에 흔하다. 땅에서 솟아난 남신과 만나 부부가 되는 여신들은 대부분 바다를 건너와, 갈등과 화해를 거듭하면서 제주도의 삶을 일군다. 용왕의 딸도 있고, 아이를 돌보는 일렛당 신이 되는 경우가 허다하다. 바다를 자유롭게 주유하는 궤네깃도는 강남천자국에서 억만 군사를 동원하여 큰 난리를 해결하고, 백만 군사를 데리고 제주도로 돌아온다고 하는데, 바다를 항해하는 거대한 탐라 선단이 연상된다. 삼천 군사를 데려와 좌정했다는 이야기는 백만 군사에 비해 축소된 것이긴 하지만 탐라국의 원천을 떠올 수 있게 한다.

〈태풍과 외눈배기 섬〉에서는 바다 저편에서 불어닥치는 태풍의 위세를 온몸으로 감당하는 제주 어민들의 삶을 담아 보았다. 바다에 고기 잡으러 나간 어부들이 태풍을 감당하지 못하고 외눈배기 섬으로 끌려가 죽을 위기에 처하는데, 영등신이 이들을 구해준다. 초특급 태풍은 중심부에 눈을 가지는데, 외눈배기는 태풍의 눈을 보았던 옛 사람들의 기억이었다. 거센 바람으로 희생될 수 있었던 어부들을 구해준 영등 바람신의 이야기와, 이후 영등신과 바람의 관계에 대해 살필 수 있었다. 바다를 건너는 태풍 역시 해양문화의 원천이었다.

〈굿놀이와 축제〉, 〈칠머리당영등굿〉에서 사냥과 농업을 생업으로 하는 삶과 놀이를 다루면서도, 어업을 생업으로 하는 사람들의 놀이를 집중적으로 살펴보았다. 바닷일이 위험한 만큼 바다의 신에 대한 신앙심도 컸고, 경건한 숭배 이외에도 신을 놀리며 신과 함께 동락(神人同樂)하는 바닷가 사람들의 흥겨운 놀이를 살폈고, 특히 영등굿의 신명을 들여다보았다. 육지에서는 영등신이 하늘에서 내려온다고 사유하는데 반해, 제주에서는 바다 저 멀리에서 바다를 건너온다고 사유한다. 영등신은 제주 어민과 해녀들에게 해산물의 씨앗을 뿌리면서 온다고 사유하니, 그 영등신을 맞는 의례가 대단할 수밖에 없다. 2월 초하루 바다를 건너와 2월 보름에 떠나는 영등신을 위해 영등환영제와 영등송별제를 하는데, 영신(迎神)과 송신(送神)의 절차가 칠머리당영등굿 속에 잘 남아 있다. 그런데 초하루에 온 신이 보름에 갈 때까지 무엇을 할까 궁금해 하면서 〈약마희〉를 살폈더니, 그것이 오고 가는 중간의 오신(娛神) 절차였다. 신을 한껏 즐겁게 하는 이 약마희 놀이 속에 제주의 신명이 넘친다. 바다를 건너오는 신은 제주 풍요의 근원이었다.

제주도 본풀이 세 편 연구논문은 직접적으로 해양문화와 연관이 없다. 일반신본풀이는 제주에서 배태된 것이 아니라 육지에서 넘어온 것들이다. 그러나 더 영역을 넓혀 보면 〈삼공본풀이〉 유형은 한·중·일에 걸쳐 있고 바다를 건너는 해양벨트와 연관이 있을 것으로 보인다. 〈원천강본풀이〉 속 오늘이의 여정 속에도 물을 건너, 지상을 떠나 도착한 곳에서 인간의 운명을 바꿀 해답을 얻어 오는 주인공의 삶을 만나게 된다. 〈문전본풀이〉 속 정낭은 육지에는 없는 대문이지만 인도네시아, 스리랑카, 인도 남부에 이르는 해양문화의 흔적이다. 남선비가 집안을 일으키기 위해 무역선을 임대하는 것도 제주의 해양을 넘나드는 생업을 상징한다고 보인다. 노일제대귀일의 딸은 몸이 해체되어 해산물의 기원이 되었다고 한다. 머리카락은 해조류가 되고 음부는 전복이 되고 항문은 말미잘이 되었다고 한다. 인간의 몸과 바다의 생명이 하나였음을 상징적으로 보여주는 신화가 제주에 있다.

본풀이 세 편에서는 '베풀고 보답하는 인간의 도리'나 인간과 대등한 생명체에 대한 사유를 만나게 된다. 인생에서는 목표로 향하는 직행이 없고, 묻고 물어서 도달해야 하는 단계 단계의 과정이 있을 뿐이라고 가르친다. 누구나 한두 가지 결함이 있고 평균적으로 잘한다는 것은 거짓이니, 남보다 못하다고 좌절하지 말라고 가르친다. 인생은 정해진 것도 있지만, 나머지 반은 우리가 바꾸어 나갈 수 있다고 하면서 운명의 자발성을 가르친다. 잘 사는 것은 함께 잘 살 때 진정 이루어진다고 가르치면서, 부자의 임무는 가난한 사람을 돕는 것이라 일깨운다. 집은 신성한 신들이 좌정한 공간이어서 거기 깃들어 사는 인간도 신성하다고 일깨운다. 먹고 배설하는 일이 우리의 가장 간명한 일상인데, 먹는 것이 배설되어 화장실로 갔다가 다시 밭의 거름이 되고 거기서 자란 채소가 다시 우리의 입으로 돌아오는 순환적 삶을 신화 속에서 읽을 수도 있다. 낮고 비천한 자가 오히려 현명하고 용기가 있어 집안을 살릴 수 있고 높은 지위에 오를 수 있음을 예시하면서 비속하지만 숭고한 삶을 일깨운다. 쿠로시오 해류를 따라 도래하는 씨앗 같은 귀한 신화다. 제주는 신화의 바다다.

마지막 4장은 오키나와에 대한 글이다. 쿠로시오해류를 통한 교류를 신화에서도 확인할 수 있다. 제주도 창세신화 〈설문대할망〉 이야기 속에서 한쪽 손으로 하늘을 떠받치고 한쪽 손으로 땅을 내리밀어 세상이 마련된 거녀 모티프가 오키나와의 아만추 혹은 아마미쿄 신화에 고스란히 발견된다. 제주도의 초공본풀이에 해당하는 것이 오키나와의 사송금(思松金)인데, 우리의 주몽 신화처럼 아비 없이 성장한 주인공이 천상계에 올라 아버지를 만나고 영웅이 되는 줄거리를 공유한다. 오키나와의 〈오모로소시〉는 중세 서사시인데 우리의 〈용비어천가〉와 닮아 있다. 오키나와의 신화를 규명해 내려면 우리의 신화를 대입해 보아야 한다. 오키나와의 첫 왕조가 탄생한 내력은 고려 삼별초의 패망과 시기적으로 연결된다는 연구 결과도 있다. 바다 멀리 오키나와와 제주는 해양벨트로 엮여 문명이 교류되었고, 앞으로도 바다를 통해 상생의 교류를 이어나가야 한다.

각각 다른 문화와 신화와 축제와 놀이에 대해 살폈지만, 그것들이 제주의 정체성을 밝히는 데 어느 정도 기여할 것으로 본다. 제주를 '물로나 벵벵 돌아진 섬'이라 하듯이 4면이 바다로 이루어진 곳이어서 해양문화가 싹튼 곳이라 하겠고, 육지식 대륙문화의 잣대를 들이대면 안 된다는 제언을 이 책 속에 담았다. 서두에 밝혔듯이 제주는 '태평양을 향한 교두보'로서 역할을 시작하여야 한다. 제주로부터 시작되는 새로운 해양 실크로드를 기대한다.

2023년 여름이 시작되는 계절,
제주도에서 허 남 춘.

차례

본풀이와 오키나와 신화

I. 제주도 본풀이 속의 철학

I. 제주문화와 신화

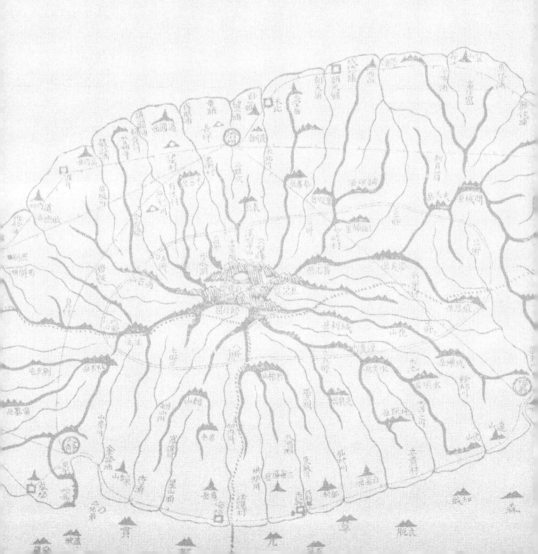

01. 제주문화의 세계화

'세계화'가 시대적 소명이 되어가면서 한국문화의 세계화는 문화산업의 근간처럼 말하고 있다. 국가와 민족 단위의 문화를 논하는 단계에서 하위 단위의 지역을 중시하는 경향도 나타나 세방화(세계지방화, Glocalization)가 함께 추진되고 있다. 그래서 제주문화도 세계화에 관심을 두기 시작했다.

한국문화의 세계화 전략이 예술·전통·생활문화 등 다양한 분야에서 모색되었고, 지난 세기에 비하면 비약적인 성공을 보인 점도 인정되지만 아직 초보 수준이다. 음악·드라마·영화에서 '한류'를 형성하고 그 상승기류를 타고 한식이 부상하고 있다. 전통문화를 활용한 문화콘텐츠 생산에도 심혈을 기울이면서 한국문화의 정체성을 규명하고자 하는 연구도 활발하게 이루어진 점을 긍정적으로 평가한다.

제주문화의 세계화 전략도 그 정체성 규명에서 시작돼야 하고, 제주문화의 힘 내부에 작동하는 원리를 찾아야 한다. 문화의 이론화가 선행 작업이어야 한다. 그래서 문화 연구를 위한 연구자 양성이 필수적이다. 다음으로 문화의 이미지화·정보화·기호화를 통해 이미지를 제고해야 한다. 아울러 문화를 활용하여 기획하고 연출하고 공연할 인력양성과 문화 확산에 주력해야 한다.

삶의 총체적 현상으로서의 문화를 산업화하는 데도 나서야 하니 문화콘텐츠 개발 전략이 21세기 화두다. 제주는 콘텐츠의 기반이 되는 이야기가 풍부하다. 특히 구비 신화는 세계적인 수준이어서 스토리텔링을 통한 문화콘텐츠 산업의 전망은 매우 밝다. 장수식품과 음식문화, 해녀를 위시한 해양문화, 돌하르방과 돌담과 같은 돌 문화도 세계인에 친숙하면서도 제주만의 독특함을 간직하고 있어 세계화가 폭넓게 진척될 수 있다. 세계화의 단서가 있으니, 문화 연구자 양성과 이론화 작업과 같은 문화 토대 사업이 전제조건임을 밝혔다.

1) 서

제주문화의 세계화란 화두를 들고 우선 '세계화'란 용어가 주는 섬뜩함을 우선 떠올린다. 온 세상이 세계화를 운운하면서 세계화에 뒤처지면 국가와 지역이 망할 것 같은 분위기에 휩싸인 적이 있었다. 우리 삶 속에 파고드는 세계화의 조류는 국가 간의 간격을 좁히고 문명화의 시간차까지 좁혀 나갔다. 미국 또는 서구와 대등한 정도의 문명적·경제적 위상을 얻어가면서 한편으로 우리의 정체성이 심각하게 훼손되거나 소멸되는 위기감을 떨칠 수 없었다. 경제 식민지로 전락하거나 문화 제국주의의 희생양이 될 것 같은 불안감이 엄습하기도 했다. 그렇다고 배타적인 민족주의와 문화 보호주의만으로는 세계화에 대처할 수 없었다. 그렇다면 문화 개방과 문화 수출이라는 보다 적극적인 방식이 필요함을 느끼게 되었다.

문화 세계화는 문화 지역화와 함께 진행되었다. 미국문화의 지배적인 획일주의를 경계하면서, 중심부 문화가 주변부로 지역문화가 세계문화로 이동하는 쌍방향의 과정을 인정하게 되었다. 타문화를 적극적으로 받아들이면서 자기 문화의 체질을 개선하고, 자기 문화를 세계 속에 소개하면서 상호 소통하고 이해를 증진하는 방향으로 나갈 수 있게 되었다.

이제 가장 한국적인 것이 세계적인 것이라고 하거나, 가장 제주적인 것이 세계적인 것이라고 말하는 단계에까지 왔다. 그러나 가장 한국적인 것을 세계 시장에 상재해서 성공한 것보다는 망한 것이 더 많다. 가장 제주적인 것을 아직 세계 시장에 상재해 보지도 못한 상황에서 제주문화의 세계화는 섣부르다는 느낌이 든다. 제주문화의 정체성을 잘 찾아내 잘 포장하여 세계에 내놓는 것이 불가능한 일은 아니다. 제주에는 세계에 내놓아도 손색이 없는 몇 가지 문화가 있기 때문이다. 기록된 것으로 그리스·로마 신화가 세계 최고라면, 구술되어 전하는 것으로 제주신화가 세계 최고라 자부할 수 있다. 장수의 땅으로 알려졌으니 제주의 음식 또한 세계적인 명성을 얻을 만한 것이 있다. '강술'이란 고체 술은 세계에서 희귀하다. 세계문화 유산과 자연유산을 품은 제주의 관광문화는 세계적인 주목을 받아 왔다. 그러니 두려워할 필요가 없다. 그러나 스스로의 자기 점검이 우선되어야 한다.

이전에도 제주를 세계화하려는 움직임이 있었고 망한 기억이 생생하다. 제주를 국제자유도시로 만들려는 모색, 그래서 '영어공용화'를 내건 망국적인 사건도 있었다. 자기 모국어가 아닌 영어를 공용어로 하는 곳은 전에 영미의 식민지였고 말이 여럿이어서 서로 통하지 않는 경우뿐이었다. 아프리카 여러 나라, 필리핀, 말레이시아, 싱가포르가 그런 경우인데, 국민의 동질성이 없어 많은 어려움을 겪고, 영어 습득 정도에 따라 계급이 나누어져 있다.[1] 세계화를 위해 영어로 공용어를 삼아 잘 하자는 것은 망상일 뿐이었다.

20여 년 전에 〈세계섬문화축제〉를 시도했던 것도 망했다. 발상과 도전정신은 좋았는데 자기 점검이 미흡해서 더 진전되지 못했다. 세계문화를 주도할 마인드와 소통방식의 미숙, 기획과 연출의 부재가 실패의 원인이었다. 가장 제주적인 것을 세계화한다고 하다가 망한 사례로 손꼽힌다. 10여 년 전에도 몇몇 학자가 '세계 섬문화 포럼'이나 '아시아·태평양 문화공동체'를 근간으로 '제주문화의 세계화'[2]를 주장한 적이 있으나 현실화되지 못했다. 제주가 주체가 되어 문화 정체성을 연구하고 이론화하는 작업은 도외시한 채 문화를 상품화하여 빨리 팔아먹으려는 성급함이 우세했기 때문에 모든 세계화 논의는 실패하고 말았다. 이제 새롭게 세계화를 논하는 자리에서는 우선 제주문화의 정체성을 확립하고, 그것을 잘 이론화·체계화하여 적절한 문화콘텐츠로 만들고 대표 축제나 공연으로 승화시켜가는 수순을 잘 이룩해가야 할 것이다. 제일 우선적인 것은 문화 주체의 확립이고, 둘째는 문화 창조 인력의 확충이고, 셋째는 정체성의 수립이다. 제주를 세계의 중심에 놓고 정체성을 연구하는 인재를 두루 활용하여 문화를 체계화하는 작업이 선행되지 않으면 그 어떤 세계화도 불가능하다. 본 발표는 세계화 가능성과 세계화를 위한 전략 수립에 초점을 두고 서술될 것이다.

구체적인 세계화 대상은 굿과 신화, 음식, 스토리텔링, 축제, 공연물이다. 제주의 풍부한 신화와 신화를 구연하는 심방의 굿은 세계적으로도 희귀하다. 천지개벽으로부터 우주만물의 생성과 마을과 공동체의 역할까지 세세하게 보여주는 사례는 흔치 않다. 그리고 신화를 바탕한 스토리텔링, '스토리텔링을 활용한 문화콘텐츠의 힘'은 제주의 자랑

---

1) 조동일, 『세계·지방화시대의 한국학 1』, 계명대학교 출판부, 2005, 204쪽.
2) 김동전, 「제주지역 문화의 올바른 이해와 활용방안」, 『지방사와 지방문화』 6, 역사 문화학회, 2003, 342쪽.

이다. 이런 문화 자원을 어떻게 구축해 나갈 것인지에 대한 구체적인 방안도 이 발표의 주안점이 될 것이다.

2) 한국문화의 세계화 과정

세계화는 국가 간 인력, 자본, 지식, 정보의 교류와 이동이 본격화되어 국가단위를 초월한 상황을 의미한다. 문화도 민족과 국가의 경계를 넘어 자유롭게 이동하고 확산되는데, "이에 따라 민족이나 국가 단위가 아닌 세계 전체, 시대 전체를 포괄하는 새로운 문화현상이 등장하게 되었다."[3] 이런 현상은 혼란과 충돌을 야기하지만 문화의 세계화 현상은 이미 대세가 되었다. 미국문화를 중심으로 밀려드는 세계화 물결은 약소국가들의 문화정체성을 위협하고 있다. 문화권 간의 심각한 불평등과 불균형을 야기하였으니, 그 대표적인 것이 맥도날드와 코카콜라와 할리우드의 식민주의라 하겠다. 미국과 서구사회의 문화 침탈과 함께 자본의 침탈이 동반되었으니 WTO나 FTA와 같은 경제적인 측면이 세계를 위협하고 있다.

그러나 신사대주의자들의 서구화 경향은 제국주의 외세 못지않게 심각한 문제를 안고 있다. 왜냐하면 이러한 경향의 세계화는 국가의 다양성과 민족의 특수성을 부정하고 힘의 우위에 뿌리를 둔 획일화와 경쟁력에 의한 세계 제패를 정당화하는 약육강식의 정글법칙에 맞장구치는 까닭이다.[4] 우리나라의 경우도 이런 심각한 후유증을 겪기도

---

3) 김유중, 「한국문화의 바람직한 세계화를 위한 전략적 고찰」, 『Comparative Korean Studies』 17(1), 국제비교한국학회, 2009, 257쪽.
4) 임재해, 「국학의 세계화를 겨냥한 이론 개척과 새 체제 모색」, 『국학연구』 6, 한국국

했지만, 새롭게 세계화를 규정하면서 세계화의 모순에서 벗어나고 있다. 획일화·보편화·동질화 경향의 문화 제국주의 성격과 지역적 다원화·특수화·이질화를 고려한 혼융화의 경향이 세계화의 두 얼굴이다. 우리도 지역화에 비중을 두면서 문화 정체성을 강화하고 있다. 현대 민족문화의 세계화는 지배가 아니라 '상호 교류·이해·협조'로 규정[5] 하고 있으며 대부분의 학자들이 이에 동조하고 있다.

미국문화의 문화제국주의적 성격을 우려하는 분위기 속에서, 미국 문화의 천박성과 타락성도 존재하지만 후기산업사회와 테크놀로지를 이끌어가는 첨단문화를 긍정하는 견해도 있다. 김성곤은 "미국문화가 내포하고 있는 다양성이나 타문화 포용, 또는 민주주의나 반체제 정신 등은 대단히 유익하여 유럽의 지성들과 젊은이들에게 긍정적인 영향을 끼쳤다."[6]고 말한다. 다양성과 민주주의 정신 일부는 긍정할 수 있지만 일부는 온당치 않다. 독재를 지원하여 민주주의를 말살하는 데 앞서고 타문화를 압살하는 획일주의적 성향은 극복의 대상이어야 한다. 세계 속의 한국화는 우선 미국화와 영어화를 탈피해야 한다. 그리고 눈을 아시아로 돌려 동아시아 국가를 이해하고 소통하기에 심혈을 기울여야 하고, 문화 다원주의를 지향해야 한다.[7]

세계화 시대는 개방성·전체성·보편성을 요구한다. 이러한 세계화

학진홍원, 2005, 435쪽.

5) 박갑수, 「한국문화의 세계화와 그 방안」, 『선청어문』 34, 서울대 국어교육과, 2006, 9쪽.

6) 김성곤, 「한국문학과 문화의 세계화」, 『Comparative Korean Studies』 9, 국제비교 한국학회, 2001, 72쪽.

7) 김유중, 「한국문화의 바람직한 세계화를 위한 전략적 고찰」, 2009, 262-264쪽. 그는 문화적 다양성과 평등성을 지향하는 다문화주의와 문화 다원주의를 구별하여, 문화적 주류와 비주류, 중심과 주변을 인정하는 태도를 강조하고 있다. 그리고 우리를 세계에 알리기 위해 우리의 장단점을 분석해야 하지만, 아울러 상대를 알려는 노력과 상대국의 장단점 분석 능력을 주장하고 있다.

의 추세가 일방적 획일화의 위험을 지니고 있다. 반면 세계화 시대 다문화 상황에 적합한 자기 문화 정체성은 차이를 존중하는 것으로 출발해야 한다. 그래야 조화와 공존이 가능하다. 자기 고유성에 대한 자부심에 타문화 존중과 포용의 정신이다.[8] 즉 한국문화의 전통적 특성을 분명하게 드러내면서 다른 문화와의 차이를 존중하는 태도라 하겠다. 세계화 관점에서 바라본 정체성은 고정된 것이 아니라 진행 중인 동일시 과정이다. 외부 타자와의 상호작용으로 부족한 자아를 보완하고 새로운 자아를 완성하는 것이 정체성 수립 과정이다.[9]

그 모든 과정에서 문화 제국주의를 지양해야 한다. 다양성과 고유성을 인정하여 세계문화의 다원성을 지향해야 한다. 한국문화의 세계화는 우리 문화가 세계문화에 녹아들어가 긍정적 영향을 줄 수 있어야 한다. 그리고 우리 문화를 보급·이해시킴으로써 세계인들과 상호 교류하고 협력을 도모할 수 있어야 한다. 또한 외래문화를 받아들여 한국문화를 발전시킬 수 있는 것이어야 한다.[10]

김형민은 한국문화 세계화 전략을 다양한 문화 분야에서 찾고자 한다. 예술문화, 생활문화, 전통문화, 언어문화, 학문, 생산기술, 관광문화 분야를 들어 설명하고 있는데, 제주가 주목할 부분은 해녀물질 등 생활문화와 제주굿 등 무형의 전통문화, 그리고 제주의 주요 산업인 관광에 정신을 불어넣는 관광문화 분야일 것이다. 그는 세계화 전략을 다음의 열 가지로 나누어 살피고 있다.

---

8) 오지섭, 「세계화 시대 한국문화의 정체성」, 『인간연구』 14, 가톨릭대학교 인간학연구소, 2008, 12-13쪽.
9) 현택수, 「문화의 세계화와 한국문화의 정체성」, 『한국학연구』 20, 고려대 한국학연구소, 2004, 185쪽.
10) 김형민, 「한국문화의 세계화 전략 방안」, 『전북대 국제문화교류연구소 심포지움-한국문화의 정체성과 그 세계화 전략』, 전북대 국제문화교류연구소, 2011, 11쪽.

가) 세계문화란 거시적 조망 속의 우리 발견

나) 문화교류 징책 개발, 전담기구 확충

다) 한국어 교육 강화

라) 비교를 통한 장점 발견, 문화요소 발굴

마) 외국어 습득

바) 외국에 한국문화연구소, 한국학 보급

사) 외국 유학생 유치

아) 외국에 있는 동포 활용

자) 소개 책자 개발 보급, 대중매체를 통한 홍보 강화

차) 문화관광 상품 개발11)

여기서 우리가 주목할 것은 세계화와 동시에 이루어지는 지역화 경향이다. 국가·민족·지역의 정체성을 강화하는 현상이 두드러져, 중심부 문화가 주변부로, 지역문화가 세계문화로 이동하는 과정이다. 문화의 세계화는 지역 정체성을 부흥시키다.12) 세계화는 끌어올릴 뿐만 아니라 밀어내리면서 지방자치를 위한 새로운 압력을 창출한다.13) 세

---

11) 김형민, 위의 논문, 13-14쪽. 박갑수(앞의 논문, 23-28쪽)의 한국문화 세계화 방안도 김형민의 것과 비슷한데 소개하면 다음과 같다.
   ㉮ 국제교류 기구 확충, 정책 개발
   ㉯ 한국어, 한국문화 교육 개선과 강화
   ㉰ 문화교류 활성화
   ㉱ 한국문화 보급 지원
   ㉲ 한국문화 책자 개발 보급
   ㉳ 문화강좌, 연수회 개최
   ㉴ 한국문학, 문화 도서 보급
   ㉵ 상품 소개 보급
   ㉶ 문화관광 상품 개발
   ㉷ 재외동포 문화사절로 활용
   ㉸ 매스컴 활용
   ㉹ 기업의 문화 보급
12) 현택수, 앞의 논문, 178쪽.

계화에 대해 배타적이고 지역문화에 대해 보호주의적 입장이 새로 생성된 상황을 맞이하게 된다. 세계화가 진행되면서 동시에 지역화가 강화됨을 확인하게 된다. 그러므로 세계화와 지방화의 양방향 운동성을 한국문화와 제주문화에 적용해 볼 수 있다. 한국문화는 세계화를 하면서 동시에 지방화에 주목할 시기에 와 있다. 과거 식민지에서 독립하여 국가를 세운 아시아와 아프리카의 제3세계는 자국의 문화를 창달하는 데 심혈을 기울이고 있다. 그런데 제3세계의 국가로부터 소외되거나 억압받는 민족 혹은 지역인 제4세계의 문화를 엿보는 일이 중요하다.

민족국가 내부에 포함된 이질적인 소수집단을 포용하는 태도가 필요하다. 민족국가는 단일체가 아니라 다원체이고, 한국적인 것은 지방의 총체다. 한국문화는 소수집단의 문화를 배제하거나 무시해서는 안 된다. 그래서 조동일 교수는 "국가가 배타적인 주권을 행사하는 단일주권의 시대가 된 것은 근대의 불행이다. 전에는 그렇지 않았고, 미래 또한 현재와 같지 않을 것이다. 중세는 국가 이상의 단위인 문명권, 국가, 그 아래의 단위인 지방이 그 나름대로의 독자적인 의의를 가지는 삼중주권의 시대였다. 근대 극복의 다음 시대는 거기다 세계 전체를 더 보태 사중주권 시대가 되어 마땅하다"[14]고 했다. 한국의 정체성은 위로 동아시아, 아래로 지방을 함께 인식하는 데 있었다. 21세기 한국의 정체성은 위로 아시아와 세계, 아래로 지방을 함께 인식하는 데 있다. 한국문화의 세계화는 지방화와 함께 수행해야 소기의 목적을 이룰 수 있다.

김형민의 세계화 전략에서 제주는 어떤 자극을 받을 수 있을까. 가)

---

13) 앤소니 기든스, 박찬욱 역, 『질주하는 세계』, 생각의 나무, 2000, 47-48쪽.
14) 조동일, 앞의 책, 2005, 198쪽.

에서 한국문화 정체성에 대응하는 제주의 정체성을 규명하여야 할 것이고, 그런 작업이 〈제주문화사〉로 완성되어야 한다는 생각을 했다. 나)에서 국제교류재단과 공조 사업을 떠올렸고, 다)에서 제주어 활용 방안, 라)에서 한국, 아시아와의 비교 연구, 아)에서 재일제주인 활용 방안, 차)에서 문화관광을 활성화할 대표 공연물을 떠올렸다. 한국문화의 세계화에 대한 적극적 운동을 접하게 되면 제주문화의 세계화 방안도 더욱 구체화될 것으로 보인다. 그래서 세계화 사업에 관한 움직임을 소개하고자 한다.

　최근 한국정부가 6대 국가 브랜드로 한글, 한복, 한지, 한국음악, 한옥, 한식을 정해 대대적인 홍보를 하고 있으며 한국적인 것의 세계화 사업을 적극 지원하고 나섰다. 사실 위의 여섯 가지도 서구적 문화의 홍수 속에서 빈사 직전이라 하겠는데, 그나마 한글과 한식은 그 명맥이 유지되는 것으로 볼 수 있다. 그러나 21세기에도 한글은 그 위용을 그대로 유지할 수 있다고 장담할 수 있을까. 우리 삶의 깊숙한 곳까지 영어가 침투해 학술 용어, 간판, 노래, 심지어 일상대화에서 한글이 사라지거나 보조적인 역할로 전락하고 있다. 젊은 작가들의 소설 속에서 한글은 더욱 참담한 지경이다. 서구적 문화에서 벗어나야 민족과 언어가 회생할 수 있다.

　한식은 그나마 국내적 기반을 굳건히 하면서 세계 속으로 약진하고 있다. 한식의 장점이 많은 데 비해 세계적 명성을 획득하는 것과 세계화는 더딘 편이다. 전 세계가 미국식 문화에 빠져들고 '팍스 아메리카나' 현상이 세계를 지배했던 점을 인정하더라도, 전쟁 후의 폐허 속에서 미국식 재건을 꿈꾸고 있던 우리의 경우는 미국화가 더욱 혹심했다고 하겠다. 먹는 것에서조차 서구적 문화에 대해 엄청난 열등감을 갖던 시기가 수십 년 계속되었다. 그 후 미국에 대한 열등감에서 벗어나게 될 즈음, 신토불이(身土不二)라는 이상한 사자성어까지 유행하면서 한식이 민족주의의 열풍을 타게 되었다. "우리 것은 좋은 것이여"라는 박동진 명창의 애국주의 발언이 유행어가 되기까지 했다.

나머지 네 개 브랜드인 한복, 한지, 한옥, 한국음악은 빈사상태인데, 판소리와 사물놀이의 약진에 힘입어 한국음악이 되살아나고 있긴 하지만 갈 길이 멀다. 음악계 내에서도 현재 한국음악은 존재하지 않으며, 전통음악은 이제 그 시대성을 상실하였고, 현대음악은 양식적인 면에서 서구의 것을 무분별하게 수용하는 입장에서 크게 벗어나지 못했다. 1960년대 이후 국가적 진흥책에 의해 한국음악이 부활되었으니 거기에는 민족주의가 깊숙이 국악계에 내재하고 있음을 의미한다. 진정한 국악의 발전을 위해서는 민족주의 강요에서 벗어나야 한다. 우리 것만 중요하고 남의 것은 무시해도 좋다는 식의 일방적인 애호는 민족음악의 성장보다는 파괴를 조장하게 될 것이다. 더구나 외국인 200만 시대를 눈앞에 두고 있는 시점에서 국수주의적 편협한 사고를 갖고 문화 획일주의에 사로잡힌다면 문제는 심각해진다. 우리는 문화 다원주의를 수용해야 한다.

우리가 서양음악 중심의 문화구조에서 벗어나고, 한국 음악의 가치를 재발견하며, 또한 그 외에 다른 민족들의 음악의 가치를 새롭게 인식해 나가는 것은 이러한 문화 제국주의가 각인해 내는 '자기부정의 정체성'으로부터 한국 민족을 구출해 내는 중요한 작업의 하나가 돼야 한다. 즉 문화 다원주의가 자신에 대한 올바른 정체성을 갖게 하고 다양성과 차이를 인식하게 해 주듯이, 다문화주의 음악 교육은 타 민족의 음악, 문화, 종교, 사회를 이해하고 다른 문화를 수용하고 존중하는 훈련이 될 것이다.

최근 한국음악이 세계를 감동시켰다. 싸이와 BTS 등이다. 그러나 그들의 음악은 미국음악을 한국에서 재생산한 것 정도의 의의가 있을 뿐, 한국적인 음악 요소는 미미하다. 전통음악에 토대를 둔 현내음악이어야 한국적인 것이라 하겠고, 그것의 성공이야말로 한국문화의 세계화라 하겠다. 그래도 싸이와 BTS의 성공에는 한국적 '흥' 혹은 '신명'이 있었기에 가능했다는 긍정적 평가도 있다. 싸이와 BTS에게서 한국적인 것을 논하기는 어렵지만, 그런 단서 없이는 폭발적 반응을 설명할 수 없다. 또한 그런 논의를 통해 한국 음악에 한국 문화적 요소가 지속적으로 가미되고, 자기 것을 토대로 하여 남의 것을 받아들이는 전통이 뿌리를 내리게 될 것이다.

세계에 발현한 한국문화의 정체성을 공동체성과 신명(神明)성, 혹은 흥에서 찾는 최근의 성과가 있었다. 특히 한국적 정체성을 찾고 '흥'을 보편화시킨 난타를 주목하면서 난타의 '차이성, 탈중심성, 혼융성'을 강조한 바 있다.15) 그렇다면 이에 견주어 제주의 정체성은 무엇일까. 그것의 보편화 작업은 무엇이었고, 예술 속에는 어떻게 형상화되었는가. 우선 제주의 정체성을 생각하면서 그것의 세계화를 논의해야 할 것이다.

3) 제주문화의 세계화 방안

모든 지역문화는 해방 후 근대사 70여 년 동안 국가 획일주의의 횡포 앞에서 거의 파괴되거나 상처 입고, 그 언어조차 실종의 위기에 처해 있다. 이제 지역민들의 정체성을 회복하고, 지역문화의 가치를

---

15) 현택수, 앞의 논문, 188쪽.

발견하여 지방에서 사는 보람을 찾을 시기가 왔다. 그래서 지역주의에 의한 문화자치와 문화 민주화를 실현하기 위해서는 '지역문화의 자립화, 자치화, 특성화, 재창조, 민주화, 독립화, 연대화 정책'을 기조로 삼아야 한다고 했다. 제주는 제주문화를 정립하기 위해 제주어로 소설과 시를 쓰고, 제주어로 방송을 해야 하고, 타자의 용어인 제주를 버리고 '탐라'를 회복해야 한다. 이런 의식이 선행돼야 진정한 제주문화 가치의 확립 방안도 가능할 것이다.

21세기는 물질의 풍요가 정신의 파탄을 야기하고 있다. 그리고 역사의 종언이나 문명의 재기 불가능성에 직면하고 있다. 우리는 불행을 넘어서서 바람직한 가치를 추구하려는 이상이나 소망을 소중하게 여겨야 할 때이다. 이치를 따지고 가치를 존중하는 학문인 인문학의 전통을 되살려야 한다. 인문학의 발상과 창조력이 새로운 경쟁력으로 평가되어 당면한 위기를 극복할 수 있어야 한다. 근대의 잘못을 시정하고 탈근대의 길을 찾게 하는 것이 인문학이다. 인문학의 발전을 위해서는 서구적 근대를 반성하고 민족적 역량을 간직한 전통에서 그 대안을 모색해야 한다. 자본-테크놀로지에 대한 비판적 성찰 위에서 현재의 인간을 구속하고 있는 모든 것들로부터 인간을 해방시키고 자유를 모색하는 것이야말로 인문학의 흔들릴 수 없는 성립 요건이다. 여기에 미래에 대한 낙관도 보태져야 한다.

제주는 근대를 시정할 다양한 발상과 창조력과 경쟁력을 지니고 있다. 왜냐하면 서울은 세계화에 몰두하여 자신을 돌볼 겨를이 없지만, 제주도는 근대화의 영향을 덜 받고 전통의 요소를 잘 지켰기 때문이다. 고대적 중세적 사유와 삶의 방식을 온전히 지켰기 때문에 근대를 뛰어넘을 인간의 중요한 가치를 발휘할 수 있는 기회의 땅이고 위대한 터전이다. 특히 우리가 지녔던 인간적 공동체성을 잘 간직하고 있어 희망의 불씨를 살릴 수 있다.

데카르트가 '나의 존재'를 부르짖으며 개인의 발견을 근대의 미덕으로 삼게 되었고 근대는 개인의 욕망을 한껏 부풀렸다. 그 결과는 어떤가. '나'는 존재할지라도 '우리'는 실종되지 않았던가. 우리 마을, 우리 지역, 우리 모두는 실종되고 격차는 더욱 커졌지만 치유되지 않고 있다. 이제 다시 '우리'를 회복해야 한다. 제주는 그런 공동체 문화가 가장 잘 보존되어 있어 가능성의 땅이다. 이 공동체 문화는 어떻게 지켜져 왔는가. 바로 제주의 마을 신앙과 더불어 이야기와 민요와 민속이 지켜질 수 있었다. 수천 년 내려온 신앙공동체가 우리를 지켜내면서, 사람을 살리고 사람을 에워싸고 있는 자연을 살려 왔다. 인간과 자연이 함께 중시되는 미래지향적 가치가 바로 제주의 오래된 과거 속에 있다.16)

(1) 마을 신앙과 전통예술

제주는 기록문학이 빈약한 대신 구비문학이 풍부한 땅이다. 민요·설화·무가는 가히 한국의 중심부라 할 만하다. 그런데 무가(巫歌)는 문학적으로 논의할 만한가. 그것들은 지금에도 가치가 남아 있는 것인가. 무가가 무속(巫俗) 혹은 무교(巫敎)의 종교적 논리나 규범을 담고 있는 것만은 아니고, 과거에서 현재에 이르기까지의 인간의 보편적 삶을 담고 있음을 부인하진 못한다. 무속은 고대국가가 발생하기 이전의 원시사회로부터 부족 공동체 사회의 중심 이념이었고, 고대국가가

---

16) 허남춘, 「제주의 문화가치 확립 방안」, 『제주발전포럼』 44, 제주발전연구원, 2012, 53-57쪽. 여기에서 1차적으로 확립방안을 궁리해 보았고, 이를 발전시켜 오늘의 세계화 방안을 마련했다.

건설된 이후 천신사상(天神思想)에 밀려 주변 이념으로 떨어져 나가 민간신앙의 주된 장이 되고, 불교와 유교의 중세적 사상이 밀려온 후에도 민중의 애호 속에서 지속된다. 서구적 근대성이 우리를 침범한 이후 무속은 미신으로 전락하여 비합리의 대명사가 되고 말았지만, 무속의 의의와 가치를 무화시키는 근대의 독선을 무조건 신봉하던 삶에 대해 반성하게 되었다. 그리고 그 속에 인간의 삶이 어떻게 규정되고 있는가라는 질문을 던지며, 무가의 가치를 새로이 인정하게 되었다.

앞으로 제주도 무속을 입체적으로 파악하기 위해서는 기존의 연구성과들을 바탕으로 현재까지 지속되는 무속신앙의 모습에 대한 섬세한 고찰이 필요하다. 마을마다 이루어지고 있는 당굿 등에 대한 기록과 분석, 제주도 '큰굿'의 구조와 역할에 대한 실질적 분석, 가정신앙과 조상굿 등에 대한 조사, 심방의 생애와 학습과정 등등 연구 주제는 실로 아직도 풍부하다. 또한 그동안 미처 다루지 못했던 분야(무구, 연물, 춤 등)에 대한 심도 있는 연구들도 필요하며, 생업활동과 긴밀한 관련을 가지는 무속신앙에 대한 면밀한 조사 역시 요구되고 있다. 게다가 동시에 사진이나 영상자료 등 관련 기록물의 축적도 필요한 일이다.

제주문화 보존과 계승 전략을 잘 세워야 한다. 안동에 갔더니 '헛제삿밥'이 관광객의 입맛을 사로잡았다. 안동이라 하면 유교의 본거지이고, 유교식 제사가 잘 보존되고 있고, 당연히 제사와 관련된 의례도 귀한 가치를 지닌 곳이다. 그 의례 음식을 대중적 입맛에 맞추어 바꾸어 상품으로 내놓은 것이 헛제삿밥이다. 제주의 굿도 굿 나름으로 잘 지켜나감과 동시에 대중적인 입맛을 위해 변용을 시켜야 한다. 굿의 노래와 이야기와 춤과 놀이를 대중적으로 변용시켜 관객을 위한 공연거리로 만들어나가야 한다. 굿이 미신이 아니라 삶과 관련된 노래이고 사람끼리 어울려 사는 이야기이고, 억눌린 감정을 풀어내는 신명풀이의 놀이란 점을 떳떳하게 보여주어야 할 때다. 변용해야 제주굿이 살아난다. 제주굿이 살아나야 제주의 볼거리와 놀거리가 풍부해지고 제주 땅이 신명으로 들썩거릴 수 있다.

제주 굿법에는 아주 특이한 세계관이 담겨 있다. 굿의 시작에 초감제를 하는데, 여기에는 태초의 천지개벽에서부터 지금 여기의 상황까지를 통시적으로 제시하는 내용이 서두를 장식한다. 또한 우주로부터 대한민국 제주 어느 마을까지, 큰 세상에서 굿하는 장소까지 공시적으로 제시하고 있다. 그래서 "우리 굿을 통해서 세계를 인식하면 세상이 형성되는 태도에서부터 생이 다하는 미래까지 시간적으로 아우를 수 있는 통시적으로 확장된 세계를 온전하게 포착할 수 있다."[17] 우리 굿 전반의 특성을 말한 것이지만, 한반도 내에서 굿은 소멸 직전이고 제주만이 그 전통이 온전할 뿐인 점과, 제주굿의 초감제에서 천지개벽이 온전하게 남아 있는 점을 감안한다면 통시적인 전망 속에 미래를 구상할 수 있는 안목은 제주굿에서 시작되어야 하겠다. 과거 역사를 보면서 현재 우리가 해야 할 일과 앞으로 할 일을 구상하듯이, 제주굿을 보면서 우리는 미래 전망을 구상할 수 있다. 이 미래 대안을 찾아내기 위해서 제주에서는 굿의 이론화·체계화하는 작업이 절실하다.

(2) 신화와 스토리텔링

제주는 이야기가 풍부한 땅으로 '신화의 섬'이라 일컬을 수 있고 기록신화로 그리스·로마가 세계의 중심이라면 구비신화로 제주가 세계의 중심이라 할 수 있다. 그런데 신화를 살려내자는 구호만 있고

---

17) 임재해, 앞의 논문, 2005, 437쪽.

구체적 방안은 없다. 지금도 심방들에 의해 불리는 살아 있는 신화가 이처럼 풍부한 곳은 세계 어느 곳에서도 찾아볼 수 없다. 그리스와 로마 신화는 책 속에만 있다. 그러나 제주신화는 현장에 살아 있다. 그 신화를 믿고 현실 속에서 이야기와 함께 살아가는 제주도는 사람과 자연 모두가 신성하다. 제주는 세계 신화의 수도이다.

제주에는 천지가 만들어지는 창세신화가 있는데 '천지왕본풀이'라 한다. 천지왕이 지상의 총맹부인과 결합하여 대별왕과 소별왕을 낳는데, 아버지는 금세 떠나버리고 아이들은 성장하여 아버지를 찾아 나선다. 박씨를 심어 그 넝쿨이 하늘에 가 닿자 그 줄기를 타고 하늘로 올라가는 이야기다. 우리는 어렸을 적부터 〈재크와 콩나무〉 이야기는 잘 알고 있지만 우리의 〈천지왕본풀이〉는 모른다. 자기 것은 잘 모르고 남의 것만 아는 천박한 세상이었다. 이제 제주신화를 가르치고 하늘과 땅의 소통이 지닌 의미를 통해 세상 사람들을 일깨워야 한다. 해와 달이 둘이었는데 해와 달을 하나로 만든 이야기에서 지구의 역사와 인간의 경험을 배워야 한다. 제주신화에는 우주가 담겨 있다.

이제 우리는 그리스 로마 신화처럼 제주신화를 세계에 널리 알려 나가야 한다. 어떻게 해야 하는가. 우선 심방의 이야기를 잘 채록하고, 연구해야 한다. 같은 제목의 이야기라 하더라도 조금씩 이본에 따라 내용이 다르다. 그 차이가 무엇을 의미하는지, 공통의 내용에는 어떤 의미가 담겨 있는지 충실하게 연구해야 한다. 그 속에 담긴 인류의 지혜 – 과학과 철학 –을 발견해야 한다. 그 속에 담긴 원시적 고대적 사유체계를 밝혀 인간의 삶의 궤적을 밝혀야 한다. 제주신화가 그런 신비를 감추고 있다. 이 연구를 위해 '제주문화 연구원'이 만들어져 많은 제주문화 연구자가 양성되고, 거기서 밥을 먹을 수 있어야 한다. 세계에서 신화 연구를 하려면 제주를 찾아오도록 해야 한다. '세계 신

화학 대학원'을 만들어 신화 연주와 교육의 중심지로 만들면 제주의
세계화 발걸음이 이로부터 시작될 것이다.

그 다음 다양한 버전의 이야기를 통합하여 정전(正典, canon)을 선정
해야 한다. 그리고 그 정전을 토대로 유아용, 어린이용, 중고생용, 일반
용 이야기가 새로 씌어져야 한다. 또 많은 언어로 번역되어 세계에
배포돼야 한다. 그런 절차를 위해서 신화 작가와 번역가를 많이 키우고
밥을 먹여야 한다. 연구자와 작가가 많아야 그때 제주신화가 세상에
알려지게 된다. 다음으로 이 이야기를 원천으로 삼아 다양한 스토리텔
링이 이루어져야 한다. 하나의 원천으로 만화, 애니메이션, 게임, 영화,
드라마에 대응할 수 있는 한샘못씀(one source multi use)이 가능할 수
있도록 역시 스토리텔링 작가가 양성되어야 한다.

좋은 일자리를 제주도가 만들고 그 열매를 후손들이 따 먹을 수 있게
만들어야 한다. 제주는 자연도 아름답고 문화유산도 풍부한데, 특히
신화가 살아 있는 섬으로의 이미지를 만들어나가야 한다.

(3) 제주 음식문화 내세우기

제주는 지역의 풍토, 자연조건, 관습, 종교에 기인하여 독특한 문화
를 형성하고 있다. 제주 지역의 음식도 나름의 독자적 음식문화를 구축
하고 있다. 최근에는 웰빙 바람을 타고 유기농, 천연재료, 건강식품이
인기를 끌고 있다. 그런 점에서 제주는 매력적이다. 2차산업이 빈약한
산업구조 덕분에 청정지역으로 남아 있고 제주의 농수산물은 큰 인기
를 끌고 있다. 제주만의 흑돼지, 말고기 육류가 있고, 전복, 옥돔, 자리
돔 등의 어류가 있고, 몸(모자반), 톨(톳) 등의 해초류가 있고, 물화와
같은 독특한 요리법도 관광객의 관심을 끈다.

　제주의 음식은 생태적 먹을거리이며 웰빙음식이며 육지와 변별되는 독자적 음식문화를 지니고 있음에 틀림없다. 그러나 제주 음식이 웰빙이라는 이름의 사치로 변질될 수도 있다. 유기농 야채가 일반 야채보다 비싼 값에 팔리고, 결국 부자들의 먹을거리로 전락할 수도 있기 때문이다. 웰빙(well-being)의 기본적 정신은 '잘사는(부자로 사는) 행복한 삶'이 아니라 '잘 사는'(인간답게 제대로 사는) 삶이어야 한다. 그러므로 웰빙 대신 굿빙(good-being)의 용어를 사용하는 것이 적절할 수 있다.

　현대의 가공식품과 패스트푸드 음식문화가 낳는 폐단을 극복하기 위해 슬로푸드 운동이 전개되고 있다. 전통적인 조리법을 중시하고 친환경적 먹을거리를 지향한다는 점에서 웰빙 혹은 굿빙의 한 방식이라 하겠다. 느림은 단순히 빨리의 반대가 아니다. 환경, 자연, 시간, 계절과 우리 자신을 존중하면서 느긋하게 사는 것(파올로 사투르니)이고, 이렇게 느리게 사는 법을 현대 도시적 삶에 적용시켜 '슬로시티'운동이 전개되었다. 제주가 지향해야 하는 '웰빙 음식문화'와 '생태체험'은 이 슬로시티운동과 맥이 통하고 있다.

　제주의 음식문화 운동은 슬로시티운동과 차별성을 두어야 한다. 제주의 특성을 극대화하기 위해 스토리텔링이 담긴 음식기행과 생태체험을 결합하면 좋겠다. 즉 스토리텔링을 기반으로 제주의 역사·신화·민속을 체험하는 프로그램이다. 제주의 자연과 제주의 전통문화와 제주의 삶이 동화되는 프로그램을 구현하고, 인간과 자연이 조화되는 체험을 지향해야 한다. 이것은 오감의 발견이고 해방이다. 상품미학, 가상공간, 교환가치에 의한 현대문명은 그 한계를 노정시키고 있는데, 그 허위의식을 고발하여 소외되고 분열된 우리의 정서를 해방시킬 수 있는 미적 관점이 요구된다. 오감의 발견은 우리의 미적 관점을 가능케 한다. 오감에 충실한 생태적 삶은 인간을 풍요롭고 충일하게 할 뿐만 아니라 자연을 지킬 수 있는 방법이다.

제주의 특별한 음식은 죽·떡·국이 있다. 죽과 떡은 쌀이 아닌 잡곡으로 만든다. 애초 제주에는 쌀이 귀했기 때문에 조나 수수나 메밀떡이 널리 쓰였다. 그리고 전복이나 문어 등 해물을 넣은 죽과 콩죽이 유명했다. 이것들이 이제는 웰빙 식품이 되었다. 가난 때문에 선택한 음식인데 이제는 건강을 위해 널리 보급될 만한 음식이 되었다. 옥돔미역국이나 갈칫국처럼 싱싱한 해산물을 이용한 국도 중요하지만, 자리물회와 같은 물회가 미래지향적 식품이다. 간단한 조리법도 중요하고 밥과 국만으로 한 끼를 구성하는 간결성도 매우 중요하다. 많은 반찬을 차리고 손이 가지 않은 것들을 마구 버리게 되는 한정식류의 폐단을 일거에 해결할 수 있는 단품식품이야말로 미래지향적이고 제주의 대표적 관광상품으로 개발해 나가야 한다.

제주의 일상식 조리법을 상품화하는 정황을 두고 말한다면, 가짓수가 많지 않은 것에서 다양한 음식을 개발하는 것으로, 꾸밈새가 단순한 것에서 꾸밈새를 화려하게 하고 음식 데코레이션을 중시하는 방향으로, 조리시간이 길지 않은 것에서 우러난 맛을 지향하는 쪽으로, 여러 가지 양념을 쓰지 않는 것에서 갖은 양념을 하는 것으로 변화해 나가야 할 것이다. 그러나 21세기 우리 일상의 음식문화는 간단하고 단순하고 자연의 맛을 느끼는 것으로 다시 변모해야 하는 숙제를 안고 있다. 과소비, 지나친 소요 시간, 겉멋만을 추구하는 경박성, 인공미를 벗어나 간결미와 자연미를 추구하는 쪽으로 음식문화를 재조정해야 한다는 명제가 놓여 있다. 그런 의미에서 제주의 일상식 문화는 '오래된 미래'이다.

제주의 무속 제사에는 떡을 고일 때 해와 달과 별을 차례로 올린다. 이런 풍속은 유교식 제사로 옮겨와 지금도 전승되고 있다. 제사나 명절에 쓰는 떡에는 우주가 담겨 있다. 절벤은 동그락 곤떡이라 하는데 해(日)를 상징하고, 솔벤은 달반착떡이라 하는데 달(月)을 상징하고, 우찍은 지름 떡이라 하는데 별(星)을 상징하고, 전은 구름(雲)을 상징한다.[18] 제펜(시루 떡)은 땅(地)을, 은절미(인절미)는 밭(田)을 상징한다고 하여, 제펜 위에 은절미를 놓고, 그 위에 절벤-솔벤-우찍 순으로 떡을 고인다.

땅으로부터 하늘의 해와 달과 별을 순서대로 진설하여 우주를 형상화하고 있으니, 제주의 의례음식에 담긴 세계관을 알 수 있다. 제사를 드리는 일이 바로 우주의 정연한 배열과 조화를 구축하여 인간세계의 질서와 평온을 기원하는 일이 된다. 음식이라는 것이 우주의 기운으로 탄생하였고, 각각의 우주를 상징하는 음식을 먹음으로써 소우주인 몸의 기운을 북돋는 과정임을 상징적으로 보여 주기도 한다. 제주의 음식은 천지와 일월이 탄생하던 당시의 우주의 질서를 담아내려 하고, 자연의 순행으로 땅에 질서와 풍요가 도래하길 바라는 고대적 심성을 담고 있으며, 오래된 과학과 철학을 담고 있다.[19] 음식 속에 이런 우주와 철학을 보여주는 경우가 또 어디 있던가. 이런 음식과 관련된 이야기 속에 담아 대표적 음식을 꾸준히 개발해 나간다면 제주 음식은 큰 반향을 일으킬 것이다.

(4) 이야기·음식을 활용한 축제

제주의 지역축제 중 음식축제는 여럿 있다. 그러나 '이야기'를 중심에 두고 기획된 축제는 거의 없다. 제주는 음식과 이야기를 결합하여 시너지 효과를 창출하여 한다. 제주의 전통음식은 가공식품이 먹을거

---

18) 김지순, 『제주도의 음식문화』, 제주문화, 2001, 75쪽.
19) 허남춘 외, 『제주의 음식문화』, 국립민속박물관, 2007, 91-92쪽.

리의 70% 수준인 현실에서 천연식품의 중요성을 깨닫게 한다. 웰빙식
품인 제주 음식과 다양하고 풍부한 신화를 결합하는 방식을 택해, 제주
는 축제의 활성화를 도모해야 한다. 돼지고기, 말, 자리돔, 감귤 등 음식
에 이야기를 입혀 대표 축제를 키워야 하는데 아직도 미흡하다.

　제주의 대표 축제 중의 하나인 '들불축제'도 다채롭긴 하지만 이야기
가 없다. 들불놓기란 밭과 목초지의 병충해를 방지하려는 제주 민속문
화이고, 들불축제는 이를 바탕으로 시작되었다. 대규모 불꽃놀이와 다
양한 프로그램을 진행하고 있지만 들불과 연관된 것은 별로 없고 백화
점식 나열에 그치고 있다. 우리는 여기에 '불'과 관련된 스토리텔링을
하고자 한다. 제주에는 영감신이란 불의 신이 있다. 이 신의 존재를
바탕으로 하여, 불의 신인 영감신이 진노하여 생업에 위협을 받고, 이
를 극복하기 위한 인간의 노력과 정성이 보태져 신이 진노를 풀고 풍요
를 준다는 스토리텔링을 구상하여 축제 전반을 구성하고자 한다. 그리
고 불과 연관된 민속, 특히 쇠를 녹여 농기구를 만드는 '덕수리 불미
민속' 등을 가미하고, 불에 구워먹는 화식(火食) 체험을 덧보탠다면 전
통을 현대적으로 재해석하여 계승하는 교육적 효과까지 가능하다. '들
불'의 '들'에도 문제의식을 갖고, 들에 나갈 때 제주인의 도시락인 '차
롱' 음식을 소개하고, 들에 나갈 때 휴대한 '강술'이란 술도 체험하게
한다면 축제는 다양해질 것이다. '강술'은 세계 유일의 고체 술이다.
발효된 가루를 휴대하여 가져갔다가 이 가루를 물에 타면 술이 되는데,
이런 전통은 제주에만 있는 것이고, 최근 독일에서 고체 술을 개발하고
있다는 정보가 있을 정도다. 잘 알려지지 않은 음식을 축제에 활용한다
면 축제는 자기만의 특색을 가질 수 있을 것이다.

　지난 세기 제주도는 〈세계 섬 문화 축제〉를 몇 차례 거행한 바 있다.
물론 실패로 끝났지만, 아이디어는 참신했다. 섬의 문화 모두를 끌어다

보여주려 하고, 박물관식으로 전시하는 욕심을 버렸어야 했는데 의욕만 앞섰다. 한 해에 하나의 주제만을 강화하고 특성화하여 10년을 기획한다면 승산이 있다. 첫 해는 세계 섬의 춤, 다음 해는 세계 섬의 노래와 악기, 세 번째는 세계 섬의 어로작업, 이런 식으로 10년을 계획하고, 10년 단위가 지나면 다시 '춤'으로 돌아온다면 이 축제는 성공 가능성이 높다. 우선은 아시아 태평양 섬 위주의 축제를 10년 한 후에 세계 섬 축제로 넘어가는 것도 한 전략이다. 좋은 기획과 연출자를 만나고 좋은 스토리텔링을 가미한다면 제주의 축제는 한국과 동아시아를 넘어 세계화에도 성공할 것이다.

미국 테네시주의 소도시인 존스보로에서는 이야기 축제가 열린다. 이 축제를 벤치마킹하여 이야기 전통이 풍부한 제주에 접목시켜 보고, 새로운 스토리텔링 기법도 가미한다면 성공 가능성 높다. 여름방학 휴가 기간 제주의 산골 마을에서 제주신화 들려주기를 시작으로 전국에서 모인 사람들이 각각 자기 고장의 이야기, 창작한 이야기, 일상 이야기, 괴담, 유행했던 시리즈를 돌아가며 구연하도록 하면, 참여자 모두가 이야기꾼이면서 청자가 되는 참여와 소통의 축제가 될 수 있을 것이다. 궁극에는 신화로 귀결시키고, 제주 심방의 서사무가 노랫가락에 담긴 신화를 들려주게 된다면 세계적인 축제가 될 수 있다.

(5) 대표 공연 만들기

전시의 공간적 확장이 새로운 미술세계를 열었다. 백남준의 비디오 아트는 전시라는 2차원을 깨고 3차원적 개념을 시도한 것이라 하겠다. 발상의 전환은 새로운 예술세계를 열게 된다. 창조적 발상은 공연에도 시도되고 있다. 극장의 탈출이나 야외 공연이라는 개념을 뛰어넘는 발상이 중국의 〈인상(印象) 시리즈〉다. 그것은 폐쇄된 극장의 가상적 무대공간을 벗어나 개방된 자연의 진경(眞景)을 공연무대로 활용한다. 그리고 무대가 지니는 은폐의 개념을 개방으로 치환하여 실재(實在)의 감동을 창출한다.[20]

〈인상(印象) 시리즈〉의 성공은 장이머우(張藝謀)가 총감독을 담당하고 왕차오거(王潮歌)가 무대감독을, 판웨(樊躍)가 연출을 담당하는 철삼각(鐵三角) 조직이 있어 가능했다. 첫 번째가 인상 유삼저(劉三姐)였다. 광시 장족 내 추앙족의 전설을 바탕으로 공연을 만들었다. 출연배우는 10대에서 70대까지 600명이었고, 5개 마을의 소수민족이 출연하였다. 관람석은 4,000명 수용. "산수를 세트로, 농어민을 배우로, 전설을 스토리로!"라는 구호와 함께 2003년 10월 시작되었는데, 5년간 적자에 시달리기도 했다. 천하제일 산수로 꼽히는 계림의 이강(2km)과 주변 12개 봉우리를 무대와 배경으로 삼아 장대한 규모를 느끼게 한 이 공연은 서서히 세계인의 주목을 받기 시작한다.

그래서 인상 시리즈 2탄이 '인상 서호'로 이어졌다. '백사전(白蛇傳)'의 슬픈 사랑 이야기로 만든 이 공연도 3,000석 규모다. 인상 시리즈 3탄은 '인상 여강'이다. 옥룡설산을 배경으로 500명의 공연단이 10개 소수민족으로 구성되었다. 배필을 정해주는 풍습 속에서 맺어질 수 없는 연인이 설산으로 들어가 죽음을 택한다는 이야기를 바탕으로, 가무를 즐기는 일상, 나시족의 제천의식, 설산을 향한 기원의식 등이 공연된다. 역시 3,000석의 관람석을 설비했다. 인상 시리즈 4탄은 '인상 해남도'인데 자연 경관 위주로 스토리가 탄탄하지 못해 실패했다. 인상 시리즈 5탄은 '인상 대홍포'이다. 무이산의 차를 재배하는 과정을 이야

---

20) 안창현, 「중국 대형 실경 공연」, 『인문콘텐츠』 19, 인문콘텐츠학회, 2010, 87-88쪽.

기로 꾸미면서 옥녀봉과 장군봉의 전설을 가미했다. 공연장에서 3km 이상 떨어진 무이산 바위를 조명으로 비추면서 이것이 무대의 배경 역할을 하게 만들었다. 산과 공연장 사이의 계곡과 호수도 무대가 된다. 객석은 역시 3,000석인데 360도 회전되도록 설계되었다.

인상 시리즈는 이야기와 음악과 조명의 결합이다. 전통의상을 입은 소수민족 혹은 주민들이 수상 무대에서 지방 민요를 부르고, 야간에 공연되는 특징을 살려 조명에 의해 환상적인 느낌을 더하게 만든다. 그러나 가장 중요한 것은 '스토리텔링을 활용한 문화콘텐츠의 힘'이라 하겠다. 앞에 예를 든 '인상 서호'는 허선과 백랑자(백소정)의 슬픈 사랑 이야기를 담고 있는데, 서호 주변에는 '양산백과 축영대 전설'을 배태한 유적이 함께 공존하고 있다.21) 이 이야기는 제주의 〈세경본풀이〉의 자청비 이야기와 흡사하다. 현실 제약에서 좌절하는 연인들의 사랑 이야기라는 '양산백과 축영대 전설'의 통속성을 훨씬 뛰어넘고 있는 제주의 자청비 이야기는, 고난과 장벽을 극복하고 사랑을 쟁취하는 이야기여서 더욱 장쾌하다. 진보적인 여성의 인생 극복과 성취의 이야기가 제주도 본풀이 속에 풍부하다. 이제 그것을 활용할 때다.

그런데 제주에는 마땅한 공연장이 없다. 3,000-4,000석 규모의 대형 공연장이 만들어져야 하고, 그 공연장은 자연과 어우러지는 공간이면 더욱 좋다. 예를 들어 제주돌문화공원의 설문대할망 전시관 내에 공연장을 만든다고 하는데, 오름과 숲과 박물관과 공연장이 어우러지는 친환경적 공간이라면 크게 성공할 가능성이 높다. '인상 대홍포'처럼

---

21) 서호 주변의 문화유적인 단교(斷橋)와 뇌봉탑(雷峰塔)은 모두 〈임프레션 서호〉 공연의 모티브인 백사전과 관련된 유적이고, 장교(長橋)는 중국의 로미오와 줄리엣으로 알려져 있는 양산백과 축영대의 사랑 이야기의 배경이 되는 곳이다(위의 논문, 91-92쪽). 중국 4대 민간전설은 일반적으로 〈견우직녀〉·〈맹강녀〉·〈양산백과 축영대〉·〈백사전〉 네 가지를 꼽는다.

산과 바위와 계곡과 호수(혹은 연못)를 대형 무대로 삼았듯이 돌문화공원 뒤의 바농오름과 숲과 공원 내 호수와 바위 크기의 오백 장군을 무대로 삼을 수 있으니, 이미 제주도는 최적의 조건을 갖추어 놓은 셈이다.

제주는 신화의 보고다. 미래 예술 산업을 키우기에는 최적의 조건을 지니고 있다. 거대 공연의 주요한 토대가 되는 스토리텔링의 원자재가 그 가능성을 열어 준다. '스토리텔링을 활용한 문화콘텐츠의 힘'이 중요함은 이제 두말 할 필요가 없다. 그런데 그것을 기획하고 연출할 인재가 없다. 이제 인재를 키울 시기다.

4) 제주문화 세계화를 위한 전제 조건

(1) 문화 창조 인력 양성

우리는 지금껏 어떤 제주도를 만들어 왔는가. 국제자유도시를 만들어 왔는데, 거기에는 금융과 무역과 빌딩은 있어도 사람은 없었다. 외국에서 국제 전문가들이 와서 제주를 무역하기 좋은 곳으로 만들기는 하겠지만, 제주 사람을 키우는 계획은 없었다.

세계자연유산이 된 제주의 환경을 잘 지켜야 한다고 환경수도를 주장하고 있다. 제주의 산과 숲과 용암동굴과 일출봉은 잘 지켜야 한다면서, 사람을 귀하게 여기겠다는 슬로건을 본 적이 있는가? 2007년에 '칠머리당굿'이 세계무형문화유산에 등재되었지만 그 유산을 전승해 온 심방을 중히 여긴 적이 있던가? 세계에 유래가 없는 해녀 물질을 자랑하면서 생태계 파괴와 고통 속에서 해녀 숫자가 현격히 줄어드는 것을 걱정한 적이 있던가? 제주의 전통을 잘 지켜온 사람들에 관심 둔 적이 있던가?

세계적인 자산인 굿과 신화 연구를 위해 제주만의 연구기관이 필요하다. 창조적 역량을 갖추기 위해서는 연구자 양성이 필수적이다. 다시 강조한다. '사람'이 그 일을 해낸다. 제주문화 연구원을 만들어 연구자를 키워야 한다.

제주 환경을 잘 지키고 가꿀 수 있는 인재, 제주문화를 잘 보존하고 새 시대에 맞게 변용할 수 있는 인재, 관광의 마인드를 잘 알아 사람들에게 제주의 따듯한 마음을 전해줄 수 있는 인재, 전통의 가치를 가지고 우리 시대의 파탄을 치유할 수 있는 인재, 제주 자연의 넉넉함으로 세상 사람을 치유할 수 있는 인재를 키워야 한다. 제주 전문가를 키우자. 제주문화의 세계화를 위해 제주문화 비전 중장기 계획을 마련하여 제주학 전문가의 양성을 주장한 것은 벌써 10년이 넘었는데[22] 아직도 묵묵부답이다.

제주의 세계적인 문화 자산은 굿과 신화다. 굿과 관련된 이야기(신화), 노래, 춤, 놀이를 무당(심방)도 전통대로 지켜나가야 하지만, 그 예술적 특성을 계승할 후속세대가 필요하다. 제주 음악, 미술, 공예, 건축을 가르칠 전통예술대학이 필요하다. 노래와 춤과 이야기를 가르칠 공간이 필요하다. 제주의 무형 문화를 가르칠 공간을 제주대학에 두어야 한다. 제주도와 제주대가 합동으로 전통계승에 앞장서야 한다. 사회인 교육을 감당하는 평생교육원처럼 대학과 지방정부가 함께 제주 전통예술을 가르칠 교육원(가칭 '제주 전통문화 교육원')을 발족시켜야 한다. 대학 교수들이 이론을, 지역 심방들과 무형문화 전수자들이 실기를 가르치는 공동 작업이 필요하다.

---

22) 김동전, 앞의 논문, 346쪽.

(2) 문화주체에 대한 탐구

세계 속에 중국과 일본은 있지만 한국은 미미하다. 세계 학문 속에 중국학·일본학은 있지만 한국학은 없다. 중국학을 하거나 일본학을 하다가 곁가지로 한국학을 하는 학자가 주류였다. 이제 한국문화가 중국·일본과 더불어 동아시아 문화의 한 축임을 인식시켜야 한다. 그러기 위해서는 중국·일본에 의해 왜곡되고 굴절된 인식을 바로잡아야 한다. 중국학·일본학에 견줄 수 있는 한국학을 정립하고, 세계에 안목을 넓히기 이전에 동아시아학을 활용해야 한다.[23] 한국학을 정립하기 위해 동아시아학을 활용해야 하듯이, 지역학을 정립하기 위해 한국학을 활용해야 한다.

한국학은 단일체가 아니라 지역학의 복합체다.[24] 그러므로 근대국가주의가 횡행하면서 한국문화에 의해 왜곡·축소된 제주문화를 바로잡아야 한다. 영남학과 호남학에 견줄 수 있는 제주학을 만들어 나가야 한다. 한국학에 집중 투자해야 한국의 위상이 세계 속에 정립되면서 세계화를 이루어나갈 수 있듯이, 제주학에 집중 투자해야 제주의 위상이 동아시아와 세계 속에 정립되면서 세계화를 이루어나갈 것이다.

제주학이 무엇인지 그 정체성을 찾는 것이 첫 번째 과제다. 제주문화의 정체성은 무엇인가. 제주도에 〈제주문화사〉란 책 한 권 없는 실정이고 보니, 제주문화의 정체성을 찾는 일은 요원해 보인다. 제주문화의 독자성을 찾는 데 실패한 이유는 무엇인가. 한국의 문화를 논하면서 중국의 영향을 당연시 여기거나 과다하게 여긴 때문에 한국문화는 늘

---

23) 김유중, 앞의 논문, 269-271쪽.
24) "한국문학의 단일체가 지역문학의 복합체"(조동일, 『하나이면서 여럿인 동아시아 문학』, 지식산업사, 1999, 18쪽)라 했듯이 조동일 교수는 한국학의 실체를 제대로 알기 위해, 한국 이하 층위인 지역과, 한국 이상 층위인 동아시아 문명권을 함께 바라보아야 한다고 강조한다.

중국문화의 종속적 위치를 벗어나지 못했다. 한국문화를 논하면서 북방적 영향 혹은 일부의 남방적 영향만 주장했기 때문에 정체성 찾기에 실패했듯이, 제주문화의 정체성을 논하면서 북방 혹은 남방을 이야기하였지 그 독자성을 논한 바는 적었다. 이제 주체적 사고로 "주관적이면서 자력적인 문화 읽기"[25]가 필요한 때다. 제주문화는 북방의 영향도 있고 남방의 영향도 있지만, 그 독자성을 주목해야 한다. 우리 스스로 창조적 역량을 인정하고 앞으로도 창조적 영략 갖추기에 나서야 옳다. 연구 태도나 방법론에서 주체적이어야 한다.

무엇이 독자적인가. 북방에도 없고 남방에도 없는 것을 찾는 일이 그것이다. 돌하르방의 정체를 논하면서 몽골의 석상이나 인도네시아의 석상을 논하는 것도 문화적 유사성의 측면에서는 유용한 것이지만, 그토록 많은 석상이 집과 마을 주변에 군집으로 나타나게 된 원인과 그것의 제주적인 특성을 밝히는 것이 중요하다. 제주 건국신화 주인공이 하늘에서 오거나 바다를 건너온 것이 아니라 땅에서 솟았다고 하는 것이 독자적인 특성이다. 대부분의 건국신화 주인공은 하늘에서 오거나 바다를 건너왔고, 그것은 문명의 이동과 연관된다. 하늘에서 왔다는 것은 북방에서 남하하거나 서쪽에서 동진하여 이주족이 토착족을 복속시키고 나라를 열었다는 의미이고, 그들은 하늘의 권위를 앞세워 지배의 정당성을 확보하고자 하는 의도였다. 바다를 건너왔다는 것도 농경, 비단, 철기 문명의 전래를 의미한다. 그런데 땅에서 솟았다는 것은 한반도와 동아시아 주변 어디에서도 흔치 않다. 이것은 제주가 독자적인 고대국가를 형성했다는 증거다. 탐라국은 독자적인 문명을 가지고 고대국가를 완성했다. 이런 독자성을 찾아내고 탐라국의 실체

---

25) 임재해, 앞의 논문, 443쪽.

를 인정해야 제주문화의 정체성이 찾아진다. 그래야 제주문화의 세계
화도 거론할 수 있는 단계에 이르게 될 것이다.

　무엇이 주체적인가. 제주를 주변부 혹은 변방으로 인식하는 태도에
서부터 벗어나야 한다. 중심과 주변, 문화적 주류와 비주류를 넘어서는
문화다원주의를 인지해야 한다. 그리고 주변부나 변방 인식에서 벗어
나 제주가 중심이라는 인식을 회복해야 한다. 〈천지왕본풀이〉에서 세
상을 만드는 과정에서 중심부는 바로 제주이고, 천지왕의 아들인 대별
왕과 소별왕이 우주의 변괴를 해결하고 인간이 살 수 있는 조건을 마련
한다.26) 세계 어디서나 자기가 사는 곳을 중심이라 여겼다. 제주가
중심이라는 인식은 다른 지역을 주변화 하는가. 아니다. 근대에 제주도
민은 제주도민이라는 제1주권이 있고, 한반도와 동아시아에 대한 제2,
제3주권이 있다. 제주를 중심으로 동심원적 주권이 확산되는 세상을
살고 있다. 그러나 제2, 3의 주권보다는 제1의 주권은 인지하며 자기
정체성을 구축해야 옳다.

(3) 정체성 수립 전략

　한국문화의 세계화 전략에서 보았듯이 자기 정체성 수립이 우선되
어야 한다. 세계화 관점에서 바라본 정체성은 고정된 것이 아니라 진행
중인 동일시 과정이다. 한국문화의 세계화는 한국의 전통문화가 주체
가 되어 외적으로 확산된다는 적극적 의미27)이긴 하지만, 거기에 시간
적·공간적 변화 조건을 염두에 두어야 진정한 확산이 가능할 것이다.
제주문화의 세계화도 마찬가지 작동원리가 필요하다. 제주보다 훨씬

---

26) 허남춘, 『제주도 본풀이와 주변 신화』, 제주대학교 탐라문화연구소, 2011, 249-250쪽.
27) 심경호, 「한국문화의 세계화」, 『정신문화연구』 60, 한국정신문화연구원, 1995, 160쪽.

큰 세상을 만난 두려움에 위축되지 말고, 외부 타자와의 상호작용으로 부족한 자아를 보완하고 새로운 자아를 완성하는 것이 정체성 수립 과정이다.

첫째, 전통문화에 집착하지 말고 변화를 주목해야 한다. 정체성은 개인과 집단의 역사·문화적 동질성과 사회적 귀속감이다. 그것은 영원 불변한 것이 아니라 사회적 환경에 따라 변모하는 것이다. 외부의 충격에 자기 정체성이 혼란을 가져오지만 이후 조정 작용을 거쳐 "문화적 동질화 경향에 대항하는 문화적 차별화"28)가 가능하게 된다. 그러니 세계화의 조류를 거부하지 말고 우리 문화의 바탕 위에 타자의 문화를 잘 받아들여 변화하는 '정체성의 선변(善變)'이 필요하다. 한 가지 주의할 것은, 전통문 화에 집착하지 말아야 하듯이 근대 과학정신에 매몰되지 말아야 한다. '과학이라도 자연과 인간을 죽이는 과학은 배격하고, 미신이라도 자연과 인간을 살리는 미신은 존중'29)하는 객관적 안목이 필요하다. 굿이 지닌 인간과학적 원리를 찾는 작업에서 반드시 필요한 시각이다.

둘째, 문화 관련 거대이론을 만들어야 한다. 제주문화의 개별적인 것들을 촘촘히 연구하여 일반이론을 정립해야 한다. 한국문화 속에는 다양성과 공생성, 순환성의 원리가 있으니 이 생태체제를 잘 조합하여 세계체제로 제시해야30) 한다고 했듯이, 제주문화 속에는 어떤 원리가 있는지 궁리해야 한다. 안거리와 밖거리 주거문화를 보면, '따로 또 같이'라는 미래적 주거 대안문화의 원리가 찾아진다.31) 수눌음이나

---

28) 월러 스타인, 김시완 역, 『변화하는 세계체제 : 탈아메리카 문화이동』, 백의, 1995, 254쪽.
29) 임재해, 앞의 논문, 458쪽.
30) 위의 논문, 418쪽.
31) 허남춘, 앞의 책, 2011, 236쪽. 공동체주의는 '함께의 논리'이고, 자유주의는 '따로의 논리'라고 볼 수 있다. 공동체주의는 전체의 논리란 것이고, 자유주의는 개별의 논리

궨당 정신은 어디에나 있어 제주의 원리라 할 수 없다. '내고-닫고-맺고 푸는' 입춘굿의 과정을 통해 '맞이-풀이(解)-놀이-풀이(和)'의 원리[32]를 적용하여 제주문화의 원리로 확산시킬 수도 있을 것이다. 4·3의 고통을 이기고 번영하여 세계에 화해와 상생의 원리를 전하는 역사의 과정을 상징화하여 '세계 평화의 섬'을 만들어 나갈 수도 있지만, 그것은 아직 미완이다.[33] 신화의 섬이니 신과 인간, 인간과 자연의 조화를 꿈꾸는 원리는 다각적으로 찾아질 것이다.

셋째, 문화의 이미지화·정보화·기호화가 필요하다. 프랑스의 문화 비평가 기 소르망(Guy Sorman)은 최근 한국을 방문하여 "한국은 오랜 전통을 가진 문화국가이지만 국가경쟁력 차원에서 문화 이미지를 제고하는 데 실패했다"고 한 바 있다. 한국의 문화 이미지를 형상화하는 작업이 미흡함을 지적하였는데, 제주도 마찬가지다. 제주에는 다양한 민속, 해양, 민속 문화가 있다. 한반도와도 차별적이고 동아시아와도 구별되는 독자적인 것이 많다. 말 문화, 돼지고기와 장수 문화, 돌 문화, 해양문화는 제주의 대표적인 것들인데 아직 원석으로 남아 있다. 제주

다. 개별과 전체의 논리는 대립적일 수 없다. 이 모든 것이 관계 속에 존재한다. 전체적 관점에서 필요할 땐 전체를 얘기하는 것이고, 개별적 관점에서 필요할 땐 개별을 얘기하는 것뿐이다. 굳이 이것을 분리시켜 하나를 절대화시키거나 전체를 절대화시키는 것은 잘못이다(도법, 『지금 당장』, 다산초당, 2013, 192-193쪽). 이런 측면에서 보면 '따로'이면서 '함께'인 제주의 주거문화는 중요한 문화 상징이 될 수 있다.

32) 한진오, 「제주도 입춘굿의 연행원리 연구」, 제주대학교 한국학협동과정 석사학위논문, 2007, 113-115쪽.

33) 미국과 중국의 대치상황에서 한국은 평택-군산-목포-제주를 잇는 MD체제를 구축하게 되고, 제주에 해군기지가 들어서게 된다면 제주는 더 이상 평화의 섬이 아니다. 그러나 미국의 음모와 한국 해군의 무력을 이겨내고 해군기지 건설을 저지시켜, 힘보다 지혜가 중요하다는 보편적 진리를 실현시킨다면 그때 제주는 진정 세계 평화의 섬이 되고, 그런 화해와 상생을 이루어낸 정신은 '제주 정체성의 원리'로 논할 수 있을 것이다.

도는 태평양을 향하는 한반도의 교두보이고, 동아시아 삼국의 중심축에 해당한다. 태평양 섬 공동체를 위한 문화적 연대 작업을 제주가 감당한다면, 제주는 우선 아시아 태평양 섬의 중심으로 거듭 날 수 있다. 그 다음 세계 섬 문화를 논하는 중심축 역할을 기대할 수 있을 것이다. 말과 돌과 해녀 등의 이미지를 형상화하는 작업도 필요하다. 문화를 자연의 이미지와 결합하여 색과 소리와 향기와 맛을 구현해 낼 필요가 있다. 평화의 섬, 환경 수도, 신화 수도의 구호도 이미지화 작업이 필요하고 다각적인 정보화를 이루어야 한다.

넷째, 제주문화를 잘 유지 발전시켜 새로운 기술과 문화콘텐츠를 개발하여 수출하는 전략을 세워야 하고, 그런 수출과 문화콘텐츠는 제주문화의 세계화에 기여함과 동시에 제주문화의 정체성을 더욱 견고하게 하는 기제로 작용할 것이다. 문화가 삶 속에 잘 스며들게 한 후 문화콘텐츠를 논해야 하지, 그런 준비도 안 된 상황에서 문화를 장삿속으로만 여기고 콘텐츠화하겠다고 한다는 발상은 늘 실패하고 말았다는 사례를 명심해야 할 것이다. 단계를 밟아 문화콘텐츠가 잘 숙성된다면 그것이 역으로 제주문화의 정체성을 지속시키는 역할도 기대할 수 있다. 세계화의 성취는 역으로 지방화의 성취로 연결된다는 의미라 하겠다.

5) 결

세계화의 파고 속에서 한 국가의 문화 혹은 한 지역의 문화는 위기를 겪기도 하지만, 일방적인 것만은 아니어서 지역문화가 세계문화로 이동하는 쌍방향의 과정이 있음을 확인하게 되었다. 그렇다고 한국의 두드러진 문화현상이 있으면 자연스럽게 세계화되는 것은 아니다. 세

계 속에 살아남기 위해, 그리고 세계의 문화가 더욱 활력을 지니게
하기 위해 집중적이고 전략적인 노력이 선행돼야 한다. 거시적이고
장기적인 세계화 계획을 세우고 지역 정체성을 확립하면서 문화를 발
굴하고 육성해 나가야 한다.

온 세상이 근대화와 세계화로 획일적인 변모를 거듭하여 왔음에도
제주는 갑작스런 변화의 물결에 휩쓸리지 않았고, 나름의 정체성을
잘 지켜온 편이다. 문화적 전통이 지역의 공동체성에서 비롯되는데
제주는 마을 공동체를 잘 지켜온 덕분에 주체적 문화의 세계화도 확실
히 가능한 지역이다. 그 공동체성은 마을신앙인 굿과 신화에서 비롯된
다. 굿 속에 녹아 있는 신화는 스토리텔링의 근거가 된다. 21세기 문화
콘텐츠를 활용한 문화상품과 문화산업의 근간이 되는 것이 바로 스토
리텔링인 바, 제주는 그 가능성의 전선에 서 있는 셈이다. 그리고 제주
신화는 그리스·로마신화에 비견되는 다양하고 풍부한 것이어서 제주
문화의 세계화를 들고 나설 수 있다. 거기에 덧보태 제주의 음식문화와
거기에 담긴 미래지향적 문명성도 특징적이다. 인간과 자연의 공존을
꿈꾸는 문화적 속성으로 파탄 난 현대문명을 치유할 수 있을 것이다.
원래 우리가 살던 방식이었는데 지금은 사라진 방식이고, 그래서 새롭
게 계승할 대안이 제주에 남아 있어 다행이다.

세계화 방안을 긍정적으로 인식하고 제시했지만, 문화 현상에 대한
냉정하고 현실적인 파악이 있어야 진정한 가능성이 모색될 것이다.
문화를 바라보는 그간의 태도를 변화시키고 문화적 '토대와 근간'을
튼실히 해야 한다. 가장 중요한 것은 문화 창조 인력의 양성이다. 제주
문화를 연구할 연구자와 연구결과를 활용할 문화전문가가 양성돼야
한다. 문화 연구원과 문화 교육원에서 연구, 기획, 연출, 공연을 담당할
역량이 우선 배양되어야 함을 첫째 조건으로 강조한 바 있다.

 한국의 민족문화는 근대적 민족국가에 치중하면서 지역을 소외시켰
고 근대 이전의 문화를 바라보는 데 소홀했다. 한국문화라는 단일체는
지역문화의 복합체다. 한국문화의 세계화를 위해서도 제주문화는 소
중하다. 그러므로 지역을 변방으로 보지 말고 중심으로 인식해야 한다.
우선 제주사람들이 먼저 제주를 중심으로 인식하고 의식의 정체성을
가져야 할 것이다. 정체성이란 가장 근원적인 측면이어서 쉽게 파악되
지 않는다. 제주문화의 작동원리를 다각도로 모색해야 한다. 본고는
서두에 제주문화의 공동체성을 든 바 있다. 파편화된 현대문명 속에서
공동체주의가 지향하는 '함께'의 논리는 매우 중요하다. 그러나 '함께'
만 존재하면 그 또한 구속이다. 자유주의가 지향하는 '따로'의 논리를
결합하여 '함께 하면서 또 따로 하는' 융합의 원리가 필요한 때다. 제주
문화에는 이런 '따로 또 함께'의 원리가 숨어 있다. 그런 문화에 작동하
고 있는 원리를 찾는 다양한 노력을 기대한다.

 문화도 유기체적이어서 사라지기도 한다. 문화가 사라지거나 변모
하는 것에 두려워해서는 안 된다. '변시지' 화백의 그림은 이제 한국을
넘어 세계적인 위상을 갖는다. 제주 전통이 고스란히 녹아 있는 변시지
의 그림을 가지고 있기 때문에 거기에 있는 제주의 정신에서 제주의
문화 원리를 찾으면 된다. 신화와 음식에서 출발하여 장수문화, 돌 문
화, 해양문화에 대한 적절한 탐구가 있게 되면 제주문화 역량의 활성화
를 기대할 수 있을 것이다.

02. 탐라국 건국서사시

1) 서

제주의 옛 이름은 탐라다. 고대국가 탐라국이 천년 지탱하다가 망하고, 12세기에 군현으로 전락하였다. 그리고 13세기엔 탐라란 이름도 잃고 제주현이 되었다. '바다 건너 땅'이라는 타자의 이름이다. 지금도 '한국사' 속에 탐라국은 없다. 문화재청은 고대국가의 중심지였던 신라, 가야, 백제의 문화권 조사를 실시해 그 고고학적 발굴을 마쳤는데 탐라는 아직도 계획조차 없다. 이 모두 우리의 과실이다. 우리가 우리의 정체성을 찾지 못해 남에게도 무시당하고 있다.

탐라국 역사의 망각과 민족국가의 횡포를 주목할 필요가 있다. 그리고 기록과 고고학 자료에 구비전승 자료를 덧보태 탐라국의 실체를 규명할 필요가 있다. 그런데 아직도 역사 고고학계는 탐라전기(A.D. 200~500)를 위계화 초기사회로 보고 탐라후기를 국주지배 사회로 본다. 최근 A.D. 1세기~200년을 수장층의 등장으로 보려는 움직임이 있지만 아직도 탐라국 건국시기에 대해 주저한다. 국주지배 사회에 가서야 비로소 고대국가 '탐라국'이 등장한다고 하는 사학계의 주장이다. 고질적인 사학계의 실증주의 폐단은 아직도 지속되고 있다.

세상의 모든 기억은 석비(石碑)와 구비(口碑)로 이루어져 있다. 돌에 새기다 종이에 기록하는 것이 역사 추정의 근거가 되고 난 이후 구비는 그 신뢰성을 의심받게 되었다. 그러나 기록이 결핍한 탐라의 역사는 구비로 접근해야 하고 사제집단에 의해 신성하게 관리되어 온 구비전승의 신뢰성을 인정해야 옳다. '탐라'를 고구려·백제·신라·가야 등 고대국가와 대등하게 바라보아야 한다.

〈탐라국 건국신화〉를 보면 한반도의 건국신화와 유사한 점을 발견하게 된다. 선주민과 이주민 남녀가 결합하여 시조가 되었고, 오곡종자 등 농사를 지으며 고대국가의 기반을 만들었던 점은 고구려계 신화와 비슷하고, 주인공 혹은 배우자가 바다를 건너 배를 타고 표착하는 점은 신라와 가야의 신화와 비슷하다. 그런데 다른 점이 있다. 건국신화 대부분의 주인공은 하늘에서 하강하는 것으로 되어 있는데 탐라건국신화의 주인공은 땅에서 솟아난다. 하늘에서 왔다는 것은 하늘의 권위를 빌어 땅의 지배의 정당성을 확보하려는 건국신화의 보편적 문맥이다. 그런데 땅에서 솟아났다는 것은 한반도의 지배층과는 다른 독자적인 집단이 탐라국을 건국하였다는 의미다. 땅에서 솟아난 내력은 기록된 건국신화에는 유일하지만, 제주의 구비전승 속에서는 허다하게 발견된다. 땅에서 솟아난 의미는 이 구비전승을 살펴야 밝혀진다. 이 구비전승이 바로 당신 본풀이다. 이들이 지닌 권위는 하늘을 근간으로 하는 것과 상당히 다르다. 그리고 본풀이를 살피면 이들의 권위가 해상능력에서 비롯되었음을 알 수 있다. 우리는 탐라국 건국 집단의 대단한 해상능력과 탐라국의 위엄을 찾아 밝혀야 한다.

본풀이는 신들의 서사를 갖추면서 노래불리는 것이기에 서사시라 한다. 고대국가 건국 이전의 것을 원시서사시라 하고, 고대국가 건국 시기의 영웅들의 서사를 고대서사시라 한다. 원시서사시에는 신앙서사시와 창세서사시가 있는데 수렵과 연관된 신을 섬기는 신앙이 구석기에서 신석기시대까지 이어지고, 원시시대에서 고대로 이행하는 시기에 창세서사시가 나타났다. 그 뒤 고대 영웅서사시가 나타나는데 여성영웅서사시가 먼저 있었고 나중에 남성영웅서사시가 생겨났다. 본고는 원시서사시에서 고대서사시를 두루 살피면서 고대국가 건국서사시를 언급하고 건국서사시에서 건국신화가 정착되는 과정도 살피고자 한다. 건국서사시의 발원이라 했던 〈송당계 당본풀이〉 이외에 〈서귀본향당본풀이〉를 비롯한 〈한라산계 당본풀이〉를 덧보태 근원을 보완하고자 한다. 창세서사시가 육지에서 온 것이라 했는데 탐라의 원형질을 제시하고, 신앙서사시와 창세서사시가 한 묶음이었던 근거를 제시하고자 한다. 탐라국 역사는 구비전승을 통해 더욱 보완하여야 한다.

2) 창세와 땅에서 솟아난 신

수렵신을 대상으로 하는 당(堂) 신화로 유명한 것이 제주의 〈서귀본향당본풀이〉다. 아주 오래된 인간의 생업 행위가 수렵과 채취였고 그런 흔적을 동굴벽화와 같은 조형물에서 확인할 수 있고 동물 숭배의 신화에서 확인할 수 있다. 사냥하는 동물은 인간의 먹이가 되어 주기 때문에 소중하고 숭배의 대상이 된다. 사냥하는 행위와 사냥을 관장하는 신에 대한 서사가 가장 오래 된 신앙서사시인데, 〈서귀본향당본풀이〉가 그런 전형적인 예가 된다. 바람웃도란 신은 바람과 사냥과의 관계를 알게 해 주고, 뽕개질은 인간이 도구를 사용하여 사냥하는 태초의 행위를 보여주는 사례다.

그런데 수렵신을 대상으로 하는 신앙서사시 뒤에는 좀 더 근원적인 관심사가 반영된 서사시가 나타난다. 세상은 어떻게 만들어졌을까, 사람과 만물은 어떻게 생겨났을까, 사람들과 동식물은 어떻게 어울리며 살았을까 등등의 의문을 담는 서사를 요구했다. 세상이 생겨난 내력, 인류의 기원, 인간 사회 형성 등을 해명하고 싶어 했다. 그래서 "사냥이 잘 되게 하던 주술을 하던 무당이 천지만물의 형성에 관한 의문을 풀어주고 운행에 관여한다고 하면서 권능을 확대해 원시서사시의 새로운 유형이 생겨나는 변화가 세계 어디서나 일어났다고 할 수 있다. 이런 서사시에 등장하는 문화영웅은 영웅서사시의 주인공으로 이어진다. 창세서사시는 원시에서 고대로의 이행기 서사시라고 할 수 있을 것 같다."[1]는 견해를 청취하면서 신앙서사시와 창세서사시의 관계, 창세서사시와 영웅서사시의 관계를 우선 살피고자 한다.

(1) 신앙서사시와 창세서사시

육지의 창세서사시와 제주의 창세서사시가 유사한 점을 들어 이것이 육지에서 제주로 들어오게 되었음은 이미 밝혀진 바이다.[2] 거기에는 '천지개벽, 인세차지경쟁, 일월조정'이란 신화소가 공통으로 들어있음이 주목되었다. 창세의 주체가 거인신(巨人神)에서 천부지모(天父地母)형 인간영웅으로 바뀌는 점도 비슷하다.[3] 육지에서는 미륵과 석가가 주인공이었는데 천천히 '제석본풀이' 이야기와 섞인다. 제주에서는 대별왕과 소별왕이 주인공으로 등장하는데, 그 이전에는 '거저', '유운

---

1) 조동일, 「제주도 본풀이 변이의 문학사적 이해」, 『제주도 신화 본풀이의 위상과 과제』, 실천민속학회 학술대회 자료집, 2015, 3쪽.
2) 김헌선, 『한국의 창세신화』, 도서출판 길벗, 1994, 17-20쪽.
3) 위의 책, 49쪽, 80쪽; 박종성, 『한국 창세서사시 연구』, 태학사, 1999, 339쪽.

거저', '활선생 거저'가 등장한다.⁴⁾ 해와 달이 둘인 상황에서 '거저'라는 거인을 불러 활로 쏘아 하나씩 떨어뜨리는 설정이다. 인세차지경쟁에는 저승차지 대별왕, 이승차지 소별왕이라고 간략히 서술한 것도 있고 꽃피우기 경쟁으로 인세차지경쟁을 벌이는 경우도 있다.

육지 천지개벽과 차별적인 점도 발견된다. 첫째 천상계의 개입이 없고, 둘째 창세의 주인공이 땅에서 솟아난다고 하고, 셋째 남성 거대신의 창세가 실은 여성 거대신인 설문대할망의 후속형처럼 보인다는 점이다. 창세의 주인공이 〈탐라국 건국신화〉 주인공처럼 땅에서 솟아난다고 하고 있다. 반고씨가 솟아난다고 하고 심지어는 고창학본 〈초감제〉⁵⁾에서는 대별왕과 소별왕도 '솟아난다'고 하고 이어 '星主 聖人도 솟아난다'고 한다. 설문대할망과 같은 여성 거대신의 창세가 주류를 차지했을 것으로 보이지만 무가 본풀이 '초감제'에서는 서서히 도수문장 같은 남성 거대신으로 바뀐다.

> 설문대할망은 하늘과 땅을 두 개로 쪼개어 놓고, 한 손으로는 하늘을 떠받들고 다른 한 손으로는 땅을 짓누르며 힘차게 일어섰다. 그러자 맞붙었던 하늘과 땅 덩어리가 금세 두 쪽으로 벌어지면서 하늘의 머리는 자방

---

4) 반고씨가 한 손에 해 둘, 한 손에 달 둘을 받아 들어 띄워 낮에는 더워 죽고 밤에는 추워 죽는 상황에서 '유운거저'를 불러다 활로 쏘아 하나씩 떨어트렸다고 한다(김헌선, 위의 책, 661-665쪽: '김병효 구연 초감제'). 반고씨 앞 이마에 눈동자 둘, 뒷 이마에 둘이 되니 한 하늘에 해 둘 달 둘이어서 낮에는 더워 죽고 밤에는 추워 죽게 되자 '활 선생 거저님'이 해와 달 하나씩을 떨어트렸다(같은 책, 657-661쪽: '강태욱 구연 초감제'). 대별왕은 활 선생 거저님을 불러다 백 근 활에 천 근 화살을 써서 두 해와 달을 조정하였다(같은 책, 236쪽: '이무생 구연 천지왕본풀이'). 반고씨의 앞 이마에 두 눈, 뒷 이마에 두 눈이 있었는데 부딪혀 해 둘 달 둘이 되었다. 낮에는 더워서 밤에는 추워서 살기 힘들게 되었고, 이때 대별왕과 소별왕이 솟아나 대별왕은 뒤 해 하나 소별왕이 뒤 달 하나를 쏘아 새 별을 만들었다(같은 책, 655-657쪽: '고창학 구연 초감제').

5) 진성기, 『제주도무가본풀이사전』, 민속원, 1991, 655-657쪽.

위(子方位)로, 땅의 머리는 축방위(丑方位)로 제각기 트였다.6)

도수문장이 혼 손으로
하늘을 치받고
또 혼 손으로 지하를 짓눌러
하늘 머린
건술 건방 ᄌᆞ방으로 도업ᄒᆞ고
땅의 머린
축방으로 욜립네다.7)

　설문대할망 이야기의 스펙트럼은 매우 넓다. 창세의 이야기에서부터 우스개 이야기까지 신화, 전설, 민담을 두루 포괄하고 있다. 대부분에게 알려진 창세 이야기는 흙을 퍼 담아 한라산을 만들고 그 흙을 운반할 때 앞치마가 새서 360여 개의 오름도 함께 만들어졌다는 지형 창조 신화다. 그리고 흔한 것은 설문대할망이 무엇인가를 만들다가 실패한 사연인데 증거물을 동반한 전설이다. 할망이 음부로 고기와 짐승을 사냥했던 이야기는 우스갯소리로 민담에 속한다. 그런데 지형 창조의 이야기보다 더 근원적인 신화가 바로 앞에 제시한 하늘과 땅을 분리시켜 창세한 이야기다. 무속에 있는 이야기가 아니라 일반 대중 속에서 유통되었던 것인데, 후에는 〈초감제〉 속에 들어가 무속 서사시가 되었다. 설문대할망은 한라산의 산신으로도 그려지고 바닷가 항해를 하던 사람들의 안전을 돕는 해신으로도 그려지고 있다. 창세서사시가 신앙서사시로 확장된 예라 하겠다. 제주에는 신앙서사시가 창세서사시를 함축하고 있는 경우도 있다. 그 예를 〈초감제〉와 〈서귀본향당

---

6)　진성기, 『신화와 전설』(증보 제21판), 제주민속연구소, 2005, 28쪽.
7)　진성기, 앞의 책, 1991, 655쪽.

본풀이〉를 통해 규명하려 한다.

「베포도업침」

개벽시 시절, 천과이(天開)는 ᄌ(子)ᄒ고 지벽(地闢)에는 축(丑會)ᄒ야
인ᄀ이(人開) 인이(寅會) 도업(都業)ᄒ야, 하늘 머리 올려 올 때 상갑ᄌ년
(上甲子年) 갑ᄌ월 갑ᄌ일 갑ᄌ시(甲子時)예 하늘 땅 새(間) 떡징ᄀ찌 금
이 나옵데다. (…중략…) 상경 계믄 도업 제일릅긴, 요 하늘엔 하늘로 청이
슬 땅으론 흑이슬 중왕 황이슬 ᄂ려 합수뒐 때 천지인왕 도업으로 제이르
자. [樂舞] 인왕도업 제이르니, 하늘에 동으론 청구름 서으로 벡구름 낭그
론 적구름 북으론 흑구름 중왕 황구름 뜨고 올 때에 수성계믄 도업 제이르
자. 요 하늘엔 천왕독은 목을 들러, 지왕독은 놀갤 치와, 인왕독 촐릴 칠
때, 갑을동방 늬엄 들러 먼동 금동이 터 올 때 동성계믄 도업으로 제이르자.
[樂舞] 동성계믄 도업ᄒ니, 요하늘엔 헤가 ᄆ저 나며 벨이 ᄆ자 나옵데다.
(…중략…) 선오성별 도업 홀 때 선오성별 도업으로 제이르자. (…중략…)
낮의 일광 ᄒ나 셍기고 밤의 월광 ᄒ나 셍겨, 낮의 줏아 죽던 벡성 밤의
곳아 죽던 벡성 살기 펜홀 때 월일광(月日光) 도업으로 제이르자. 8)

1. 상경계믄 도업 (천지가 떡징처럼 벌어짐. 삼경에 새날이 열리듯 開門)
2. 천지인왕 도업 (청이슬, 황이슬, 흑이슬이 合水)
3. 수성계믄 도업 (청, 백, 적, 흑, 황 5색 구름이 떠 옴)
4. 동성계믄 도업 (천왕닭, 지왕닭, 인왕닭이 울어 세상이 밝아짐)
5. 선오성별 도업 (샛별, 견우성, 직녀성, 노인성, 북두칠성 5성이 생겨남)
6. 월일광 도업 (해 둘, 달 둘인 변괴를 해결)

창세는 하늘과 땅이 열린 후 하늘과 땅의 물이 합쳐져 만물이 형성되
었다. 그리고 이어 닭이 울어 세상이 밝아진다. 다음으로 하늘에 별이

---

8) 현용준, 『제주도무속자료사전』, 도서출판 각, 2007, 39-40쪽.

먼저 출현하고 이어 해와 달이 출현하는데, 해 둘 달 둘이 생겨나 문제가 야기되고 대별왕과 소별왕이 이 난국을 해결한 것으로 묘사된다. 그런데 천지개벽과 도업을 그리는 데 있어, 육지에는 없고 제주에는 있는 화소가 눈에 띈다. 바로 닭이 울어 세상이 밝아진다는 '동성개문' 화소다.

> 천지혼합으로 제일입니다.
> 엇떠한 것이 천지혼합입니까.
> 하날과 땅이 맛붓튼 것이 혼합이요
> 혼합한 후에 개벽이 제일입니다
> 엇떠한 것이 개벽이뇨
> 하날과 땅이 각각 갈나서 개벽입니다.
> ……
> 동방으로는 이염을 드르고
> 서방으로는 츨리를 치고
> 남북방으로는 나래를 들고
> 천지개벽이 되엿습니다.   박봉춘본, 초감제[9]

> 동방으론 머릴들러
> 서방으론 츨릴들러
> 남방으론 활길들러
> 동성게문 욜립네다   김병효본, 초감제

> 동방으로 머리들어
> 서방으로 홀어들어
> 남방으로 활길들어

---

9) 赤松至誠 · 秋葉隆, 『朝鮮巫俗の硏究』(上), 朝鮮總督府, 1937.

동서게문 열입니다

김두원본, 초감제

동의 머린 서의 촐리
서의 머린 동의 촐리
천팔복이 건술건방
제동방이
수성개문 욜립네다

고창학본, 초감제

동서남북으로 머리와 꼬리와 날개를 형상화하고 닭이 우는 상황을
공통적으로 그려내고 있다. 하늘과 땅이 갈라진 후 "동방으로 잇몸을
들어내고, 서방으로 꼬리를 흔들고, 남북방으로 날개를 들어 꼬끼오
닭이 울 때" 천지가 개벽되었다고 한다. 하루의 첫 새벽이기도 하고
태초의 첫 새벽의 모습을 이렇게 묘사하는 장면은 제주에 유일하다.
우리는 여기서 〈서귀본향당본풀이〉를 주목하게 된다.

천앙득은 목을 꺾으고	천왕닭은 목을 꺽고
지앙득은 늘갤 벌기고	지왕닭은 날개를 벌리고
계명득 소리가 나고	鷄鳴(開明) 닭 소리가 나고
시상이 붉아집네다	세상이 밝아집니다.

진성기, 서귀본향, 박생옥본[10]

천왕득은 목을 들러	천왕닭은 목을 들어
지왕득은 늘갤 치와	지왕닭은 날개를 치고
인왕득 촐릴 칠 때	인왕닭은 꼬리를 칠 때
갑을동방 늬엄들러 먼동 금동이 터올때	甲乙東方 잇몸 들어 먼동이 트고 밝아올 때

---

10) 진성기, 앞의 책, 1991, 497쪽.

동성계문이 도업으로 제이르자	東星開門 도업으로 제이르자.
	현용준, 초감제, 안사인본

진성기의 '서귀본향2'(김홍본)을 보면 서귀본향한집이 한라산에 오다 어둡고 껌껌하니 구상나무 가지를 꺾어 절벽에 끼워두자 "천하 닭이 되어 동성개문(東城開門) 열려 내려서니" 아침이 밝아왔다고 한다. 앞의 동성개문(東城開門) 도업과 한자는 다르지만 동성개문의 사유가 초감제 와 당본풀이에 공유되고 있다. 〈초감제〉에서 천지혼합이 되어 있을 때, 하늘과 땅이 떡징처럼 벌어지고 하늘과 땅의 이슬이 합수되어 만물 이 생긴다. 이어서 천·지·인의 닭이 울어 세상이 밝아졌다는 '베포도 업침'의 장면이 나온다. 이 장면과 〈서귀본향〉의 세상이 밝아지는 장면 이 거의 유사하다. 그러므로 〈서귀본향당본풀이〉 계열의 신화 속에는 천지개벽의 사유가 남아 있다.[11]

애초 수렵과 연관된 신을 섬기는 신앙서사시 속에서 창세서사시가 성장하였던 것인지 아니면 신앙서사시가 다음 시기의 창세서사시의 영향을 받아 변모한 것인지 지금 속단하기는 어렵다. 그러나 육지 창세 서사시를 받아들인 제주에서 독자적인 제주 창세서사시를 발전시켜 나간 점은 인정된다. 신앙서사시를 받드는 집단과 창세서사시를 받드 는 집단을 달랐던 것으로 보인다. 창세서사시는 외부에서 들여온 것이 고 그 주체는 이주민인데, 육지의 이주민과 수렵신을 신봉하는 선주민 은 크게 갈등하지 않고 서서히 접점을 마련하였던 것으로 보인다.[12]

---

11) 이에 대한 자세한 논의는 허남춘, 『설문대할망과 제주신화』, 민속원, 2017, 316-321쪽.

12) 신앙서사시를 받드는 집단과 창세서사시를 받드는 집단이 달랐다는 것은 신앙서사 시가 제주 고유의 신화적 요소로 구성됨에 반해, 창세서사시는 육지에서 전해진 신화적 특성이 강하기 때문이다. 창세서사시의 대표인 〈천지왕본풀이〉는 함경도의 〈창세가〉와 동질적인 것이었고, 〈천지왕본풀이〉를 비롯한 일반신본풀이 12편 중

그것은 다음 시기에도 마찬가지다. 원시에서 고대로의 이행기에 나타나는 창세서사시에는 고대 영웅서사시적 면모도 함께 갖추고 있다고 언급한 바 있는데, 본격적인 고대국가 〈탐라국〉 건설을 주도한 집단은 선주민이다. 창세서사시와는 다른 '땅에서 솟아난' 선주민이었다. 이 건국서사시의 주역을 주목하고자 한다.

(2) 창세서사시와 영웅서사시

제주도의 〈초감제〉와 〈천지왕본풀이〉에서 창세의 이야기를 보면 누가 창세를 주재했는지 명확하지 않고, 그저 하늘과 땅이 한 데 합쳐져 있는 천지혼합의 상태였다가 개벽의 때를 만나 하늘과 땅이 시루떡의 층층이 벌어지듯 열리게 되었다고 했다. 천지개벽이 자연스럽게 이루어진 모습이다. 그런데 도수문장이 한 손으로 하늘을 들어올리고 한 손으로 땅을 밀어내어 분리가 이루어졌다는 이본을 볼 수도 있다. 창세를 주재한 신이 도수문장과 같은 거구(巨軀)였다고 하는데, 이는 설문대할망이 한 손으로 하늘을 들어 올리고 다른 한 손으로 땅을 밀어내 천지가 분리되었다는 창세신화와 유사하다. 설문대할망이 흙을 퍼담아 한라산과 오름을 만들었다는 지형형성 창세 신화가 제주 전역에 두루 전승되고 있는 점을 감안한다면 설문대할망의 창세신화가 먼저 있었던 것으로 보인다. 그러나 시간이 흐르면 거대신의 흔적이 사라지고 좀더 합리적인 서술로 바뀌게 됨을 알 수 있다. 그런 예를 일본의 신화에서도 보게 된다.

8편 정도가 육지의 영향을 받은 것으로 본다. 두 집단이 크게 갈등하지 않았다는 것은 이주한 집단이 주도권을 가지면서도, 앞의 집단이 지닌 신앙서사시를 파괴하지 않고 공존시킨 점을 들 수 있다.

〈일본서기〉에서 하늘과 땅이 분리되기 이전은 혼돈의 상태였는데, 그 가운데 맑고 밝은(淸明) 기운은 길게 드리워 하늘이 되고, 무겁고 탁한(重濁) 기운은 침전하여 땅이 되었다고 한다. 신이 하늘과 땅을 만들었다고 하지 않고 자연적으로 하늘과 땅이 분리되었다고 했다. 8세기의 역사책이 하늘과 땅의 분리를 추상화하여 그려내고 있다. 류큐의 경우도 그런 변화가 드러나고 있다. '아만추'나 '아마미쿄'가 양팔로 하늘을 밀어 올려 천지가 열렸다는 이야기가 전하고 있는데, 제주도처럼 하늘을 들어 올린 이야기 뒤에, 하늘로부터 흙을 가져와 섬을 만들었다는 이야기가 덧보태져 있다. 그런데 거대신의 흔적은 사라지고 변모하여, 음양과 청탁의 구분 및 분리에 의해 천지가 생성되었다고 했다.13)

> 무릇 만물이 생겨나기 전 태초를 태극시라 하는데, 천지혼합 하여 음양과 청탁이 나누어지지 않았었다. 이것이 스스로 나뉘어져서 둘이 되었는데 맑은 것은 올라가 양이 되고, 탁한 것은 내려가 음이 되니, 이로부터 천지의 위치가 정해졌다(夫未生之初, 名曰太極時, 乃混混沌沌, 無有陰陽淸濁之辨. 旣而自分兩儀, 淸者升以爲陽, 濁者降以爲陰, 自是, 天地位定).

혼돈의 상태, 즉 천지혼합의 상태였다가 서서히 자연스럽게 천지가 분리되었다는 점에서 제주도의 〈초감제〉와 같다. 그보다 앞선 시기에는 분리의 주체인 거대신이 있다. 류큐의 아마미쿄는 섬을 만드는 데 그치지 않고 하늘에 올라가 사람의 종자를 받아가서 섬에 사람을 창조하기도 하였다. 태초의 상황을 그리고 있다는 점에서 〈탐라국 건국신화〉를 연상하게 한다.

---

13) 『중산세감』, 1650; 『蔡鐸本 中山世譜』, 1701.

耽羅縣 在全羅道南海中 其古記云 <u>太初無人物三神人從地聳出</u> … 我是日本國使也吾王生此三女云 <u>西海中嶽降神子三人</u>將欲開國而無配匹 於是命臣侍三女以來14)

瀛州 太初 <u>無人物也 忽有三神人 從地湧出</u>鎭山北麓 有穴曰毛興 … 瑞色蔥朧有中<u>絶岳 降神三人</u> 將欲開國而無配匹 於是 命臣侍三女以來15)

〈탐라국 건국신화〉가 실린 고서(古書)들은 대부분 세 신인이 솟아나기 전, "태초에 사람이 없었다."는 사정을 분명히 한다. "유럽과 북미의 창조신화는 최초의 인간이 식물처럼 대지로부터 솟아올랐다고 상상한다."16) 최초의 인간이 씨앗처럼 땅속에서 생애를 시작한다는 말이다. 말리노프스키도 일찍이 남서 태평양 신화 조사를 하면서, 최초의 인간은 땅속에 있었으며 때가 되면 주술적인 힘을 가지고 땅 위로 출현한다고 여겼다. 그런데 인간을 만든 주체 신격이 없으니, 이는 온전한 창세신화에서 다소 멀리 있는 것이 아닌가 하는 의문이 생긴다. 하지만 태초의 상황에서 인간이 출현한 표현은 창세신화의 범주에서 논할 만한 가치가 있다고 본다. 이뿐만이 아니다. 제주도 당신들의 대부분 땅에서 솟아난다. 〈탐라국 건국신화〉의 사유는 창세서사시가 지닌 일부의 모습과 유사한데, 다음의 예는 태초에 인간이 탄생하는 창세의 이야기에 훨씬 더 가깝다.

以吾가 들으니 … "천지가 시작될 때에는 본시 인간이 없었다. 곧 인간은

---

14) 『高麗史』卷58, 志 卷第11 地理2.

15) 『瀛洲誌』, 『耽羅文獻集』, 제주도교육위원회, 1976, 2쪽: 현용준, 「三姓神話 研究」, 『탐라문화』2, 제주대학교 탐라문화연구소, 1983 재인용.

16) 카렌 암스트롱, 이다희 역, 『신화의 역사』, 문학동네, 2011, 51쪽.

조화에 의하여 생겨난 것으로 대개 천지의 기운이 이것을 낳게 하는 것이
다." 하였다. 또한 득종의 선대의 사적이 이러한 것을 보고나서 신인의
출생이란 보통 사람과 다르다는 것을 알게 되었다.[17]

정이오가 고득종의 청에 의해 〈성주고씨전〉을 지었는데, '지중용출'
(地中湧出)이란 특별한 탄생에 대해 위에서처럼 천지의 시작과 천지의
기운과 인간의 출현을 언급하고 있다. 탐라국 건국의 주역인 고양부의
탄생담을 창세신화의 신비한 분위기와 맞닿게 서술하고 있어, 창세신
화가 후대의 건국신화에까지 영향을 미치고 있음을 확인할 수 있다.
그런데 반대로 건국신화의 주인공이 땅에서 솟아났다고 하는 사연이
창세신화에 영향을 주고 있어 이채롭다.

> 동방으로 청의동즈 반고씨가 솟아나니 … 대밸왕 솟아나고 소밸왕이 솟아
> 나고 … 노즈님은 어머님 배속에서 일은요듭해 사난 배울 일도 다 배우고
> 생길 일도 다 생기고 흐연 금시상에 솟아난 보난에 성주성인(星主聖人)
> 솟아나고   고창학본, 656-657쪽

> 반고씨가 해음엇이 솟아진다 … 천왕씨가 열두양반 솟아지고 … 단군님이
> 단군날로 솟아지연 … 고량부(高良夫) 삼성왕(三姓王)이 무운굴(毛興穴)로
> 솟아지연   강태욱본, 657-659쪽

> 태고라 천황씨 시절에는 반고씨가 이미 낳난 … 노즈님 촛나라 회양땅
> 큰어른으로 솟아정 안씨부인 배를 빌어 …   김병효본, 662-663쪽

---

17) 『星主高氏傳』; 『국역 동문선』, 민족문화추진회, 1982, 112쪽(天地之始 固未嘗先有人
也 則人固有化而生者矣 蓋天地氣生之也 又觀得宗先世如此而後 有以知神人之生 異於
人也).

을축 삼월 열사흘날 모흥굴로 즈시에 고이왕이 솟아나고 축시에 양이생이
솟아났수다 인시에 부이민이 솟아났수다.   신연봉본, 665쪽[18]

영평 팔년 을축(乙丑) 삼월 열사을날 즈시 셍천 고의왕, 축시 셍천 양의왕,
인시 셍천 부의왕 고량부(高良夫) 삼성(三姓)이 모은골로 솟아나 도업(都邑)
ᄒ던 국이외다.   초감제, 47쪽[19]

고창학본에서는 제주 통치자인 성주(星主)처럼 반고와 대별왕과 소
별왕 노자가 솟아낫다고 했다. 표현이 솟아났다고 하지만, 대별왕과
소별왕은 천상계에서 내려온 천지왕과 지상계의 총맹부인의 아들이니
어머니의 뱃속에서 나온 존재이면서 천상계과 연관이 있고, 노자의
출생도 어머니의 뱃속에서 78년을 살다 나왔다고 하였으니 땅에서 솟
아난 것과는 다를 수 있다. 그런데도 모두 솟아났다고 하니 그 관형적
인 표현에 주목할 만하다. 강태욱본에서는 반고, 천왕씨, 단군, 고량부
삼성 모두가 땅에서 솟아났다고 했다. 중국의 창세신만이 아니라 성인
인 천황씨, 그리고 우리나라 첫 왕국의 건국주인 단군이 하늘에서 내려
온 것이 아니라 땅에서 솟았다고 하여 고량부 삼신인의 탄생담에 동화
된 문맥이다. 김병효본은 위와 다르게 반고가 이미 태어났다고 했고,
노자도 솟았다고는 했지만 안씨 부인의 배를 빌어 태어났다고 했다.
신연봉본에서는 고량부가 땅에서 솟았는데 고위왕(高爲王) 양위신(良爲
臣) 부위민(夫爲民)이라 하여 고량부가 군신민의 서차를 지닌 채 솟아났
다고 한 점이 이색적이다. 안사인본은 우리가 잘 아는 문맥으로, 고량
부 삼신인이 땅에서 솟아난 내력이다.

---

18) 진성기, 앞의 책, 1991, 371쪽, 656-665쪽.
19) 현용준, 앞의 책, 47쪽, 552-553쪽, 650쪽.

아방국은 웃손당 어멍국은 셋손당 알손당은 소로소천국 금백주. 아들애기 예레둡 똘애기 쑤무요둡 손지 방상 일은 요둡 질소싱 삼백일은 요둡. 제주 천하 알에 그디가 블히공이란 몬 이 당 알로 솟아났수다.

괴뇌깃당, 371쪽

가온딧도 소천국 알손당 고부니ᄆ를 솟아나시고, 강남천제국(江南天子國) 벡몰레왓(白沙田)디서 솟아나신 백줏도마누라.   궤눼깃당, 552-553쪽

할로영주삼신산 상상고고리 섯어께 을축(乙丑) 삼월 열사을날(13일) 유시 (酉時) 아옵성제(9형제) 솟아나니, 아옵성제 각기 각분(各分)홀 때, 큰성님 은 정이(旌義) 수산(水山) … 아옵차 섹달리(穡達里) 제석천왕하로산, 각 ᄆ을에 분거뒈였는디,

상창하르방당, 650쪽

첫 번째는 진성기 채록이고 두 번째는 현용준 채록인데 당 이름 표기 는 다르지만 같은 당이다. 궤네깃당본풀이는 송당계 신화인데 한라산 북쪽의 대표적인 당(堂) 신화이다. 한라산 남쪽은 한라산계 신화라 하는 데, '상창하르방당본풀이'처럼 대체로 아홉 형제가 한라산에서 솟아난 신화다. 이처럼 제주의 대표적인 신은 땅에서 솟아난 내력을 지닌다. 〈탐라국 건국신화〉는 영웅신화이고 그 원형은 제주도 당본풀이에 두 루 퍼져 있는 영웅서사시다. 그 영웅들의 땅에서 솟아나는 내력이 고대 서사시인데 그 주역들이 앞 시대의 창세서사시와 어떤 차이를 보이는 지 살펴보겠다. 고대 건국서사시를 가진 집단의 등장은 창세서사시를 가진 집단의 퇴진과 관련이 있다고 한다. 그래서 조동일 교수는 "창세 서사시와 영웅서사시가 대등하게 전승되는 곳의 경우는, 종교적 지도 자의 영향력을 밀어내고 정치적 지배자가 다른 데서 등장해서 국가 창건의 과업을 수행했다. 제주도에서는 창세서사시를 받드는 집단의

주도권을 앗아간 다른 세력이 탐라국을 건국하면서 영웅서사시를 만들어냈던 것으로 보인다."[20]고 했다.

역사의 당연한 흐름처럼 기존의 종교 집단이 밀려나고, 새로운 고대 국가 지배자가 등장한 것으로 보고 있다. 기존 집단은 창세서사시를 신봉하던 집단이었는데, 새로운 정치 집단은 기존 창세서사시를 배척하거나 탄압하지는 않았지만 새로운 건국신화를 만들어 자신의 신성성을 구축하였다는 말이다. 제주에 남겨진 창세서사시를 통해 배척과 탄압을 받지 않은 내력을 알 수 있다. 그러나 정치집단의 교체는 어쩔 수 없는 상황이었다. "'창세서사시' 시대에는 이주민이 위세가 대단해 위축되었던 선주민이 자기 쪽의 사고형태를 통일헌법으로 삼아 양쪽을 합칠 수 있게 성장했다."[21]는 말 속에 새로운 통치자의 등장을 수긍할 수 있다. 그리고 이 건국 주역은 하늘에서 내려온 집단과는 구별되는 '땅에서 솟아난 집단'임을 표방하는 토착 세력이고, 땅에서 솟아난 신화는 탐라국의 독자적이고 주체적인 측면을 의미한다.

건국 주역은 토착 세력이라고 보는데, 강력한 이주자의 흔적이 있어 이들이 건국 주역이라는 견해도 있다. 고대 탐라에 고구려계 출자집단[22]이 입도한 것을 토대로 그들이 건국 주역이라고 본 박종성 교수의 견해도 있다. "이 집단은 창세서사시를 가져와 세력을 확장하는 과정에

---

20) 조동일, 『세계문학사의 전개』, 지식산업사, 2002, 41쪽.

21) 조동일, 「탐라국 건국서사시를 찾아서」, 『제주도연구』 19, 제주학회, 2001, 100쪽.

22) 본토민 가운데 부여·고구려 계통 사람들이 제주에 이주해 온 흔적이 있다. 당 용삭 초(661~663)에 유리도라(儒李都羅)가 사신을 보내 입조하였고, 후에(723) 달미루(達末婁)가 당에 조공하였다고 전한다. 달미루는 스스로 북부여 후예라고 하고, 고구려가 그 나라를 멸망시키자 남은 사람들이 나하를 건너 그곳에 산다고 했다[達末婁自言北夫餘之裔 高麗滅其國 遺人渡那河 因居之(『新唐書』卷220, 東夷傳, 儋羅)]. 달미루의 일은 훨씬 뒤의 일이지만, 고구려가 부여를 멸망케 한 것은 기원전후의 사정이었다고 보아 마땅하다.

서 고대서사시로의 변천을 시도했고, 그 양상이 부여·고구려계통의 신화로 인정되는 '제석본풀이'형으로 나타났다고 생각한다."고 하면서 탐라의 시조전승에 "고씨와 부씨로 구체화하고 乙那라고 하는 부여·고구려계통의 호칭을 결합시켰다."[23]고 하여, 창세서사시를 가져온 집단을 부여·고구려계로 보고 기존의 신화에 고씨와 부씨의 호칭을 결합한 것도 이 집단의 소행으로 보았다. 그런데 탐라국 건국서사시에 성씨가 결합한 것은 훨씬 후대의 일일 것이고, 창세서사시를 담당했던 세력과 건국서사시를 내세운 집단은 서로 달랐을 것이 자명하다. 그 이유는 '땅에서 솟아난' 탐라의 고유한 신화소 때문이고 이런 화소는 전 세계에서 제주가 가장 많기 때문이다. 그래서 "그 어느 쪽을 보더라도 탐라국 역사를 본토의 역사에 종속시켜 이해하는 것은 부당"[24]하다는 점에 동의한다.

창세서사시는 영웅서사시에 앞서고, 탐라국 형성 이전에 이주민 세력이 이 '창세서사시'를 가져와 위세를 떨치고 있었다. 물론 창세서사시는 원시 혹은 원시에서 고대로의 이행기 서사시이고, "해와 달을 조절해 천체의 이변을 해결하고 농사가 잘되게 한 것을 뜻하므로 수렵민과 다른 농경민이 등장하면서 서사시가 달라졌다."[25]고 볼 수 있다. 그러나 이주민 세력에 눌려 위축되었던 토착세력이 주도권을 잡으면서 건국서사시를 창도하였다고 본다.[26]

---

23) 박종성, 『한국 창세서사시 연구』, 태학사, 1999, 336-337쪽.
24) 조동일, 앞의 논문, 2001, 117쪽. 다른 글에서도 "창세서사시와 영웅서사시 사이에도 많은 차이점이 있어 새로운 집단이 등장해서 서사시를 혁신했다고 볼 수 있"다고 했다(조동일, 『동아시아 구비서사시의 양상과 변천』, 문학과지성사, 1997, 56쪽).
25) 위의 논문, 2001, 97쪽.
26) 토착세력이 이주민 세력에 눌려 있다가 주도권을 잡게 된 근거는 알 수 없다. 하지만 토착세력이 주도권을 잡고 건국하였다는 것은 땅에서 솟아난 영웅의 탄생담이 탐라국 건국신화의 핵심이기 때문이고, 하늘에서 내려왔다는 한반도의 건국신화와 다르

제주에는 수렵민과 관련된 서사시가 남아 있어 오래된 신앙서사시의 흔적을 확인할 수 있다. 다음으로 농경을 위주로 하는 이주민의 등장을 보여주는 서사시도 많다. 그러니 수렵에서 농경으로의 진전은 자연스럽다. 그리고 수렵민과 농경민의 갈등과 화해는 다음에 이어질 이야기가 된다. 갈등 혹은 화해의 내용이 당신본풀이에 풍부하게 전승되고 있다. 그러니 수렵을 위주로 하는 토착집단에 이주민이 들어와 합치고 고대국가를 열 수 있는 능력을 발휘하게 되었으되, 그 주도권은 토착세력이 지니고 있었다고 보면 될 것이다. 수렵을 하던 토착집단에 농경을 위주로 하는 이주 집단이 결합하는 양상은 〈탐라국 건국신화〉의 핵심이다.

3) 고대서사시 속의 탐라국의 실체

탐라현(耽羅縣)은 전라도 남쪽 바다 가운데 있다. 그 고기(古記)에 이르기를 태초에 사람도 생물도 없었는데 3명의 신인(神人)이 땅으로부터 솟아 나왔는데[이 현의 주산(主山)인 한라산 북쪽 기슭에 모흥(毛興)이라는 굴이 있는데 이곳이 바로 그 때의 것이라고 한다.] 맏이는 양을나(良乙那), 둘째는 고을나(高乙那), 셋째는 부을나(夫乙那)라고 하였다. 이 세 사람은 먼 황무지에 사냥을 하여 그 가죽을 입고 그 고기를 먹고 살았는데 하루는

기 때문이다. 한반도에서 건너온 이주민은 부여·고구려계일 수도 있다. 이주민은 철기문명을 가지고 도래한 것으로 보인다. 그런데 이들이 고대국가 건설의 주역이라는 근거는 없다. 제주의 원시·고대서사시를 시대 순으로 나열하면, 신앙서사시-창세서사시-건국서사시인데, 신앙서사시 집단이 건국서사시 집단과 연결된다. 당 신화와 건국신화가 서로 연결되고 영향관계에 놓여 있다고 볼 수 있다. 당 신화와 건국신화의 교섭과 선후관계는 파악이 쉽지 않지만, 〈서귀본향당본풀이〉나 〈궤네깃당본풀이〉 등은 건국신화에 앞선 것으로 파악된다.

자색 봉니(封泥)로 봉인을 한 나무 상자가 물에 떠 와서 동쪽 바닷가에 와 닿은 것을 보고 곧 가서 열어 보았더니 상자 속에는 돌함과 붉은 띠에 자색 옷을 입은 사자(使者)가 따라와 있었다. 돌함을 여니 그 안에서 푸른 옷을 입은 세 명의 처녀와 각종 망아지와 송아지 및 오곡(五穀) 종자가 나왔다. 그 사자가 말하기를 "나는 일본의 사신인데 우리나라 왕이 이 세 딸을 낳고 말하기를 '서해 가운데 있는 산에 신자(神子) 3명이 탄강하여 장차 나라를 이룩하고자 하나 배필(配匹)이 없다'고 하면서 나에게 명령하여 이 3명의 딸을 모시고 가게 하여 이곳에 왔습니다. 당신들은 마땅히 이 3명으로 배필을 삼고 나라를 이룩하기를 바랍니다." 하고 말을 마치자마자 그 사자는 홀연히 구름을 타고 가 버렸다. 3명은 나이에 따라서 세 처녀에게 장가들고 샘물 맛이 좋고 땅이 건 곳을 택하여 활을 쏘아 땅을 점치고 살았는데 양을나(良乙那)가 사는 곳을 일도, 고을나(高乙那)가 사는 곳을 이도, 부을나(夫乙那)가 사는 곳을 삼도라고 하였다. 이때 처음으로 오곡을 심어서 농사를 짓고 망아지와 송아지를 길러서 목축을 하여 날이 갈수록 부유해 가고 인구가 늘어 갔다.　　　　　　〈고려사〉 지리지

태초에 고·양·부 3신인(神人)이 땅에서 솟아나 사냥을 하면서 지냈는데 바다 멀리서 배가 떠왔다. 일본국(혹은 벽랑국)에서 온 세 공주였는데 맞이하여 각각 배필로 삼고 활을 쏘아 거주지를 정하고, 1도와 2도와 3도에 나누어 살게 되었다. 세 공주는 오곡종자와 송아지와 망아지를 가지고 와서 농사를 짓게 되었고 나라 살림이 나날이 불어나 살기 좋은 땅이 되었다.

세 신인이 고·양·부 세 성씨의 시조가 되었다고 해서 '삼성신화'라고도 불린다. 이런 탄생담은 종래의 한국 건국신화와는 사뭇 다르다. 한국의 건국 영웅은 하늘에서 내려오는 것으로 되어 있다. 이는 천상계의 권위를 빌려 지배의 정당성을 확보하려는 사유가 담겨 있다. 북방의 사정이 이러하다면 남방의 탐라국은 독자적인 문화를 보인다. 탐라의

건국 영웅은 땅에서 솟아나는데, 이는 대지가 만물을 산출한다는 사유의 반영이다. 식물들처럼 인간도 땅에서 솟아났다고 하는 사유는 전 인류의 원초적 사유였는데 제주에 두드러지게 남아 있다. 다른 나라 신화에는 드문 화소가 제주에 집중적으로 전한다. 제주의 당본풀이에 등장하는 신들의 대부분은 땅에서 솟아나고 일부 신들은 바다를 건너오는 것으로 되어 있다.27) 이 당본풀이가 시련을 견디고 투쟁에서 승리하는 고대 영웅서사시의 모습을 보여 준다.

고대 영웅서사시 중 궤네깃당본풀이 또는 같은 계열의 송당본풀이는 탐라국 건국신화의 근원적 신화에 해당된다. 송당본풀이의 소로소천국이 땅에서 솟아나듯이 삼성신화의 삼신인도 땅에서 솟아났다. 송당본풀이가 '웃송당', '셋송당', '알송당'의 상·중·하당의 세 신당이 공존하듯이, 건국신화에서는 고을라·양을라·부을라의 삼신인이 등장한다. 송당본풀이의 여신 백주또가 무쇠철갑에 실려 제주에 표착하고 있듯이 건국신화의 삼여신도 목함과 석함에 담겨 제주에 표착하고 있다. 송당본풀이의 남신이 사냥을 위주로 하고 여신(백주또)은 남신으로 하여금 농사를 새로이 시작하게 하듯이, 건국신화에서 남신들은 사냥을 주업으로 삼고 있는데 삼여신은 오곡종자를 가져와 농사를 시작한다. 송당본풀이의 남신(문곡성, 소로소천국의 아들)이 제주도 전체를 지배하는 신격이 되듯이 건국신화의 삼신인이 탐라국을 건국하여 제주 전체를 지배하는 신격이 된다.28)

활을 쏘아 거주지를 정하고, 1도와 2도와 3도에 나누어 살게 되었다고 했는데, 1도 2도 3도는 지금 제주시에 남아 있는 지명일 수 있고 혹은 제주목과 대정과 정의 세 곳을 의미한다고 볼 수도 있다. 활을

---

27) 허남춘, 「제주의 신화」, 『제주학개론』, 제주연구원 제주학연구센터, 2017, 210-211쪽.
28) 조동일, 앞의 책, 1997, 89쪽.

쏘아 살 곳을 정하는 화소는 서귀포 쪽 고대 영웅서사시에 산견된다.

> 큰 성님은 과양당 셋성님은 정의(旌義) 서낭당. 말잣아시(末弟) 대정(大靜)
> 광정당, 싀성제(三兄弟) 뒙네다. (다음은 세상을 어지럽히는 김통정을 제
> 압하는 내용이 이어진다.)
> 이젠 싀성제(三兄弟)가 활을 쏘와 츠지홀 땅을 갈르는디, 큰 성님은 활을
> 쏘난 정의 대정 새에 져 정의 대정 굽 갈르고, 셋성님 쏜 활은 모관(牧內)
> 정의 굽 갈르고, 맛잣아신 모관 대정 새엘 쏘아 모관 대정 굽을 갈라, 큰성
> 님은 모관 과양당에 좌정ᄒᆞ고, 셋성님은 정의 서낭당 좌정ᄒᆞ고, 말잣아신
> 대정 광정당 좌정허여 모관 정의 대정 츠지홉데다.29)

〈광정당본풀이〉는 신의 계보상으로는 송당계, 서사유형상으로는 한
라산계에 속하는 자료로, 산남에서 전승되는 자료로는 유일한 송당계
본풀이다. 화살을 쏘아 분거하였다는 점에서는 삼성신화와 비견된다
고 하겠다. '광정당본풀이'에서는 건국신화에서 고을나, 양을라, 부을
라 3형제가 활을 쏘아서 경계를 구분했듯이 3형제가 각기 활을 쏘아서
정의와 대정과 목안(牧內)의 경계를 가른다. 그래서 큰 형님은 목안 광
양당에 좌정하고, 둘째는 정의 서낭당에 좌정하고, 셋째는 대정 광정당
에 좌정하여 각기 제주목, 대정현, 정의현을 차지한다. 한라산계 당본
풀이에서 형제가 바둑으로 형과 동생의 순서를 정한 후에, 형과 동생이
활을 쏘아 분거하였다는 것도 상통한다. 탐라국 건국신화의 원형이
남제주군 지역에 여럿 남아 있는 셈이다.

고씨 문중 기록인 〈장흥고씨가승(長興高氏家乘)〉에 의하면 고을라가
사는 곳은 1도인데 한라산 북쪽일도리라 했고, 양을라가 사는 곳은

---

29) 현용준, 앞의 책, 658-659쪽: '광정당'.

2도인데 한라산 우익의 남쪽 산방리라 했고, 부을라가 사는 곳은 3도인데 한라산 좌익의 남쪽 토산리라 했다. 이런 영주지계 자료를 얻어본 이형상은 고씨세계를 인용한다고 하면서 거의 비슷한 언급을 하고 있다.[30] 1도 2도 3도가 각각 제주 대정 정의 세 곳을 의미하는 것으로 기록되어 있으니, 구비전승된 고대서사시와 부합한다.

(1) 해양능력과 고대문명 수용

송당계 신화에서 소로소천국이 사냥을 하여 생업을 꾸려나갔는데, 자녀들이 많아지자 백주또가 농경을 권하고 있는 것으로 보아 여성신에 의해 농경이 시작된 것으로 그려지는데 탐라건국신화에서도 그렇다. 제주의 고·양·부 3신인은 사냥을 하면서 지내다가, 3여신과 혼인하여 농경문화를 정착시킨 것으로 볼 수 있다. 그러므로 송당본풀이와 건국신화는 함께 남성신의 수렵문화에서 여성신의 농경문화로 이행하는 과정을 보여 준다. 두 문화의 결합은 큰 힘을 발휘하게 하였고, 고대국가의 건설에까지 미치게 된다.

탐라국 건국신화에서 주목할 점은 바로 여신의 도래(渡來)이다. 여신들은 오곡종자를 가지고 들어온다. 철기문화·직조문화·농경문화는 고대문명과 연관된 것이고, 이것들은 고대국가 형성에 긴요한 것이었음을 알 수 있다. 철기와 비단과 오곡을 가지고 새로운 땅으로 가 그곳에서 새로운 문명을 일구어 낸 이야기가 고대 건국신화의 주류를 이룬다. 제주의 건국신화도 이런 반열에 든다고 하겠다. 제주 건국신화에서는 3여신이 오곡종자 외에 송아지·망아지를 가지고 들어왔다고 한다. 소와

---

30) 高氏世系錄曰 三人射矢卜地 高所居曰 第一徒 漢拏山北 一徒里 良所居曰 第二徒 漢拏山右翼之南 山房里 夫所居曰 第三徒 漢拏山左翼之南 土山里(『南宦博物』, 誌蹟條).

말 역시 농경에 필요한 동력이었다. 고대국가는 어느 한쪽의 능력만으로 되는 것이 아니었고 상당 기간의 길항 과정을 겪었던 것으로 보인다.

건국신화의 맥락 속에는 수렵 채취에서 농경과 목축으로 경제체제가 변화되었던 점이 드러나지만, "본도가 완전히 지배적인 생계양식으로서 농경과 목축에 의존한 바 없었다."[31]는 견해도 있다. 중요한 기술적 전환은 쉽게 정착되는 것이 아니고 시일을 요구한다는 지적에 동조한다. 인간의 경제적 발전은 채취와 사냥에서 농경과 목축으로 이행되어 가는데, 이렇게 진행되면 사냥과 농사를 병용하는 단계가 등장하고, 이때 제주도에서는 〈궤네깃당본풀이〉라고 하는 특별한 본풀이를 구현하고 돼지고기를 먹는 특별한 의례를 거행[32]한다고 했다. 이후 가축을 키우는 시대로 전환하게 되어 '가축과 돼지의 제의'가 발생한다고 했다. 제주는 이후에도 '수렵-농경'이 병존하였고 두 문화의 갈등은 미식파(米食派)와 육식파(肉食派) 신의 갈등양상으로 전개되고 있기 때문이다. 남신이 사냥을 위주로 하면서도 여신의 육식에 대해 비판하고 별거를 주장하여 결국 남녀신이 따로 좌정하게 되고, 남신은 자신의 취향에 맞는 미식(米食)의 여신을 첩으로 들어앉힌다. 제주도 일렛당 계열의 본풀이는 이런 모순을 보여주는데, 핵심은 육식과 미식의 갈등이 지속되고 있고, 어느 한 편의 승리로 귀결되니 않았다는 점이다.

제주에는 당신본풀이가 많이 남아 있는데, 부부신이 좌정하여 있는 경우 남신이 토착신이라면 여신은 도래신이다. 여신이 본향당의 주인인 경우도 많은데 바다를 건너온 여신이 많다. 바다를 건너온 여신도 제 땅에서 솟아났다고 했다. 〈송당본풀이〉 백주또의 경우 강남천자국

---

31) 진영일, 『고대 중세 제주역사 탐색』, 제주대 탐라문화연구소, 2008, 317쪽.
32) 김헌선, 「중국 원난성 소수민족의 신화세계」, 『남방실크로드 신화여행』, 아시아, 2017, 75-76쪽.

금모래밭에서 솟아난 후 바다를 건너 제주에 왔다. 혹은 〈칠머리당본
풀이〉처럼 남신인 도원수지방감찰관이 강남천자국에서 솟아난 후 제
주에 들어온 경우도 있다. 토착신과 도래신은 각각 선주민과 이주민으
로 변별되는 존재인데, 두 부류 모두 땅에서 솟아난 것으로 되어 있다.
도래신의 내력에 변이가 생긴 것이다.33) 서로 출생의 방식에 대해 갈등
하지 않고 주도권을 쥔 상대의 방식을 인정해 주면서 타협이 이루어졌
다. 그 대신 바다를 건너온 상대방의 능력을 인정해주고 새로운 국가의
동력으로 삼았다. 1대는 토착신과 도래신이고 이질적인 존재였지만,
다음 세대인 아들 대(문곡성이나 궤네깃도처럼)에 이르러 정체성도 강화하
고 해양능력도 자기화하는 데 이른다. 궤네깃도의 신적 성취는 바로
해양능력에서 비롯된다.

> 억만대벵을 내여주시니 싸움흐레 나간다. … 벡만군ᄉᆞ를 데동허여 조선국
> (朝鮮國)을 나온다. …… 방광오름 가 방광을 ᅴ번 쳐서 벡만군ᄉᆞ(百萬軍
> 士)를 허터두고, "벡만군ᄉᆞ는 본국으로 돌아가라."34)

> 억만대병 억만군ᄉᆞ를 내여줬다. 굴량을 일천석 굿추고 일천벵마 삼천군벵
> 을 거느리고 제주를 입도했다.35)

---

33) 이주민이 자기네 시조가 하늘에서 내려왔다고 하는 신화를 가지고 와서, 선주민은
　　자기네 시조는 땅에서 솟아났다고 하는 반론을 제기했으며, 이주민이 자기네 선조도
　　땅에서 솟아났다고 하는 데 동의하자 양쪽의 결합이 이루어져 탐라국을 건국하게
　　되었다고 보는 것이 최상의 추론이다.(조동일, 앞의 논문, 2001, 117-118쪽 참조.)
　　조동일 교수는 이 논문을 발표하고 필자는 이 논문에 대해 토론을 맡은 적이 있다.
　　그때 필자의 질문에 대한 답변이 논문집에 실려 있다. '논문-토론문-질의에 대한
　　답변'이 함께 실린 예는 흔치 않다. 토론문도 6페이지고 답변도 4페이지다. 필자는
　　2001년 이 논문의 답변에 대한 나름의 재답변을 구상한 바 있다. 이제 그 묵은
　　숙제를 하는 셈이다.
34) 현용준, 앞의 책, 557-559쪽.
35) 진성기, 앞의 책, 1991, 413-414쪽: '이상문 구연 손당본향'.

　강남천자국에 난리가 나서 궤네깃도가 억만 군사를 받아 난리를 평정한다. 그리고 백만 군사를 대동하여 조선국 제주로 돌아온다. 궤네깃도는 제주도를 차지한 후 백만 군사를 돌려보낸다. '백만 군사'란 규모가 과장되긴 하였겠지만 엄청난 탐라국의 해상능력을 그렇게 표현한 것이라 할 수 있다. 아래 인용문에서도 문곡성은 억만 군사를 받아 강남천자국에서 난리를 평정하고 일천 병마와 삼천 군병을 거느리고 다시 제주도로 돌아온다. 앞의 '백만 군사'보다는 규모가 작지만 '일천 병마 삼천 군병'도 고대국가를 형성하는 데는 손색이 없는 해상능력이라 하겠다. 그래서 조동일 교수는 '탐라국 건국서사시'가 재래의 수렵민과 외래의 농경민이 결합되어 생산력을 발전시킨 토대 위에서 안으로 정치적인 통합을 이룩하고 밖으로 주권을 지키는 영웅이 해상활동을 통해 힘을 키워 작지만 당당한 나라를 세운 위업을 나타냈다고 하면서, 탐라국이 백제·신라·일본·중국 등과 외교관계를 가지고 왕래하면서, 상대방에 비해 모자라지 않는 정치적 역량, 군사력, 항해능력 등을 두루 갖추었기 때문에 그럴 수 있었다[36]고 했다.

　제주도 본풀이를 보면 고려 건국신화와 유사한 〈군웅본풀이〉도 있는데, 서해용왕과의 싸움에서 당한 동해용왕의 아들이 왕장군에게 도움을 청하자 활로 서해용왕을 물리치고 용왕의 딸을 아냐로 맞아 세 아들을 두는데, 이들이 각각 강남 천자군웅, 일본 효자군웅, 조선 역신군웅이 된다고 했다. 바다에서 용맹을 떨치고 중국과 일본과 조선의 바다를 지배하는 신격의 모습을 발견하게 된다. 제주 당신들의 경우 땅에서 솟아난 신 이외에는 주로 바다를 건너오는데, 그 출자처가 서울과 육지도 있지만 대부분 강남천자국이다. 애초 탐라국 건국을 도운

---

36) 조동일, 앞의 논문, 2001, 102-104쪽.

세력은 이주민이되 한반도 본토 출신이었을 것으로 보지만, 새로운 문물을 가져오거나 새로운 당신으로 좌정하는 영웅들이 바다를 건너온다. 영등신의 출자처도 강남천자국이다. 강남은 중국 양자강 남쪽이고, 천자국은 중국의 천자가 거처하는 크고 문물이 번성한 땅이란 의미일 것이다. 제주에서 축출되어 바다를 건넜던 영웅들도 강남천자국을 경유하여 다시 제주로 돌아온다. 이런 서사의 본질은 탐라국이 애초 해양능력37)을 갖추었음을 시사하는 것이라 하겠다.

(2) 기록화와 변이

고대국가의 형성기의 고고학적 증거도 탐라국의 면모를 추정할 수 있게 한다. 1928년 산지항 축조공사시 발견된 오수전은 B.C.118년부터 주조되어 사용되었던 화폐이며 왕망 때 잠시 사용과 주조가 금지되었다가 후한 이후 다시 주조되었고, 오수전이 왕망전과 함께 출토되기 때문에 그 연대가 기원후 1세기를 크게 벗어나지 않는다고 한다.38) 이 오수전은 중국과 상당한 왕래와 교역을 뜻한다. 중국과 일본의 중계무역을 추정할 수도 있다. 고대 탐라국 역사기술을 동아시아 또는 동지나 해양문화권으로 잡는 것이 타당하다. 함께 발견된 화천, 대천오십, 화포의 주조 시기도 기원후 1세기에 한정된다. 탐라초기 물자교류는 중국과 삼한과 주호(탐라)와 왜를 잇는 동북아 교역을 의미한다.39)

---

37) 한참 뒤의 일이긴 하지만, 『조선왕조실록』, 〈성종실록〉 성종 8년(1477) 기록에 의하면, 두독야지(頭禿也只; 한라산 이칭, 제주도 사람) 사람들이 강기슭에 의지하여 집을 지었는데, 의복은 왜인과 같으나 언어는 왜 말이 아니고, 漢語도 아니고, 선체는 왜인의 배보다 더욱 견실하고 빠르기는 이보다 지나치는데, 항상 고기를 낚고 미역을 따는 것을 업으로 삼는다고 했다(船體視倭尤堅實而迅疾則過之.) 제주의 항해술을 짐작할 만하다.

38) 이청규, 『제주도 고고학연구』, 학연문화사, 1995, 194-195쪽.

이 교류의 주역을 주호(州胡)로 보고 주호국이 1세기 때에 중국과 교류했음을 강조하지만 주호를 계승하는 탐라국의 실체에 대해서는 별로 주목하지 않고『삼국사기』의 5세기 기록으로 건너뛴다.[40] 기원 전후 한 시기에 한대(漢代) 유물이 출토되어, 직접적인 교역과정으로 추정하지만 단정 짓기 어렵다고 고민한다.[41] 오수전 교역이 기원 후 1세기인데, 제주 산지항은 비공식적 부정기적 항구였고, 체계적이고 조직적이라 말할 수 있는 근거는 희박하다고 하면서, 다른 지역과 비교 해 볼 때 문화 낙차현상이 심하다고 결론짓고 선주호(先州胡) 집단이라 칭하였다. 그리고 3세기 후반 주호에서 5세기 중엽 주호국, 즉 소국을 거쳐 5세기 말에 탐라국이 형성된다고 했다.[42]

3세기 전후 새로운 주거형식과 전업 생산체제, 철기 부장묘, 거점 취락조성, 대규모 토목공사를 들어 급격한 문화변동이 진행되었다는 의미이고, 이는 상위계층(수장층)의 등장을 의미하는 획기적 사건으로 바라보는데, 조심스럽게 탐라국의 출현을 타진하는 바이다.[43] 아직도 역사 고고학계는 탐라전기(A.D. 200~500)를 위계화 초기사회로 보고 탐라후기(A.D. 500 이후)를 국주지배 사회로 본다. 국주사회가 바로 고대 국가 탐라국을 의미하는 것 같다. 최근 A.D. 1세기~200년을 수장층의

---

39) 김경주,「고고학으로 본 탐라-2000년대 발굴조사 성과를 중심으로」,『섬·흙·기억의 고리』, 2009, 국립제주박물관.

40) 장창은,「고대 탐라국 연구의 쟁점과 이해 방향」,『탐라문화』57, 제주대 탐라문화연구원, 2018, 94쪽.

41) 김경주,「탐라전기 취락구조와 사회상」,『탐라문화』57, 2018, 72쪽.

42) 전경수,『탐라·제주의 문화인류학』, 민속원, 2010, 76-78쪽.

43) 김경주, 앞의 논문, 2018, 45쪽. 기원전 1세기 이후 동아시아 교역로에 적극적으로 개입한 상위계층이 있다고 하여, '상위계층'은 언급한 바 있으나, 다음 논지에는 "3세기쯤에는 적어도 탐라사회의 최고 수장층이 출현"했다고 한다.(김경주,「고고유물을 통해 본 탐라의 대외교역」,『탐라사의 재해석』, 제주발전연구원, 2013, 158쪽) 왜 1세기 수장층의 출현을 주저하는지 의문이다.

등장으로 보려는 움직임[44]이 있지만 아직도 탐라국 건국시기에 대해 주저한다.

> 영평 팔년 을축(乙丑) 삼월 열사을날 ᄌ시 솅쳔 고의왕, 축시 솅쳔 양의왕, 인시 솅쳔 부의왕 고량부(高良夫) 삼셩(三姓)이 모은골로 솟아나 도읍(都邑)ᄒᆞ던 국이외다.　　　　　　　　　　　　　　초감제, 47쪽[45]

> 할로영주삼신산 상상고고리 섯어께 을축(乙丑) 삼월 열사을날(13일) 유시(酉時) 아옵셩졔(9형제) 솟아나니, 아옵셩졔 각기 각분(各分)홀 때, 큰셩님은 정이(旌義) 수산(水山) … 아옵차 셕달리(穡達里) 제석천왕하로산, 각ᄆᆞ을에 분거뒈였는디,　　　　　　　　　상창하르방당, 650쪽

> 蓋三姓之出 正堂九韓之時 後漢明帝永平八年　　　　　　　　編禮抄

> 地志曰 三姓之出 正堂九韓之時 擇里志曰 後漢明帝永平八年 … 疑其時歟.
> 　　　　　　　　　　　　　　　　　　　　　　　　耽羅紀年

　앞의 둘은 이미 앞에서 설명한 바 있듯이 삼신인이 땅에서 솟아나는 과정을 서술하면서 인용한 바 있다. 고량부 삼신인이 한나라 영평 8년에 솟아났다고 하고, 뒤에서는 영평 8년은 없는데 3월 13일 솟아난 내력만 반복했다. 뒤의 둘은 향토 문헌에서 언급한 것인데, 영평 8년을 언급하고 있다. 역시 본풀이(신화) 속에 탐라국은 1세기에 탄생하였다. 심방들이 영평 8년(A.D. 65) 고·양·부 3신인이 솟아나 나라를 세웠다고 했다. 우리는 신화를 통해 한반도의 고대국가와 대등한 시기에 탄생한

---

44) 강창화, 「제주도 고고학 30년, 발굴조사와 그 성과」, 『제주고고』 창간호, 제주고고학
　　연구소, 2014.
45) 현용준, 앞의 책, 47쪽.

탐라국의 실체를 만나게 된다.[46] 바로 1세기 경 이주민의 고대문명을 만나면서 토착세력의 권력이 점화되었고 이때 탐라국이 출발한 것으로 볼 수 있겠다.

구비전승되던 고대 건국서사시는 고려 말 조선 초에 가문의 족보에 실리고 이어 『고려사』나 『지리지』 등에 정착하게 된다. 가문의 명예를 높이기 위해 분식되기도 하고 일부 기사는 첨삭되기도 했을 것이다. 우리가 알고 있는 고대서사시와 탐라국 건국신화에는 일정 정도 거리가 생겼다. 어떤 점이 달라졌는지 간단히 살펴보고자 한다.

첫째, 구비서사시에 전승되는 영웅의 일대기가 매우 축소되거나 왜곡된다. 지금 남아 있는 일반신본풀이를 보면 부모의 1대가 서술되고 난 뒤에 주인공 2대의 일대기가 서술되고 있다. 그것은 당신본풀이도 마찬가지다. 예를 들어 〈송당본풀이〉에서도 1대 소천국과 백주또의 자식인 2대 문곡성 혹은 궤네깃도의 활약이 고대서사시의 전모를 차지한다. 그런데 탐라국 건국신화에는 1대로 축소되어 있다. 부모에게 버림받은 주인공은 갖은 고난을 겪고 투쟁에서 승리하여 고대 영웅서사시의 주인공으로 우뚝 서는데, 건국신화에는 그런 영웅적 면모가 소거되어 있다. 3형제가 분거하는 이야기도 혼인 후 분거로 바뀌어 있다. 이런 변모는 '광양당제의 유교화 과정에서 달라진 것으로 이해'[47]된다. 광양당은 제주시에 있는 당(堂)인데[48] 조선 초 15세기 전후에 전승된

---

46) 허남춘, 『제주도 본풀이와 주변신화』, 제주대 탐라문화연구소, 2011, 202-204쪽. 신라나 백제도 1세기 고대국가의 기반을 마련하였고, 고대국가의 체제를 정비한 것은 훨씬 뒤인 4세기 즈음이다. 신라의 경우 4세기 후반 내물왕 대에 진한 소국들을 정벌하고 통합한 시기를 주목한다. 탐라도 1세기 소국으로 개국하여 4~5세기에 고대국가 체제를 정비한 것으로 볼 수 있다.

47) 김헌선, 「대만 포롱족·제주도·궁고도의 서사시와 신화 비교」, 『탐라문화』 36, 제주대 탐라문화연구소, 2010, 25쪽.

48) 광양당 전설에 이르기를 "한라산신(漢拏山神)의 아우가 나서부터 성스러운 덕이 있었

바에 의하면, 옛 일을 추모하면서 악기를 연수하며 굿을 한다고 했다.[49] 제주시의 광양당과, 대정 광정당, 정의 서낭당은 중요한 당이었고, 광양당은 근처 삼신인의 탄생처인 삼성혈(모흥혈)과 관련을 맺고 있는 듯하다. 삼신인의 사묘는 쇄락해지고 그 대신 광양당에서 굿으로 추모하는 상황이라 보인다. 광양당 의례가 무속의례에서 유교의례로 바뀌면서 본래 영웅서사가 소거된 것으로 보인다.

둘째, 〈송당본풀이〉 같은 고대서사시에서는 남녀신의 식성 갈등이 매우 중요한 화소를 이루는데, 건국신화에서는 갈등은 없고 화합만 강조된다. 세화본향당의 〈금상님본〉에는 남신이 땅에서 솟아난 후 상감님과 갈등을 겪고 바다를 건너 제주에 온다. 그리고 배필을 만나 혼인한다. 천자님과 갈등을 겪지만 부부가 다른 생업에 종사하다가 결국 화합한다. 남신은 육식을 하고 여신은 미식을 하는데, 식성 갈등을 여자 쪽에서 이해하여 화합이 이루어진다.[50] 갈등과 화합이 하나의 서사인 점이 고대서사시의 특성이다. 〈서귀본향당본풀이〉에는 남녀신의 식성갈등은 없지만 바람운과 지산국, 그리고 고산국과의 생업갈등이 나타난다. 바람운 등이 사냥을 생업으로 한다면 고산국은 농사지을 수 있는 곳에 좌정하여 처첩갈등과 함께 생업 대결이 내재되어 있다.

고 죽어서는 신이 되었다. 고려(高麗) 때에 송(宋) 나라 호종단(胡宗旦)이 와서 이 땅을 압양(壓禳)하고 배를 타고 돌아가는데, 그 신이 매로 변화하여 돛대 머리에 날아오르더니, 이윽고 북풍이 크게 불어 호종단의 배를 쳐부숨으로써 호종단은 끝내 비양도(飛揚島) 바위 사이에서 죽고 말았다. 그리하여 조정에서 그 신의 신령함을 포창하여 식읍(食邑)을 주고 광양왕(廣壤王)을 봉하고 나서 해마다 향(香)과 폐백을 내려 제사하였고, 본조(本朝)에서는 본읍(本邑)으로 하여금 제사지내게 했다."고 한다.

49) 성주는 이미 죽고 왕자도 끊어졌는데 / 신인의 사당 또한 황폐하여 처량하네. / 새해 되면 부로들이 옛 일을 추모하여 / 퉁소와 북들로 광양당에서 연주한다네(星主己亡王子絕。神人祠廟亦荒涼。歲時父老猶追遠。簫鼓爭陳廣壤堂). 김종직이 1465년 제주 사람 김극수를 만나, 탐라에 대해 들은 내용을 탁라가(乇羅歌) 14수로 적었다.

50) 진성기, 앞의 책, 1991, 576-581쪽.

그런데 갈등만 있는 것이 아니라 서로 살 곳을 정한 후 서로를 침범하지 않는 범위에서 타협도 이루어진 셈이다. 건국신화는 기록화 과정에서 영웅서사를 잃고 말았다. 상극과 상생이 교합되어야 신화적 진실이 만들어지는데, 상생만 남기고 상극을 없애 신화적 긴장을 저버렸다.

셋째, 땅에서 솟아나 바다를 왕래하고 강남천자국을 평정하던 남성 영웅은 이제 하늘(천상계)에서 하강한 이야기인 듯 착시를 주기도 한다. 제주와 달리 한반도 고대국가 건국주의 등장은 대부분 하늘에서 내려온다. 부족연맹을 이루고 있던 기존 세력을 진압하여 왕권을 공고히 하려면 하늘의 권위가 필요했다. 그래서 단군신화부터 건국 주인공은 하늘에서 출자(出自)한다.『고려사』에 기록된 탐라국 건국신화는 3신인이 땅에서 솟아났다고 서술한 뒤에, '西海中嶽 降神子三人'(고려사계) '中有絶嶽 降神子三人'(영주지계)이라 하였듯이 산악에 신이 하강한 사유를 담고 있다. 중세 국가의 지배하에 놓이면서 제주신화도 땅에서 솟아난 것에서부터 서서히 하늘에서 내려온 것으로 변천하는 증거다. 중세 지배자 고려의 신화처럼 하늘에서 내려오는 신격의 틀을 모방하고 그 권위를 빌려오는 형식을 취하면서 신화의 후반부가 천강(天降)의 모티프를 드러낸다. 이 모든 것이 기록화 과정의 변이라 하겠다. 지금 남겨진 탐라국 건국신화는 영웅서사시로서의 본질을 많이 잃어버렸다. 본래 건국서사시가 지닌 영웅서사를 회복하게 위해서는 구비전승되는 영웅서사시를 주목해야 할 것이다.

4) 결

고대국가는 선주민과 이주민의 결합에 의해 이루어지는데, 대부분의 신화를 통해 살피면 강력한 청동기 혹은 철기문명을 가진 이주민이 선주민을 지배하고 나라를 세운다. 그 신화들은 대부분 천강신화다. 그런데 제주는 땅에서 솟아난 주인공이 나라를 세운다. 탐라국 건국신화가 다른 고대국가의 신화와 대등한 구조를 지니고 보편성도 지니지만 독자성을 더욱 드러낸다. 하지만 기록화 과정에서 지나치게 보편성에 견인된 바가 있어 고대 영웅서사시를 바탕으로 그 본래적 의미를 재구해야 하는 과제도 있음을 밝혔다. 탐라국 건국신화는 탐라국이 망한 후 역사의 저편으로 사라졌다. 하지만 제주 사람들은 구비 영웅서사시를 통해 탐라국에 대한 인식을 버리지 않았다. 탐라국은 12세기 군현으로 전락하고, 13세기 탐라에서 제주로 바뀐 뒤에도 자기 정체성을 지니고 있었다. 해방 직전까지 제주 사람들의 정체성은 자기 마을 '조천리', '함덕리' 외에 제주도가 전부였다. 근대 국가로 편입된 뒤에 그들은 대한민국의 일원이 될 수 있었다. 1,000년 동안 탐라국은 잊혀졌지만, 그래도 조선의 지식인 속에서는 인정된 면도 있다.

유득공의 이십일도회고시(二十一都懷古詩)에는 탐라(耽羅)가 들어 있다. 우리나라 21개의 도읍이 있었는데 그 중 하나로 탐라를 소개하고 있는 것이다. 조선조는 탐라국을 고대국가로 인정하고 그 도읍지의 역사를 회고하는 시 43수를 남겼다. 단군, 기자, 위만 조선을 시작으로 우리 역사의 긴 흐름 속에 있었던 도읍지를 언급하고 있는데, 드물게도 감문(甘文) 우산(于山) 탐라(耽羅)를 넣어 역사의 뒤안길에 있는 것까지 찾아 평가했다.

탐라(耽羅)
三乙那域瘴霧開　　삼을라 성에 독 안개 피어나고
耽津江口峭帆廻　　탐진강 어구에 큰 돛단배 돌아 온다

厥初還有毛興穴　처음부터 오히려 모흥혈이 있었거늘
何必他人袴下來　어찌 반드시 남의 사타구니 밑으로 나오는가.

유득공은 시에서 『고려사』나 『세종실록 지리지』의 고후와 고청 세 형제가 신라를 방문하였을 때, 신라왕이 고청에게 왕자라는 호칭을 내린 고사를 언급하고 있다. "둘째를 '왕자(王子)'라고 하니, 왕이 고청 (高淸)으로 하여금 바짓가랑이 밑으로 빠져 나가게 하고서 자기 아들같 이 사랑하였으므로, 이렇게 이름 지은 것이요"51)라고 한 것에 대해 문제제기를 하면서 신라왕의 바짓가랑이 밑을 통과하는 사건은 후대 에 분식된 것이라고 지적한다. 그러면서 삼을라가 모흥혈에서 솟아난 신화를 신빙성 있게 받아들이는 태도를 취하고 있다. 정진희도 『지리 지』의 삼성신화는 제주의 전통적 신화를 받아들이되 그 신화가 특정 성씨의 시조신화 혹은 특정 국가의 건국신화로 연결될 가능성은 차 단52)하고 있다고 했다. 『지리지』의 "읍(邑)의 이름을 '탐라(耽羅)'라고 했다"는 기록을 보더라도 탐라를 국가로서 인정하지 않으려는 일면이 있다. 유득공은 조선조 역사 속에 담긴 여러 국가를 인정하면서 통합적

---

51) 15대 손(孫)에 이르러, 고후(高厚)·고청(高淸)의 형제 세 사람이 배를 만들어 타고 바다를 건너 탐진(耽津)에 이르렀는데, 대개 신라가 번성할 때였다. 그때 객성(客星) 이 남방(南方)에 나타나니, 태사(太史)가 아뢰기를, '다른 나라 사람이 내조(來朝)할 징조입니다.' 하였다. 세 사람이 드디어 신라에 입조(入朝)하매, 왕이 가상히 여겨서, 맏[長子]을 '성주(星主)'라고 하니, 그 움직인 별을 상징한 것이요, 둘째[二子]를 '왕자 (王子)'라고 하니, 왕이 고청(高淸)으로 하여금 바지 가랑이 밑으로 빠져 나가게 하고 서 자기 아들같이 사랑하였으므로, 이렇게 이름 지은 것이요, 막내[季子]를 '도내(都 內)'라고 하고, 읍(邑)의 이름을 '탐라(耽羅)'라고 하니, 대개 신라 때에 처음으로 탐진(耽津)에 이른 까닭이다. (〈세종실록〉 지리지) 그러나 〈고려사〉나 〈세종실록 지리지〉 서술의 앞부분에는 탐라국 건국신화를 잘 전달하고 있어 그렇게 폄하할 일은 아니라고 본다.

52) 정진희, 「조선초 제주 〈삼성신화〉의 문자화 양상과 그 의미」, 『고전문학연구』 30, 한국고전문학회, 2006, 276쪽.

으로 바라보고 있다. 그래서 "우리 역사를 단일체가 아닌 다원체로 이해하고 있는 것이 새로운 과제로 등장한 지금의 시기에 적극 평가해야 할 전례를 남겼다."53)는 찬사를 받는다. 단일민족의 순수성과 우월성 주장이 근대 민족주의의의 한계를 드러내는 21세기에 더욱 경청해야 할 화두라고 하겠다.

조선조의 여러 한시나 가사 작품에도 탐라국의 실체를 인정하는 사대부의 역사관을 읽을 수 있다. 중세 봉건시대에도 탐라국의 역사가 인정되고, 조선조의 역사 이전에는 다양한 역사와 고대 중세 국가가 있었음을 인정하고, 역사를 다원체로 여겼는데 정작 근대국가 대한민국은 지역사를 돌볼 줄 모르고 아직도 서울 중심의 중앙집권적 사고에 머무르고 있다. 이제 분권화시대를 맞아 지역의 언어와 문화와 역사를 중시하는 쪽으로 바뀌어야 한다. 한국사 속에 탐라사가 서술될 수 있도록 배려해야 마땅하다. 1세기에서 13세기까지 탐라에 대한 언급은 거의 미미하다가 몽골 침탈과 '삼별초의 난'에 이르러 비로소 탐라가 본격적으로 등장한다. 밑도 끝도 없는 역사 서술 태도다. 탐라국의 실체를 인정하고 한국사에 담아야 한다.

제주는 기록이 빈약하지만 구비전승이 풍부하여 그것을 통해 탐라국의 정체성과 이후 제주사를 고구할 수도 있다. 기록이 빈약한 것이 불운이지만, 구비전승이 풍부한 것은 행운이다. 이 구비전승을 통해 제주의 정체성을 복원할 수 있을 것이다. 상생과 화합을 강조하고, 갈등을 뛰어넘어 화해하고, 선악의 질서를 뛰어넘어 순환의 질서를 환기시키고, 호오의 감정을 뛰어넘어 공생하고 공존하는 문화가 제주의 본풀이에 있다. 인간과 자연과 우주가 하나의 운명체로 결합되어 서로

---

53) 조동일, 『한국문학통사』 3, 지식산업사, 2005, 220쪽.

를 존중하는 문화가 제주의 본풀이에 있다. 이것은 인간의 보편성을
상기시키기도 하여, 인간이 소중하게 지니던 원시·고대의 문명을 재구
할 수도 있다. 파탄 난 근대문명을 치유할 해답이 제주의 본풀이 속에
있을 것이다.

　우선 탐라국 건국신화로부터 고대 영웅서사시에 이르는 광대한 신
화의 세계를 바탕으로 제주가 정체성을 확인하고 깨어나길 기대한다.
원시·고대 서사시의 세계관 속으로 여행하며 제주가 해양능력과 고대
문명을 갖추고 당당하게 고대국가를 건설했던 구비 역사를 되찾길 기
대한다.

03. 태풍과 외눈배기섬

　진성기가 채록해 놓은 『제주도무가본풀이사전』에는 한림읍 한림리의 영등당을 소개해 놓았다. 그런데 이 책에는 영등당의 당신본풀이로 두 개의 본풀이가 채록되어 있다. 하나는 김승은 심방의 본풀이로 '황영등'이라는 존재가 등장하여 한수리 고깃배가 외눈배기 땅에서 만난 위험을 벗어날 수 있게 도와주고 자신은 희생당했으며, 그 후 그를 위해 영등제를 지낸다는 내용이다. 그런데 또 하나의 본풀이는 양태옥 심방이 구송한 것으로, 유대감 집에서 글을 가르치던 '전영등'이라는 존재가 2월 초하루에 사망하고 유대감이 그를 위해 제사를 지내자 나중에 그 집에 풍년을 가져다주었다는 것이다. 그러다가 전도에 퍼져서 영등제를 지내게 되었다는 내용이다.

〈영등당 본풀이 ①〉
옛날 성은 황씨 / 이름은 영등이라는 / 민간 사름도 아니고 / 저싱 사름도 아니고 / 요왕 사름도 아닌 / 대왕이 무휴에서 솟아나 / 요왕황저일 들어가 / 이 때 동정국 애기씨 ᄒ고 / 서정국부인광, 서녀광 서이가 / 나발이평개에서 / 노념을 ᄒᆞᆯ 때에 / 한수릿 괴깃배가 / 풍파를 만나서 / 외눈배기 땅데레 불려감시니 / 영등대왕이 나산 "저 사름을 구제해서 살리라", / ᄒᆞ여 / 큰 왕석 우이 가 앚아시니 / 배가 그 안으로 들어갔수다 / 영등대왕이 그 사름들을 / 전부 / 왕석 쏘곱데레 곱져부니 / 외눈배기놈들이 물어먹을라고 / 개를 드리고 들어오면서 / "곧 이제 존 반찬이 왔는디 / 어디 갔느냐?"고 ᄒ자 / 영등대왕은 "나도 그런 걸 봉글랴고 나왔았다" ᄒ니 / 외눈배기놈들은 다 나가부렸수다 / 영등대왕은 배를 내여놓아 / 보제기들을 보내면서 / "이 배를 탕 가면서 '가남보살 가남보살' ᄒ멍 / 가라"고 시겼수다 / 보제기들은 배를 타두서 / "가남보살 가남보살"을 불르멍 돌아오는디 / 거저 혼 굿이 당ᄒ여가난 / "가남보살을 아니불른덜 이제사 관계엇다"해서 / 그만 가남보살을 아니불르니 / 호련 강풍이 또시 일어가지고 / 또로 외눈배기 땅데레 들어가니 / 영등대왕은 그리에 그 자리에 / 나왔아 이서 / 보제기들은 "살려줍서"고 빌었수다 / 영등대왕은 "왜 그 때에 / 내가 뭐라고 ᄒ더냐?" ᄒ면서 / "따시 가남보살 가남보살을 불르멍 가라"고 ᄒ였수다 / 경ᄒ고 또 "혼 굿딜 가더라도 / 가남보살을 불르멍 댕이곡 / 영등둘 초ᄒ를날랑 / 날 생각을 ᄒ여라" ᄒ니 / 그 때에 보제기들은 / 가남보살을 불르멍 / 괴양 한수리ᄭ지 돌아왔수다 / 글지후제 외눈배기놈들은 / 영등대왕신디 가 / "당신 덕분에 / 존 반찬을 못 먹었다"고 해서 / 영등대왕을 / 장도칼로 삼도막에 그차 / 죽여 / 바당데레 내껴부니 / 머릿빡은 소섬으로 올르고 / 발치거린 한수리 비꿀물로 / 올르고 / 한준동은 청산으로 올르니 / 민간 백성들은 / 바당에 수중액을 막아준 / 영등대왕의 그 은혜를 / 생각ᄒ연 / 소섬에서 / 정월 구믐날 제를 치고 / 초ᄒ를날 비꿀물에 오고 / 청산은 초닷쉿날 / 영등제를 시작ᄒ네다 / 그 때에 영등대왕이 제를 잘 받아먹으민 / 고양데레 가곡 / 일년에 혼번 돌아보는 / 조상이우다 / 이 영등대왕은 / 소섬에도 처가 있고 / 한수리도 처가 있어 / 각시는 삼첩입네다.

김승은 심방[1]

송화섭은 '황영등설화'를 인용하여 "가남보살"을 외면서 외눈배기 섬을 빠져나가는 신앙민의 성격을 통해 관음신앙의 흔적이 있다고 했고, 설화 속의 강남천자국은 불교성지인 보타낙가산(普陀洛迦山)이라 규

---

1) 진성기, 『제주도무가본풀이사전』, 민속원, 1991, 578-579쪽.

정했다.[2] 한중 해양문화 속에서 민중을 위해 헌신 봉사하는 마조와, 민중을 구하기도 하고 민중에게 보살핌을 받는 영등신을 비교한 성과[3]도 있다. 오늘날의 영등굿이 확고해지기 전에 고려 연등제의 풍속과 조선조 민간신앙과 불교신앙이 습합하는 모습과 17세기 이후 바람의 신을 섬기어 풍어를 기원하는 무속적 영등굿으로 변천하는 과정을 살핀 연구[4]도 있다. 한편 현용준의 「제주도의 영등굿」이라는 논문에 소개된 제주시 일도동 女巫 이씨의 제보를 통해서도 영등신화와 영등굿의 모습을 알 수 있다.

> 영등은 '할망(할머니)'이 아니라 '하르방'이다. 그는 본래 널개(翰京面板浦里) 사람으로서 어부였다. 하루는 고기잡이를 하다가 대풍이 불어 풍랑을 따라 표류하다가 '외눈배기섬(一目人島)'에 표착하였다. 외눈배기는 눈이 하나만 달린 괴인으로 사람을 잡아먹는 종족인데, 그는 이들과 같이 살게 되었다.
> 그 후 또 한림읍 수원리 사람들이 고기잡이를 하다가 이 섬에 표류해 왔다. … 고향 땅을 거의 밟게 된 그들은 긴장이 풀려 '개남보살' 염불할 것을 그만 잊어버렸다. 그러자 대풍이 다시 일어나 그들은 다시 외눈배기 섬으로 표류하고 말았다. … 영등하르방은 2월 초하룻날 와서 보름날에 나간다 하여 수원리 영등당에선 매년 큰굿을 하는 것이다.[5]

女巫 이씨의 이 제보 내용은 앞서 진성기가 채록한 영등당의 당신본

---

2) 송화섭, 「동아시아 해양신앙과 제주도의 영등할망 선문대할망」, 『탐라문화』 37, 2010, 206-210쪽.

3) 상기숙, 「한중해양신앙비교연구-마조와 영등을 중심으로」, 『동방학』 27, 한서대 동양고전연구소, 2013, 189-213쪽.

4) 한금순, 「제주도 영등굿의 유래 -연등회에서 영등굿으로의 변천」, 『정토학연구』 11, 한국정토학회, 2008, 497쪽.

5) 현용준, 「제주도의 영등굿」, 『제주도 무속과 그 주변』, 집문당, 2002, 58-59쪽.

풀이와 비슷한 부분이 많다. 그러면서 후반부에는 우도와 산지, 수원리 같은 곳에서 영등굿이 크게 행해지고 있음을 말하고 있다. 실제로 우도나 산지의 영등굿은 지금도 행해지고 있다. 특히 산지는 지금의 제주시 건입동을 말하는데, 이곳의 영등굿은 현재 칠머리당 영등굿으로 중요무형문화재(제71호)로 국가가 지정한 상황이기도 하다. 이처럼 예전에는 수원리에서도 영등굿이 크게 행해졌다는 것이며, 이때의 수원리란 다름 아닌 대림리와 한림리까지 포함하는 의미이다. 따라서 지금은 영등당이 없어졌지만 대림리의 이 영등당이 제주도 영등신앙의 중요한 본거지 중의 하나였음을 말해주는 것이라고 할 수 있다.

영등굿은 사면이 바다로 둘러싸인 섬인 제주에서 바람을 삶 속에서 이해하고 제주도민들이 믿고 따르는 신앙이다. 영등신에 대한 두 종류의 전승 중에 외눈배기 섬과 관련한 전승에 주목할 필요가 있다.

한수리 어부들이 "풍파를 만나서 / 외눈배기 땅데레 불려감시니" "호련 강풍이 또시 일어가지고 / 또로 외눈배기 땅데레 들어가니"에서처럼, 한림읍 대림리 영등당의 당신본풀이는 어부들이 풍랑을 만나 외눈배기 섬에 표류한 것이 영등굿을 지내는 시초가 되었음을 이야기하고 있다. 현용준의 채록에서도 "대풍이 불어 풍랑을 따라 표류하다가 '외눈배기섬(一目人島)'에 표착하였다."고 두 번 말하고 있다. 삶의 역사에서 늘 겪는 어업활동의 애로가 그대로 드러난 대목이다. 시시각각으로 변하는 해상의 날씨에 불안을 느끼며 위험스런 어업활동에 종사해야 하는 이들의 인식이 이런 본풀이를 낳았다고 생각된다. 그들은 위험한 바다에서 어떤 초월적인 힘의 도움으로 무사안녕을 바랐던 것이다. 바다의 날씨와 바람의 변덕에 조난을 당한 이들이 다시 극적으로 귀환하게 된 삶의 기억이 오랫동안 모이면, 이런 공통의 유산을 만들어낼 수 있다. 외눈배기 땅에 흘러가 온갖 어려움을 뚫고 다시 생환하는 이런 유형의 이야기는 전 세계에서 보편적으로 나타나는 유형이기도 하다. 말하자면 영등굿에는 끊임없이 이어지는 표류와 귀환의 기억이 새겨져 있다고 하겠다.

제주의 신앙은 자연을 신성하게 여기고 있다. 영등굿은 바람을 중시하고, 마불림은 바람과 태양볕을 중시한다. 그래서 "당제에 직접적인 영향을 끼치고 있는 것은 자연의 질서다. 대기 속에서 이루어지는 태양의 간섭을 받아들이고 구체화하는 질서가 곧 자연의 질서이다. 자연의 질서 가운데 천체 기후가 긴요한 구실을 하는데, 그에 관한 핵심적인 요소가 곧 바람, 비, 태양 등이다. 자연질서는 그 자체로 소중한 의의가 있으나, 인간의 문화와 생업에 영향을 끼치고 있다는 점에서도 소중하다."[6]는 묵시록에 귀 기울여 '자연의 질서'를 소중히 여기는 제주 신앙 체계를 새삼 들여다보아야 옳다. 땅을 파헤치면서도 땅에 대한 소중함을 잃고, 바다에서 귀중한 것을 얻으면서도 바다에 대한 고마움을 잃어버린 현대 인간의 심성은 신화적 사고를 통해 새롭게 치유되어야 한다. 바다가 오염되어 온갖 쓰레기로 몸살을 앓고 그 바다밭의 생명을 잃게 되는데도 부풀린 욕망을 제어하지 않는 우리 시대의 정신을 경고한다. 영등굿은 바다와 바람의 소중함을 일깨우면서 자연 앞에 선 우리에게 다시 옷깃을 여미게 한다. 자연에 대한 경건한 마음을 북돋는다.

제주도 정월 풍속에서 "음사를 숭상하여 산과 숲, 내와 못, 높은 언덕이나 낮은 언덕, 물가와 평지, 나무와 돌 따위를 모두 신으로 섬겨 제사를 베푼다."고 했다. 자연계의 사물을 하나하나 열거했다. 산과 숲, 내와 못, 언덕과 평지, 나무와 돌 등 자연물에 대한 신앙을 여실히 보여준다. 애니미즘적 현장을 그대로 적시하고 있어 놀랍다. 그리고 이것은 지금

---

6) 김헌선, 「제주도 당제의 신화 생명체계 연구」, 『영주어문』 28, 2014, 11쪽.

까지 이어져 오는 본향당의 모습이고 그 안에 있는 신체(神體)이기도
하다. 자연은 무한한 생명력이어서 하늘·땅·태양·물 등 자연을 구성
하는 근원적 요소들은 인간에게 초월적 생명력 즉 신성이 되었던 점7)
을 상기하자. 우리가 바람의 신이라고 여기는 황영등의 희생 뒤에는
엄청난 무서운 자연이 자리 잡고 있다. 바람 중에 거대한 힘을 지닌
태풍은 그 위력이 섬 전체를 삼킬 듯한 기세였을 것이다. 강력한 태풍
의 눈을 보면서 옛날 사람들은 '외눈배기섬의 괴물'을 상상해 내었을
것이다. 지금 우리가 일기예보에서 확인하는 인공위성 영상 속에는
'태풍의 눈'이 확연하다. 예전 사람들은 지상에서 올려다보며, 엄청난
구름과 비를 몰고 오는 태풍 덩어리 속에서 중심부의 새파란 하늘을
보았을 것이고, 태풍의 눈을 보며 외눈배기 거인을 연상했던 것 같다.
제주 사람들은 그 자연현상에서 '외눈배기'의 거대한 힘을 느꼈을 것이
라고 신동흔 교수(건국대)가 제언한 바 있어, 이를 구체화해 보았다.

　한쪽 눈으로 세상을 노려보고 어부들을 삼켜버리는 괴물은 다름 아
닌 자연의 바람, 태풍이었다. 그 자연을 잘 다룰 방법은 자연에 순응하
는 길이었고, 자연의 무한한 힘에 거역하지 않고 경건하게 사는 길이었
다. 자연이 주는 무한한 혜택에 늘 감사하고 함께 나누는 것도 중요한
덕목이었다.

---

7) 하순애, 「바람과 제주도 영등신앙」, 『제주도연구』 33, 제주학회, 2010, 280쪽.

II. 굿놀이와 축제

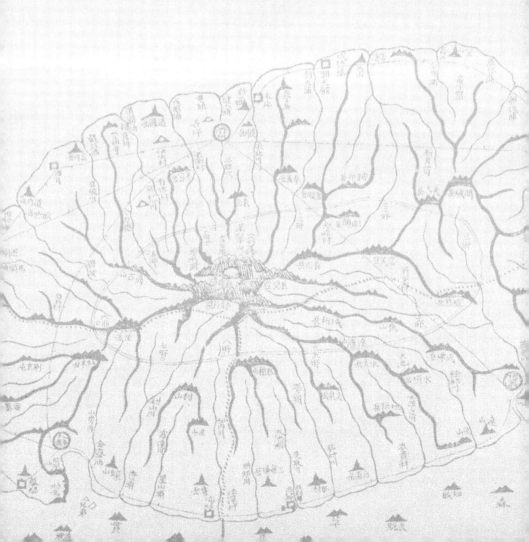

01. 제주도 굿놀이

1) 제주의 굿놀이 개관

제주도는 다양한 예술 장르가 전승되는데 희곡 장르에 해당하는 것은 굿놀이가 유일하다. 육지에서 탈춤이 대유행 했는데 제주도에는 어떤 영향을 미쳤을까. 1930년대 '입춘굿놀이' 재현 장면을 보면 탈의 모습이나 악기의 구성을 볼 때 육지의 영향이 있었음을 확신한다. 제주의 탈은 애초에 종이탈이었는데 30년대 굿놀이 장면에서는 육지 탈을 쓰고 연희하는 모습이 확연하다. 제주에는 타악기로 설쇄를 두드리는데, 거기의 악사는 꽹가리를 쥐고 치는 모습이다. 그러니 20세기에는 제주의 굿놀이에도 육지의 영향이 있었을 것 같지만, 그 이전에는 탈춤의 영향이 미미하였다. 조상신본풀이 〈윤대장본풀이〉를 보면 "억광대 빗광대 할미광대 초란광대 지인광대" 등 육지의 광대 이름이 나열되는 것을 보더라도 육지 탈춤이 들어왔던 것 같은데, 제주 굿놀이에 큰 변화를 주지는 못했다. 아마 제주의 굿놀이가 재미있어 탈춤이 발붙이지 못했던 것은 아닐까.

지금 남아 있는 굿놀이는 육지의 탈춤적 영향과 무관한 원래의 모습이다. 종이탈을 쓰는 원래적 모습이고, 내용도 인간과 자연의 교감이라는 원초적 주제의식을 고스란히 갖추고 있다. 풍요와 안전을 기원하고 액막이와 치병의례를 하는 내용이 큰 흐름을 이룬다. 그러나 굿이라는 종교적 의례가 큰 흐름을 이루는 과정에서 굿놀이가 벌어지는 이유는 '놀이'와 '흥미'를 위한 것이 아니겠는가. 굿놀이는 신앙민을 위한 '놀이'의 과정이어서 웃음을 유발하는 큰 신명풀이의 장이 된다. 인간의 섹스는 자연의 풍요만을 상징하는 것이 아니라 인간세계의 즐거운 행위로 놀아진다. 감추고 은폐하던 것을 노출함으로써 얻어지는 쾌감을 노린다. 굿판이 놀이판이 되는 이유가 여기 있다.

굿을 21세기 대중에게 친근하게 소개할 방법이 있을까. 굿이 제주의 훌륭한 전통문화라고 자랑할 방법이 없을까. 굿이 미신이라고 학교에서 가르치고, 청산해야 할 문화라고 배워 온 기간이 70년이 지났다. 70~80대 신앙민을 제외하고 정상적인 사람들은 굿을 모르고, 굿을 비하한다. 그런 상황에서 굿 문화를 되살릴 길은 요원하다. 다만 굿의 정신과 굿 속에 담긴 예술을 토대로 하여 새로운 공연과 축제를 만들어 낼 수 있을 것이다. 그럴 때 꼭 필요한 것이 바로 굿놀이다. 앞에서 언급하였듯이 굿이 종교성을 지속하지만, 굿놀이는 그 근엄함을 차단하고 흥미성을 제공하기 때문이다.

최근 칠머리당영등굿 보존회의 굿놀이 시연이 있었다. 이전에는 '아기놀림', '방울풀기'와 '강태공서목시놀이'를 보여주었는데, 이번에는 '산신놀이'와 '전상놀이'를 보여주게 되었다. 그 놀이의 의미와 가치가 대단하다. 현대인에게도 전해주는 메시지가 크다. 제주도민이 지닌 철학이 여기에 녹아 있다. 삶의 철학은 책에만 있는 것이 아니라, 말에도 있고 노래에도 놀이에도 있는 법이다. 그것이 문학의 영역에서 받아들이면 이야기문학, 노래문학, 놀이문학이 되는 것이고 철학의 영역에서 받아들이면 이야기철학, 노래철학, 놀이철학이다. 너무 철학을 어렵게 생각하지 말자. 철학을 운명을 점쳐주는 철학관에서 찾지 말자. 철학은 일상의 삶에서 찾아야 한다. 그런 철학적 가치를 찾아보자.

전국에도 이런 굿놀이가 산재해 있다. 대개 굿의 마지막 거리에서 뒷전(전라도), 거리굿(동해안)으로 연행되고 있다. 경기도 양주와 황해도 평산의 소굿놀이, 황해도의 영산할 멈·할아범놀이, 도산말명 방아놀이, 중놀이, 사또놀이, 동해안의 도리강원놀이, 호탈굿, 경상도의 방석놀음이 있다. 제주도에는 전상놀이, 영감놀이, 세경놀이, 산신놀이 등의 굿 놀이가 있다. 이들을 통틀어 희곡무가라 한다. 서사적인 내용을 갖추되 놀이적 성격이 강하기 때문이다. 그러나 육지 쪽의 것이 연극적 효과가 크다면 제주는 굿의 원형적 요소가 훨씬 강하게 남아 있다. 특히 산신놀이는 당신본풀이에서 공연되는 유일한 놀이여서 사가(私家)에서 공연되는 나머지 제주의 굿놀이보다 공동체성을 많이 보여준다.

2) 산신놀이의 의미

제주의 중산간마을에는 겨울철 사냥하는 생활이 남아 있다. 바다와 산간지역의 중간에 해당하는 해발 200~400미터의 지경을 중산간마을이라 한다. 중산간마을의 당굿은 여느 마을과 비슷한 의례가 진행되고, 여기에 사냥놀이가 덧보태진다. 사냥을 주재하는 신이 산신이어서 산신놀이라 하고, 사냥놀이라고도 한다. 애초에는 수렵과 농경이 함께 행해지던 곳이었고, 그보다 훨씬 이른 시기에는 사냥을 업으로 삼는 지역민들이 산신을 숭배하며 생업의 풍요를 빌었던 대상이 산신일 것이다. 농업이 보편적 생업으로 정착한 뒤에도 사냥의 신 즉 산신을 모시는 풍속은 이어져 내려온다. 한번 모신 신은 생업이 바뀌어도 지속적으로 모신 듯한데, 생활 주변이 산과 연관되어 있었기 때문일 것이다. 집안의 소나 말을 키우는 터전이 한라산 기슭의 중산산이다 보니 산신에 대한 의례는 남을 수 있었다. 거기에 겨울철 사냥 생활도 중요한 몫을 차지했을 것이다.

제주 중산간 위쪽에는 산신을 본향신으로 모시는 마을이 많다. 이 중산간 마을들에는 본향신이 군졸을 이끌고 한라산에 사냥 다니다가 마음에 드는 마을을 정해 본향신으로 좌정한 본풀이가 있다. 현재까지 와산리, 와흘리, 회천동 등의 지역에서 산신놀이를 행하고 있다.

놀이는 우선 심방 둘이 포수 역할을 맡는다. 머리에 끈을 묶고 막대기에 줄을 매어 꾸민 총을 들어 사냥꾼으로 분장한다. 먼저 한 명이 제장에 드러누워 잠을 자는 시늉을 하고 일어나 꿈 이야기를 한다. 사냥을 하면 수확이 많으리라는 것이다. 서로 주고받는 대사의 내용에는 성적인 표현이 가득하다. 그리하여 사냥에 앞서 함께 제사를 지낸 뒤 사냥에 나 선다. 한 사람이 먼저 닭을 끌고 제장 바깥으로 나가 돌아다닌다. 다른 한 사람은 그 뒤를 쫓아다닌다. 닭이 바로 사냥감이다. 제장 안으로 돌아와 총을 쏘는 시늉을 한다. 서로 자기가 먼저 사냥감인 닭을 잡았다고 다툰다. 그러다가 수심방의 중재에 따라 화해를 하고는 사냥감을 공평하게 나누는 것으로 마무리한다. 산신놀이가 끝나면 닭을 잡아 나누어 먹인다.

사농바치(사냥꾼)가 사냥하면서 겪는 과정을 놀이로 보여준다. 사농바치 둘이 산에 올라가 사냥감을 잡았는데 서로 자기가 쏘아 잡은 것이라고 주장하며 싸운다. 한참을 실랑이를 하다가 결국 둘은 화해하고 공평하게 분육하여 나누어 가진다. 싸움이 화해로 끝나는 것이라면 재미없다. 싸움이 화해이고 화해가 싸움인 경지를 보여준다. 어차피 사냥에 참여한 주민들은 공과에 따라 분육하는 것이 이들의 법도다.

인간과 자연과의 싸움이 사냥하는 과정이다. 인간이 자연을 배려하고 자연이 인간을 배려해야 함께 공존한다. 사냥 과정에서 있게 된 인간과 인간의 싸움은 은유적이다. 결국 인간이 인간을 배려하는 공동체문화를 이 굿은 보여준다. 대동(大同)의 굿이다.

애초 인간에게 자연은 엄청난 장애물이었고 두려움의 대상이었다. 생존을 위해서는 자연을 쳐다보고 있을 수만 없으니, 인간은 자연에 도전해야 한다. 화해가 싸움이지만 다시 화해로 돌아간다. 필요한 만큼만 사냥하고 나머지는 놓아준다. 상생이 상극이고 상극이 상생인 세계를 이런 싸움굿이 일깨우고 있다. 남북의 문제도 그렇다. 싸움이 결국 화해로 이어진다. 화해가 지속되면서 자잘한 싸움이 또 있게 마련이다. 싸움은 큰 화해를 가져올 것이다. 우리는 그런 대동(大同) 화합의 목전에 있다. 싸웠다고 평생 원수로 지내면 늘 전쟁의 공포 속에 살 수밖에 없다. 60~70년이 지났으면 화해하는 시기다. 제주 4.3도 70주년을 맞아 화해로 돌아섰다. 남북도 그래야 옳다. 그런 지혜를 굿놀이에서 배운다.

산신놀이는 산신신앙에서 비롯되었다. 무속에도 산산신앙이 있었지만, 고대국가가 형성되면서 산신의례가 더욱 공식화되었다. 고대국가의 신화는 천신이 산악에 하강하는 구성을 갖추고 있고, 산악숭배신앙은 고대 국가의 지배 이데올로기였다. 신라의 삼산오악(三山五嶽) 신앙이나, 고려의 명산대천 숭배(덕적산, 송악산 등), 조선의 산악제사(국가의 공식제사 중 小祀)로 이어졌다. 이 산악숭배신앙은 애초 고대국가의 이념이었는데 중세 불교와 유교가 들어오면서 기층민 이념으로 떨어져 내려와 무속과 결합되어 지금까지 전해오고 있다. 그러나 육지의 산신제는 유교의 영향으로 성황사(城隍祠, 유교공식 의례)의 의례와 습합한 반면, 제주의 것은 오래된 전통을 그대로 계승하고 있어 그 가치가 중시된다. 제주의 산신놀이는 고대적 산신제의 성격을 상당 부분 유지하고 있다고 본다.

3) 전상놀이의 의미

삼공본풀이와 연관된 굿놀이다. 전상은 전생(前生)이란 불교적인 용어에서 온 것 같다. 전생의 업을 잘 극복하여 현생의 복을 불러들이는 기원의 의미가 있고, 현생의 업을 잘 지어 내생의 복을 기원하는 의미도 덧붙어 있다.

가난하던 거지 부부가 딸 셋을 얻고 부자가 되었는데 셋째 딸 가믄장아기를 내쫓고 다시 거지가 되었다. 쫓겨난 셋째 딸은 마퉁이를 만나 금을 발견하고 큰 부자가 되었다. 부모가 장님이 되었다는 소문을 들은 셋째 딸은 장님 잔치를 열어 부모를 만나고 다시 행복해졌다는 이야기를 연희로 보여 준다. 가난에서 부자로, 부자에서 거지로, 다시 기아(棄兒)와 가난에서 부자로의 운명적 전환이 펼쳐지며 연희 속 주인공은 운명의 신으로 좌정하게 된다. 모든 사람들에게 자발적으로 노력하면 제약된 운명을 떨쳐내고 복을 부를 수 있다는 이치를 일깨워 준다. 운명 극복의 메시지를 강하게 전달하고 있다. 그래서 전상 놀이 마지막 장면은 거지 부부가 지팡이로 모든 전상(운명)을 집 밖으로 내쫓는 장면이 연출된다. 현재 우리가 겪는 모든 액운을 떨쳐내고 새로운 운명을 맞이하도록 제액초복(除厄招福)하고 있다.

가믄장아기는 누구 덕에 먹고 사느냐고 물었을 때 자기 복에 산다고 했다. 부모에게 불효한다고 쫓겨나긴 했지만 자기의 인생은 자기가 책임져야 한다는 말을 했다. 집을 나온 가믄장아기는 무소의 뿔처럼 홀로 길을 떠나다가 마를 캐는 남자 셋을 만나는데, 그 중에 가장 바른 생각을 하는 셋째를 자신의 배필로 삼는다. 누가 시켜서가 아니라 가장 싹수가 있는 남자를 골라 정한 것이다.

자신은 부모에게 쫓겨난 신세지만 부모에게 효도하는 남자를 택하고,

며느리로서 역할을 하기 위해 집에서 나올 때 가져 온 금붙이를 팔아 쌀밥을 해드린다. 수렵과 채취를 하는 세상에 들어가 농경문화를 전하는 문화영웅의 모습도 보여 준다. 그 놀라운 밥을 먹은 셋째는 귀한 음식을 얻은 연유를 묻자 금을 보여 준다. 그런 쇳덩이는 자기가 마를 파는 곳에 지천으로 널렸다는 이야기를 듣고 금을 캐서 큰 부자를 이루게 된다. 가믄장아기의 지적 능력으로 금을 발견하고 부를 이룬 것이다.

그 후 다시 부모의 운명을 바꾸어 드리고 가믄장아기는 전상신이 되었다고 한다. 자발적인 능력으로 운명을 개척하여 운명의 신이 된 것이다. 전상이란 전생(前生)에서 왔을 것 같은데, 그 의미는 다르게 쓰인다. 전상은 습(習)과 행위와 마음가짐을 뜻하고, 술을 많이 먹는 습(習)이거나 씀씀이가 커서 가산을 탕진하는 행위나 마음가짐을 나쁜 전상이라고도 한다. 한편 전상을 '사록'이라고도 하는데, 하(下)사록을 내몰고 상(上)사록을 불러들이는 일이 중요하다고 일깨워 준다. 〈전상놀이〉에서 가믄장아기 부모가 막대를 들고 나쁜 전상을 두들겨 패서 내쫓는다. 그렇게 해서 좋은 전상을 남게 하는 의례라 하겠다. 좋은 사록이 집안으로 들어오도록 하고 모질고 악한 사록을 쫓아버리면 천하 거부가 된단다. 삼공신은 나쁜 인연을 털어내고 좋은 인연을 만들어 주는 신, 운명의 신이다.

우리 인생은 전생의 인연에 지배되기도 하지만 과거 인연의 사슬을 끊고 새로운 인연을 만들 수도 있는 셈이다. '시절 인연'을 바꿀 수 있는 것이 인간이다. 국화 씨앗에서 나팔꽃이 피게 할 수는 없지만, 가을에 피는 꽃을 봄에 피게 할 수 있는 것이 인간의 힘이다. 나쁜 전상을 버리고 좋은 전상을 만나 보자. 스스로 노력하면 얻어진다. 운명의 반은 정해진 것이 있을지라도 나머지 반은 바꾸어나갈 수 있는 가능성이 열려 있다. 운명은 개척하는 것이다.

제주 무속은 타력신앙(他力信仰)인 줄 알았다. 무속이 늘 엑스타시나 트랜스에 의존하기 때문이다. 신에 의존해 신에게 갈구하고 희망의 끈을 이어가는 원시종교라 했고, 하급 종교라고도 했다. 그런데 제주의 가믄장아기는 인생이 스스로 개척하는 것이라 일깨워 준다. 무속이 자력신앙(自力信仰)의 경지에까지 이르렀다. 제주 무속은 우리에게 인생한 수를 가르치고 있다. 귀 기울여 보라. 철학이 다른 데 있는 게 아니다. 무당의 노랫가락 속에 철학이 있다. 하늘이 높아도 비는 내리는 법이다.

4) 세경놀이

한 여인이 면화를 따는 중에 어떤 남자가 나타나 뒤에서 허리를 안고 엉덩이 쪽을 서늘하게 만드는 사건을 만난다. 그 후 눈과 코 없는 사내 아이를 낳아 '펭두리'로 이름을 짓는다. '펭'은 병의 제주어다. 아이가 병처럼 생겼다는 말이다. 여인은 아이의 아버지를 찾는다고 하면서 여러 사람이 모인 곳에서 병을 굴려가며 지목된 사람에게 인정을 받고 웃음판을 벌인다. 아이를 서당에 보내나 글을 읽지 못하고 "밥 밥"을 외치니, 15세에 이르러 "밧 밧"이라고 외친 것이라 여겨 밭을 빌려 농사를 시키게 된다. 밭을 갈아 씨를 뿌리고 김을 맨 후 추수를 하기까지 농사의 전 과정과 이 곡식을 두루 나누어 먹는 과정까지 보여 준다.

이 놀이는 남녀의 사랑과 곡식의 풍요를 보여준다. 전반부는 여인이 아이를 낳고 다른 방도를 찾지 못해 농사를 시키게 되는 과정이고, 후반부는 이 아이가 농사에 충실하여 큰 수확을 얻는 과정이다. 전반부에서는 여성의 이야기가 주를 이루고, 후반부는 남성에 의해 농사가 이루어지는 이야기가 주를 이룬다.

전반부에서는 여인이 아이를 잉태하고 낳지만 아이의 아버지가 누군지 모른다. 어머니와 아들만 있고 아버지는 없는 상황이 모계 중심사회의 전형을 보여준다. 유화가 햇빛에 의해 임신하여 주몽을 낳고 아버지가 없는 상황과 같다. 자연의 땅과 씨앗의 관계가 드러난다. 이것은 농사의 풍요를 기원하는 의례인데, 성행위를 노골적으로 드러내고 있어 충격적이다. 한 여인이 들판에서 겁탈을 당한 후 펭두리란 아이를 낳아 기르는데, 이 아이가 농사를 잘 지어 풍년을 맞이하게 된 내용이다. 펭두리는 공부는 모르고 오직 "밥 밥"을 외치며 그 모습은 눈도 코도 없는 골계적인 모습으로 그려져 큰 웃음을 자아낸다. 인간세계의 성적 행위가 자연세계의 풍요를 가져온다는 유감주술(비슷한 것들은 상호 긴밀한 영향을 끼친다는 원시적 사유)이 담겨 있다. 세경놀이는 풍년을 기원하는 사람들에게 넉넉한 밥그릇을 제공하는 만큼, 넉넉한 웃음도 함께 제공하는 종합예술적 의례였다.

조선조 사람들이 "굿 본다"는 것은 단순한 굿만이 아니라 기예와 장관을 구경하고 즐긴 다는 의미가 내포되었다는 사실을 염두에 둔다면 굿의 오락성을 충분히 짐작할 수 있다. 제주굿은 서민들의 애환을 풀어주고 소원을 들어주며, 세상의 억압적인 것들을 풀쳐내어 웃음으로 승화시키는 '한풀이·신명풀이'의 미학을 지니고 있다.

후반부는 농사짓는 법이 상세하게 그려지고 있다. 넓은 농토를 빌려 잡초를 베어 태우고, 깨끗이 정비하고, 쟁기로 밭을 갈아 씨뿌릴 준비를 단단히 한다. 소를 모는 장면까지 세밀하게 그리는데, 초벌 두벌 밭을 갈고 흙덩이를 부수는 과정이 제주 농법 그대로다.

여러 좁씨를 뿌리고, 사이사이 콩과 깨를 심는 농사법도 사실적이다. '강돌라리, 느조, 나조, 광덕조, 흐린조, 모힌조, 대국조, 덩덩시리, 터럭조' 등 좁쌀 종류가 상세한데, 과거 제주도의 농사가 애초 보리 이전에 조농사였음을 여실히 보여 준다. 말을 들여 밭을 밟는 작업을 하고, 여러 테우리청(목동)을 거느리며 열심히 일하는 징면이 이어진다. 조가 자라고 김매는 작업과 함께 '김매는소리'가 울려 퍼진다. 조가 잘 익어 징채 만큼 큰 조를 수확하여 실어 나르고 타작하는 작업이 상세한데, '베고, 묶고, 끊고, 도리깨질'하는 과정과 불리고 키질하고, 이삭을 털어 알곡을 얻는 과정, 알곡을 되질과 말질로 뒤주에 담는 작업이 이어진다.

이처럼 후반부는 '농사짓는 법'이 주를 이룬다. 마치 윗사람이 아랫사람에게 농사법 정보를 전달하는 의도를 드러내는 '교술적' 장치 같기도 하다. 굿놀이 속에 농사짓는 전 과정과 씨뿌리는 소리, 김매는 소리, 도리깨질하는 소리 등 노동요를 모두 담고 있어, 굿이 농사이고 일상 삶이 된다. 노동요가 굿노래가 되는 경이로움을 경험한다. 일상 삶의 전 과정을 하나하나 반복하면서 전 과정이 소중한 일상임을 확인하게 한다. 타작을 끝내고 곳간에 갈무리하고, 가문 일족(一族)이 함께 배불리 먹는 장면으로 끝나는데, 농사짓고 얻은 것을 함께 나누는 과정까지 보여주는 것은 인간의 가장 소중한 덕목을 일깨우려 함이다. 함께 풍요를 누리고 '공존(共存)'하는 교훈을 각인시키려 함이다. 이처럼 굿놀이는 전편에 신명풀이를 담고 있지만, 놀이에 치우치지 않고 인간의 일상을 돌아보게 한다. 일상의 소중함을 새삼 강조하고 있다.

5) 영감놀이

영감놀이는 희곡적으로 구성된 무가라 할 수 있다. 이 놀이의 주인공은 영감이라고 불리는데, 도깨비신이다. 우리 생활과 사유 속에 깊이 파고든 '도깨비'는 일본 것이다. 뿔이 하나 달리고 방망이를 들고 있는

형상은 일본에서 들여온 것이기 때문에 아이들의 동화집 삽화로 남아
있는 이 잔재를 청산하는 것부터가 식민사관에서 벗어나는 길이고,
우리 민족의 것을 복원하는 첫걸음이기도 하다.

　제주도의 영감신은 도깨비신이면서 야장의 신(불의 신)이고, 배의 신,
풍요의 신, 병의 신이기도 하다. 즉, 도깨비신이기 때문에 자신의 청을
들어주는 사람에게는 부를 주지만, 자신의 비위에 거슬리는 사람에게는
병마를 주기도 한다. 그래서 어부들에게는 고기를 몰아다 주는 풍요의
신이기도 하면서, 이 놀이에서는 심술을 부리는 병의 신으로 등장한다.
한편 쇠를 녹여 그릇을 만드는 풀무작업(제주에서는 불미작업이라 함)에서는
이 영감신을 모시고 있으며, 이 성격이 확대되어 불을 관장하는 신으로도
숭앙된다. 선악을 동시에 구비한 원시적인 신의 모습을 보여 준다.

　사람들이 선왕상(船王床, 배의 신을 위한 상차림)을 차리고 짚으로 배를
만들어 상 앞에 놓는다. 영감 가면을 쓴 2명이 짚자루에 돼지고기 내장
을 들고 다른 한 손에는 횃불을 들고 있다. 이어 석살림굿을 한다. 물
아래 용왕, 물 위 선왕, 선왕문을 여는데 서울 남산 먹자고을에서 솟아
난 허 정승의 7형제 영감 참봉님의 문도 열게 된다.

　큰아들은 서울 삼각산, 송악산, 인왕산, 남한산성, 남산, 동대문, 남대
문, 종로, 을지로, 원효로, 충무로, 충정로를 거느리고, 한강 다리에서
어머니를 의지해 놀며 서울을 차지해 간다. 둘째 아들은 백두산, 두만
강, 압록강으로 놀러가고, 셋째 아들은 강원도 금강산, 대엄산, 소엄산,
춘천, 포천, 화천, 소양강 다리에서 놀이를 벌인다. 넷째 아들은 충청도
계룡산으로, 노들강변으로 놀이 가고, 다섯째 아들은 경상도 태백산에
서 놀고, 여섯째 아들은 전라도 지리산과 유달산에서 논다.

　6형제는 평안도-황해도-경기도-전라도-경상도-함경도-강원도-서
울을 두루 돌아다니며 논다. 일곱째 아들은 제주도에 와서 한라산, 어승

생, 백록담, 교래리, 대흘리, 선흘리, 구좌, 성산, 산방산, 가파도, 비양도, 제주시를 두루 돌아다닌다.(한라산으로부터 동쪽으로 가서 남쪽-서쪽-북쪽 순으로 돈다) 아름다운 계절에 맞춰 유랑하고, 바닷속의 여를 돌아다니기 도 하는데, 이때 제주에서 신청궤 대령상을 놓아 맞이한다.

6형제는 서울-영암-진도 벽파진-울돌목-추자-관탈을 거쳐 제주에 내려오고, 제주에서 영주산-어승생-거문오름-남주봉-제주시를 주유 하며 동생을 찾아다닌다. 마침 일곱째가 병신(病神)으로 침노한 곳에 와서 같이 가자고 동생을 부른다.

굿을 하는 집안에서 여섯 영감을 모셔 음식대접을 하고, 즐겁게 신을 놀린다. 이들은 이별잔을 마시고 춤추고 인정받아 떠나고자 한다. 배에 쌀, 미역, 버섯, 우무, 청각을 싣고 배를 띄운다. 음식을 실은 짚배를 바다에 띄우며 굿이 끝난다.

굿에서 6형제를 위한 음식 진설은 다음과 같다. 변소 디딜팡 아래 검은 돼지, 흰 돼지의 갈비, 다리, 머리, 뼈, 간, 염통, 콩팥, 창자, 더운 피를 차례로 진상한다. 수수떡, 수수밥, 오곡밥, 청주, 탁주, 소주, 포도 주, 계란 안주, 백시루떡, 청감주, 미역채 등. 굿놀이 속에 제주인의 음식문화가 고스란히 남아 있다.

창호지로 만든 가면을 쓰고 연희가 이루어지는데, 이런 무당굿의 종이 가면이 가면극 초기의 형태일 것으로 본다. 최근 이 놀이를 칠머 리당 영등굿의 마무리에 거행하는데 원래 전통적인 것은 아니다. 1981 년의 자료에 의하면 이 놀이가 없었다. 중간에 끼워 넣은 놀이라 하겠 는데 기억의 조작이란 비난을 피할 길이 없지만, 전통의 재해석과 현대 적 수용이란 측면에서 받아들일 수 있다.

6) 입춘굿놀이 춘경(春耕)

春耕은 上古耽羅王時에 親耕籍田하던 遺風이라 예전부터 이를 州司에서 主張하야 每年立春前一日에 全島巫覡을 州司에 集合하고 木牛를 造成하야써 祭祀하며 ……戶長이 장기와 짭이를 잡고 와서 밧을 갈면 한 사람은 赤色假面에 긴 수염을 달아 農夫로 쒸미고, 五穀을 샐리며, ……또 두 사람은 假面하야 女優로 쒸미고 妻妾이 서로 싸우는 형상을 하면, 또 한 사람은 假面하야 男優로 쒸미고, 妻妾이 투기하는 것을 調停하는 모양을 하면……

봄 밭갈이(춘경)는 상고 탐라국 시절부터 왕이 친히 밭갈이하던 풍속인데, 예전부터 이를 제주목 관아에서 주관하여 매년 입춘 전날 제주도 전역의 무당을 관아에 모이게 하여, 나무 소를 만들어 제사하며……호장이 쟁기와 따비를 잡고 와서 밭을 갈면 한 사람은 붉은 가면에 긴 수염을 달아 농부로 꾸미고, 오곡종자를 뿌리며……또 두 사람은 가면을 써서 여자로 꾸민 후 처첩이 서로 싸우는 장면을 연출하면, 또 한 사람은 가면을 써서 남자로 꾸미고 처첩이 투기하는 것을 조정하는 모양을 하면……

김두봉, 〈제주도실기〉

이 입춘굿놀이의 기원은 탐라왕 시대에까지 소급할 수 있다고 하는데, 다른 기록에도 입춘일에 호장이 관복을 입고, 보습을 들고 목우를 끌며 밭가는 모습을 보인다고 하며, 이는 탐라왕 때에 왕이 친경하는 풍속이라고 했다. 봄 밭갈이 전에 농경을 모의적으로 행하며, 이때에 가면을 쓴 한 남자와 두 여자가 쟁투하는 행위를 모의적으로 거행한다고 한다. 두 여자의 싸움은 당연히 농사가 잘되게 하기 위한 굿의 형태였음은 자명하다. 1914년 일본인의 기록에 의하면 이 놀이는 묵극(默劇)으로 거행되는데, 등장인물들이 가면을 쓰고 '농부가 씨를 뿌리고, 새가 씨를 쪼고, 남녀가 농사짓는 모의 농경을 행하고, 여자를 서로 빼앗

는 장면'을 연출하는데, 이 놀이를 벌이면 그해는 오곡이 풍년 든다고
한다.

한 여성을 가운데 둔 두 남성의 싸움(또는 한 남성을 가운데 둔 두 여성의
싸움)을 설정하고, 두 남성 중에 하나는 물러가야 할 존재라고 하고,
다른 하나는 물리치는 역할을 하는 존재라고 하는 것은 겨울과 여름의
싸움의 전형적인 구성이다. 물러가야 할 존재, 즉 겨울의 상징인 남성
이 여성과 맺는 비정상적인 관계에서는 이루어지는 것이 없고, 물리치
는 존재, 즉 여름의 상징인 남성이 여성과 맺는 관계에서는 풍요가
이루어진다고 보는 것도 흔히 볼 수 있는 바이다. 〈처용가〉에서 한
여인을 사이에 두고 두 남성이 등장하는데, 역신은 겨울의 상징이고,
처용은 여름의 상징으로 해석하자는 가정이다. 후대 탈춤에서 되풀이
해서 나타나는 소무를 가운데 둔 노장과 취발이의 싸움이나, 영감을
가운데 둔 할미와 각시의 싸움은 모두 이런 굿의 흔적으로 해석될 수
있다.

이 입춘굿놀이에서 처첩 두 여자가 사랑을 다투는데 그중 하나는
물러가야 할 대상인 겨울임이 자명하다. 그리고 이 놀이의 궁극적 목적
은 오곡의 풍요다. 이 계절제의의 전통은 면면히 이어져 후대 탈춤에까
지 그 잔영이 나타난다. 탈춤이 원래 농촌의 풍요를 기원하는 굿에서
유래하였기 때문에, 겨울을 내몰고 봄을 맞이하는 재생제의의 흔적이
남아 있다. 그 계절적 제의는 풍요와 생산의 상징인 젊은 여자와 생산
력을 잃은 할미와의 대결에서 할미가 패배하는 내용이거나, 어둠과
죽음과 겨울의 상징인 노장과 밝음과 생산과 여름의 상징인 취발이의
대결에서 노장이 패배하는 내용을 통해 드러난다. 탈춤에는 민중적인
힘 이외에 제의적인 힘이 근원적으로 존재한다. 풍요를 기원하는 농촌
의 탈놀이 흔적을 제주도의 춘경풍속(春耕風俗)에서 발견할 수 있다.

입춘 풍속은 상고 탐라왕 시절부터 이어져 내려오던 제주의 유풍이었다. 이를 '춘경(春耕)'이라 하였으니 봄 밭갈이의 시작을 알리는 행사로서, 이전에는 탐라왕이 친히 밭갈이를 시작하면서 백성들과 풍요를 기원하였다. 풍요뿐만 아니라 제주 전도의 건강과 안녕을 기원하는 여민동락(與民同樂)의 행사였다. 위와 아래가 함께 어울리고 좌우가 하나 되는 통합의 행사였다. 물질적인 풍요만이 아니고 정신적으로도 행복해지길 비는 행사였다.

예전에 호장은 입춘 당일 이 '춘경'-입춘굿놀이를 주재하였다고 한다. 입춘 전날 전도의 무당들이 모이게 하여 낭쉐(木牛)를 조성하게 하고, 입춘날에 이르러 그들을 지휘하여 한 해의 풍요를 기원하면서 전도 백성들과 한바탕 놀이를 벌였다고 한다. 음식과 연초를 함께 나누면서 모두가 한 마음이 되는 이 입춘굿 행사를 돌아보며 느끼는 생각이 있다. 근자에 들어 도민들의 화합이 깨지고 여러 군데서 불협화음이 들려오고 있다. 제주도의 입춘굿은 바로 갈등을 화합으로, 분열을 화해로 바꾸는 놀이이며 대동단결하는 축제이니, 이 놀이를 기점으로 제주도가 다시 하나로 합하고 조화와 상생의 정신을 회복하였으면 좋겠다. 제주에 이런 위대한 통합의 전통이 있었음에 자긍심을 느낀다.

제주도의 안녕과 평화를 기원하면서 탐라국 시절 전 도민을 위한 제문을 소개한다. "위로 하느님을 위하고 아래로 지부왕을 위하고, 물을 위하고 사직을 위하고, 천지개벽 후에 낸 규칙을 위합니다. 금년은 오곡이 풍성하여 이 창고에 넘치도록 하여 주십시오."라는 기원문이다. 우리도 하늘과 땅을 위하고 자연과 조상을 위하고, 하늘이 낸 법과 질서를 잘 지키며 한 해의 풍요와 평화를 기원해야 한다.

입춘굿 복원의 문제점을 돌아본다. 당연히 역사문헌 자료의 엄정한 조사 연구가 선행되어야 한다. 과거 문헌기록을 우선 잘 살펴야 하는데,

1914년 도리이 류조의 기록에서 '입춘굿'의 실체를 확인할 수 있는데 그 전후의 문헌 기록은 없는지 총독부 자료를 잘 살펴야 할 것이다. 아울러 도리이의 다른 글에 남긴 흔적도 면밀히 조사해야 한다. 조사 내용 중 꼭 필요한 사항은 도리이 류조의 조사시에 찍은 유리원판 사진 11점이다. 송석하 선생의 주선에 의해 잘 남겨졌다고 하고, 지금 국립박물관에 소장되어 있다. 이것을 제주국립박물관으로 이전하고, 그 사진자료에 대한 명료한 해석이 필요하다.

최근에 복원된 입춘굿을 마구잡이로 문화재 지정을 해서는 안 된다. 일부 민간단체가 복원을 하면서 지금도 계속 '입춘굿놀이'를 변형시키고 있는 실정이다. 애초에는 도리이의 기록 내용에 충실한 놀이만을 진행하다가 요즘에는 굿 속에 '세경신'과 관련된 퍼포먼스를 추가하고 있다. 더구나 '입춘굿놀이'의 경우 묵극(默劇, 대사가 없이 진행되던 극)이었던 것을 고성오광대의 놀이를 차용하여 대사를 집어넣은 것은 제주도 무형문화재 지정에 큰 오점이다. 그러므로 신중을 기해 여러 차례의 검증과 연구 성과가 축적된 이후 해야 옳다. 최근 도리이 류조의 입춘굿 사진을 분석한 연구논문이 제출되었는데, 이 사진민속학 성과를 토대로 입춘굿놀이를 정비할 필요가 있을 것이다.

02. 제주도 약마희躍馬戲

1) 서

『신증동국여지승람(新增東國輿地勝覽)』(1530)과 『탐라지(耽羅誌)』(1653)
에는 제주에 약마희(躍馬戲)라는 놀이가 기록되어 있는데, 이 놀이가
지금 제주의 일부지역에 전승되는 영등굿의 '배방선'(배방송)인 것으로
추정되고 있다. 이 놀이는 중국과 동남아·일본 등지에서 거행되는 경
조행사(競漕行事)와 유사한 것이다. 마을 축제에서 청년들이 여러 척의
배에 나누어 타고 승부를 겨루는 이 경조행사는 우리나라를 제외한
동아시아에서 흔히 볼 수 있다.

> 2월 초하루 귀덕, 김녕 등지에서는 장대 12개를 세우고 신을 맞이하여
> 제사지낸다. 애월에 사는 사람들은 말머리 모양의 떼배를 만들어 채색 비
> 단으로 꾸미고 약마희를 해서 신을 즐겁게 한다. 보름이 되어 끝내니 이를
> 연등이라 한다. 이 달에는 승선을 금한다.[1]

---

1) 又二月朔日 於歸德金寧等地 立木竿十二 迎神祭之 居涯月者 得槎形如馬頭者 飾以彩帛
作躍馬戲以娛神 至望日乃罷 謂之然燈 是月禁乘船(『新增東國輿地勝覽』, 卷之三十八,
濟州牧 風俗.)

짧은 문장 속에 2월 초하루부터 보름 즈음까지의 영등굿이 선명하게 기록되어 있다. 신을 맞이하는 영신(迎神)과 신을 즐겁게 히는 오신(娛神)과 보름 후에 굿을 끝내는 과정이 세밀하다. 『신증동국여지승람』과 『탐라지』 계열의 기록이 대개 위의 과정을 공유한다. 그런데 다음에 소개할 『남사록』(1602)과 『남환박물』(1704) 계열에서는 '약마희'가 생략된 대신 배방송의 송신(送神)이 상세하게 기록되어 있다.

> 풍속에 2월을 연등절이라 한다. 전설에 의하면 당나라 상인의 배가 파손하여 표몰한 자가 사체(四體)가 분해되어 두골은 제주 동 어등포에 들어가고, 수족은 제주 서남 고내 애월 명월 등의 포구에 들어갔기 때문에 그 마을 사람들은 정월 28일부터 촌중에서 쌀을 거두고, 2월 초 5일에 이르러 연등신을 제사한다. 매년 정월 그믐 때 바람이 서쪽 바다에서 불어오면 이를 다른 지방에서 신이 온 것이라 말한다. 무리들을 모아 무당은 야제(野祭)를 지내고, 밤낮으로 촌가를 드나든다. 2월 상순에 이르면 또 돛대를 갖춘 배 모양을 만들어 포구에 띄우는데 이를 송신이라 말한다. 이때는 바람이 동북쪽에서 불어오는데, 다른 지방의 신이 갔다고 말한다. 2월 초 하루부터 보름 후까지는 절대로 바다에 배를 내보내지 않는다.[2)]

> 중국 상인이 바다에서 배가 부서져 빠져죽거나 표류하였는데, 사지가 나누어져 머리뼈는 제주의 동쪽 어등개(구좌읍 행원리 포구)로 들어오고, 손발은 제주의 서남쪽 고내(애월읍 고내리)와 애월(애월읍 애월리), 명월(한림읍 명월리)의 포구로 들어왔다. 그러므로 그곳 마을사람들은 정월 28일부터 마을에서 쌀을 동냥하여 2월 초5일까지 연등신(영등신)에 제를 올린다.

---

2) 俗以二月爲燃燈節 諺傳大唐商人船敗漂沒者四體分解頭骨入於濟之東於魚等浦手足入於濟之西南高內涯月明月等浦故其里之人自正月二十八日化米於村中 至二月初五日爲祭燃燈神 每年正月晦時 有風自西海來 則謂之他方之神來矣 聚群巫作夜祀 以夜繼晝 出入村家 至二月上旬 又造舟形俱帆檣 汎之于浦口 謂之送神 是時風自東北來 則謂之他方之神去矣 自二月初吉至于望後 絶不放船(金尙憲, 『南槎錄』, 永嘉文化社, 1992, 253쪽.)

매년 정월 그믐 때 바람이 서쪽 바다에서 불어오면 이를 다른 지방에서 신이 온 것이라고 말한다. 무리들을 모아 무당은 들에서 제사를 지낸다. 밤에서 낮까지 계속되는데 촌집(村家)를 드나든다. 2월 상순에 이르면 또 배 모양을 만들어 돛대까지 갖추어 포구에 띄우는데 이를 송신(送神)이라 말한다. 이때면 바람이 동북쪽으로 불어오는데, 다른 지방의 신이 갔다고 말한다. 2월초 길일부터 보름 후까지 절대로 배를 바다에 내보내지 않는다.[3]

당나라 혹은 중국 상인의 배가 파손되어 그들의 사체가 동서 여러 포구로 나뉘고, 그들의 혼령인 듯한 다른 지방의 신이 매년 정월 그믐 밤에 들어온다고 했고, 그래서 매년 2월 초 내내 밤낮으로 야제를 지낸다고 했다. 『탐라지』계열에서 말머리 모양의 떼배를 만들어 비단으로 꾸미고 노는 '약마희'를 한다고 했는데, 여기서는 송신의 과정에서 '또 배 모양을 만들어 돛대까지 갖추어 포구에 띄우는데'라 했다. 『남사록』계열에서는 오신의 과정에서 배를 만들어 노는 것은 생략되었지만, '또 배 모양을 만들어'라는 것으로 보아 『탐라지』계열에서 말한 오신 과정도 있었던 것으로 보인다. 다만 송신 과정의 '배방송'이 강조되어 있다.

김두봉의 『제주도실기』(1932)에 있는 '연등신(燃燈神)'의 기록도 『남사록』, 『남환박물』과 대체로 비슷하다. 지나(支那, 중국) 상인이 표류하여 죽었는데 4체가 분해하여 두골은 어등포로 가고 수족은 고내·애월·명월포로 들어갔다는 내용은 같다. 1월 그믐밤 서해로부터 바람이 불면 연등신이 내린다 하여 '타방지신(他方之神)'을 구체화하였다. 이어서 "사형(槎形)을 짓되 마두(馬頭)와 같이 하야, 채색(彩色)으로 쉬미고 약마희(躍馬戱)를 지어서 신을 질겁게 하며, 2월 순망(旬望)에 이르러서도, 가주(假

---

3) 이형상 저, 이상규·오창명 역주, 『남환박물』, 푸른역사, 2009, 115-116쪽.

舟)를 조성하고 범폭(帆幅)을 갖추어, 포구에 씌우며, 무당이 주문으로써 청청(淸淸)히 별식신식(別式神式)을 행하야 송신(送神)하면, 그 쎄에 동북풍이 불며, 신이 간다 한다."4)고 했다. 김두봉의『제주도실기』는 오신의 '약마희'와 송신의 '배방송'이 모두 상세하다. 오신의 때에는 말머리를 장식한 것으로 놀고, 송신의 때는 배에 돛을 달아 띄우는 놀이로 즐긴다. 김두봉의 기록에는 "2월 초부터 망후(望後)까지 배를 띄우지 않고, 영등신이 지나가면 해족(海族)을 다 포식한다 하므로 바닷가에 조개류의 빈 껍질이 있으면 연등신이 까먹은 연고라 하고, 지금까지도 송신(送神)하는 풍속이 유행한다."5)고 하여 제주의 민간에 전해지던 구비전승까지 소개하고 그 풍속이 20세기 초반까지 지속되고 있음을 보고하였다. 김두봉의『제주도실기』에는 두 계열의 기록을 모두 포괄하고 있으며, '영신-오신-송신'의 내용이 가지런하고 특히 송신 풍속을 자세히 다루었다.

연등절. 전하는 말에 의하면 대당(大唐) 상인이 제주 경계에서 빠져죽었는데 그 사체가 나뉘어 머리는 어등포로 들어가고, 손과 발은 고내·애월·명월 등 포구로 들어갔다. 그러므로 매년 정월 그믐날 온갖 바람이 서쪽 바다로부터 불어오면 등신(燈神)이 내려왔다고 말한다. 바닷가에 사는 사람들은 무리의 무당을 모아 들 제사를 지내는데 밤에서 낮까지 계속되었다. 나무등걸 형상이 말머리와 같은 것을 얻어서 비단으로 꾸며 약마희를 지어서 신을 즐겁게(娛神) 하는데, 2월 보름까지 이어졌다. 또 배 모양을 만들어 돛대를 갖추고 포구에서 띄우는데 신을 보낸다(送神)고 말한다. 이때 바람이 동북에서 오면 등신(燈神)이 갔다고 말한다. 2월 초하루 즈음에서 보름 후까지 절대 배를 놓지 않는다.6)

---

4) 김두봉, 『제주도실기』, 제주도실적연구소, 1932, 34-35쪽: '風俗的燃燈神'.
5) 위의 책, 35쪽.

심재는 '연등절'(燃燈節)을 소개하면서 이후의 기록에는 '연등신'이라 하지 않고 '등신(燈神)이라고 계속해서 표기하고 있다. 이 인용문은 심재 김석익의 20세기 초 기록으로 앞의 김두봉 기록과 아주 가깝다. 심재의 '해상일사(海上逸史)' 인용문 뒤에는 영등신이 바닷가의 해족을 주어먹고 지나가는데 조개류 껍질이 있으면 영등신이 까먹은 것이라 여겼다고 하고, 이것은 '이어(俚語)'에 전하는 말이라고 소개하고 있다. 김두봉의 기록과 마찬가지로 구비전승을 함께 언급한 부분이라 하겠다. 이런 풍속은 현재에도 잘 남아 전해지고 있다. 심재의 기록에도 역시 '영신-오신-송신'의 내용이 모두 잘 드러난다.

제주에서는 이 연등절은 지금도 영등달이라 한다. 『동국여지승람』의 '연등(燃燈)' 기록처럼 2월 초에서 보름까지 승선을 금하고 있다고 했다. 『남환박물』에서는 『동국여지승람』의 기록을 들고 차귀당신에 대한 기록을 한 뒤에 이 연등절을 적고 있다. 떼배를 띄우는 '연등'과 여기의 신을 맞이하고 보내는 '연등절'은 연관성을 지닌 것으로 보인다. 이 둘을 합하면 지금의 제주 영등달 풍속에 가깝다. 그리고 '돛대를 갖춘 배 모양'을 만들어 배송한다는 것은 지금의 영등굿에서 '떼배'를 만들어 배송을 하는 의례 절차와 일치한다고 하겠다. 그런데 말머리 모양의 떼배를 만들어 채색 비단으로 장식하고 벌이는 '약마희'는 잘 전승되지 않는다. 다만 『남사록』, 『남환박물』에서 '무리들을 모아 무당은 야제(野祭)를 지내고, 밤낮으로 촌가를 드나든다.'고 한 것이 약마희의 본질인 듯하다. 며칠 동안 밤낮을 가리지 않고 이루어지는 야제(野祭)

---

6) 燃燈節 諺傳大唐商人漂沒者 四體分解 頭骨入於魚等浦 手足入於高內涯月明月等浦 故 每年正月晦時 百風自西海來 則謂之燈神降矣 沿邊居民聚群巫作野祀 夜以繼晝 造槎形 如馬頭者 飾以彩帛 作躍馬戱 以娛神 至二旬望 又造舟形俱帆檣 汎之于浦口 謂之送神 是時風自東北來 謂之燈神去矣 自二月初吉 至于望後絕不放船(金錫翼, 海上逸史, 『心齋 集』(Ⅱ), 제주문화원, 1990, 364쪽).

의 풍속을 찾아내는 것이 약마희의 실마리를 찾는 길일 것이다.

제주도 영등굿에 관한 여러 기록과 현재 민속을 고찰하여 1) 신을 맞이하고 보내는 절차 2) 풍요 기원의 내용 3) 신인동락(神人同樂)하면서 즐겁게 노는 축제의 측면 등을 면밀히 비교하면, 약마희와 배방송의 실체는 새롭게 규명될 것이라 기대한다. 그래서 본고는 영등굿의 '영신 -오신-송신' 절차를 자세히 나누어 고찰하고 약마희가 갖는 의의를 새롭게 밝혀 나가고자 한다.

2) 영신(迎神)−입간(立竿)과 영등길

> 2월 초하루 귀덕, 김녕 등지에서는 장대 12개를 세우고 신을 맞이하여 제사지낸다(二月朔日 於歸德金寧等地 立木竿十二 迎神祭之).

『신증동국여지승람』은 1530년에 편찬한 관찬 지리서이다. 아주 오래된 기록이라 하지만 이 기록을 답습하여 20세계 초반까지도 12개의 장대를 세워 신을 맞아하는 이야기를 하는데 실상은 어떤가. 다음은 조천 북촌리 영등굿의 '삼천벵맷대 세움'의 장면이다.

> 영등 이월 열사을날(13일) 강남천ᄌ국서 산구경 물구경 제주도 오실적의 … 천초 메역 고동 셍복 우미 전각씨 세경 너븐드르 열두시만국 씨를 가져와 주저 … 삼천벵맷대(三千兵馬竿) 일만초 깃발 기초발입(旗幟發立) 흥시저 ᄒ는디 … 천지월덕기로 신수 무저 홉네다.[7]

---

7) 현용준, 『제주도무속자료사전』(개정판), 도서출판 각, 2007, 460쪽.

영등신이 강남천자국에서 제주로 올 때 천초·미역·소라·전복·우무·곡식씨를 가지고 오는데, 바다에서 자라는 해조류와 패류의 씨앗을 가져오면서 동시에 육지의 곡식 씨앗도 가지고 온다. 그런데 신들이 오는 과정은 숱한 깃발이 휘날린다. 장대가 세워지고 깃발이 날리고 신이 내려오는 큰 대도 세워진다. 여러 신들이 한꺼번에 오는 광경이어서 여러 신대(神竿)가 세워지는 것인지, 아니면 영등신만의 맞이인지 애매하다. 영등신이 오는 영등길은 이 입간(立竿)과 연관된다.

아키바 다카시(秋葉隆)의 「제주도의 사신 신앙(濟州島に於ける蛇神の信仰)」[8], 「거제도의 입간민속(巨濟島の立竿民俗)」[9]과 송석하(宋錫夏)의 「풍신고(風神考)」[10] 등에 의하면, 1930년대 중반까지는 한국의 육지나 섬 마을들에서 2월의 동일한 시기에 대나무나 나무 장대를 세워, '영등할마니'나 그 밖의 이름으로 불리는 바람의 신에게 비는 제사가 행해지고 있었고, 제주도에서도 2월 14일에는 심방이 '영등대(龍竿)라 칭하는 신기(神旗)를 단 신대(神竿)를 들고 요령(搖鈴)을 흔들며 주문을 외면서 담당하는 마을의 집들을 돌아다녔다.'[11]고 한다.

아키바 다카시는 「거제도의 입간민속」에서 당시 남해안과 거제도의 영등제 모습을 다음과 같이 기록하고 있다.

> 반도의 남해안에서는 2월 1일 영등마마(靈登媽媽)를 모실 때 잎이 달린 대나무 가지를 주방(廚房) 또는 후원(後園)의 깨끗한 곳(淨所)에 세우고, 색포(色布) 지편(紙片) 등을 매놓고, 여기에 공물을 바치며 소지기원(燒紙祈願)을 한다. (중략) 거제도에서는 이 제사를 영등할미올라가기 또는 풍

8) 秋葉隆, 「濟州島に於ける蛇鬼の信仰」, 심우성 옮김, 『조선민속지』, 동문선, 1993.
9) 秋葉隆, 「巨濟島の立竿民俗」, 최철·설성경 엮음, 『민속의 연구』(Ⅰ), 정음사, 1985.
10) 宋錫夏, 「風神考」, 최철·설성경 엮음, 『민속의 연구』(Ⅰ), 정음사, 1985.
11) 秋葉隆, 앞의 책, 1993, 265쪽.

신(風神)올라가기라고 칭하는데, 동안(東岸)의 장승포(長承浦) 가에는 그를 위해 불대(水竿)를 세우는 풍습이 있어, 집집마다 정월 그믐날 밤에 죽간(竹竿) 상부를 일부분 쪼개고 주위에 색포(色布)를 늘어뜨린 것에, 작은 그릇을 얹고, 여기에 청정한 물(淸水)을 담아 주방 또는 장독대 있는 곳에 세워 놓고 이튿날, 즉 풍신이 내려오는 2월 1일부터 19일까지 매일 아침 새 물로 갈아 바친다. 그런데 2월 1일부터 3일 사이에 길일을 택해 오곡밥, 인절미 등을 해서 불대(水竿) 앞에 바치고, 기원소지(祈願燒紙)를 하는데, 이 공물들의 원료는 특별히 지난해 가을에 수확한 벼를 병에 넣어 대청 또는 방 안에 준비해 둘 만큼 삼가 조심하는 모습이다.[12]

근대로 접어든 이후에 광범위한 지역에 나타나는 이러한 습속들로 볼 때, 고기록(古記錄)에 남아 있는 목간(木竿)에 관한 기사가 영등굿의 하나의 핵심적 부분을 말해주고 있음을 알 수 있다. 『동국세시기』를 보면, 시골의 인가에서는 정월 대보름 전날에 깃발 모양으로 짚을 묶고 그 안에 벼·기장·피·조의 이삭을 넣고 또 목화를 달아 긴 장대 끝에 씌운 다음, 집 옆에 세우고 새끼줄을 늘어뜨려 고정시키는 것을 화적(禾積)이라고 하는데 풍년을 기원하는 것이라고 설명한다.

거제도에서는 화간(禾竿)을 유지방·유지봉·유조지·오지봉(烏止峯) 등이라 칭한다. 정월 14일 저녁에 앞뜰 문 옆의 깨끗한 곳에 세우는 장대이며, 상부에 짚꾸러미를 묶고 이곳에 왼쪽으로 꼬아 만든 새끼줄 한 줄기 또는 세 줄기를 늘어뜨리고 꼭대기에 종이 조각을 붙여 두기도 한다. 대보름의 화적 또는 화간은 주로 남부지방의 풍습으로 생각할 수 있다. 경성지방에서는 화간(禾竿)을 볏가리라 칭한다.[13]

송석하는 연산 중종 연간에 벼슬한 이자(李耔)의 글 『음애일기(陰崖日

---

12) 秋葉隆, 앞의 책, 1985, 140쪽.
13) 진경환 역주, 『서울·세시·한시』, 보고사, 2003, 203-204쪽.

記)」를 거론하면서, 이삭이 달린 벼를 그대로 결박하여 나무에 걸어 기풍(祈豐)하던 주술적 행사이던 것이 그 후 약 250년을 경과한 정조 때에 이르러서는 화서직속(禾黍稷粟) 등의 오곡과 열매를 짚에다가 싸서 독(纛)과 같이 만들고 그것을 장대에 매달아 건물의 부근에 세우는 상징적인 것으로 변천하였다고 보았다.[14]

또 이 조사는, 바람의 신인 영등신을 위해 입간(立竿)에 바치는 이 기도가, 곡신에게 올리는 기도이기도 하다는 사실을 보여준다. 거제도 서안(西岸)에서는 이때 풍년을 기원하는 떡을 하는데, 이것을 할머니떡(姥餅)이라 부르며, 이 섬 북부 마을에서는, 풍신(風神)을 배웅할 때 만든 떡을 유지방이라고 하는 장대(長竿) 끝에 매단 짚꾸러미(苞)에 넣어두었다 이삼 일 후에 먹는다.[15] 풍년에 대한 염원이 바로 이 영등제의 입간(立竿)에는 담겨있는 것이다.

목간(木竿)이 제주도에서는 어떻게 남아 있는가. 12개의 장대를 세워 신을 맞이하고 제를 지냈다는 영등제는 아키바의 조사 당시에 이미 사라졌다고 한다. 그 시기가 소화 7년, 즉 1932년 즈음이었다. 2월 14일 무당이 영등대를 쥐고 요령을 흔들며 주문을 외면서 마을의 집집을 방문하는 행사 중에 입간(立竿) 흔적을 유추할 수 있다고 진술한다.

송석하(宋錫夏)는 아키바(秋葉)의 보고와 자신의 조사를 토대로, 이 제사에서 입간습속(立竿習俗)의 의의를 다음과 같이 주장하고 있다.

> 「영등 風神」은 바람과 같이 在天한 神인 것은 반드시 立竿에 依한 祈禱 形式이 絶對 條件인 것과 用語 上으로 보더라도 卽 「내려온다」「올라간다」로서 알 수 있는 것이다.[16]

---

14) 宋錫夏, 앞의 책, 187쪽.
15) 秋葉隆, 앞의 책, 1985, 141쪽.

송석하는 영등 풍신이 여신인데, 딸을 데리고 내려올 때는 멋지게 보이려고 바람을 불게 해서 치맛자락을 휘날리게 했으며, 며느리를 데리고 내려올 때는 비에 젖게 심술을 부렸다고 한다. 그래서 지상의 날씨는 '재천(在天)하는 영등할마니'에 달려 있다고 생각한다. 장주근도 송석하의 '올라간다', '내려온다'는 말을 인용하여 "정확히 보자면 입간(立竿)은 그 올라가고 내려오는 통로로 여기고 있는 것으로 보아야 할 듯하고, 또는 내려와서 머무르는 2월 초·중순 기간은 그 신체(神體)로 봐서 무방할지 모르겠다."[17])고 동조하고 있다.

이에 대해 현용준은 '입목간(立木竿)'이 요왕맞이 제차 때 푸른 대를 세워 요왕문을 만들었던 것과 관련이 있지 않을까 추측하고 있기도 하다.[18]) 요왕맞이의 댓가지는 보통 양쪽으로 8개를 꽂는 것이 일반적이지만, 모든 굿에서 항상 그렇지는 않다. 그동안 조사된 자료를 살펴보면 6~11개 사이로 서로 약간의 차이가 있다. 한편 요왕질의 댓가지는 푸른 잎이 달린 상태로, 처음에는 묶지 않고 놓아두기 때문에 심방이 질치는 시연을 하는 동안에는 마치 해조류가 넘실거리는 바다 속을 형상화하는 것처럼 느껴진다. 이 댓가지는 요왕질치기 시연이 끝나고 요왕문을 열려 맞기 전에 서로 양쪽을 묶게 된다. 요왕맞이는 초감제와 더불어 영등굿 혹은 잠수굿의 한 축을 형성한다. 말 그대로 용왕을 맞아들여 소원하는 바를 이루고자 하기 때문이다. 양쪽으로 8개씩 꽂아 놓은 댓가지는 요왕질을 나타내는데, 바로 그 길이 요왕이 오고 가는 길이며 그 자체가 요왕문이 되는 것이다. 물질 작업을 하다 보면

16) 宋錫夏, 앞의 책, 190쪽.
17) 장주근, 「한국의 신당형태고」, 『한국민속연구논문선』, 일조각, 1982, 368쪽.
18) 현용준, 『제주도 무속과 그 주변』, 집문당, 2001, 74쪽. 한 줄에 6, 8, 10씩 두 줄로 세운다고 하니 꼭 8개씩 세우는 것은 아니다.(같은 책, 96쪽)

뜻하지 않게 사고를 당해 그야말로 요왕문을 지날 수 있기 때문에 그러한 일이 없도록 해 달라고 기원한다.[19]

바다를 건너오는 신을 맞이하는 용왕문을 염두에 두면서 김선자는 "천상에서 내려오는 신이 아니라 바다에서 들어오는 신의 길이긴 하지만 그것은 제주도의 상황에 맞게 바뀐 것일 뿐 '신이 강림하는 길'이라는 원래의 의미는 다름이 없다고 생각한다."[20]고 했다. 제주 영등신은 김상헌의 『남사록』에서처럼 '自西海來 則謂之他方之神來'라 하여 서해로부터 온다는 수평적인 이동이 나타나기도 하지만, 김석익의 『해상일사(海上逸史)』에서처럼 '燃燈節 … 謂之燈神降矣'라 해서 '降' 즉 내려온다고 하기도 한다. 이 기록은 20세기의 기록인데 영등신이 '재천(在天)'한다는 육지 관념이 남아 있다고 볼 수 있고, 온다는 관념의 다른 표현일 수도 있다. 그러나 전반적으로 제주 영등신은 바다를 건너 제주에 온다. 제주 영등신은 외방에서 제주로 '들어오고 나간다'는 공통점이 있고, 한반도 대부분 지방에서는 '내려오고 올라간다'는 공통점을 지닌다.[21] 본토에서는 신이 하늘에서 내려오고, 하늘로 올라간다고 되어 있으니 그것은 수직적 신관념이다. 제주도에서는 바다 쪽에서 들어오고, 다시 바다로 나간다고 했으니 본토의 수직적 신관념이 수평적 이동 관념으로 바뀌었다고 할 수 있다.[22]

이원조의 『탐라지초본』은 그 내용상 김상헌의 『남사록』과 매우 유사하다. 그런데 바람이 서해에서 불면 타방의 신이 왔다고 하는 『남사

19) 강소전, 「제주도 잠수굿 연구 - 북제주군 구좌읍 김녕리 동김녕 마을의 사례를 중심으로」, 제주대 석사학위논문, 2005, 51쪽.
20) 김선자, 『제주신화, 신화의 섬을 넘어서다』, 북길드, 2018, 383쪽.
21) 하순애, 「바람과 제주도 영등신앙」, 『제주도연구』 33, 제주학회, 2010, 287쪽.
22) 김헌선, 「제주도 당제의 신화 생명체계 연구」, 『영주어문』 28, 영주어문학회, 2014, 35쪽.

록』과 달리 영등신이 '강(降)'하였다고 말한다. 김두봉의 『제주도실기』
에서도 "서해로부터 바람이 불면 영등신이 내린다 하여 바닷가 주민은
무당을 청해 제사를 지낸다."라 하고 있다. 이 자료는 1932년 것이고
김석익의 『해상일사』와 비슷한 시기의 것이다. 이로 보아 조선 후기에
서 근대 자료들이 오히려 '강신(降神)'을 말하는 것을 보면, 제주의 신들
이 애초 바다를 통해 들어오는 형태를 취하다가 후대에 하늘에서 하강
하는 쪽으로 바뀌었다고 상정할 수도 있다.

　제주도 영등신은 서해바다에서, 혹은 강남천자국에서 바다를 건너
오는 다른 지방의 신(他方之神)으로서 해양에서 무언가 값진 것을 가져
온다는 사유를 담고 있다. 영등할망이 미역의 씨앗을 가져와 골고루
뿌리면 대풍이고 잊고 오면 흉년이 된다. 아울러 산도(밭벼)·조의 풍흉
을 주재한다.[23) 제주도 영등신은 바다를 건너온 농업과 어업의 신이다.
영등신이 오는 영등길은 하늘에서 내려오는 길도 있고, 바다를 건너오
는 '요왕길'도 있다.

3) 오신(娛神)—걸립예능과 군웅놀이

　尙淫祀
　俗尙淫祀 乃於山藪川池丘陵墳衍木石俱設神祀 每歲元日至上元 巫覡共
擎神纛 作儺戲 錚鼓前導 出入閭閻 爭損財穀 以祭之 又於二月朔日 歸德金寧
等地 立木竿十二 迎神祭之 居涯月者 得槎形如馬頭者 飾以彩帛 作躍馬戲
以娛神 至望日乃罷 謂之燃燈 是月禁乘船.　　〈耽羅志〉,〈新增東國輿地勝覽〉

---

23) 진성기, 「영등할망」, 『남국의 전설』, 교학사, 1981, 87-88쪽.

음사를 숭상한다.

풍속은 음사를 숭상하여 산과 숲, 내와 못, 높은 언덕이나 낮은 언덕, 물가와 평지, 나무와 돌 따위를 모두 신으로 섬겨 제사를 베푼다. 매년 정월 초하루부터 보름날까지 남녀 무당이 주신을 모시는 기(신독)를 함께 받들고, 역귀를 쫓는 행사(나희)를 벌이면서 징과 북을 앞세워서 마을을 나들면, 마을사람들이 다투어 재물과 곡식을 내어 제사한다. 또 2월 초하룻날 귀덕 김녕 등지에서는 나무 장대(목간) 열두 개를 세워서 신을 맞아 제사 지낸다. 애월 사람들은 떼 모양을 말머리(馬頭)처럼 만들고 비단으로 곱게 꾸며서 약마희를 벌여 신을 즐겁게 하였다. 보름날이 되면 마쳤는데, 그것을 연등이라고 하였다. 이 달에는 배 타는 것을 금하였다.24)

애월포에 사는 자는 나무등걸 형상이 말머리 같은 것을 얻어서 채색비단으로 꾸며 말이 뛰는 놀이[躍馬戲]를 지어 신을 즐겁게 하다가 보름날이 되면 파하는데 그것을 연등[燃燈]이라 한다.25)

애월 사람들은 나무등걸 형상이 말머리와 같은 것을 얻어서 비단으로 꾸며 약마희를 지어서 신을 즐겁게 하다가 15일에 이르러 파하는데 이를 영등이라 한다.26)

'사형(槎形)'이란 떼 혹은 나무등걸 형상이라고 번역되었는데, 그 사전적 의미는 나무를 비스듬히 자른 모습 혹은 경사진 모습이다. '비스듬한 모습의 말머리에 비단으로 채색하고 말이 뛰어오르는 듯한 놀이를 벌여 오신(娛神)하였다.'로 일단 읽을 수 있다. '약마(躍馬)'는 '힘 좋게 말을 달리게 하다' 혹은 '힘 좋게 달리는 말'27)로 새기고 있다. 힘 있게

---

24) 이원진, 김찬흡 등 역, 『역주 탐라지』, 푸른역사, 2002, 24-25쪽.

25) 『국역 신증동국여지승람』 V, 濟州牧, 風俗條, 84쪽.

26) 김헌선, 앞의 논문, 14쪽.

27) 『大漢和辭典』(수정판) 10권, 1985, 962쪽.

뛰어오르거나 빠르게 달리는 말을 흉내 내는, 활력이 있는 놀이여야 오신의 절차에 걸맞다고 하겠다. 화려하게 장식한 멋스러움을 곁들인 놀이라야 오신의 의미를 더욱 배가시킬 것이다. 즉 문맥을 살피면서 마(馬)가 두 차례 쓰인 것에 주목한 결과다. 이 두 단어를 단순히 결부시키면, 마두(馬頭)를 장식하여 말이 뛰는 놀이 즉, 약마희(躍馬戲)라는 놀이가 행해졌다고 해석하는 것이 자연스럽지만, 그런 놀이의 흔적은 현재의 영등굿에서는 찾아볼 수가 없다. 그래서 선학들은 이 부분에 부가적인 해석을 가하게 된다.

우선 『동국여지승람』과 『동국세시기』에 기록된 '약마희'(躍馬戲)가 지금 남겨진 영등굿의 '배방선' 놀이와 어떻게 연관될 수 있는가 하는 점을 궁리한 현용준의 해석을 본다. 약마희는 "떼 모양을 말머리처럼 만들어 비단으로 꾸미고 약마희를 하며 신을 즐겁게 한다"고 기록되어 있는데, 여기서 한자 그대로의 뜻으로 해석하면 경조행사와는 거리가 멀다고 했다. 그래서 약마희를 제주어로 재구하여 그 맥락을 찾아보고자 했다. '약(躍)'은 중세어로 '뛰'이고 현대 제주방언으로 '튀'이고, 현대 표준어로 '뛰'이다. '마(馬)'는 중세어나 현대 제주방언으로 '몰'이고 표준어로 말이다. 약마는 '뛰몰, 테몰'이고 곧 떼몰·떼몰이가 된다. 그렇다면 약마희는 현대어로 떼몰이놀이가 된다.[28]

현용준(玄容駿)은 '약마희'를 이두식(吏讀式) 표기라 보고, 그것은 표준어의 '떼몰이놀이' 즉 '떼(槎)를 빨리 몰아가는 놀이'라 해석했다. 이것은 이와 같은 형태의 놀이가 조천면(朝天面) 북촌리(北村里)에서 영등굿의 마지막 송신(送神) 과정에서 행해졌었다는 기억을 하나의 근거로 한 것이었다.[29] 그 후 장주근(張籌根)도 이 설이 타당하다는 생각을 표명

28) 현용준, 「약마희고」, 앞의 책, 2002, 221-223쪽.
29) 위의 책, 224쪽. 박인주 심방의 진술이다.

하고 있으며[30) 후대의 학자들은 이것을 당연한 논리로 받아들이고
있다.[31) 그러나 주목할 점은 악마희가 벌어지는 제차가 '오신'의 과정
이지 '송신'의 과정이 아니라는 점이다. 그래서 이 해석에는 상당한
무리가 있다고 생각된다. '마두(馬頭)'의 '마(馬)'는 뛰어다니는 말이고,
'악마희(躍馬戲)'의 '마(馬)'는 이두식 표기인 '몰'이라는 것도 한 문맥을
해석하는 데 있어 어긋나는 해독 방식이다. '악마희(躍馬戲)'가 설령 '떼
(槎)를 빨리 몰아가는 놀이'였다 해도, '마두(馬頭)'는 어떻게 쓰이며, '채
백(彩帛)'은 또 어디에 어떤 식으로 장식하는 것이며, 그리고 그 장식은
왜 필요한가 등등의 문제가 남기 때문이다.

대부분의 경우 '槎'란 글자를 '떼'라는 의미로 받아들이고 있다. 그러
나 '槎'에는 떼라는 의미 외에 '들쭉날쭉한 Y모양의 가지'란 의미가
있음에 주목하여 "애월 사람들은 Y형 가지로 그 모양이 말 머리 같이
된 것을 구해, 그것을 빛깔이 선명한 비단천으로 장식해 말이 뛰어
오르게 하는 놀이를 했다. 이렇게 하면서 신을 즐겁게 했다."[32)고 해석
한 바 있다.

일본 학자 이토는 논지의 근거를 일본의 하루고마(春駒)에서 찾고
있다. 신춘에 말머리 모양의 조형물을 들고 축언을 외우며 각 집을
돌아다니는 걸립예능이다. 농경 또는 양잠의 예축(豫祝)으로서 에도시
대(江戸時代)에는 각지에 널리 행해졌었다[33)고 한다. 1910년대 군마(軍

30) 장주근, 「강인한 삶의 현장, 풍요에의 기원」, 『제주도 영등굿』, 1983, 열화당.
31) 김선자도 최근 연구에서 "영등굿의 제차로 미루어 볼 때 맨마지막에 행하는 '배방선'
   과 관련이 있을 것으로 추측된다. 이것은 현용준의 견해인데"라고 하여 배방선으로
   보고 있다.(김선자, 앞의 책, 381쪽)
32) 伊藤好英, 「濟州島民俗の比較研究 -蛇の信仰·春祭·石の塔」, 『美學美術史學』 27, 實
   踐女子大學, 2013, 15-16쪽.
33) 위의 논문, 16쪽.

馬)현의 하루고마는 말머리에 채색한 천을 늘어뜨렸는데, 손에 들고 흔드는 조형물이었던 것 같다. 이 하루고마의 습속의 근저에는 말의 풍양력(豐穰力)에 대한 강한 신앙이 자리잡고 있다고 한다. 우리에게도 말의 신앙이 있었고 고려시대에는 궁궐에서 〈군마대왕(軍馬大王)〉을 연주하였는데, 『동국여지승람』'제주(濟州)'조에 따라, 해마다 정월 초하루와 보름에 무격들이 신둑(神纛)을 들고 여염에서 추념해 제사지내고, 2월 초하루에 목간(木竿) 열 줄을 세워 신을 맞아 제사지낼 때의 무가일 수도 있다.34)

현용준은 본래 떼(槎)를 용의 형태로 만들어 꾸미고 치송하던 것이 용마관념의 수용에 따라 용마형으로 장식이 바뀌었을 것이라 했다. 그 용마형 장식은 세월이 흐름에 따라 점점 간소화되고 서툴게 되어 마두형으로 보이게 되었을 것이라고 설명한다.35) 우리 전통에 '마두(馬頭)' 관련 민속이 별로 없기 때문에 나온 유추였을 것이다. 말과 관련된 민속은 마상무예 외에는 없고, 말날(午日)과 관련 민속이 대부분을 차지하고, 동네 지명에 말머리 모양과 관련된 것이 종종 발견될 뿐이다. 울산 민속에 '마두희(馬頭戲)'가 있어 살펴본다. "마두희는 매년 5월5일 지역사람들이 동서로 나뉘어 새끼줄을 당기면서 힘내기를 하여 풍흉을 점쳤다. 서쪽이 승리하면 풍년이 들고 동쪽이 승리하면 흉년이 든다고 하면서 승부를 결정지었다. 동대산이 곧바로 바다로 내닫는 형상이 말머리와 닮았다."36) 여기서 말머리는 동대산의 형상이 바다를 향해 달려가는 말머리와 같은 모습이라는 것이고, 바다로 함몰하는 울산의

---

34) 『한국민족문화대백과사전』, 시용향악보 조.

35) 현용준, 「약마희고」, 앞의 책, 2002, 231쪽.

36) 馬頭戲 每年五月五日 邑人分東西 曳索爭勇以占豊凶 西勝年豊 東勝年凶 以決勝負 東大山直走海中狀如馬頭(輿地圖書, 補遺篇, 慶尙道 蔚山府邑誌).

정기를 줄에 걸어 당겨 살려내고자 하는 의도에서 줄다리기 놀이가 벌어졌다고 한다. 풍수적인 의도의 놀이가 후에 풍요제의로 바뀐 예라 하겠다. 이 마두희가 풍요를 기원한다는 점에서는 제주도 영등굿의 약마희와 일정 정도 연관이 있다고는 하지만, 궁극적인 유사점은 없다. 그러므로 다시 영등굿의 옛 풍경 속으로 들어가 놀이의 양상을 살펴보아야 한다.

현용준은 "요왕맞이를 하려면 먼저 용왕신과 영등신이 오는 길, 곧 '요왕질'을 만들어 놓아야 한다. 요왕질이란 1m쯤 되는, 푸른 잎이 달린 대 8개씩을 제장 중앙에 2열로 나란히 꽂아 놓는 것이다. 이 대에는 백지·지전·돈 등을 걸어놓는데, 이 대 하나하나가 바로 용왕과 영등신이 오는 길이고…"라 하여, 대를 세우는 것이 바로 '요왕질'이라 간명하게 적시한다. 다음 제장 설비가 끝나면 '요왕질침'을 장황하게 거행하는데, 치우기와 함께 '다리 놓기'를 줄기차게 언급하면서 길을 치워 닦은 작업을 끝낸다. 다음 용왕문이 열리고 인정을 바치게 되는데, 지아룀·마을 도액 막음·씨드림을 이어가면서 요란한 장단에 광적인 춤을 춘다[37]고 했다. 미역과 전복과 소라 등 해산물의 번식을 기원하면서 풍요 기원의 경건한 제차가 점점 놀이마당으로 변하는데, 이 대목의 '요란한 장단에 광적인 춤'이 바로 '오신'(娛神)의 절정으로 보인다. 이 놀이의 실상을 위해 양창보가 2008년에 구술한 영등굿 장면을 깊이 들여다보고자 한다.

대림리 영등당은 매년 음력 2월 초하루에 영등신을 맞아들여서 축원하고 신을 즐겁게 놀린 후, 그 달의 첫 축일(丑日)에 신을 돌려보낼 때까지 며칠 동안이나 이어지던 마을의 큰굿이었다. 대림리 주민들과 한림리, 수

---

37) 현용준, 「제주칠머리당굿」, 앞의 책, 2002, 89쪽.

원리 주민들까지 모두 참여해 성대하게 거행되었다. 이 일대는 농업뿐만 아니라 어업활동도 활발하게 하는 곳이어서, 생산물의 풍요는 물론 해상안전이 가장 중요한 기원사항이었다. 본향당이면서 영등당의 역할을 하게 된 것도 어업이라는 생업현장의 필요와 관련이 있는 것이다. 이 영등당의 영등굿을 실제로 맡아 했던 이들로 우선 양태옥 심방(애월읍 신엄리)을 들 수 있고, 그 뒤를 이어 김승은 심방(한림읍 옹포리)이 맡아서 굿을 했다. 양태옥 심방을 스승심방으로 모셔 굿을 배우던 젊은 시절에 당시 3년간 영등굿을 같이 했다는 양창보 심방(現〈제주 칠머리당 영등굿보존회〉 고문, 72세)이 지난날의 영등굿에 대해서 제보한 내용을 정리하면 아래와 같다.

　　대림에는 영등당 뿐이다. 원래 한림리나 수원리(조사자 주 : 한수리와 분리되기 전의 옛 수원리를 말한다)도 당이 없다. 세 마을에 영등당 하나만 존재한다. 다만 수원리에는 바닷가 대섬코지에 당이 하나 있는데, 해녀와 어부들의 당으로 초하루·보름에 다니는 곳이다. 대림 영등당은 본향당이다. 영등굿을 내가 28~30세까지 3년 다녔다. 당시는 스승이던 양태옥 심방이 당을 맺었다. 굿을 하려면 심방 8명이 필요하다. 당에서 돈이 나오지 않았기 때문이다. 대신 양전이라는 쌀이 있는데, 2월 초하룻날 무조건 아침 6시에 굿을 시작한다. 굿을 시작하면 우선 심방의 집에서 제물 차리고 가서 올려놓고 연물소리를 낸다. 그 다음에는 각 한림, 수원 등등에서 제물을 해왔다. 그런데 영등이 들어온다 하면 흰 빨래를 하지 않았다. 구더기가 인다고 해서 그랬다. 그것을 방제하는 방법은 영등이 들어오는 날에 조그마한 양푼에다가 서숙쌀(보리쌀이나 좁쌀 등)을 놓고, 그 위에 곤쌀(흰쌀) 한 사발과 돈을 놓은 것을 준비한다. 그런 다음 자기 집 문 앞에 길옆으로 내어 놓으면 심방은 그것을 거두러 각 마을마다 돌아다녔다. 이것은 제비로 쓴다. 양전을 거두러 다닐 때 부락에서 심방에게 묻는다. "바람이 어디서 오느냐", "금년에는 농사가 뭐가 잘 되겠나" 등등을 묻는 것이다. 그러면 이제 심방은 굿을 시작해 초감제 할 때 점을 쳐 가지고 마을 대표한테 일러주고, 그들이 다시 마을 사람들에게 그 결과를 전해준다. 그 쌀을 걷어

오면 많이 할 때는 옛날 가마니로 8~9가마니가 되었다. 그 쌀로 심방들 밥 해먹고 제물도 하고 그랬다. 한림, 수원, 대림 세 마을 집집마다 다 돌아다닌다. 굿을 할 때는 어부나 해녀들이 반찬거리도 가져오고, 아픈 사람은 푸다시도 하러 당에 왔다.

영등배는 수원리 어부들이 만들어왔다. 짚으로 만든 배가 아니고 나무로 짜서 1미터도 넘어 한발 정도 되었다. 돛대도 세운다. 영등배는 하나를 만든다. 영등굿은 한마디로 군웅놀이로 춤추고 노는 굿이었다. 사람들이 아주 많이 찾아왔다. 당에서 초하루에 영등환영제를 시작해서 굿을 하고, 영등배는 그달에 첫 축일날 바다에 띄워 보낸다. 첫 축일이 언제인가에 따라서 굿의 기간이 5일도 갈 수 있고 7일도 갈 수 있다. 영등배 놓을 때까지 굿을 하는 것이다. 그동안 군웅놀고 푸다시도 하고 서우제소리 부르면서 놀고 요왕맞이도 하고 시간을 보낸다.[38]

구술 속에 영등굿의 실체가 잘 드러난다. 2월 초하루 신을 맞이하고 다시 신을 보낼 때까지 군웅놀고 푸다시도 하고 서우제소리 부르면서 놀고 요왕맞이도 하고 시간을 보낸다. 한마디로 '군웅놀이로 춤추고 노는 굿'이라고 그 특성을 잘 설명해 주고 있다. 현용준도 북촌의 영등굿을 말하면서 '요란한 장단에 광적인 춤'이 굿의 절정이라고 했다. 이 놀이가 바로 '오신(娛神)'의 과정이다. 옛 '약마희'는 사라진 듯하지만, "짚으로 만든 배가 아니고 나무로 짜서 1미터도 넘어 한 발 정도 되었다. 돛대도 세운다. 영등배는 하나를 만든다."고 하여 그 잔영을 볼 수도 있다. 나무등걸을 잘라 말머리의 형상을 하지는 않았지만, 나무로 배를 만들고 돛대도 세웠다. 이 배는 띄워 보내기 전까지 '오신(娛神)'의 중심에 있었을 것이다. 신에게 바람의 방향을 묻고, 농사가 잘 되겠느냐를 점치고, 신을 즐겁게 하면서 신에게 기원하는 기간을 보냈

---

38) 강소전, 「濟州大林里遺蹟」, 『湖南文化財研究院 學術調査報告』 95, 2008.

는데, 첫 축일까지 5~7일간 '오신(娛神)'의 과정을 보냈다.

김상헌의 『남사록』에서도 '정월 28일부터 촌중에서 쌀을 거두고, 2월 초 5일에 이르러 연등신을 제사한다(自正月二十八日化米於村中 至二月初五日爲祭燃燈神).'고 했던 것이 쌀을 걷으면서 매구굿을 하고, 마을의 안녕을 빌어주면서 북과 징으로 연주하고 노는 과정으로 여겨지는데, 여기서는 연등신을 제사한다고 표현하였다. 『신증동국여지승람』과 『탐라지』 계열의 기록에서 보이는 '오신(娛神)'의 행위가 여기서는 이렇게 간결하게 처리된 것으로 보인다. 영신(迎神)에서 송신(送神)까지 사이에, 약 보름 동안 놀이와 제사가 지속되었음을 알 수 있는데, 어떤 것은 놀이를 주목하고 어떤 것은 제사를 주목하였다고 본다.

2월 영등달에는 여러 금기가 있었다.[39] 배를 띄우지 않고 집안에서 빨래조차 하지 않는다고 했다. 그런데 빨래 금기를 방제하는 방법으로 집안마다 쌀을 내놓는다고 했다. 이것을 심방들이 거두어 제물로 쓰고 수고비로 챙기기도 했다. 8~9가마가 될 정도로 많은 보수를 챙겼다는 심사를 볼 수 있다. 이 제물을 챙기는 정기적인 굿이 1월 신과세제와 2월 영등굿이다. 1월 신과세제는 한 해를 여는 굿인데 이때 나희를 벌여 액막이를 하는 과정이 마을 지신밟기와 유사하다. 무당이 징과 북으로 마을 돌면서 놀고 또 재물을 걷는다. 여기 다시 그 정월 풍속을 인용한다.

풍속은 음사를 숭상하여 산과 숲, 내와 못, 높은 언덕이나 낮은 언덕, 물가와 평지, 나무와 돌 따위를 모두 신으로 섬겨 제사를 베푼다. 매년

---

39) 연등제를 지내는 동안 어부나 해녀들이 바다에 나가면 거센 바람을 만나 화를 입는다고 해서 통 바다에 나가지 않으며, 또 가정에서는 빨래를 하지 않는다. 만일 빨래를 하면 구더기가 생긴다고 한다. (고려대 민족문화연구소, 『한국민속대관』 4, 고려대 출판부, 1982, 147쪽.)

정월 초하루부터 보름날까지 남녀 무당이 주신을 모시는 기(신독)를 함께 받들고, 역귀를 쫓는 행사(나희)를 벌이면서 징과 북을 앞세워서 마을을 나들면, 마을사람들이 다투어 재물과 곡식을 내어 제사한다.

〈탐라지〉와 『신증동국여지승람』

제주의 민속에 산, 숲, 내, 못, 언덕, 물가와 평지, 나무, 돌 등에 신당을 만든다. 매해 정월 초하루부터 대보름까지 무당들이 신독을 들고 나희를 벌이는데, 징과 북을 치며 앞을 이끌어 마을을 돌면 사람들은 다투어 재물과 돈을 바친다. 이로써 굿을 하니 이름을 화반이라 한다.

〈동국세시기〉40)

2월 영등굿에 앞서 지내는 1월 행사를 '화반(花盤)'이라고 했다. 이런 행사는 제주에만 있었던 것은 아니다. "매년 정월 보름 여항 사람들이 깃발을 세우고 북을 치는데 이를 매귀굿이라고 한다. 대개 나례의 유풍으로 액을 막는 뜻이다."41)라는 울산 지방의 풍속도 볼 수 있다. 깃발을 들고 북을 치며 액막이를 하는 나례 풍속이 제주와 같다. "남의 집에 이르러서 떠들면서 놀이를 벌이면, 그 집에서는 소반에 쌀을 담아 문 밖으로 나온다. 이를 화반이라 한다. 이는 또한 나례의 남은 풍속일 것이다."42)라는 풍속은 제주의 것과 마찬가지로 화반인데, 울산의 매귀굿과 같은 이름이기도 하다.

이 화반은 현용준이 '굿돌이 혹은 굿돎'이라고 명명하면서 농악과 같은 행진 형태의 굿이라고 해석한 바 있다.43) 화반은 일종의 걸립인

---

40) 凡於山藪川池邱陵墳衍木石俱設神祀 每歲自元日至上元 巫覡擎神纛 作儺戲 鉦鼓前導 出入閭里 民人爭損財錢以賽神 名曰花盤(東國歲時記).

41) 每年正月望日 閭巷之人 建旗擊鼓 謂之埋鬼遊 蓋儺禮遺風除祓之義(輿地圖書, 補遺篇, 慶尙道 蔚山府邑誌).

42) 到人家噪戲 其家盤供米出門 名曰花盤 其亦儺之餘風歟(李鈺, 鳳城文餘, 魅鬼劇).

데, 걸립 혹은 걸궁은 마당밟이를 하면서 돌아다니는 것은 이른바 꽃반을 통해서 쌀을 추렴하는 것이므로 이를 걸궁이라 하는 것이다. 걸궁이 쌀을 걷고 돈을 걷는 행위이고, 매구굿은 촌락을 흘러 떠돌아다니는 행위를 강조한 용어라 했다.[44] 제주의 걸궁은 농악대굿놀이의 전신에 해당하는 무당굿놀이이다. 이 놀이를 새삼 조명하는 것은 2월 영등굿에서도 무당의 걸궁이 지속되기 때문이다. 대림리 영등굿에서 심방들이 쌀과 돈을 거두러 다니고 있고, 그런 행위에는 아마도 북과 징을 치면서 액막이하는 의례가 수반되었을 것으로 본다. 풍흉을 점쳐 주었다는 것을 보아도 지신밟기를 하여 액막이를 하면서 집안 운수를 보아준 마을굿놀이의 형태를 온전하게 보여준다.

앞에 예시한 일본의 하루고마(春駒)도 축언을 외우며 각 집을 돌아다니는 걸립예능이라고 했는데, 제주의 화반과 상통한다. 그런데 일본의 신춘의례에는 '말머리 모양의 조형물'을 들고 다니고, 말머리에 채색한 천을 덧보탠 것이 흡사 영등굿의 약마희를 연상하게 한다. 제주에는 그 말머리 장식의 흔적은 보이지 않는다. 둘 다 걸립예능인 점은 매우 인상적이다. 영등굿이 '군웅놀이로 춤추고 노는 굿'이라 하였으니, 무속의 장군신인 '군웅'이 타는 말도 등장하여 말을 타고 힘차게 뛰어오르고 빠르게 달리는 장군의 형상을 담았던 것이 이후 사라졌다고 유추할 수 있다. 오키나와 竹富島 種子取祭의 응마누사(乘馬者)[45]는 말머리를 장식하고 말달리는 흉내를 내는 해학적인 놀이인데, 과거 약마희도 그런 종류의 놀이였을 것이다. 말처럼 힘 있게 뛰어오르는 활력과 화려하게 장식한 멋스러움을 겸비한 즐거운 놀이라야 오신의 절차에 걸맞

---

43) 현용준, 「화반고」, 앞의 책, 2002, 241쪽.

44) 김헌선, 『한국 농악의 다양성과 통일성』, 민속원, 2014, 34-36쪽.

45) 全國竹富島文化協會 編, 『藝能の原風景』, 瑞木書房, 1998, 33-35쪽.

다고 하겠다.

『남사록』『남환박물』에서 '무리들을 모아 무당은 야제(野祭)를 지내고, 밤낮으로 촌가를 드나든다.'고 한 것이 양창보 심방의 영등굿에 대한 구술과도 통하는 맥락이다. 무당과 마을사람들이 어울려 밤낮으로 야제를 지내며 즐기고, '요란한 장단에 광적인 춤'을 추며 오신(娛神)하는 것이 약마희의 본질인 듯하다. 다만 말머리를 장식하여 즐기는 행위는 언젠가 잊혀진 듯하다. 영등굿은 바람의 신을 맞이하고 보내는 절차인데, 그 사이에 신을 즐겁게 하는 약마희가 있다. 거세게 몰아치는 영등달의 바람은 무서운 존재인데, 이 질풍노도의 자연현상을 활력 있게 뛰는 말에 비유하여 두려움을 즐거움으로 바꾸었을 것이다. 바람처럼 달리는 말놀이를 벌이면서 바람의 신을 달래고 즐겁게 놀면서, 자연과 인간이 화해하는 정신이 약마희의 철학이 아닐까 한다.

4) 송신(送神)-배방송과 이객환대(異客歡待)

영등제사의 중심인 수원에서는 제사 마지막 날인 2월 15일에 볏짚으로 배를 만들어서 오색단장을 하고 갖가지 제물을 조금씩 실어 먼 바다로 띄워 보낸다.[46]

당에서 초하루에 영등환영제를 시작해서 굿을 하고, 영등배는 그 달에 첫 축일날 바다에 띄워 보낸다. 첫 축일이 언제인가에 따라서 굿의 기간이 5일도 갈 수 있고 7일도 갈 수 있다. 영등배 놓을 때까지 굿을 하는 것이다. 그동안 군웅놀고 푸다시도 하고 서우제소리 부르면서 놀고 요왕맞이도

---

46) 진성기, 앞의 책, 87-88쪽.

하고 시간을 보낸다. 그리고 나서 영등배 놓으러 간다 하면, 어부들이 총동
원 되이시 어신들은 전부 나온다. 한림리 축항 동쪽으로 해서 어선들이
쭉 늘어선다. 심방은 영등배를 들고 제일 앞의 어선에 탄다. 어선마다 전부
기를 달아맨다. 심방들이 연물을 막 두드리고, 주민들은 남녀 할 것 없이
어선 위에서 놀면서 비양도로 쭉 나아간다. 어선들에 주민들이 나눠 타고
전부 따라간다. 그런 후 영등배를 바다에 놓아두고 돌아온다.[47]

　예전에 북제주군 구좌읍 북촌리의 영등굿에 '떼의(競漕)'가 있었는데
이를 '배방송'이라 한다. 이 의례는 작은 짚 배에 제물을 실어 떼배에
올려 놓고, 출발 신호와 함께 일제히 바다로 나간다. 경조에서 가장
앞선 떼배의 주인이 영등신을 전송한 셈이 되고 그해 풍어를 얻는다는
신앙을 지닌다. 경조에서 1등을 차지한 사람은 술과 안주를 내놓고
잔치를 베풀었다고 한다.[48] 50cm길이의 짚배에 도제상에 올렸던 제물
을 조금씩 떼어 내 싣고, 어선에 모셔 바다 멀리 나가 우도 쪽으로
띄워 보낸다.[49]

　경조행사인 점과 술과 음식으로 즐겼던 점을 감안하면, 가락국 신화
에 나오는 '희락사모지사'(戲樂思慕之事)와 너무도 흡사하다. 허 왕후의
도래를 기념하여 매년 신의 도래를 축하하며 논다는 국면은 시기만
다를 뿐 신을 맞고 보내는 점에서 매우 친연성이 보인다.

　　매년 7월 29일에 이 지방 사람들과 이졸들이 승점에 올라 장막을 치고,
　　술과 음식으로 환호하며, 동 서로 우두머리를 보내고 건장한 인부들은 좌

47) 강소전, 앞의 책, 2008.
48) 1979년 3월 25일 북제주군 구좌읍 김녕리에서 현용준 교수가 조사하였는데, 제보자
　　(박인주)는 조천면 북촌리 사람으로 이 마을 당의 '매인 심방'이며, 이 마을의 영들굿
　　을 계속 맡아 해온 심방이다.(현용준, 앞이 책, 2002, 224쪽)
49) 위의 책, 89-95쪽.

우로 나뉘어 망산도로부터 용맹하게 달려 육지에서 경주하고, 배 머리는
둥실둥실 서로 물 위에서 밀며, 북으로 고포를 향하여 다투어 달리니, 이것
은 대개 예전에 유천간과 신귀간이 허 왕후의 도래를 바라보고 급히 임금
에게 알리던 일을 재연한 것이다.[50]

　가락국신화를 보면 수로왕비인 허 왕후는 아유타국으로부터 배를
타고 김해지역으로 도래하였다고 하고, 후에 허 왕후의 도래를 경축하
는 놀이를 벌였다고 한다. 동과 서 두 패의 우두머리를 보내어 건장한
사람들을 두 패로 나누어 말을 달리거나 배를 타고 경주를 하게 하였다.
지방민과 이졸들은 음주환호(飮酒歡呼)하며 즐겼다고 한다. 청동기 국가
시대의 제천행사에서 '음주가무(飮酒歌舞)'하였던 의례와 같은 맥락이
라 하겠다. 그렇다면 제주에서 벌인 약마희는 애초 탐라건국신화와
연관된 것이 아닐까 하는 추측을 가능케 한다.

　제주의 건국신화는 3신인이 땅에서 용출한 후 벽랑국에서 온 3여신
과 혼인하고 탐라국을 건설하였다는 내용이다. 3여신의 도래는 예사로
운 일이 아니다. 오곡종자를 가져왔기 때문이다. 그러니 매년 농사의
풍요를 기원할 필요가 있었고, 제주에서는 일찍부터 3여신의 도래를
맞이하면서 한 해의 풍요를 비는 행사를 거행하였을 법하다. 이 여신의
도래를 경축하는 행사가 나중에 신을 보낸다거나 혹은 신을 맞이한다
는 경조행사 민속으로 정착된 것이 아닐까 하는 가정을 해 본다.[51]

　영등신은 3여신과 같은 풍요신격이다. 풍요신을 맞이하고, 신을 즐
겁게 하는 행사가 있은 후에, 풍요신을 배송하는 행사로 전개되었을
가능성이 농후하다. 3여신은 오곡종자를 가지고 왔으므로 풍요신의

---

50)　『三國遺事』, 駕洛國記.
51)　허남춘, 『제주도 본풀이와 주변신화』, 제주대 탐라문화연구소, 2011, 188-189쪽.

의미를 띠는데, 영등굿의 약마희도 역시 풍요 기원의 성격을 갖는 점에
서 일치한다. 그러므로 '탐라국 건국신화의 3여신의 도래—약마희에서
의 신을 즐겁게 하는 민속—영등굿 속의 배방선 놀이'가 하나의 맥락으
로 이어질 수 있을 것 같다.

지금 제주에는 배방선 풍속만이 남아 있고 도래신을 맞이하는 경조
행사는 없지만, 주변 국가의 민속을 살피면 오곡종자의 신을 맞이하는
경조행사도 있었을 것으로 보았다. 제주 영등굿에는 '영신-오신-송신'
의 절차가 뚜렷이 남아 있고 모든 절차가 배를 만들고, 배를 장식하여
놀고, 제물을 차려 띄우는 내용과 연관되기 때문이다. 그래서 지금도
영등환영제와 송별제를 나누어 거행하고 있다. 환영제와 송별제 사이
에 춤추고 놀던 오신(娛神)의 축제성은 많이 퇴색하고 말았다.

영등굿의 송신 절차는 여러 기록에 두루 잘 남아 있다. 일본학자
아키바는 "15일이 되면 방선(放船) 또는 부선(浮船)이라 칭하는 행사가
있다. 그것은 수신방(首神房) 즉 본향당을 제사지내는 주무(主巫)가 그
마을을 위하여 방언으로 투가리라 칭하는 밤색 목판에 대다무 돛대를
세우고 종이 돛을 단다. 녹미채·청각채·우뭇가사리 등의 해초를 비롯
하여 쌀과 닭 등을 실어 놓고 이것을 물에 띄우는 행사이다."[52]라고
하여 지금의 배방송 내용과 거의 유사한 기록을 남기고 있다. 일제
하에서 일본 학자들이 영등굿의 신격을 주목하였는데, 아키바는 계절
풍과 관련된 풍우신이며 용신 계통이라 했고 미시나도 풍우신과 용신
의 두 가지 요소를 계승하였다고 하면서 용동(龍童)과 용녀는 탈해와
탈해 어머니 신화와 연결된다고 했다. 요시나리 나오키와 후쿠 히로미
의 연구성과도 소개하였는데, 구술 설화에서 '관음보살'의 주문을 외는

---

52) 秋葉隆, 앞의 책, 1993, 265쪽.

장면을 들어 관음·마조와 같은 여성신앙 계보라고 했고, 일본 하치만 (八幡)의 원류를 영등할망에서 찾고자 했다.53)

송화섭은 '황영등설화'를 인용하여 "가남보살"을 외면서 외눈배기 섬을 빠져나가는 신앙민의 성격을 통해 관음신앙의 흔적이 있다고 했고, 설화 속의 강남천자국은 불교성지인 보타낙가산(普陀洛迦山)이라 규정했다.54) 한중 해양문화 속에서 민중을 위해 헌신 봉사하는 마조와, 민중을 구하기도 하고 민중에게 보살핌을 받는 영등신을 비교한 성과55)도 있다. 오늘날의 영등굿이 확고해지기 전에 고려 연등제의 풍속과 조선조 민간신앙과 불교신앙이 습합하는 모습과 17세기 이후 바람의 신을 섬기어 풍어를 기원하는 무속적 영등굿으로 변천하는 과정을 살핀 연구56)도 있다.

이 영등굿의 다른 이름은 '영등손맞이'인데 외래신이라도 손님이라는 해석은 타당치 않다고 하면서 손은 주역 팔괘 중 오손풍(五巽風)의 '손(巽)'을 의미하고, '손(巽)'은 맏딸을 비유하고 여성의 관념이 담겨 있다고 억측하기도 했다.57) 민중의 민속이 그렇게 어려운 주역의 철학을 지니고 있다고 아무도 믿지 않는다. '손'은 '손님'이고 타방에서 온 신을 손님이라 여겼다. 그리고 이 손님의 경우 잘 대접하지 않으면 사람들에게 동티를 줄 수도 있다고 여겨 잘 모셔 잘 대접하고 잘 돌려

---

53) 이토 요시히데, 「아시아 속의 제주문화」, 『탐라문화』 38, 제주대 탐라문화연구소, 2011, 18-24쪽.

54) 송화섭, 「동아시아 해양신앙과 제주도의 영등할망 선문대할망」, 『탐라문화』 37, 2010, 206-210쪽.

55) 상기숙, 「한중해양신앙비교연구-마조와 영등을 중심으로」, 『동방학』 27, 한서대 동양고전연구소, 2013, 189-213쪽.

56) 한금순, 「제주도 영등굿의 유래 -연등회에서 영등굿으로의 변천」, 『정토학연구』 11, 한국정토학회, 2008, 497쪽.

57) 하순애, 앞의 논문, 286쪽.

보내는 관념이 있다. 바로 이객환대(異客歡待)의 관념이다. 제주도 영감신은 불의 신이면서 풍요의 신이면서도 병마의 신이기도 하다. 병액이 들면 영감신을 모셔 잘 대접하고 짚으로 만든 배에 음식을 실어 잘 보내드리는 '배방송' 의례가 남아 있다. 병마의 신이 떠나면 병이 치유되는 것이다. 이 '영감신 배송'처럼 영등풍신을 잘 모셔 놀리고 잘 보내드리는 절차가 바로 영등굿이다. 영등신도 타방지신(他方之神)이라고 기록한 여러 문헌을 확인할 수 있는데, 바로 '손님'신이고 내방신이기 때문에, 1년에 한번 내방하는 때를 맞이하여 잘 맞아들이는 영신(迎新)과 잘 놀리고 대접하는 오신(娛神)의 절차와 잘 보내드리는 송신(送神)의 절차를 거행하게 된다. 제주에는 송신, 즉 배에 음식을 가득 싣고 떠나보내는 배방송의 의례가 잘 남아 있다.

5) 자연과 인간의 관계-씨드림과 공동체 놀이

영등이 강남천자국에서 제주로 올 때 천초·미역·소라·전복·우무·곡식 씨를 가지고 오는데, 바다에서 자라는 해조류와 패류의 씨앗을 가져오면서 동시에 육지의 곡식 씨앗도 가지고 온다.[58] 주로 바닷가 어민과 해녀들에게 풍요를 주고 가지만, 내륙의 농민들에게도 오곡 풍요를 주는 풍요신이다. 그런데 영등신이 곡식 씨앗을 잊고 오는 수도 있고 골고루 뿌리지 않으면 흉년을 맞을 수도 있다고 생각한다. 그래서 신앙민들은 영등신에게 풍요를 기원하는 의미에서 씨드림을 한다. 직접 기원하는 행위는 아니지만, 씨앗을 뿌리는 모의적인 행위를 통해 바다밭

---

58) 현용준, 앞의 책, 2002, 61쪽.

의 풍요를 기원한다.

영등굿의 씨드림과 씨점은 어업이 농경과 다르지 않음을 상기시킨다. 농경사회는 '파종-관리-수확'의 3단계를 거치는데, 바다에서도 '자연이 길러준 해산물'을 수확하다가 양식어업이 등장하면서 '심고-기르고-수확'하는 경작의 공간으로 인식하게 된다. 영등신이 씨앗을 뿌리고 다니는 행위는 바다밭을 경작하는 단계의 어경신화(漁耕神話)[59]라고 하겠다. 제주의 어업은 일찍부터 어획에서 어경으로 넘어섰고, 막연히 결과를 기다리는 숙명론에서 벗어나 '심고-기르고-수확'하는 개척론의 운명을 경영하고 있었다. 이뿐만이 아니다. 2월 영등달 어로행위와 물질을 금지함으로써 해산물을 잡지 않는 휴지기를 스스로 선택하여 인간과 자연의 공존을 추구했다.

금채와 허채를 스스로 정하면서 바다라는 생존환경을 지키려고 했던 '절박하고 간절한 마음'을 읽을 수 있고, "풍어제나 잠녀굿도 그들의 생업터전인 '바다밭'과 인간 사이의 균형을 유지하는 기능"[60]을 추구했던 것이다. 기계화가 진행되고 스킨스쿠버 장비도 갖추어진 현대에도 제주의 잠녀는 호흡에 의존한 물질을 유지하고 있다. 바다와의 공존, 인간과의 공존을 추구하는 정신이다. 잠녀들이 만든 조례는 금채기를 더 두어 어족자원을 보호하고 조합원들의 작업 시간을 엄격하게 지키고 공동작업을 더욱 활성화하는 쪽으로 강화하고 있다. 이런 정신의 바탕에 바로 '씨드림'과 '영등굿'의 신앙이 깔려 있다.

약마희는 바람의 신을 맞이하고 보내는 절차 가운데에 있는 오신(娛神)의 놀이인데, 무서운 바람이 몰아치는 시기인 2월 영등달에 그 바람

---

59) 송기태, 「어획과 어경의 생태문화적 기반과 어업집단의 신화적 형상화」, 『한국고전연구』 26, 한국고전연구회, 2012, 290쪽.
60) 김선자, 앞의 책, 378쪽.

의 신을 맞아 달리는 말(躍馬)처럼 활력 있는 놀이를 벌였다. 자연의 두려움을 즐기운 놀이로 바꾸며 신을 달랬다. 자연의 주기에 맞추어 인간의 질서(의례)를 정하고, 자연과 인간이 교감하는 삶의 방식이 거기에 있었다. 자연과 인간의 교감 속에는 인간과 인간의 교감 절차도 끼워 넣었다. 자연의 질서에 순응하고, 인간끼리의 질서를 만들어가는 절차였을 것이다.

영등굿에서 영등신이 오는 '요왕질'을 잘 닦은 후에 신을 맞아 '씨드림'을 하고 한판 즐겁게 논다. 영등굿은 씨드림을 이어가면서 요란한 장단에 광적인 춤을 추는데, 이 과정이 바로 오신의 연속선상에 있고, 그 실체가 과거 '약마희'였을 것이다. 영등굿의 약마희를 다루면서 우리 굿의 가장 보편적 절차를 만났다. '영신-오신-송신' 그것이 무슨 의미일까. 신을 잘 모셔와 잘 대접하고 신을 잘 배송하는 이 절차 속에는 자연의 무한한 생명력에 대한 경외감이 담겨 있다. 인간이 자연에 순응하여 조화롭게 살려는 의지가 담겨 있다. 아울러 인간이 원하는 것을 얻기 위해서는 신을 잘 대접하여 신을 즐겁게(娛神) 해야 하는데, 그러기 위해서는 인간이 즐거운 놀이를 벌여야 한다. 어느 한 부류만 즐거우면 안 되고 모두 함께 어울리며 즐거워야 신도 즐겁게 된다. 인간들끼리 공동체 의식이 토대가 되어야 신을 즐겁게 할 수 있다. 다음으로 인간끼리 즐거워하다가 신과 인간이 함께, 신인동락(神人同樂)의 경지에까지 이르러야 진정 원하는 것을 얻게 된다.

'요란한 장단에 광적인 춤'을 동반한 '오신'(娛神)의 절정에 서야 마을 풍요기원굿으로서의 영등굿이 제모습을 찾게 된다. 영등굿은 한마디로 '군웅놀이로 춤추고 노는 굿'이다. 제주도민 모두가 신인동락해야 영등굿의 절차가 완성된다. 신을 맞이하고 신을 보내는 절차는 잘 남겼지만, 신인동락하는 '오신(娛神)'의 절차를 잃어버린 영등굿은 의미가

없다. 의례를 위한 의례이고, 신을 속이고 인간을 속이는 의례로 전락
했다. 다시 오신의 즐거운 절차를 회복할 때 영등굿은 살아나고, 바람
이 제주민을 풍요롭게 해줄 것이다. 이것이 '약마희'를 재고찰하게 된
동기다. 다시 공동체 의식을 회복하고 사람들이 조화롭게 사는 세상을
꿈꾸어 본다.

03. 칠머리당영등굿

1) 서

굿과 함께 제주는 신화의 섬이다. 제주는 무속이 잘 보존·전승된 지역이다. 이른 시기에 불교와 유교가 들어왔지만 그 위세에 눌리지 않고 주도적 위치를 지켰다. 육지보다 늦게 불교를 받아들였고, 무속 속에 불교를 포용하면서 큰 갈등이 없었던 것으로 보인다. 유교의 지배력도 제주에 쉽게 미치지 못한 듯하다. 그래서 18세기 초 이형상 목사의 대대적인 유교화 정책이 실시된 것 같다. 그러나 이 목사가 당 오백과 절 오백을 파괴하였지만 이내 복구된 것으로 보인다.

18세기 말 19세기 초 제주의 무속은 큰 전환점을 맞는다. 본향당을 중심한 마을제가 무속에서 유교식으로 바뀌어 포제로 대치되었다. 물론 무속의 마을제와 병행하여 남성 위주의 포제가 동시에 거행된 경우가 많았다고 하지만 유교식 의례가 민간에 파고들게 되었다.

20세기 이후 서구문명의 영향으로 서쪽 지역은 무속이 약화되었다. 1948년 4.3 사건으로 중산간 마을의 당이 파괴되면서 마을 신앙도 함께 타격을 입기도 했다. 가장 큰 영향을 준 것은 1960년대 박정희 정권 시절의 새마을운동과 미신타파운동이다. 학교에서 이루어지는 의무교육에서 주입식으로 전달되던 사항은 전근대적 사고의 대표격인 무당과 무속타파였고, 국민의 머릿속에는 '무속=미신=사악함'이었다. 근대국가를 만드는 데 걸림돌이라 할 미신을 타파해야 잘살 수 있게 된다는 허황한 신화를 유포하면서, 무속의 입지는 좁아질 대로 좁아졌다.

이런 근대화의 길을 걸으면서 육지의 무속은 극도로 위축되었으나 제주도의 경우는 예외다. 많은 어려움도 있었고 무속신앙의 본령인 본향당도 훼손된 것도 있지만, 그래도 마을신앙이 잘 지켜졌고 심방과 신앙민들의 이탈도 적었다. 근대화의 기치를 내건 질풍노도의 시간이 지나고 나자 사정은 조금 바뀌었다. 무속도 전통문화의 일부분으로서 보호와 보존의 대상이 되고, 국가로부터 무형문화재로 지정되면서 위상이 바뀌었다. 최근에는 칠머리당굿이 유네스코가 지정한 세계무형문화유산에 선정되면서 민족문화의 자랑이 되었다. 다행한 일이다.

90년대 후반 조사에 의하면 제주시 47, 서귀포시, 55, 북군 151, 남군 102 등 360여 개소의 신당이 분포하고 있다. 2008~2009년 제주전통문화연구소의 〈제주신당조사〉에 의하면 행정구역상 등재된 232개 마을 대부분에 신당이 분포하는데, 어떤 마을에는 7~8곳, 적은 마을에는 한두 곳의 신당이 있고, 일부 지역에는 멸실된 곳도 있었다. 이 조사에 의하면 현재 제주시권 192개소, 서귀포시권 199개소, 총 391개의 신당이 산재하는 것으로 보인다.

그러나 문제는 지금부터다. 굿과 신화는 매우 중요한 문화유산인데 일부 신앙민을 제외하고 별로 관심이 없다. 그런 사이 굿과 신화도 시들해져가고 있다. 굿을 관장하는 심방의 숫자도 줄어들고 있고, 단골의 숫자도 줄어들고 있다. 단골의 나이를 보면 대개 60~70대 이상이다. 굿이라는 의례가 내리막길을 가고 있다는 증거다. 앞으로 10년 뒤면 굿을 만나기 힘들 것이다. 이것이 제주 무속의 현주소다. '제주굿은 제주도 정신의 고갱이다. 이를 후손에게 이어야 할 책무가 우리에게 있다.'[1] 지금 남아 있는 무속의례를 잘 보존하고 거기에 담긴 문화적 가치를 잘 살펴, 후손들에게 자랑스러운 제주문화로 계승시켜야 옳은 일이다.

2) 제주굿과 신화가 지닌 가치

제주는 동아시아로 향하는 전진기지로서의 지정학적 위치를 점하고 있다. 제주의 문화 속에는 북방문화와 남방문화와의 교류가 다양하게 나타나고 있다. 21세기 해양문명의 주도자로 우뚝 서기 위해서도 제주의 해양문화적 요소들을 주목해야 한다. 특히 오키나와, 대만, 중국의 영파를 잇는 동아시아 지중해의 중심 제주를 중시할 필요가 있다. 제주에는 해양문명교류를 반증하는 '상주표착(箱舟漂着)' 설화가 많이 남아 있고, 제주에서 주변지역으로의 표류 관련 자료가 풍부하다. 제주는 태평양을 향한 교두보이다.

1) 제주 서사무가 본풀이의 신화를 통해 그 동안 배제하였던 '탐라사'를 재정립할 수 있다. 탐라건국신화와 건국 당시의 문화를 연구하여 탐라문화 정체성을 정립해야 한다.
2) 제주는 한반도와의 격절성 덕분에 유교와 불교의 영향에 잠식되지 않고 본래의 사유를 잘 보존하고 있는 편이다. 인류에게 처음 영향을 준 우주관인 무속사상 중심의 문화와 고대적 사유를 확인

---

1) 김헌선, 「국립무형문화재전수관의 실태와 활용방안」, 『제주칠머리당영등굿 전수관 운영과 활용방안』 자료집, 제주칠머리당영등굿보존회, 2016, 19쪽.

함으로써 한반도의 고대문화의 정체성을 정립할 수 있을 것이다. 그리고 기존의 무속사상에 어떻게 유교와 불교를 받아들였는가 하는 습합과정도 관심의 대상이 될 수 있다. 기존의 문화에 새로운 문화를 받아들이는 방식과 새로운 패러다임을 만드는 방식을 재구할 수 있을 것이다.

3) 제주신화 속에는 고대사에서부터 중세사, 근대사가 망라된다. 그래서 신화 속에는 고대적 사유에서부터 근대적 사유까지 통시적 접근을 가능하게 한다. 제주신화를 통해 인간 사유의 발달과정을 탐구할 수 있다는 점은 행운이다.

4) 제주의 서사무가 본풀이 신화 속에는 음악, 미술, 문학, 춤, 연극이 공존하고 있다. 우리는 서사물인 신화, 서정시, 희곡의 다양한 문학 장르가 어떻게 변화해 왔으며, 주변의 예술장르와 어떻게 교섭하면서 발전해 왔는가 하는 점을 확인할 수 있을 것이다. 그리고 특히 민중문화의 실체에 접근할 수 있을 것이다.

5) 한국문화의 다양성을 정립할 수 있다. 제주문화의 독자성을 한국문화의 보편성으로 설명하고, 한국문화의 독자성을 동아시아 문화의 보편성과 대비시킬 수 있을 것이다. 제주문화는 한국문화의 다양성을 가능케 하고, 한국문화가 세계사적 보편성을 획득하는데 지대한 역할을 할 수 있을 것이다. 제주에는 세계 신화에 대응하는 풍부한 전승이 남아 있기 때문이다.

6) 세계의 기록신화와 구비신화를 총정리하여 우리나라를 신화학의 중심으로 만들 수 있을 것이다. 구비전승을 중시하지 않던 서구는 이런 일을 할 수 없다. 기록과 구전이 함께 풍부한 우리나라가 그 일을 할 수 있다. 제주도에 가칭 '세계 신화 센터'를 열고 여기서 세계적 문화콘텐츠를 창조하고, 우리는 문화 창조의 중심이

될 수 있다.

신화를 내장한 제주굿은 이런 세계적인 가치를 지니고 있다. 굿과 노래, 이야기는 세계에서 제주가 중심일 수 있다. 세계적인 굿 축제를 열면 제주의 문화적 긍지를 높이고 정체성을 더욱 정립할 수 있을 것이고, 한국이 굿 축제로 세계적인 명성도 얻을 것이다.

3) 무형문화유산 정책과 칠머리당영등굿의 현실

해방 후 무형문화유산을 지정하는 과정은 일제 때 제국이 우리 문화를 대하는 태도와 그리 다르지 않다. 해방 후의 정치적 문화, 혹은 문화적 정치가 미군정의 강한 영향력 속에서 추진되었고, 제국의 문화적 주도권에 의해 남길 것과 없앨 것이 결정되었다. 그런 상황 속에서 무엇이 문화재가 된다는 것은 같은 종류의 나머지 문화가 사라진다는 것과 같은 의미였다. 대표라고 여기는 하나를 남기고, 나머지는 모두 폐습으로 처분되었다. 일제 때부터 진행된 민족적 문화유산 죽이기는 버젓이 자행되고 있었다. 우리의 목표는 서구적 근대를 성취하는 데 있었고, 미국을 모델로 삼아 서구 문화를 수입하고 호흡하고 자기화시키는 목표만이 존재했다. 우리 것은 '상징적인 대표'들만 남기고 모두 살처분하는 과정이 바로 근대화 과정이었다. 거기에 민속학자들이 가담해 민족문화를 말살하는 역할을 자임했다. 문화유산이 지닌 시간성과 장소성을 모두 무시한 채 운동장 경연대회를 만들어 1년에 한 번 소비하는 문화로 낙후시켰다. 이제 정신을 차리고 민족문화를 돌보려 하는데 거의 사라지고 없다. 그나마 '상징적인 대표'들이 남아 민족적 자존심을 되살리는 불씨가 되었다.

　그런 측면에서 무형문화유산 지정은 나름 의미가 있다. 그러나 지정되어 근대를 살아남았던 무형문화유산들이 이제 거의 숨을 몰아쉬고 있다. 죽어가고 있다. 전수자를 만나 잘 이어가는 것이 몇몇 있다면 대부분은 분쟁과 파열음으로 신음하고 있다. 문화재청은 조정자 역할을 제대로 하지 못하고 분열만 조장하거나, 아예 방관자가 되어버렸다. 국가지정 무형문화유산과 지방 지정 무형문화유산을 통합한다는 시도도 실패로 끝날 가능성이 높다. 유네스코가 지정한 무형문화유산 목록이 많아지면서 민족적 자존심이 커졌다고 하지만, 실질적인 보존과 계승의 방안이 마련된 것은 아니다. 그런 측면에서 제주칠머리당영등굿의 운명도 마찬가지다.

　무형문화유산으로 지정되고 이어 유네스코 지정 무형문화유산이 되었다고 해서 민관의 책임이 끝난 것은 아니다. 2009년 유네스코 세계무형유산에 등재된 것은 쾌거이지만 그 이후의 보존 계승 대책이나 자구책이나 무형유산으로서의 성과는 극히 미미한 실정이다. 김헌선 교수는 2016년 「제주 칠머리당 영등굿: 유네스코 등재 이전과 등재 이후」[2]에서 "2009년 9월 30일에 유네스코에 등재되었다. 국가적이고 민족적인 문화재에서 세계의 문화유산이 된 것은 중요한 관점의 전환이라고 하지 않을 수 없다. 그러나 등재된 이후에 사회 저변에 인식을 제고하고 각인한 바 있으나, 그것 이상의 본질적 의미는 부여받지 못했다고 본다. 그렇기 때문에 그것은 허울에 지나지 않는 허명일 따름이고 명실상부한 제도적 지원과 사회 일반의 관심이 고조되었다고 보기는 어려운 형편이다. 오히려 그 때문에 행사에 동원될 따름이고, 인류무형문화

2) 『제주학회 학술발표논문집』, 2016, 150-151쪽.

유산 대표목록으로서 가치가 부여되었다고 보기 어렵다."고 하면서
단체나 집단구성원 누구에게도 이익이 없었다고 단언했다.

최근 조사에 의하면, 제주 보유 유산 가운데 '세계 자연 유산'에 대한
응답자의 평균 인식 점수가 4.23점으로 가장 높았으며 '밭담 농업 유산'
에 대한 응답자의 인식 점수는 평균 2.87점으로 제주 보유 유산 가운데
가장 낮은 인식 점수를 보였다. 두 번째로 높은 인식 수준을 보이고
있는 유산은 '제주 해녀문화'로 평균 3.96점을 나타났으며, 그 다음으로
'생물권보존지역'(3.88점), '세계지질공원'(3.79점), '제주칠머리당영등
굿'(2.91점)으로 나타났다.3) 칠머리당 영등굿은 제주도민이 3.06점, 관
광객이 2.65점을 주었다. 도민들에게도 관광객들에게도 외면당하는 세
계무형유산이란 오명을 벗어나야 한다. 제주도정이 제주 무속 문화를
얼마나 홀대하는지, 도민들의 무관심이 얼마나 심한지를 여실히 알
수 있는 지표라고 하겠다.

이제부터 하나씩 해나가야 한다. 최근 문화지킴이 운동이 확산되고
있는데, 제주에서도 시동을 걸 시기다. 일부에서는 '제주문화 창의군'
이란 명칭을 새롭게 내세우면서 문화재 보호에 나설 태세인데 아직은
가시화되지 않았다. 문화재청에서도 1문화 1지킴이 운동이 시작되었
다. 제주에서는 칠머리당영등굿 보존회부터 후원회를 조성하고 회원
을 넓게 확산하면서 공유재산화해 나가야 한다.4) 공기와 바람처럼 제
주 본향당도 공공재에 해당한다. 칠머리당 영등굿도 공공재로 지켜나
가야 한다. 공공재로 인지시키기 위한 정책적 전략도 이제 수립해야
할 것이다.

3) 유원희 외, 「제주도 UNESCO 및 UNFAO 세계유산에 대한 인식 비교 -지역주민과
관광객을 중심으로-」, 『한국전통조경학회지』 35(4), 한국전통조경학회, 2017, 139쪽.
4) 김헌선, 앞의 글, 17쪽.

관의 인식도 바꾸어야 한다. 문화예산이 1%임을 적시하면서 "문화예산을 아깝게 여긴다."[5]는 개탄의 목소리에 귀 기울이게 된다. 제주도 문화예산도 마찬가지다. 최근 2017년 해녀도 유네스코 세계문화유산에 선정되었는데 이에 대한 폭발적인 예산과는 달리 칠머리당영등굿은 소외되어 있다. 왜 이렇게 차이가 나는 것이냐고 묻는 것이 어리석다. 거기에는 해녀 3천 명과 연관된 거대한 조합원의 표가 움직이기 때문이란다. 이렇게 칠머리당영등굿은 지방정부로부터도 문화유산이 천대받고 있다.

무형문화유산 정책도 문제다. 모든 것이 똑같은 기준으로 평가되고 있다. 제각각의 개성에 따라 평가되고 가치를 발현시켜야 함에도 불구하고 일정한 잣대로 평가한다. 마치 대한민국의 파탄난 교육 평가와 닮았다. 문화유산을 몇 개의 틀로 표준화한 뒤에 등급을 매기는 오류를 범하는 것도 대한민국 교육과 똑같다. 예산을 주고 스스로 자립하도록 배려하면 될 것을 꼭 참견을 한다. 사고 단체가 있어 예산을 전용하거나 비리를 저지르는 경우도 있음은 당연한데, 그 몇 퍼센트 단체의 부정을 기준으로 삼아 '체계적인 관리'를 한다고 하면서 사사건건 참견이 심하다. 이것이 문화재청의 갑질이라는 것을 아직도 모른다.

지원 단체는 예산을 지원하면서 제대로 예산을 쓰고 적절한 성과를 낸 곳은 지속적으로 지원하고, 그렇지 못한 단체는 지원에서 탈락시키면 된다. 그 다음 각 종목의 어려움을 듣고 도움을 주는 일로 임무를 삼아야 한다. 각 종목의 예술성과 경제성, 흥행성을 잘 고려해 도움을 주는 것이, '연명치료'에 시달리는 무형문화유산에 대한 온당한 태도다. 죽어 가는 것을 살리는 것은 해당 종목단체의 임무이지만 예산을 운용하는

---

5) 임재해, 「무형문화유산의 보존과 전승 방향의 재인식」, 『비교민속학』 39, 비교민속학회, 2009, 457쪽.

문화재청의 임무이기도 하다. 그 임무를 저버리지 말길 당부한다.

칠머리당영등굿이 유네스코 무형문화유산에 등재된 지 올해로 10년인데, 얼마 전에 전망한 내용은 다음과 같다. 칠머리당 근간이 건입동을 넘어 제주 지역을 대표하는 전통문화의 하나로 인식되고 있다고 하면서, 등재 후 "일반주민의 참여가 늘고 행정기관의 지원도 더해짐에 따라, 지역공동체 전체의 의례로 확대되어 다시 활력을 찾고 있다."[6]고 긍정적인 평가를 했다. 정말 그런가.

칠머리당영등굿의 정의는 다음과 같다. "제주시 건입동에서 전통적으로 전승되어 온 무속의례이자 마을공동체의 신앙의례이며 축제"라 했다. 건입동이란 장소성에 주목해 보자. 칠머리당은 과거 건입동 포구에 있다가 확장공사로 쫓겨나 건너편 언덕으로 옮겼지만, 거기 현대아파트가 들어서면서 지금의 사라봉으로 왔다. 사라봉과 별도봉이 있고 자연경관도 좋아 일단 좋은 조건을 얻은 것 같다. 하지만 건입동의 일부인 탑동에 매립 공사가 있으면서 바다를 기반으로 하는 잠수의 존립에 큰 위해가 있었다. 또한 제주항이 커지면서 별도봉 아래까지 항만시설이 들어섰다. 잠수들이 설 자리가 거의 없는데, 또 탑동 매립지 곁에 40만 평의 항만 공사를 계획하고 있다. 잠수들이 고령화하여 그 숫자가 줄어드는 것과 함께 물질 장소가 사라질 위기에 처했다. 단골이 '0'인 상황이 곧 닥칠 것이고 판이 깨질 위기인데 낙관적인 전망이 어떻게 가능하단 말인가. 위기 상황을 함께 인지해야 한다.

이제 다시 근본으로 돌아가 점검하자. 심방, 단골, 의례에 대한 조사와 채록을 차근히 해 나가야 한다. 자체 아카이브도 구축해야 한다. 그리고 활용방안으로 전수회원과 일반회원, 대중 교육을 통해 대중화

---

6) 국립문화재연구소 편, 『인류무형문화유산 대표목록 등재유산 전승실태 연구』, 국립문화재연구소, 2012, 164쪽.

해야 한다. 회원, 신앙민, 학습자, 공연 관람자, 기타 교육 등을 통해 대중적 공유를 넓혀야 한다.[7] 전시, 홍보, 출판에도 게을리하지 말아야 한다. 특히 온라인을 적극 활용하여 웹 접근성을 높여 대중적 친근성을 넓혀야 한다. 그리고 굿 본래의 유동성과 공동성을 착안하여 변용의 폭을 넓혀 나가야 한다. 원래 영등굿이 지닌 대중과 교감하는 속성도 회복해야 한다. 그 대중적 친근성의 근원이라 할 '오신(娛神)'의 절차를 깊이 들여다보고자 한다.

4) 영등굿의 생명, 오신(娛神)의 부활

영등배는 수원리 어부들이 만들어왔다. 짚으로 만든 배가 아니고 나무로 짜서 1미터도 넘어 한발 정도 되었다. 돛대도 세운다. 영등배는 하나를 만든다. 영등굿은 한마디로 군웅놀이로 춤추고 노는 굿이었다. 사람들이 아주 많이 찾아왔다. 당에서 초하루에 영등환영제를 시작해서 굿을 하고, 영등배는 그달 첫 축일에 바다로 띄워 보낸다. 첫 축일이 언제인가에 따라서 굿의 기간이 5일도 갈 수 있고 7일도 갈 수 있다. 영등배 놓을 때까지 굿을 하는 것이다. 그동안 군웅놀고 푸다시도 하고 서우제소리 부르면서 놀고 요왕맞이도 하고 시간을 보낸다.[8]

구술 속에 영등굿의 실체가 잘 드러난다. 2월 초하루 신을 맞이하고 다시 신을 보낼 때까지 군웅놀고 푸다시도 하고 서우제소리 부르면서 놀고 요왕맞이도 하고 시간을 보낸다. 한마디로 '군웅놀이로 춤추고

7) 강소전, 「제주 칠머리당영등굿 전수관의 자료축적과 활용방안」, 『제주칠머리당영등굿 전수관 운영과 활용방안』, 제주칠머리당영등굿보존회, 2016, 23-27쪽.
8) 강소전, 「제주 대림리 유적」, 『호남문화재연구원 학술조사보고』 95, 2008, 112쪽.

노는 굿'이라고 그 특성을 잘 설명해 주고 있다. 현용준도 북촌의 영등굿을 말하면서 '요란한 장단에 광적인 춤'이 굿의 절정이라고 했다. 이 놀이가 바로 '오신(娛神)'의 과정이다. 옛 '약마희'는 사라진 듯하지만, "짚으로 만든 배가 아니고 나무로 짜서 1미터도 넘어 한발 정도 되었다. 돛대도 세운다. 영등배는 하나를 만든다."고 하여 그 잔영을 볼 수도 있다. 나무등걸을 잘라 말머리의 형상을 하지는 않았지만, 나무로 배를 만들고 돛대도 세웠다. 이 배는 띄워 보내기 전까지 '오신(娛神)'의 중심에 있었을 것이다. 신에게 바람의 방향을 묻고, 농사가 잘 되겠느냐를 점치고, 신을 즐겁게 하면서 신에게 기원하는 기간을 보냈는데, 첫 축일까지 5~7일간 '오신(娛神)'의 과정을 보냈다.

김상헌의 『남사록』에서도 '自正月二十八日化米於村中 至二月初五日 爲祭燃燈神'(정월 28일부터 촌중에서 쌀을 거두고, 2월 초 5일에 이르러 연등신을 제사한다.)이라고 했던 것이 쌀을 걷으면서 매구굿을 하고, 마을의 안녕을 빌어주면서 북과 징으로 연주하고 노는 과정으로 여겨지는데, 여기서는 연등신을 제사한다고 표현하였다. 『신증동국여지승람』과 『탐라지』계열의 기록에서 보이는 '오신'(娛神)의 행위가 여기서는 이렇게 간결하게 처리된 것으로 보인다. 영신(迎神)에서 송신(送神)까지 사이에, 약 보름 동안 놀이와 제사가 지속되었음을 알 수 있는데, 어떤 것은 놀이를 주목하고 어떤 것은 제사를 주목하였다고 본다.

'요란한 장단에 광적인 춤'을 동반한 '오신(娛神)'의 절정에 서야 마을 풍요기원굿으로서의 영등굿이 제모습을 찾게 된다. 영등굿은 한마디로 '군웅놀이로 춤추고 노는 굿'이다. 제주도민 모두가 신인동락해야 영등굿의 절차가 완성된다. 신을 맞이하고 신을 보내는 절차는 잘 남겼지만, 신인동락하는 '오신(娛神)'의 절차를 잃어버린 영등굿은 의미가 없다. 의례를 위한 의례이고, 신을 속이고 인간을 속이는 의례로 전락

했다. 다시 오신의 즐거운 절차를 회복할 때 영등굿은 살아나고, 바람이 제주민을 풍요롭게 해줄 것이다. 이것이 '약마희'를 재고찰하게 된 동기다. 다시 공동체 의식을 회복하고 사람들이 조화롭게 사는 세상을 꿈꾸어 본다.

5) 칠머리당 영등굿의 전망

지난(2016) 칠머리당영등굿 활용방안 세미나에서도 언급되었듯이 영등굿 축제를 본격화해야 한다. 놀이를 하면서 노는 마당을 조성해야 하는데, 칠머리당 전수관 주변은 자연적 입지가 좋아 축제판을 벌이기 적격이다. 거기에 '사라봉 문화거리 조성'[9]하고 먹고 즐기는 영등굿 축제를 만들어야 한다. 제주 시민의 적극적인 참여를 유도하기 위해서는 '바람의 축제'와 '해양문화축제'의 성격을 결합하는 방안도 좋다.[10] 한진오는 축제의 본질에 해당하는 공연장 활용방안을 제시하였는데, 지금 보아도 경청할 만한 것이 많다.

영등굿이 "마을 곳곳을 순례하며 액막이를 하는 거리굿이 사라지며 (굿이) 당이라는 한정된 공간으로 축소되었다."[11]고 한탄했다. 맞이와 배송의 중간에 놀이가 대거 축소되고 사라진 점을 아쉽게 여기면서 놀이성의 부활을 강조했다. 오신(娛神)의 절차 속에 포함될 내용을 공연장 활성화 방안에서 다양하게 논하고 있으니 다음과 같다.

---

9) 김헌선, 앞의 글, 17-18쪽.
10) 문무병, 「칠머리당 영등굿의 미래」, 『제주칠머리당영등굿 전수관 운영과 활용방안』 자료집, 제주칠머리당영등굿보존회, 2016, 3쪽.
11) 한진오, 「신앙과 문화 경계면의 길찾기」, 『제주칠머리당영등굿 전수관 운영과 활용방안』 자료집, 제주칠머리당영등굿보존회, 2016, 37쪽.

첫째, 인력을 양성해야 한다고 했다. 젊은 무속인의 기량 향상을 우선으로 꼽고, 국악 강사로 활동하는 전문집단의 교육과 마을 민속보존회(44개) 교육도 칠머리당 전수관이 감당해야 한다고 했다. 그리고 일반인 교육을 거론하면서 문화 소모임을 활성화시켜 교육시키고, 그들의 맞이굿이나 놀이굿 재연을 공연으로 승화시키자고 제안했다.[12]

'문화재청'은 무형문화재 전수교육과 관련하여 각 지역에 '전통문화예술교육센터'를 개설하여 보유자가 실기를, 교수나 전문가가 이론을 교육하는 안을 검토하고 있는데, 칠머리당전수관에서 이를 감당하면서 일부 전문가의 도움을 이끌어내면 될 것으로 본다. 아울러 국악교사들의 자격증 취득과 보수 교육의 문제를 '한국문화예술교육진흥원'이 주관하고 있는데 제주에는 지부가 없다. 그러니 이것도 칠머리당전수관을 교육장으로 삼고 일부 전문가의 도움을 보태 '제주분원'을 설치할 수도 있다. 그렇게 되면 인력양성의 문제는 칠머리당을 중심으로 어느 정도 해결될 것으로 본다.

둘째, 음악, 춤, 노래, 이야기의 총체적 종합예술인 굿을 장르 예술로 세분해 교육하고, 이들의 발표회를 갖는 것을 제안하였다. 각 장르의 단품작품을 연결해 새로운 공연을 창출할 수도 있다고 했다.[13] 당시 토론자가 이것이 어떻게 가능한가 질문하기도 하였다.

이것도 민주적인 절차가 완성되면 가능할 것으로 본다. 교육부를 없애야 한다. 그 다음 교육부의 초중고 사무를 전체적으로 지방 교육청에 이관해야 한다. 그 다음 교육의 현장에서 전통문화 교육을 강화해야 한다. 제주에서는 제주적인 전통문화와 언어를 가르쳐야 한다. 제주굿도 신앙성보다 문화성을 강조해서 연희성을 전승해야 한다. 제주굿에

---

12) 위의 글, 44-48쪽.
13) 위의 글, 49쪽.

제주정신 모두가 놓여 있는 터, 지방정부의 지역 정체성 강화 전략에 제주굿을 중시하는 전략이 필수적이다. 지방정부는 지역 방송국 지원 사업을 하면서 '제주어, 제주민속'을 방영하도록 유도해야 한다. 지역 공연물에 지원을 하면서 공연을 담당하는 기획자를 후원해야 한다. 훌륭한 스토리텔러와 기획자를 양성하기 위해서는 공연물을 지원하면 자연히 해소될 수 있다고 본다.

셋째, 공연콘텐츠 개발을 강조했다. 놀이패 한라산의 마당굿 '세경놀이'와 신나락의 연물굿 '초공풀이'를 예로 들면서, 지방 공연자의 성숙한 결과물을 주목하지 않는 현실을 개탄했다.[14] 이처럼 제주도 굿을 테마로 하여 연극과 음악과 무용이 공동작업을 하여 '복합공연물'을 내는 것이 제주도로서는 시급한 과제라고 했다. 제주도의 문화적 성숙도를 드러내고 지속적인 문화관광을 위해서도 제주적인 복합공연물은 절실해 요구된다.

제주도는 중국 인상 시리즈에 필적하는 공연물을 만들 시기다. 이런 미래지향적인 공연물은 굿과 다른 연희 공연을 함께 도모해야 하고, 특히 굿의 개작을 통해 다른 연행을 포섭해야 한다.[15] 재창조되지 않는 무형문화는 사실상 지속성을 상실한다. 지속되려면 현실에 맞게 변화되고 재창조되지 않을 수 없다.[16] 의도적으로 지정해서 고정적으로 전승하도록 하는 것은 사실상 현재화의 창조적 능력을 발휘하지 못하게 막는 것이나 다름없다.[17] 창조적인 계승방안을 함께 모색해야 한다. 우리에게 놓인 보존과 창조적인 계승방안 문제를 고민하면서 많은 갈

---

14) 위의 글, 48-49쪽.
15) 김헌선, 앞의 글, 16쪽.
16) 임재해, 『민속문화를 읽는 열쇠말』, 민속원, 2004, 115-116쪽.
17) 임재해, 앞의 논문, 473쪽.

등을 겪게 된다. 김헌선 교수는 칠머리당 영등굿은 무엇을 보존할 것인가, 누가 보존할 것인가의 문제에 대한 답변이 간단하지 않을 것이라여기면서, 보존의 4중 문제(원형과 변화), 3중의 제도 문제(보존과 보호)가있다고 지적하고, 보존이라고 하는 미명 아래 쇠퇴시키는 힘에 영합하고 있지 않는가 하고 우려한 바 있다.[18] 제도가 강요하는 힘에 굴복하지 말고 우리 시대의 정신에 맞게 선변(善變)해 나가야 옳다.

굿이 지닌 제의성과 놀이성의 전통을 원형대로 잘 보존하되, 놀이성은확대하여 축제와 공연물로 확대해야 옳다. 우선 교육의 현장에서 굿과민속의 가치를 교육해야 한다. 근대교육 80년 동안 굿을 미신이라고가르친 과오를 시정해야 한다. 제주 칠머리당영등굿이 국가 중요무형문화재에 이어 유네스코 문화유산에 등재되었으니 당연히 이에 상응하는조처가 있어야 한다. 국악과가 없는 제주에서는 '무형문화유산 교육센터'를 신설하고 '심방교육원'을 설치 운영해야 한다. 그것이 '전통문화예술교육센터'와 통합적으로 운영되어도 좋다. 여기서 심방도 기르고,놀이패도 길러 굿의 종합예술이 '복합공연물'이 되도록 준비해야 한다.

그 다음으로 스토리텔링 축제를 기획하고, 세계 신화 경연대회도만들어야 한다. 제주굿에 담긴 엄청난 신화를 제주의 정체성으로 삼아,살아 있는 신화의 고장에서 죽은 신화를 포섭하는 작업은 흥미 있는일일 것이다. 그것이 단순한 평면적 스토리텔링이어도 좋고, 모바일게임 시나리오여도 좋다. 신화를 변용한 예술문화 장르의 경연장도만들어 나가야 제주도가 신화의 수도로 자리매김하면서 문화산업의메카로 성장할 수도 있을 것이다.

궁극은 1차적으로 원형을 잘 보존하고, 2차적으로 놀이성을 확대해

---

18) 김헌선, 「제주 칠머리당 영등굿: 유네스코 등재 이전과 등재 이후」, 『제주학회 2016년 44차 전국학술대회 발표집』, 2016, 152-153쪽.

다양한 공연물을 창출하고, 3차적으로 세계적인 신화 경연장을 만드는 데까지 나가야 한다. 그런 미래 전망을 제시하면서 우선해야 할 기반작업을 제시한다. 김헌선 교수가 제시한 '학술굿판'을 잘 살리면서, 정회원과 준회원(연구자)가 공동작업을 해 나가야 한다.[19] 가장 기본인 4대 제일과 비정기적인 사가굿을 전통대로 잘 지켜나가야 한다. 그리고 그것의 변용인 놀이굿판을 다양하게 열어 일반인에게 친숙하게 다가가야 한다. 언제 어디서건 굿판이 벌어져야 한다. 그런 기반은 '학술굿+놀이굿+기원굿'의 결합이라 확신한다.

마지막으로 굿 축제 활성화 방안을 제안해 본다. 제주굿과 신화는 다양하고 풍부하여 세계인의 주목을 받고 있다. 그런데 굿과 신화의 중심지에서 신화를 연구하는 사람들이 별로 없다. 관심을 갖는 사람도 많지 않다. 문화콘텐츠 운운 하면서 정작 문화 원형의 수집과 정리, 해석과 평가는 뒷전이고 굿을 현대화하여 축제로 만드는 일에는 미흡한 바가 크다. 이 엄청난 보물들이 사라지고 있어 마음이 아프다. 근대 자본주의의 물결은 수천 년 역사와 문화를 송두리째 망각하고 있다. 더 사라지기 전에 전승해야 하고, 그 중요성을 알려 지금 수준으로 보존해야 한다.

그래서 제안한다. 그 동안 신화 굿 축제를 게을리 해 왔다고 하지만, 제주돌문화공원에서 '굿 페스티벌'을 몇 차례 주관한 바 있고 제주문화의 확산을 준비한 것에 높은 평가를 해주길 기대한다. 최근 몇 년 동안 제주굿과 아울러 월남 굿, 동해안 별신굿, 황해도 만신굿 등을 초청하여 굿축제 확산을 도모해 왔다. 이 '굿 페스티벌'을 돌문화공원에서

---

19) 권태효, 「제주 칠머리당영등굿 전수관의 자료축적과 활용방안에 대한 토론문」, 『제주칠머리당영등굿 전수관 운영과 활용방안』 자료집, 제주칠머리당영등굿보존회, 2016, 34쪽.

지속적으로 발전시킬 수도 있고, 세계무형문화유산인 칠머리당의 전수관을 활용하여 새로운 프로그램으로 시작할 수도 있다.

향후 제주굿을 중심에 두고, 한국과 아시아, 추후에는 세계 굿을 초청하여 세계적인 축제를 만들어 가려 한다. 이에 대한 적절한 예산을 지원하여 제주 전통이 확산되길 기대한다. 이 축제들은 향후 '세계 굿 페스티벌'의 기틀이 되어 줄 것이고, 세계인의 이목을 집중하는 한국 특유의 축제가 될 것으로 기대한다. 향후 '제주 굿 페스티벌'은 다음의 프로그램을 준비하고 있다.

- 제주 굿과 해양 굿 축제 - 동해안별신굿, 남해안 서해안 굿, 황해도 굿
- 제주 굿과 동아시아 지중해 굿 축제 - 일본, 오키나와, 대만, 중국 굿 축제
- 제주 굿과 태평양 섬 축제 - 미크로네시아, 멜라네시아, 폴리네시아 태평양 연안의 굿 축제
- 제주 굿과 아메리카 굿 축제 - 아메리카 인디언 굿 축제, 남미 페루와 칠레의 굿 축제
- 제주 굿과 시베리안 굿 축제 - 몽골, 에벤키, 타지크, 티베트, 시베리아 굿 축제
- 제주 굿과 세계 굿 축제 - 전 세계 샤머니즘 굿 축제

6) 결

제주와 국가의 관계란 무엇인가. 민족과 국가가 '상상의 공동체'란 인식이 유럽 제국주의 모든 곳에 상식처럼 된 시기는 언제였을까. 20세기를 한참 지난 후에도 그런 인식은 쉽게 뿌리내리지 못했다. 1950년대 시칠리아 내륙에 사는 사람들이 이탈리아에 대해 한 번도 들어본 적이

없다는 사실[20]은 충격적이면서, 한편 그 개연성을 인정할 만하다. 일제 침탈 이전까지 제주인의 삶도 그러했을 것이다. 더구나 출륙금지령에 의해 섬 밖 인식은 불가능했기 때문이다. 제주인들은 제주 밖을 나가 살면서, 특히 식민지 시절 일본 땅에 가서 살면서도 한국인이란 인식보다는 제주라는 지역민 인식이 더 강했다. 그래서 그들은 재일한국인이기보다는 재일제주인이었다. 재일경상도인, 재일전라도인이 없는 것과도 잘 대비되는 사실이다. 이런 제주의 지역민 인식은 발제자가 논평하였듯이 교통과 통신 수단의 발달, 교육의 확대, 도시화라는 20세기적 상황 속에서 해체되어 가고, 또한 민족 소속의식과 영토의식의 확장 속에서 가속화되었다고 하겠다.

제주사회의 공동체의식은 지금까지도 제주의 정체성이라 할 만하다. 지금도 마을공동체가 살아 숨쉬고, 전국적으로도, 세계적으로도 유례가 없는 마을지(里誌)가 경쟁적으로 출간되었다는 사실을 주목을 요한다. 일본에 가서 정착한 제주인들도 마을 단위의 향우회(신촌향우회, 판포향우회)를 지속하고 있음을 보아, 제주가 민족의 일원으로 편입되었다고 하지만, 아직도 지역 정체성과 마을 정체성을 온전히 지켜나가고 있음을 주목해야 한다.

제주는 기록문학이 빈약한 대신 구비문학이 풍부한 땅이다. 민요·설화·무가는 가히 한국의 중심부라 할 만하다. 그런데 무가(巫歌)는 문학적으로 논의할 만한가. 그것들은 지금에도 가치가 남아 있는 것인가. 무가가 무속(巫俗) 혹은 무교(巫敎)의 종교적 논리나 규범을 담고 있는 것만은 아니고, 과거에서 현재에 이르기까지의 인간의 보편적 삶을 담고 있음을 부인하진 못한다. 무속은 고대국가가 발생하기 이전

---

20) 마가릿 맥밀런, 권민 역, 『역사사용설명서』, 공존, 2009, 123쪽.

의 원시사회로부터 부족 공동체 사회의 중심 이념이었고, 고대국가가 건설된 이후 천신사상(天神思想)에 밀려 주변 이념으로 떨어져 나가 민간신앙의 주된 장이 되고, 불교와 유교의 중세적 사상이 밀려온 후에도 민중의 애호 속에서 지속된다. 서구적 근대성이 우리를 침범한 이후 무속은 미신으로 전락하여 비합리의 대명사가 되고 말았지만, 무속의 의의와 가치를 무화시키는 근대의 독선을 무조건 신봉하던 삶에 대해 반성하게 되었다. 그리고 그 속에 인간의 삶이 어떻게 규정되고 있는가 라는 질문을 던지며, 무가의 가치를 새로이 인정하게 되었다.

앞으로 제주도 무속을 입체적으로 파악하기 위해서는 기존의 연구 성과들을 바탕으로 현재까지 지속되는 무속신앙의 모습에 대한 섬세 한 고찰이 필요하다. 마을마다 이루어지고 있는 당굿 등에 대한 기록과 분석, 제주도 '큰굿'의 구조와 역할에 대한 실질적 분석, 가정신앙과 조상굿 등에 대한 조사, 심방의 생애와 학습과정 등등 연구 주제는 실로 아직도 풍부하다. 또한 그동안 미처 다루지 못했던 분야(무구, 연물, 춤 등)에 대한 심도 있는 연구들도 필요하며, 생업활동과 긴밀한 관련을 가지는 무속신앙에 대한 면밀한 조사 역시 요구되고 있다. 게다가 동시 에 사진이나 영상자료 등 관련 기록물의 축적도 필요한 일이다.

최근 세계문화유산으로 등재된 '제주 해녀'의 경우 다양한 물질문화 를 지탱시켜 주는 기반도 역시 굿이다. 그들의 신앙공동체에서 빚어지 는 결속력은 모두 '잠수굿'과 같은 의례를 통해 구축되며, 이런 토대 위에서 금기를 함께 지키고 수자원을 보존하면서 지속가능한 삶을 이 끌어내고 있다.

제주문화 보존과 계승 전략을 잘 세워야 한다. 제주의 굿을 굿 나름 으로 잘 지켜나감과 동시에 대중적인 입맛을 위해 변용을 시켜야 한다. 굿의 노래와 이야기와 춤과 놀이를 대중적으로 변용시켜 관객을 위한 공연거리로 만들어나가야 한다. 굿이 미신이 아니라 삶과 관련된 노래이고 사람끼리 어울려 사는 이야기이고, 억눌린 감정을 풀어내는 신명풀이의 놀이란 점을 떳떳하게 보여주어야 할 때다. 변용해야 제주굿이 살아난다. 제주굿이 살아나야 제주의 볼거리와 놀거리가 풍부해지고 제주 땅이 신명으로 들썩거릴 수 있다.

굿과 관련된 이야기(신화), 노래, 춤, 놀이를 무당(심방)도 전통대로 지켜나가야 하지만, 그 예술적 특성을 계승할 후속세대가 필요하다. 제주 음악, 미술, 공예, 건축을 가르칠 전통예술대학이 필요하다. 노래와 춤과 이야기를 가르칠 공간이 필요하다. 제주의 무형 문화를 가르칠 공간을 제주대학에 두어야 한다. 제주도와 제주대가 합동으로 전통계승에 앞장서야 한다. 사회인 교육을 감당하는 평생교육원처럼 대학과 지방정부가 함께 제주 전통예술을 가르칠 교육원을 발족시켜야 한다. 대학 교수들이 이론을, 지역 심방들과 무형문화 전수자들이 실기를 가르치는 공동 작업이 필요하다. 결국 제주 정체성 지속은 정책 수립과 교육 개혁에서 가능하다.

제주는 이야기가 풍부한 땅으로 '신화의 섬'이라 일컬을 수 있다. 그런데 신화를 살려내자는 구호만 있고 구체적 방안은 없다. 지금도 심방들에 의해 불리는 살아 있는 신화가 이처럼 풍부한 곳은 세계 어느 곳에서도 찾아볼 수 없다. 그리스와 로마 신화는 책 속에만 있다. 그러나 제주신화는 현장에 살아 있다. 그 신화를 믿고 현실 속에서 이야기와 함께 살아가는 제주도는 사람과 자연 모두가 신성하다. 제주는 세계 신화의 수도이다. 이제 우리는 그리스 로마 신화처럼 제주신화를 세계에 널리 알려 나가야 한다. 〈제주돌문화공원〉의 '신화관'이 있으니 이를 적극 활용하고, 그곳에 연구소도 두어야 할 것이다. 세계신화학연구소를 만들고 신화 센터를 만들어 제주신화를 살려 나가야 한다.

I. 제주도 본풀이 속의 철학

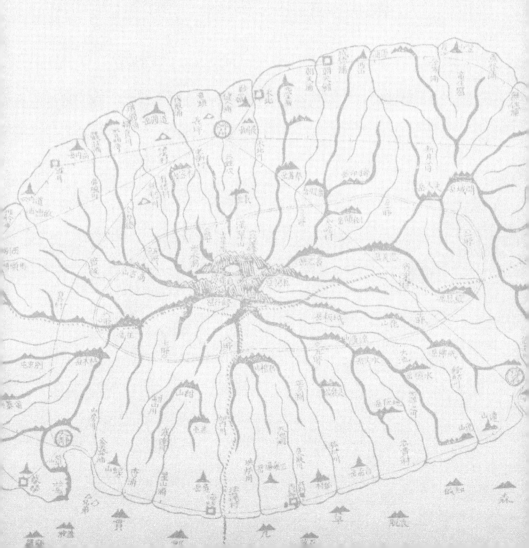

01. 〈원천강본풀이〉와 인생

1) 서

오늘이 이야기는 특별하다. 인간과 동식물과 선녀를 만나 목적지에 도달하지만, 거기 머물지 않고 자신에게 도움을 준 모든 존재의 운명을 바꾸어 준다. 오늘이의 부모가 있는 원천강은 사계절이 함께 공존하는 특별한 곳이었다. 시간이 멈춘 곳이던가. 이런 특이한 이야기는 1930년대 일본인에 의해 제주도에서 채록되었다. 무속의 신화인데 무당이 부른 노래여서 서사무가라 한다. 그런데 이 〈원천강본풀이〉가 지금은 제주도 어디에서도 불리지 않는다. 미미하게 전승되다가 사라진 것이다. 일반신 열두 본풀이에서 탈락한 것은 아닐까 조심스럽게 타진해 본다.

진성기 선생은 이 〈원천강본풀이〉를 특수본풀이라 분류한 바 있다. 특수본풀이 속에 12편을 수록해 놓았지만 같은 속성의 본풀이는 〈원천강본풀이〉를 비롯하여 〈세민황제본풀이〉·〈허궁애기본풀이〉·〈삼두구미본풀이〉 4편이 있는데, 죽음의 세계 혹은 이계 여행과 연관된 것들이다. 이 본풀이들은 민담과 밀접한 관계가 있다. 〈원천강본풀이〉도 제주에만 남은 독특한 신화이지만 우리나라 전역의 민담, 특히 〈구복여행〉 민담과 유사성이 여러 학자들에 의해 지적되었다. 오늘이의 이야기는 〈구복여행〉의 석숭이야기와 유사하되, 제주 무속적 요소를 지닌다고 해석하였다. 〈원천강본풀이〉가 민담을 수용하였을 가능성보다 중요한 것은 여러 층위의 존재가 지닌 상징성이라 하겠다.[1] 최근에 나온 박사학위논문은 〈구복여행〉 민담과 비교를 세심하게 하면서도, 특수본풀이의 용어를 바로잡아 '특수신본풀이'라 명명하면서 〈원천강본풀이〉가 지닌 독자적 영역의 특성을 '이곳과 저곳의 경계 넘어서기'로 구체화한 바 있다.[2]

〈원천강본풀이〉에서 주인공 오늘이가 들판에서 솟아났는데 부모가 있다는 것은 2중출생담이라 하면서, 본디 자연에서의 출생담이 있었는데 구복여행담이 덧붙은 것이라 한 경우도 있다. 아울러 땅 중심 사고 방식에 후에 하늘 중심 사고가 개입되었다고 한다.[3] 오늘이는 주변 사람들의 묻는 말에 "나는 강님드르에서 소사낫습니다."[4]라고 말한다. 제주 영웅신화의 보편적 탄생과정은 바로 땅에서 솟아나기이다.

> 을축 삼월 열사흘날 모흥굴로 ㅈ시에 고이왕이 솟아나고 축시에 양이생이 솟아났수다 인시에 부이민이 솟아났수다.
>
> 신연봉본

---

1) 민담 수용 가능성보다 중요한 것은 질적 속성이며, 신화적 상징으로 가득한 원형적 화소를 탐구하고, 인간 동식물 옥황시녀 등 여러 층위의 존재를 포괄적으로 표상하는 바를 주목해야 한다고 했다(신동흔, 『살아있는 한국신화』, 한겨레출판, 2014, 69-70쪽). 강권용은 특수본풀이에 대해 일찍 석사학위논문을 쓴 바 있는데, 거기서 민담 속성 이외에 군문열림과 '연유닦음' 요소 등 제주 무속적 요소가 가미되었음을 밝힌 바 있다(강권용, 「제주도 특수본풀이 연구」, 경기대 석사학위논문, 2001).
2) 고은영, 「제주도 특수신본풀이의 성격과 의미」, 제주대 박사학위논문, 2019, 58-64쪽.
3) 권복순, 「원천강본풀이의 본디 모습 연구」, 『배달말』 56, 배달말연구회, 2015, 179-187쪽.
4) 아키바·아카마스, 『조선무속의 연구 상』, 대판옥호서점, 1938. 이하 〈원텬강푸리〉의 원문은 이 자료에서 인용한다. 별도의 주석을 달지 않는다.

반고씨가 해음엇이 솟아진다 … 천왕씨가 열두양반 솟아지고 … 단군님이
단군날로 솟아지연 … 고량부(高良夫) 삼성왕(三姓王)이 무운굴(毛興穴)로
솟아지연　　　　　　　　　　　　　　　　　　　　　　　　　강태욱본

동방으로 청의동즈 반고씨가 솟아나니 … 대밸왕 솟아나고 소밸왕이 솟아
나고 …　　　　　　　　　　　　　　　　　　　　　　　　　고창학본5)

　제주도 〈탐라국 건국신화〉에서 3신인이 땅에서 솟아난 사정은 주지
의 사실이다. 문헌신화의 근원이라 할 구비신화 속에는 많은 신이 땅에
서 솟아난다. 고양부 3성이 땅에서 솟아난 것뿐만 아니라, 민족의 시조
인 단군도 땅에서 솟아났다고 하고, 중국 창세신화의 주인공인 반고씨
도 땅에서 솟아났다고 할 정도로 관용적 표현이 되었다. 대별왕과 소별
왕은 천지왕과 총멩부인 사이에서 난 쌍둥이인데도 '솟아났다'고 구연
된다. 제주의 중요한 신들은 땅에서 솟아난다. 그러니 인간과 동식물과
선녀를 만나 길을 찾는 여정이 모두 민담의 영향을 받은 것은 아니고,
제주적 독자성도 있고 일정 정도 영향을 받은 것도 인정된다. 식물이
땅에서 솟아나듯 인간의 탄생이 땅에 기원을 둔다는 원시적 사고는
인류 보편적인 것이었다가 제주도에만 많이 남아 있다.

　제주신화가 땅에서 솟아난 화소가 중심을 이룬다고 해도, 땅에서
솟아난 신의 배우자는 대개 바다 저 멀리에서 도래(渡來)하는 신격들이
다. 제주 당신본풀이의 대표격인 〈송당본풀이〉에서 소천국은 땅에서
솟아나지만 백주또는 강남천자국 백모래밭에서 솟아난 후 바다를 건
너온다. 제주 건국신화에서도 3여신이 벽랑국에서 제주로 배를 타고
온다. 오늘이의 여정은 긴 수평적 이동이고, 이무기의 도움으로 청수바

---

　5) 진성기, 『제주도무가본풀이사전』, 민속원, 2002, 371쪽, 656-665쪽.

당을 건너기도 한다. 이런 수평적 이동만 있는 것은 아니다. 제주신화
에서 천지왕과 명진국 따님아기 등 숱한 신들이 천상에서 하강한다.
오늘이가 선녀를 돕고 선녀가 보답으로 원천강을 안내하는데, '지상에
서 천상으로 수직적 이동을 위한 계기'6)를 마련했다고 보았듯이 오늘
이는 부모를 만나기 위해 선계 혹은 천상계로 가는 중간 정도의 이계로
이동한다. 〈원천강본풀이〉에는 땅에서 솟아나는 이동 이외에 수평적
이동과 수직적 이동이 두루 나타난다. 제주적 신화소와 남방적 북방적
신화소가 복합되어 〈원천강본풀이〉가 형성되었다고 본다.

  이야기의 핵심은 오늘이가 부모를 만나기 위해 원천강을 찾아가는
과정이고, 운명의 변곡점인 '원천강'의 의미일 것이다. 원천강을 찾아
가는 오늘이를 돕는 존재들은 자신의 처지에 대해 알아봐 달라고 청한
다. 장상이는 옥황님의 분부 대로 언제든 글을 읽어야 하는 운명인데,
왜 밤낮으로 글만 읽어야 하는지 그 '이유'를 물어봐 달라고 한다. 연꽃
은 봄이 되면 상가지에만 꽃이 피는데 이런 자신의 '팔자'를 알아봐
달라고 한다. 이무기(천하대사)는 용이 되어 승천하는 '방법'(어쩌면 좋겠
는가)을 물어봐 달라고 청한다. 매일이는 글만 읽고 있는 자신의 '팔자'
를 물어봐 달라고 한다. 그 청의 내용이 '팔자'와 '이유'와 '방법'이다.
대부분 운명에 대해 알고자 한다. 그래서 원천강을 '인간의 운명을 관
장하는 신들의 공간'7)으로 정리하였다. 그간의 많은 학자들이 이 '원천
강'의 정체를 밝히는 데 많은 공을 들였다. 장주근, 이수자, 강권용 등
초기 원천강 연구자들이 논한 바를 김혜정이 정리하였고, 부모국으로
서의 공간, 점서(占書)인 책, 사람이름 점쟁이(무당) 이렇게 세 가지로

---

6) 유정월, 「〈원천강본풀이〉의 운명관 연구」, 『한국고전연구』 42, 한국고전연구학회,
  2018, 252쪽.
7) 조현설, 『신화의 언어』, 한겨레출판, 2020, 105쪽.

보았다.[8] 점서나 운명을 바꾸는 능력이 지나치게 강조된 측면이 있는
데, 원천강은 '하늘이 정한 운명을 알 수 있는 곳' 혹은 '이미 결정된
운명이 있는 곳'[9]이라고 단정하는 데까지 이른다. 운명은 정해져 있더
라도 스스로 바꿀 수 있는 것이라는 '운명의 코드'를 알게 된 사정이
소중하다. 이 운명의 코드에 집중하자.

많은 사람들과 학자들까지도 운명은 정해진 것이라는 전제를 너무
신봉한 것은 아닐까. 여기 이야기 속에서도 운명은 바꿀 수 있는 것으
로 나오지 않는가. 그러니 운명의 반은 정해진 것이라 하더라도 나머지
반은 바꿀 수 있는 것이라는 제주신화의 사유를 읽어야 한다. 〈삼공본
풀이〉에서 인간은 좋은 전상과 나쁜 전상(혹은 상소록과 하소록)이 있는
데, 머리가 좋은 것은 상소록이고 술을 잘 먹는 것은 하소록이라 하면
서, 상소록을 잘 살리고 하소록은 털어내면 우리의 운명이 바뀐다고
알려주고 있다. 이처럼 운명은 정해진 바도 있지만 바꿀 수 있다는
능동적 힘을 이 〈원천강본풀이〉가 일깨워 준다고 본다. 그래서 이 논문
은 오늘이를 중심으로 운명을 개척하고 바꾸는 능동적인 힘을 찾아
나선다. 그래서 원천강으로 가는 과정을 꼼꼼히 살피고 다시 돌아오는
과정도 거시적으로 바라볼 것이다. 원천강이라는 장소성과 사계절이
모두 있는 시간성이 무엇을 환기하는지 신화 원형을 토대로 살필 것이
다. 마지막으로 인간과 자연과 우주를 대등하게 바라보는 신화적 세계
관을 중시하면서 이야기를 마치고자 한다. 너무 딱딱하지 않게 필자의
경험담을 섞어 쓰면서 우리 시대의 파탄 난 삶을 돌아보는 자세로 글에

---

8) 김혜정, 「제주도 특수본풀이 〈원천강본풀이〉 연구」, 『한국무속학』 20, 한국무속학
   회, 2010, 257-262쪽. 여기서 원천강이 춘하추동 사계절이 모여 있다는 것은 시간을
   다스릴 수 있다는 의미이고, 운명을 주재하는 능력과 연관된다고 했다.
9) 유정월, 앞의 논문, 258-259쪽.

임한다. 그리고 신화가 탈근대 패러다임의 작은 부분을 감당하여 인간과 자연을 구원하길 기대한다.

2) 원천강

(1) 원천강 가는 길

어느 날 강님들에서 옥 같은 여자아이가 솟아났다. 학이 날아와 한 날개로 깔고 다른 날개로 덮고 그 여자아이를 키웠다. 동네 사람들은 그 여자아이에게 이름과 나이를 물었으나 모른다고 하자 '오늘이'라는 이름을 지어 주었다. 오늘이가 백씨 부인을 만나 부모가 원천강에 있음을 알고 부모를 찾아 길을 떠났다. 오늘이는 도중에 장상이를 만나 원천강으로 가는 길을 묻자, 장상은 서천강 가의 성 안에서 글만 읽어야 하는 이유를 알아봐 달라고 부탁하면서 연꽃을 찾아가 보라고 일러 준다. 오늘이가 연꽃을 만나 길을 묻자, 연꽃은 제일 윗가지에만 꽃이 피고 다른 가지에는 꽃이 피지 않는 이유를 알아봐 달라고 부탁하면서 이무기(천하대사)를 찾아가 보라고 일러 준다. 또 이무기를 만나 길을 묻자, 이무기는 야광주를 세 개나 갖고 있는데도 용이 되어 승천하지 못하는 이유를 알아봐 달라고 부탁하면서 청수바당을 헤엄쳐 오늘이를 건네주고 매일이에게 가 보도록 원한다. 매일이를 만나 길을 묻자, 매일이는 자신이 항상 글만 읽고 있어야 하는 이유를 알아봐 달라고 부탁하면서 선녀에게 가 볼 것을 권한다. 마지막으로 옥황의 세 시녀를 만나 길을 묻자, 바가지에 큰 구멍이 뚫려 있어 물을 퍼낼 수가 없다며 도와달라고 부탁하였다. 이에 오늘이는 정당풀과 송진으로 바가지의 구멍을 막고 물을 대신 퍼 주었다. 시녀들은 크게 기뻐하며 오늘이에게

백배사례하고는 원천강까지 동행하며 길을 인도해 주었다.

이렇게 해서 오늘이는 원천강에 도착하지만, 문지기가 오늘이를 안으로 들어가지 못하게 하였다. 오늘이가 서럽게 울자 냉정하던 문지기가 동정의 눈물을 흘리며 오늘이의 부모에게 가서 고하였다. 오늘이를 만난 부모는 옥황상제로부터 원천강을 지키라는 명을 받아 이곳에 오게 된 연유와 멀리서 지켜 본 사정을 말한다. 오늘이는 춘하추동 사계절이 모두 존재하는 원천강의 성 안을 둘러 본 후, 집으로 돌아가겠다며 오는 도중에 부탁받은 것들을 부모에게 물었다. 부모는 장상과 매일이는 부부가 된다면 만년 영화를 누릴 것이고, 연꽃은 윗가지의 꽃을 따서 처음 만나는 사람에게 주면 다른 가지에도 꽃이 만발할 것이며, 이무기는 야광주 두 개를 처음 만나는 사람에게 주면 용이 되어 승천할 것이라고 알려 주었다. 그리고 그 야광주와 연꽃을 받으면 신녀가 되리라고 알려 주었다. 되돌아오는 도중에 부탁받은 일을 모두 마친 오늘이는 백씨 부인을 찾아가 감사의 인사를 올리고 보답으로 야광주 하나를 선사한 후에 옥황의 신녀가 되어 승천하였다. 승천한 오늘이는 옥황의 명을 받들어 인간 세상에 강림하여 '원천강'이라는 책을 등사하게 되었다.[10]

오늘이는 혼자였는데 백씨부인을 만나 원천강의 부모 사연을 듣고 부모를 찾아 떠난다. 별층당의 푸른 옷을 입은 장상도령을 만나 다음 행로를 알게 되고, 대신 매일 책만 읽는 사연이 무엇인지 어떻게 난국을 헤쳐가야 하는지 알아주기로 하고 떠난다. 연화못 연꽃을 만나 다음 행로를 알게 되고, 대신 한 가지에만 꽃이 피는 사연이 무엇인지 어떻게 가지가지 꽃을 피울 수 있는지 알아주기로 하고 떠난다. 청수바다

---

10) 『한국민속대백과사전』, 원천강본풀이.(박봉춘 본) 번다한 말을 빼고 긴요한 말을 덧보탰다.

천하대사(大蛇)를 만나 다음 행로를 알게 되고, 대신 여의주가 셋이나 있는데 용이 되지 못하는지 어떻게 하면 용이 되어 승천할 수 있는지 알아주기로 하고 떠난다. 글 읽는 여자아이 매일이를 만나 다음 행로를 알게 되고, 대신 매일 책만 읽는 사연이 무엇인지 어떻게 운명에서 벗어나는지 알아주기로 하고 떠난다. 옥황 시녀를 만나 물 푸는 일을 돕고 드디어 시녀의 도움으로 원천강에 다다른다. 반복적인 행로가 이어지는데 사연은 제각각이다.

주인공이 목표를 향해 끊임없이 도전하는 여정이 특별하다. 누구든 최종 목적지를 알지 못하고 다음 목적지만 알고 있다. 단박에 목적지를 알고 떠나는 것이면 좋겠는데 그런 일이 쉽지 않음을 일깨워 준다. 다음 목적지를 알려 줄 수는 있지만 최종 목적지는 그들도 모른다. 한 단계 한 단계 나가는 수밖에 없는 것이 인생이라고 일러 준다.

인생에서 목표를 한 번에 찾아 도달하는 경우는 없다. 단번에 목적지에 데려다주는 직행 이동방법이 인생에는 없다. 단계 단계를 밟아야 하고, 과정을 차분히 거쳐야 목표에 도달할 수 있는데, 이 이야기는 그런 인생 담론을 담고 있다. 심방의 목소리는 신앙민에게 향하고 그 메시지는 가족들에게 상기되었을 것이고, 특히 젊은 청년들에게 환기되었을 것이다. 그래서 이 메시지는 제주도 전체 민중의 생활철학이 되었는지도 모르겠다.

그 단계별 성장과정을 다음처럼 상정해 볼 수 있겠다. 초등학교에서는 몸에 대해 배우고, 중학교에서는 정신에 대해 배우고, 고등학교에서는 교양을 배우고, 대학교에서는 전문지식에 대해 배우고, 이후에도 끊임없이 공부해야 세상의 진리에 다다르게 된다. 지속적으로 마음 수양을 해야 세상의 진리에 가까워진다. 좋은 대학에 갔다고 인생이 결정되는 것은 아니다. 거기서 또 탐구해야 한다. 좋은 직장에 갔다고 그것이 종착지는 아니다. 거기서 또 자신의 삶을 모색하고 다음 단계를 준비해야 한다.

우리 사회에 존재하는 지식의 작은 조각이 단박에 최종 결론을 줄 수 없다. 작은 지식이 모이고 쌓여 점점 진리의 세계에 접근하게 됨을 상징한다. 그런 지식의 조각을 모아 엮어야 최종 해답을 얻을 수 있는 것이다. 각 단계마다 지속적으로 묻고 답을 구해야 한다. 묻고 답하는 것이 학문(學問)이다. 높고 낮은 것을 가리지 않고 두루 물어야 길이 있음을 알게 된다. 아랫사람에게도 물어야 하고, 동식물에게도 물어야 한다. 그렇게 어려운 단계를 거쳐야만 목표에 다다를 수 있다고 이 신화는 말하고 있다. 인생의 묘리가 오늘이의 여정 속에 있다.

여럿의 도움으로 길을 가지만 그 도움을 주는 등장인물들도 모두 결핍을 지닌 존재다. 오늘이는 자신이 누군지 모르고, 연꽃은 적화(摘花, 꽃 솎아내기)를 몰라 결핍을 지닌 존재이고, 이무기는 욕심이 지나쳐 오히려 결핍을 지닌 존재고, 선녀는 구멍 뚫린 바가지 하나 고치지 못하는 존재다.[11] 매일이와 장상이는 별층당에 눌러앉아 홀로 해결책을 찾기 위해 궁리하고 있지만 이는 '자신을 가두어버린 사람들 내면의 감옥'[12]을 의미한다. 인생의 풀리지 않는 숙제를 마냥 붙들고 있는 어리석음이 느껴지기도 하고, 인생의 답도 되지 않는 공부에 매달린 듯도 하다. 요즘 젊은이들의 고민으로 환원한다면 암기식 교육에만 매달리고 본의를 아랑곳하지 않는 입시생 공부나, 공무원 시험에 매몰되어 인생의 방향을 가늠하지 못하는 세대의 무모한 공부에 비견된다고 하겠다.

---

11) 조현설, 앞의 책, 106쪽.
12) 조홍윤, 「〈원천강본풀이〉의 서사에 나타난 시간의 의미 연구」, 『남도민속연구』 23, 남도민속학회, 2011, 421쪽.

그러나 그들의 고민을 쉬운 문제이고 쉬운 해답이라고 단정하여, '왜 그리 쉬운 것도 모를까.' 반문해서는 안 된다. 하늘나라 옥황의 시녀들은 뚫어진 바가지로 하염없이 물을 푸고 있다. 오늘이의 눈에도 너무 이해가 가지 않는 장면이다. 천상계는 모두 전지전능하지 않다. 그곳에도 분란이 있고 전쟁이 있고 사랑과 반목이 있다. 천상계 출신이라고 모든 것을 잘 알 수는 없다. 마찬가지로 인간계의 존재들은 천상계의 방식을 모른다. 살아온 세상이 다르고 사는 방식이 다르면 모를 수도 있다. 서로의 한계를 인정해야 한다. 동물계의 대표인 이무기가 여의주 세 개를 가지고도 승천할 수 없는 상황이나, 식물계의 대표인 연꽃이 가지마다 꽃을 피울 수 없는 사연을 인정해 주어야 한다. 별층당의 매일이와 장상이가 하염없이 공부만 해야 하는 상황을 우리가 감싸 안아야 한다. 무언가 피치 못할 사정이 있을 것이다. 말하고 있지는 않지만, 그들 때문이 아니라 그들 부모의 과다한 욕심 때문인지도 모른다.

우리 인생도 살아온 세상이 다르고 사는 방식도 제각각이다. 이쪽이 저쪽을 온전히 이해할 수 없는 법이다. 유럽이 아랍계를 잘 알 수 없다. 유럽이 아시아를 아는 척하지만 오해 투성이다. 왕이 백성의 사정을 잘 알 수 없다. 남녀가 서로의 처지를 온전히 이해할 수 없다. 부부의 처지도 그렇고 부모와 자식 간의 사정도 그러하다. 그러니 쉬운 문제를 모른다고 타박해서 안 되고 서로의 한계를 인정해야 옳다. 그 다음 그 한계를 넘어설 방법을 일러주면 된다. 우리 인생의 묘리가 오늘이의 여정 속에서 빛난다. 제주신화에는 간결하면서도 필수적인 인생철학이 보석처럼 박혀 있다.

(2) 격정과 성취

어렵게 원천강에 다다른 오늘이는 문지기의 벽을 만난다.

> 문직의 거절은 넘우나 냉정하얏고
> 가련헌 오날이에게는 최후의 절망인 것갓치 하야
> 하날이 문허지는 것 갓텃다.
> (울음, 눈물) 여기서 죽자 (흐느낌)
> 그 비명허는 소래는 부모에게까지 흘러갓든 것이다.[13]

문지기 앞에서 이루어지는 오늘이의 격정은 길게 부연되는데 줄이고 일부 상황은 괄호 안에 넣었다. 오랜 과정을 견디며 차분히 단계를 밟아 원천강까지 오긴 했지만, 문지기가 막아섰다. 상황은 냉정함과 절망이 쌓여 하늘이 무너지는 것 같았고, 오늘이는 울음과 눈물과 흐느낌으로 죽음을 다짐하는 지경에 이르자 문제가 해결된다. '간절한 마음으로 진심을 보여주어야 경계를 나누는 문이 열린다는 것'[14]을 의미하고, '울음의 공감력'[15]이 있어 천지신명을 움직이게 되었다.

〈원천강본풀이〉는 서사무가다. 이야기를 지닌 무당의 노래여서 단순히 이야기를 구성하면서도 어떤 측면에서는 노래에 걸맞는 감성을 발휘한다. 〈원천강본풀이〉에 등장하는 오늘이와 매일이와 장상이가 한데 어울리는 노래가 덕담창에 있다. "오늘 오늘 오늘이여 날도 조아 오늘이여. 돌(月)도 조아 이 오늘이로구나. 이 오늘로 놀자흐니 성도 언만 조을선가. 송도리도 내 츠지라. 오늘 가저 널 가저 성도 언만 가실

---

13) 아키바 아카마스, 『조선무속의 연구 상』, 473-474쪽.
14) 고은영, 앞의 논문, 28쪽.
15) 신동흔, 「서사무가 속의 울음에 깃든 공감과 치유의 미학」, 『한국무속학』 32, 한국무속학회, 2016, 41쪽.

서냐."16)로 이어지는데, 오늘이 날이 좋은데 오늘처럼 잘 놀면 마음인들 얼마나 좋을 것인가 하는 내용이다. '오늘'은 주인공 오늘이와 금일(今日)이 이중적으로 쓰였다. 이 노래는 석살림 중 '놀판'에서 신앙민이 인정을 걸고(돈을 희사하고) 춤을 추는 과정과 연관되는데, 인정을 거는 행위는 자비와 적선의 의미를 가지고 있어서 〈원천강본풀이〉의 주제와도 상통한다.17) 석살림의 신명과 노래와 원천강본풀이의 주제의식이 연관되어 있다. 자비와 적선의 주제인 〈세민황제본풀이〉에는 오늘이와 매일 장삼이 서두에 나온다.

> 오늘 오늘 오늘이라 둘도 좋아 오늘이여.
> 오늘 오늘 오늘이라 날도 좋아 오늘이여.
> 매일 장삼 오늘이면 성도 언말 가실서냐.
> 오늘 날은 날이 좋아 둘 중에도 상둘이여 날 중에도 상날이여18)

"오늘 오늘 오늘이라" 노래가 불린 바로 뒤에 "매일이는 하늘 사람 장삼이는 지하 사람 매일이는 남자이고 장삼이는 여자우다"라는 주인공 이름이 나열된다. 〈원천강본풀이〉에서는 장상이가 남자이고 매일이가 여자인데, 여기서는 매일이가 남자이고 장삼이가 여자이다. 그러니 주인공 이름으로서의 '매일(每日)', '장상(長常)'이 순간순간의 시간과 오랜 시간의 시간 관념과 중첩되어 있음을 알게 된다. 〈세민황제본풀

---

16) 현용준, 『(개정판) 제주도무속자료사전』, 도서출판 각, 2007, 80쪽. 이 노래의 다른 유형을 소개한다. "이제 오늘은 오늘이라 / 날도 좋구나 오늘이라 / 둘도 좋다 오늘이라 / 네일 장삼은 오늘이면 / 보름 산도 놀고 가자"(강정식 외, 『동복 정병춘댁 시왕맞이』, 제주대 탐라문화연구소, 2008, 194쪽.) 오늘과 내일과 장삼이 등장한다. '매일' 대신에 '내일'이 구연되기도 한다.
17) 고은영, 앞의 논문, 96-97쪽.
18) 진성기, 앞의 책, 611쪽.

이〉는 세민황제가 죽어 저승에 갔는데 곳간이 비어 저승의 매일이와 장삼이의 곳간 곡식을 꾸어 쓰고, 다시 이승에 잠시 돌아와 그 빚을 갚고자 하였지만 매일이와 장삼이가 재물 축적보다 베푸는 삶을 사는 모습을 보고, 자비와 적선이 얼마나 중요한가를 강조하는 이야기다. 이승과 저승을 오간다는 측면이 '현실계와 원천강이라는 이계'를 오가는 〈원천강본풀이〉와도 긴밀히 연결된다.

"오늘 오늘 오늘이여"라는 노래가 불리는 놀판은 석살림의 제차에서 '신메움 – 놀판'으로 이루어지는데, 석살림 제차 연행은 다음과 같다. 초감제의 신청궤에서 군웅일월을 청하여 놀릴 때 '신청궤 – 젯다리 앉혀 살려옴' 제차에서 조상신이나 군웅일월신을 놀리는 경우에 연행할 수 있다. 둘째, 초감제와 맞이굿 사이에서 독립제차로 연행되는데 독립제차로 '신메움 – 놀판'을 여러 번 연행할 수 있다. 셋째, 맞이굿의 마지막 제차로 연행되는데 불도맞이, 일월맞이, 초공맞이, 이공맞이 등 '메어들어 석살림' 제차에서 연행할 수 있다. 놀판에서는 덕담, 서우제소리, 담불소리 등이 연행된다.[19] 그러니 신굿의 천신일월맞이 과정에서 매일·장상의 노래가 불려지니 〈원천강본풀이〉는 심방의 신굿에서 불려졌을 가능성을 타진[20]한 것은 협소하기 이를 데 없다. 이를 근거로 〈원천강본풀이〉가 신굿의 비밀스런 의례에서 불린 노래[21]처럼 오해를 불러일으킬 수도 있다 이 노래는 석살림 '놀판'의 신명난 자리에서 주로 불렸다.

---

19) 송정희, 「제주도 굿 재차 중 〈석살림〉 연구」, 제주대 석사학위논문, 2015, 25-40쪽.
20) 강권용, 「제주도 특수본풀이 연구」, 『민속학연구』 12, 국립민속박물관, 2003, 18쪽.
21) 조현설, 앞의 책, 107쪽. 이승과 저승을 오가는 이야기, 혹은 오늘이라는 심방의 저승 탐방과 연관시켜 상상하면 '시왕맞이' 제차에서 〈원천강본풀이〉가 불릴 수는 있겠으나, 그 흔적을 큰굿 제차에서 찾을 수 없다. 특수신본풀이 〈허궁애기본풀이〉는 〈차사본풀이〉와의 연관성을 통해 시왕맞이 제차에서 불렸음을 짐작할 수 있다.

"오ᄂ리 오ᄂ리나 미일에 오ᄂ리나 / 졈므디도 새디도 오ᄂ리 / 새리나 미일 당샹의 오ᄂ리 오쇼셔"(『금합자보』)라는 노래가 가곡창 시조로 등장하는데, 진본 『청구영언』에는 1번 노래로 등장하고, 『양금신보』에 '심방곡(心方曲)'으로 알려져 있다. 심방은 제주의 무당을 이르는 말로써, 심방곡은 무가와의 연관성이 지속적으로 논의되어 왔다. 17세기 초반, 가곡창 중대엽의 '오ᄂ리' 시조에 심방곡이라는 명칭이 부기된 것은 이 노래가 무가계 노래에서 전승된 사정을 반영한다.[22] 이것이 널리 알려질 수 있었던 것은 굿의 흥겨운 제차에서 불린 때문일 것이다. '오늘·매일·장상' 노래와 셋의 연관성이 제주에 국한하지 않고 널리 알려진 것임을 확인할 수 있었다.

이처럼 제주도 굿의 제차에 대해 길게 부연한 것은 덕담창과 본풀이와의 연관성 때문이었다. 오늘이와 매일 장상이의 관계가 흥겹게 결말지어지는 장면과 흥겨운 덕담창의 관계를 보여주기 위함이다. 그런데 성취에 앞서 고난의 절정이 전개되고 있으니, 오늘이가 원천강에 도착하여 겪는 비애감은 아주 슬픈 노래로 이어진다. 고난의 격정적 외침 뒤에 성취가 있게 마련이다. 그래서 원천강에 도착하여 겪는 오늘이의 슬픔을 주목한다.

제주도의 무속 제차에는 '영게울림'이 있다. 죽은 영혼의 이야기를 심방이 대신 서럽게 울면서 말하기 때문에 영게울림이라 한다. '영게'는 영혼의 뜻이고 '울림'은 울음의 뜻이다.[23] 오늘이가 심방처럼 이계를 만나 서럽게 울면서 말하는 대목이 마치 영게울림의 비애처럼 느껴진다. 본풀이 속에는 이처럼 굿의 제차 '영게울림'과 같은 격정적인

---

21) 강경호, 「'오ᄂ리' 노래의 무가적 전통과 「심방곡」과의 관련 양상」, 『영주어문』 17, 2009, 29-33쪽.

23) 현용준, 앞의 책, 767쪽.

감성이 표출되고, 영혼의 울음을 통해 해원(解冤)이 이루어지듯이 문제를 해결하게 된다. 죽은자의 목소리를 빌려 산자에게 말을 건네기 때문에 산자는 죽은자의 사정을 이해하고, 반대로 죽은자의 심정을 이해하면서 산자가 죽은자에 대한 오해를 풀고 서로 화해하는 장면이 연출된다. 굿의 효용성은 이처럼 산자의 심리를 위무하는 데 있다. 여기 〈원천강본풀이〉에서도 긴 울음 뒤에 부모에게 진심이 전달되고 화해하게 되는 계기를 마련하니, 어느 굿에서나 마찬가지겠지만, 제주도 무가의 본질은 '이야기하기'에만 국한하지 않고 '감성으로 노래하기'가 결합되어 극적 분위기를 배가함을 알 수 있다.

(3) 원천강에서 돌아오는 길

원천강에서 부모를 만나고 잠시 머무른 후 오늘이는 본디 살던 곳으로 돌아온다. 문지기에게 가로막혀 부모를 만나지 못한 상황에서도 "팔자 부탁 어찌 할이 / 모든 은혜 엇디 할이"라고 걱정한 것을 보면 부모를 만난 후, 즉 자신의 정체성을 확인한 후 부탁한 바의 운명에 대한 해답을 위해 다시 인간계로 돌아가려 했음을 확인할 수 있다. 잠깐의 원천강 체류 후 오늘이는 자기를 도와준 지상계 존재들의 팔자를 바꾸고, 은혜를 갚을 해답을 부모에게서 얻는다.

앞의 요약에도 제시한 바처럼, 오늘이의 부모는 장상과 매일이가 부부가 된다면 만년 영화를 누릴 것이고, 연꽃은 윗가지의 꽃을 따서 처음 만나는 사람에게 주면 다른 가지에도 꽃이 만발할 것이며, 큰 뱀은 야광주 두 개를 처음 만나는 사람에게 주면 용이 되어 승천할 것이라고 알려 주었다.

공부를 아무리 해도 남녀가 만나 사랑을 나누고 음양의 원리를 실현시키는 것만 못하다고 말하는 것 같다. 이무기의 여의주 세 개는 탐욕을 경계하게 한다. 하나씩 얻은 것이 아니라 한꺼번에 두세 개를 얻은 과거가 있다. 이것은 일확천금의 욕심을 질타하는 것이고, 그 교훈은 지금의 우리에게도 유효하다. 연꽃이 상가지에만 꽃을 피우고 나머지 가지에는 꽃을 피우지 못한 것에도 의혹이 있다. 너무 하나에 집착한 나머지 다른 가지를 등한시했던 것 같다. 연꽃 스스로도 몰랐을 수도 있는데, 큰아들만 위하다가 나머지 자식들에게 상처를 입히는 부모의 독선에 비유될 수 있다. 위쪽이 개화에만 신경을 쓰다가 아래쪽의 문제에는 소홀한 것일 수도 있고 지나치게 상부 지향 이데올로기를 가진 결함일 수도 있다. 이 이야기는 그런 결함을 돌아보게 만든다.

욕심을 버려야 진정 원하는 것을 얻을 수 있다는 해답은 잘 알지만 정작 실천은 어려운 게 우리의 삶이다. 술잔을 채우게 되면 잔은 그 양만큼만 받고 가진 것을 덜어내는데, 우리 인간은 무한정 욕망을 채우다가 결국 과도함 때문에 망하고 만다. 필요 이상 갖고도 그 나머지를 남에게 베풀거나 비울 생각을 안 한다. 그런 세상을 경계하고 있다. 상가지의 것을 남에게 주었더니 가지가지 꽃피었다고 한다. 정말 자신에게 소중하다고 여기는 것을 남에게 주면 그 이상의 엄청난 보답을 받게 되는 것이 인생이다. 내 전 재산을 내어주는 결단을 내렸을 때 상대를 감동시키게 되고, 내 마음에 있는 신뢰를 모두 쏟아 누군가를 믿었을 때 그 보답은 상상 이상인 경우가 있다. 혹은 상가지에 치우친 사랑과 편견을 없애자 연꽃의 몸과 마음이 치유된 것일 수도 있다. 비워야 채워지고, 한쪽을 버려야 다른 쪽이 채워진다는 인생철학을 알려 주고 있다.

오늘이는 도움을 받았던 상대에게 다시 은혜를 돌려준다. 그래서 인생살이에 대한 철학적 성찰을 제안하는 '도움과 나눔의 서사'24)가 이루어지고, 이타적 전환25)과 상생 원리가 전개된다. 서로의 결핍을 채워주는 과정이다. 그래서 '베풀고 보답하는' 원리라 정의한다. 인간의 긴 역사 속에서 1차 형이상학의 혁명이 신화의 탄생이라면 2차 형이상학의 혁명은 종교의 출현이라 한다. 신화가 지닌 관념을 종교가 상당 부분 이어받아 발전시킨 것은 바로 자비와 이타적 세계관이다. 그래서 〈축의 시대〉의 가장 큰 미덕이라 할 자비와 공감의 철학26)을 신화가 간직하고 있다면, 신화와 종교와 철학의 연관성 속에서 신화의 가치를 발견해야 할 것이다.

원시 고대 신화는 잔인하고 비논리적이고 비이성적이라고 속단하는 경우가 허다하다. 그러나 중세 종교가 보여준 잔혹의 역사에 비하면 미미한 정도다. 근대의 명료한 과학정신으로 무장한 현대인들은 고대 태양신을 숭배하는 자들이 인간의 심장을 내서 제물로 바치던 잔인함을 들추며 그들의 신앙과 신화를 비난하는데, 정말 맞는 말일까. 그들은 경쟁에서 이긴 명예로운 대표가 자기들의 생존을 도와준 자연의 신, 특히 태양의 신에게 가장 귀한 영광을 바치고자 스스로 자청하여 죽고 그 심장을 바친 것이다. 자연의 은혜에 감사하는 마음을 읽으면 그 죽음이 어느 정도 이해될 것이다. 무모한 전쟁으로 수천 만 명을 죽이고, 구제역으로 수 억 마리의 소와 돼지를 죽이면서 아무런 가책을 느끼지 않는 현대인의 삶이 과연 온전한 것이던가.

베풀고 보답하는 은혜의 연결고리가 사람끼리의 관계에 그치지 않고 동물계와 식물계에까지 미치고 있다. 인간과 자연의 폭넓은 관계에

---

24) 고은임, 「원천강본풀이연구: 오늘이 여정의 의미와 신화적 사유」, 『관악어문연구』 35, 서울대 국문학과, 2010, 213쪽.

25) 박명숙, 「한중 구복여행 설화 비교연구」, 『구비문학연구』 22, 한국구비문학회, 2006, 371-407쪽.

26) 카렌 암스트롱, 『축의 시대』, 교양인, 2010, 670-673쪽.

대해서는 다음 장에서 상세히 언급하고자 한다. 여기서는 그 호혜성과 이타성을 강조하고자 한다. 인간의 지혜가 가장 밝았던 축의 시대에 마련된 '자비와 공감'의 정신이 신화에도 영향을 주고, 현대 인간들에게도 각성의 계기를 마련해 준다는 점에서 인간의 미래는 어둡지 않다. 예전 제주 사람들은 굿에서 불리는 신화 본풀이를 통해 위대한 인간 정신을 터득해 왔다. 그러나 그 전통은 서서히 소멸해 간다. 〈원천강본풀이〉는 20세기 초반까지 남아 채록되었지만, 지금 굿에서는 잊혀졌다. 그러나 〈원천강본풀이〉는 〈오늘이〉로 살아남아 애니메이션(이성강, 2003)이 되었고, 초등학교 교과서에 실리는 행운을 얻었다. 오늘이가 다양한 존재들과 호혜성의 관계를 맺으면서 '행복은 스스로 만들어가는 것'27)임을 강조하여 콘텐츠적 활용도가 높아졌다.

오늘이가 부모를 만나고 다시 길을 떠나는 이야기 속에서 우리는 위대한 철학을 만나게 된다. 혼자였던 오늘이는 부모님의 존재를 알고 부모를 만나러 간다. 그런데 부모를 만나 거기 머물지 않고 다시 인간 세상으로 돌아온다. 홀로 살아온 주인공 오늘이의 형상이 "거친 세상에 훌쩍 던져져 한 몸으로 존재를 감당해야 하는 인간의 모습"28)이라고 했다. 그리고 부모를 잠시 만나 수만 리 길을 다시 돌아온 것은 '나'라는 존재가 홀로가 아님을 확인하는 여행이었고, 불행한 여러 존재도 "세상과 더불어 하나가 될 때 그들은 더 이상 혼자가 아니었다."29)고 했다. 그렇게 오늘이는 주변 존재들과 '베풀고 보답하는' 관계성을 회복하고 세상과 화합하는 존재가 된 것이다.

---

27) 정제호, 「〈원천강본풀이〉의 문화콘텐츠화 요인 분석」, 『동양고전연구』 77, 동양고전연구회, 2019, 137~138쪽.
28) 신동흔, 앞의 책, 69쪽.
29) 위의 책, 72쪽.

혼자였던 오늘이가 부모님을 만나게 되는 과정은 '부모에게 의존하기'의 시간이다. 다시 부모를 떠나 혼자의 길을 가는 것은 '부모에서 벗어나기'의 과정이다. 나이 어린 오늘이는 부모의 존재를 알고 찾아가는 과정을 겪는다. 당연한 행로다. 몇 단계의 행로를 거치면서 오늘이는 성숙하여 간다. 하지만 부모가 있는 원천강으로 가는 역정을 포기할 수 없다. 그것이 자기정체성의 확인[30] 절차이기 때문이다. 사람과 동식물과 선녀를 만나고 인생 학습이 쌓여가면서 부모를 만나는 시점에서는 훌쩍 성장한 오늘이를 만나게 된다. 이제 더 이상 부모의 품에서 응석을 부리고 누구의 도움만 받는 처지가 아니다. 이제 그를 구원했던 존재들을 위해 길을 떠나야 한다. 20세가 넘으면 부모의 곁을 떠나 당당하게 자기의 길을 가라던 선배들의 조언이 이 신화 속에 녹아 있다. 시간이 흐른 뒤에 다시 부모를 찾을지언정 20세 어간의 청년이 되면 길을 떠나 스스로 삶을 개척해야 한다는 가르침이 생생하다. 요즘 21세기 젊은이들에게 던지는 화두이기도 하다. 사물인터넷과 AI가 인간의 노동을 대신하면서 일자리가 줄어든 상황에서, 젊은이들은 부모의 곁을 지키며 부모의 유산을 물려받아 안위의 삶을 영위하고자 하는 사토리(得道)세대를 탄생시켰다. 개척정신도 창조정신도 없는 어두운 삶의 그림자가 드리우는 이때, 〈원천강본풀이〉는 '부모에서 벗어나기'를 이야기하면서 당당히 자신의 길을 가라고 젊은이들을 가르치고 있다. 우리는 이런 신화의 화두에 귀 기울여야 한다.

---

30) 고은임, 앞의 논문, 206쪽.

3) 사계절

(1) 시간관

오늘이, 그가 다다른 원천강은 어떤 곳인가. 봄 여름 가을 겨울이 함께 있는 신비한 곳이다.

> 만리장성 둘러싸흔 곳에
> 곳곳마다 문을 열어 보앗다.
> 보니 춘하추동 사시절이 모다 잇는 것이엇다.
> 구경을 끚치고 오날이가
> 쏘다시 온 길을 돌아갈여 할 째[31]

텍스트에는 사계절이 모두 있는 상황에서 곳곳마다 문을 열어보았다고만 했다. 그런데 원문이 너무 간결한 탓에 "첫째 문을 여니 따뜻한 바람이 불고 온갖 꽃이 피어 있었다. 둘째 문을 여니 햇볕이 따갑고 풀과 나무가 울창하게 우거져 있었다. 셋째 문을 여니 들판에 곡식들이 익어가고 온갖 열매들이 달콤한 냄새를 풍기고 있었다. 넷째 문을 여니 하얀 눈이 날리고 찬 바람이 불고 있었다."[32]라고 멋지게 수식하여 부회한 바 있다. 사계절이 하나인 세상이다. 우리가 나뉘어 있다고 여기는 시간이 여기서는 하나다. 계절은 순환되지만 원래 하나라는 것이다. 조금 덥다고 조금 춥다고 느낄 뿐이지 실은 시간은 하나의 방향으로 흐를 뿐이다. 우주는 구분되어 있으면서도 하나임을 알려 준다.

이집트 스핑크스의 이야기가 환기시켜 주는 세상도 하나다. 스핑크

---

31) 아키바 아카마스, 『조선무속의 연구 상』, 476쪽.
32) 아침나무, 『세계의 신화』, 삼양미디어, 2009.

스는 네 가지의 모습을 지니고 있다. 사람의 얼굴, 사자의 몸, 독수리의 날개, 뱀의 꼬리 - 이는 하늘의 네 귀퉁이를 지키는 별자리를 상징하였다고 한다. 아울러 봄에는 사람, 여름에는 사자, 가을에는 독수리, 겨울에는 뱀의 모습을 하고 있는 형상이라고 한다. 이 네 가지는 하나의 우주를 표현한 다른 모습일 뿐이다.[33] 동서남북과 봄여름가을겨울 시공간이 하나임을 일깨워준다. 그런 세상이 과연 있을까. 우리의 눈을 통해 볼 수 있는 명료한 세상, 논리정연한 세상에는 없다.

사계절이 하나인 세상은 눈에 보이지 않는 세상이다. 그렇다고 그곳을 천상계나 이계(異界)라고 밀쳐둘 필요는 없다. 눈에 보이는 세상이 우리의 전부가 아니다. 우리 현실 삶 속에는 끈과 줄이 많이 보인다. 빨래줄도 보이고 개줄도 보이고, 노끈과 포장끈도 다양하다. 그런데 우정의 연줄이나 사랑의 끈은 보이지 않는다. 인연의 끈과 같은 소중한 것은 눈에 보이지 않는다. 정말 소중한 세상은 눈에 보이지 않고, 눈 감아야 보인다. 눈 감고 보이는 세상만이 참 세상이다. 오늘이는 그런 세상을 만나고 왔다.

스핑크스의 수수께끼를 오이디푸스가 풀고 난 후 오만한 모습을 보이는 내용이 소포클레스가 쓴 〈오이디푸스 왕〉에 나온다. 인간의 문제를 푼 오이디푸스는 오만했고 결국 비참한 운명에 빠지게 된다. 스핑크스가 지닌 신비한 문제는 아직 풀지 못했다. 스핑크스는 신의 모습이기도 하고 우주의 에너지여서 늘 겸허하게 대하여야 함을 일깨운다.[34] 우리는 이런 그리스 철학은 아는데 제주 철학은 모른다. 우리는 오이디푸스의 오만처럼 신을 모두 안다고 하면서 스스로 비참한 운명을 자처하기도 한다. 제주 철학은 그리스 철학처럼 우주의 시간관을 제시하여

---

31) 김용희, 『삶의 길목에서 만난 신화』, 서해문집, 2013, 20-21쪽.
34) 위의 책, 26-38쪽.

놓고 수수께끼를 풀지 못한 사람들의 무지에 대해서도 훈계한다. 그리스에서는 오이디푸스의 비극적 인생을 그렸지만, 제주에서는 수수께끼를 풀지 못한 사람들의 인생을 낙관적으로 그려냈다.

그들은 각자 자신의 문제를 풀게 된다. 장상이와 매일이는 만나 부부가 되어 만년 영화를 누리게 되었고, 큰 뱀은 여의주 두 개를 포기하자 드디어 용이 되어 승천하고, 연꽃은 하나뿐인 꽃가지를 꺾어 주자 가지가지 꽃이 피어나는 행운을 누리게 된다. 물론 갖은 고난을 헤쳐 원천강에 도달하고도 거기 미무르지 않고 다시 인간 세상에 돌아와 주변을 챙겨 준 오늘이도 결국은 천상의 옥황 시녀로 들어가 세상 사람 돕는 일을 계속하게 되었다고 한다. 무슨 말을 하는 것인가. 분절된 시간 속에서는 시련과 불행이 지속되지만 시간을 통합하여 보면 세속적 문제가 해결되고 행복을 누리게 된다는 메시지가 담겨 있다. 제주신화 속의 철학은 통합된 시간관을 제시한다. 여름에는 덥다고 푸념하고 겨울에는 춥다고 투정하는 순간적 불화를 버리라고 하고, 여름에는 여름이니 덥다고 지나고 겨울은 겨울이니 춥다고 지나는 순환적 시간관을 긍정하고, 더 나아가 통합적 시간관을 내장하고 있다. 시간이 하나라고 생각하면 불행을 벗어나 행복해질 수 있다는 깨달음이 있다.

오늘은 시간의 상징이다. 매일이와 장상이도 '하루하루'와 '기나긴 시간'의 상징이고, 그 둘은 순간과 영원이 한짝이 되었다. '오늘'이 개입하여 순간과 영원을 결합시켰다.[35] 둘의 만남이 바로 '지금 여기'를 환기시킨다. 과거와 미래의 시간이 지금 여기에서 통합된다. 신호등을 기다리는 나는 미래 어느 순간 신호등이 바뀔 것을 알고 서 있다. 신호등을 기다리는 나는 일주일 전에 다리를 다쳤기 때문에 파란불을 더욱

---

35) 신동흔, 앞의 책, 74쪽.

주시한다. 느린 발걸음 탓에 신호가 바뀌는 순간 출발하기 위해서다. 오늘의 '어제'는 어제의 '오늘'이며, 오늘은 내일의 어제다. 시간은 전적으로 상대적인 것이다.[36] 지금 여기의 내게 과거와 미래가 하나다. 봄이 오면 꽃 피어 돌아올 식물의 부활을 우리는 안다. 그런데 꽃도 우리를 알아본다.

> 인사했더니
> 꽃이 말했다.
> ─ 기다리고 있었어요!
> ─ 내가 올 걸 어떻게 알고?
> ─ 제가 꽃피어 올 것을 당신도 아셨지요?
> 그렇게, 저도 그렇게 알았어요.
>
> 이철수, 〈꽃과 만나서〉

순환적 시간을 알면 시간을 통합하여 인식할 수 있다. 봄이 아름답지만 열매 맺고 가을이 와 그것이 수천 개의 생명으로 분산되어야 한다. 가을이 가고 긴 휴식의 시간을 거쳐 또 우리 곁에 봄이 와야 한다. 어느 순간 머무를 수 없다. 〈산천도량〉에서 '새푸른 새각시'가 퇴치되고 '붉은 선비'가 살아나야 하는 이유는 봄과 여름의 신록이 지나가야 산천에 붉은 단풍이 지는 계절이 오고, 열매를 맺고 결실의 시간을 획득하기 때문이 아닐까.[37] 봄 속에 가을이 있고, 가을이 지나는 바람소리에 봄이 녹아 있다. 그러나 소중한 것은 '오늘'에 대한 인식이다. 오늘 여기를 직시하는 것이 중요하다.

---

36) 카렌 암스트롱, 앞의 책, 500쪽.
37) 김헌선, 『함경도 망묵굿 산천도량 연구』, 2019, 141-170쪽. 최복녀 소장 〈산천도량〉 원문 참조.

오늘이는 사계절이 하나인 세상을 만나 거기 머무르지 않고 다시 자기가 살던 곳으로 돌아온다. 이제 자기가 살던 곳, 현실에서 오늘이는 사계절이 하나인 세상을 만날 수 있을 것이다. 이런 오늘이의 각성은 길을 떠나고 거기서 지혜를 얻고 다시 돌아오는 여정 속에 있다. 오늘이가 사계절이 하나인 세상을 만나고 온 것은 스핑크스의 신비를 만나고 온 것과 비견된다. 그래서 나는 오늘이의 역정을 〈연금술사〉의 산티아고와 견준다. 피라미드를 향해 갔던 산티아고와 스핑크스의 사계절을 만나고 온 오늘이의 내력, 다시 자기가 살던 곳으로 돌아와 보물을 발견하고 지금 여기의 삶을 소중하게 여긴 산티아고와 오늘이를 함께 바라보고 싶다.

먼 길을 떠났다가 돌아온 그에게 새로운 각성이 있다. 자신이 누구라는 것, 이 세계와 자신이 하나의 끈으로 연결되어 있다는 것, 자신이 누구인지 알게 된 자는 자연 속의 모든 존재들과 들리지 않는 말을 주고받을 수 있다는 것, 그것이 하찮고 비천한 일상을 황금과 같은 것으로 바꿔 놓을 수 있다는 깨달음이다.[38] 그래서 목표를 향해 긴 여정의 길을 떠났다 돌아온 자는 세상 모든 존재와 소통할 수 있다.

우주 자연과 소통하게 된 오늘이를 더 알아보자. 산티아고는 자연 속의 존재들과 들리지 않는 말을 주고받을 수 있다는데, 자연 속의 존재와 '들리는 말'을 주고받는 오늘이의 사연으로 가 보자.

(2) 대등한 관계

신화를 보면 동물이 말을 하거나 인간이 자유롭게 동물과 결혼을

---

38) 김용희, 앞의 책, 134쪽.

한다. 동아시아를 보면 자기 조상이 늑대라고 하면서 인간과 늑대의 결혼 뒤에 태어난 인물이 부족의 시조가 되었다고 한다. 조상이 곰인 경우도 있고, 그때 부족의 시조는 인간과 곰의 결혼에서 태어난 아이다. 그런데 우리의 단군신화는 곰이 사람의 몸을 얻은 후 결혼하는 것으로 바뀌어 있다. 인간과 동물이 어떻게 자유롭게 결혼할 수 있을까 의문이 들면서 바뀐 문맥일 것이다. 현대를 사는 우리도 이렇게 한 공간 속에 인간과 동물이 놓인 것을 의아해 한다.

인간과 동물의 교호라는 사고와 똑같은 유형의 사고를 '시간'의 축에 투영한 것이 불교적 윤회관이다. 인간이 다음 생에 동물로 태어난다든가, 전생에 동물이었다가 현생에 인간으로 태어난다는 불교적 윤회관은 앞의 신화의 축을 자연스럽게 바꾼 전말이 있다. "불교는 신화적 사고가 공간축에서 전개되는 사상을 시간축에 투영해 전개하는 사상"[39]인 셈이다. 〈원천강본풀이〉 속의 인간과 동물은 현실계[40]의 동일 공간에서 자연스럽게 소통하고 있다. 그런데 초월계인 원천강에 사계절이 공존하고 있는데, 스핑크스의 몸을 빌려 말한다면 사람의 머리와 사자의 몸과 독수리의 날개와 뱀의 꼬리를 한 존재가 공유하고 있는 형상이다. 잉카 부족들은 콘도르의 날개와 퓨마의 몸과 뱀의 꼬리를 한 신을 모시고 있다. 인간과 동물이 구분되지 않고 한 몸인 존재를 상정하고 있다. 시간이 공간으로 표출되고, 공간이 시간으로 표출되는 신화의 세계관을 알 수 있다. 시간이 상대적인 것처럼, 공간도 상대적

---

39) 나카자와 신이치, 김옥희 역, 『대칭성 인류학』, 동아시아, 2005, 170쪽.
40) 이 논문을 쓰면서 천상계에 대응하는 세계를 인간계로 상정해 왔는데, 이곳에는 인간만 존재하는 것이 아니고 뭇 생명이 두루 존재한다. 날짐승, 길짐승, 물짐승뿐만 아니라 물고기와 나무도 풀도 있다. 인간은 인간 스스로 생존하는 것이 아니고 자연계 존재의 도움으로 살아간다. 그러니 인간 중심으로 '인간계'라 해서는 안 되고 현실계로 고쳐 써야 할 것이다.

인 것이다.

『산해경』의 촉음(燭陰)은 사람의 얼굴에 뱀의 몸을 하고 있다고 하여, 〈원천강본풀이〉의 천하대사(뱀) 모습이 연상된다고 했다.[41] 촉음은 눈을 뜨면 낮이고, 감으면 밤이 된다. 거세게 숨을 내뿜으면 겨울이고, 부드럽게 숨을 내쉬면 여름이라 한다. 이 촉음의 모습 속에 사계절이 합친 모습이 떠오르니 동양의 스핑크스라 할 만하다. 〈원중기(元中記)〉에서는 촉룡을 설명하는데, 왼 눈은 태양인데 열면 낮이고, 오른 눈은 달인데 열면 밤이 된다. 입을 벌리고 있을 때는 봄과 여름이고, 입을 다물고 있을 때는 가을과 겨울이란다. 하나의 공간에 펼쳐지는 원천강의 사계절 풍경을 떠올린다. 이런 경우 봄과 가을이 순차적일 수 없고 시간과 계절의 구획이 무화된다. 다만 시간을 공간 감각으로 표출하였다는 점이 주목을 끈다. 사람의 얼굴과 뱀의 몸, 사람과 뱀이 하나의 공간 속에서 소통하고 있다.

오늘이의 여정을 따라가 보면 인간과 자연이 서로 말을 건네고 서로의 결핍을 말하고 함께 해결해 나간다. 현대 인간이야 삶의 중심에 그 잘난 인간을 두고 나머지 생명들은 하찮게 여기는 것이 일반적이지만, 조금만 시간을 거슬러 올라가면 그렇지 않다. 인간이 필요한 만큼만 자연에서 가져온다. 암컷과 새끼는 함부로 죽이지 않고, 알을 함부로 깨트리거나 먹지 않았다. 조기 한 마리가 2~3만 개의 알을 낳는데, 알이 꽉 차 있을 때 먹어야 맛있다고 여겨 남획을 일삼다가 결국 조기는 우리의 밥상에서 사라졌다. 더 오만해지고 있는 우리의 식습관이 지구를 남김없이 파괴하고, 2050년에는 바닷속 물고기가 모두 사라진다고 하는 유엔 녹색성장보고서의 경고를 무시하고 살고 있다. 역사의

---

41) 권복순, 「서사무가 원천강본풀이의 인물기능과 우주인식」, 『국제언어문학』 35, 국제언어문학회, 2016, 97쪽.

종언, 이제 이것은 위협적 언사가 아니다. 이 독선적인 근대 이데올로기를 벗어나 탈근대의 새로운 패러다임을 구축하기 위해서, 우리는 좀더 오래된 과거로 눈길을 돌릴 필요가 있다.

중세의 삶에서 좀 더 거슬러 올라가면 인간이 자연을 배려하는 단계를 넘어, 자연이 인간을 배려하고 인간과 자연의 구별이 무화된다. 인간이 동물에게 의존하고, 식물의 품에서 큰다. 동물과 인간은 서로 다른 존재가 아니라, 서로 같은 본질을 공유하고 있다는 사상을 가지고 있었다. "예전에는 동물도 인간과 마찬가지로 말을 하거나, 결혼을 하거나, 서로의 부를 나누어 가지며 생활하던 사이였습니다."[42]라고 하여 대등한 관계를 찾아 밝히고 있다. 동물이 자기 아내이거나 형제자매일 수 있다는 이야기를 엮어서, 동물에 대한 불필요한 포획이나 파괴를 억제하는 제어장치를 만들었다. 그래서 고대신화 속에는 자연에 대한 배려와 자연에 대한 경외심이 가득하고, 인간이 지녀야 할 윤리적 사고방식과 생활방식을 형성시켰다.[43]

대등한 관계는 얼마 후 동물이 말을 할 수 없게 되고, 인간과 동물의 관계가 소원해지면서 깨지고 말았던 것 같다. 제주도 〈천지왕본풀이〉에 보면 대별왕과 소별왕이 해가 둘 나타난 변괴를 해결한 후에, 이승과 저승 차지 내기를 끝내고 나서, 그 다음으로 인간세계의 존재들을 구분한다. 그때는 인간과 귀신이 함께 동거하였는데 저울을 가져다 백 근이 차는 것은 인간으로, 백 근이 못 차는 것은 귀신으로 구획했다고 한다. 아울러 인간과 새와 나무도 함께 말을 했는데 송피 닷 말 닷 되를 뿌려 인간만 말을 하고 모든 동식물의 말을 빼앗았다고 한다. 그래서 인간세계의 질서를 잡았다는 이야기인데, 문명(文明)의 세상이

---

42) 나카자와 신이치, 앞의 책, 168-169쪽.
41) 위의 책, 171쪽.

구축되어 가고 있었고 인간과 만물이 함께 소통하던 신명(神明) 세상은 종말을 고하고 말았다.44) 〈원천강본풀이〉의 세상은 아직 인간과 자연이 소통하는 신명 세상이다.

〈원천강본풀이〉 속 대등한 관계는 안과 밖에도 존재하고 있었다. 오늘이의 여정은 현실계에서 초월계로 향한다. 사계절이 있고 인간의 운명을 가늠해주는 공간인 것을 보면 인간세계와 구별되는 이계(異界)다. 오늘이의 부모가 옥황상제의 부름을 받고 벼슬살이를 하는 것을 보면 선계(仙界)라 할 수도 있고 천상계리 추징할 수노 있다. 그러나 오늘이란 인간이 다다른 곳이어서 이쪽과 구분되는 저쪽이라 하자. 이쪽과 저쪽, 내부적 세계와 외부적 세계가 교호하고, 지상과 선계과 유대45)를 맺어 상보성의 서사를 갖는다. 오늘이를 처음 보고 이름을 지어준 사람들이나, 백씨부인도 그렇고, 매일이와 장상이도 함께 대등한 소통을 이루고 있다. 내외(內外)·인물(人物)의 대등한 관계가 이야기 속을 관통한다.

조동일은 "人으로써 物을 보면 人이 貴하고 物이 賤하며, 物로써 人을 보면 物이 貴하고 人이 賤하다. 하늘에서 보면 人과 物이 均하다."(홍대용, 의산문답)을 들면서 인물균론(人物均論)을 말하고 있다. 여래의 눈으로 보면 살아가는 우리 처지가 모두 같다는 말이다. 우리가 살고자 하는 세상은 세상 만물의 차별을 벗어난 것만으로는 안 되고, 인간세계의 차별도 벗어나야 한다. 그래서 화이(華夷)·내외(內外)가 같다는 내외균론(內外均論)을 덧보태 대등한 화합을 말하고 있다.46) 그런데 〈원천강

----

44) 근대는 너무 인간 중심주의였다. 인간의 유익함을 위해 자연이 너무 희생되었다. 이제 인간과 자연이 대등해지는 세상이 필요하다. 천지왕본풀이에서 인간과 짐승과 새와 나무가 함께 말하면서 소통했던 그런 세상이 다시 요구된다.(허남춘, 『설문대할망과 제주신화』, 민속원, 2017, 232쪽.)

45) 고은임, 앞의 논문, 210-212쪽.

본풀이〉의 '원천강'이 바로 인물균론(人物均論)과 내외균론(內外均論)이 모두 실현된 공간이다. 사람과 사람의 대등한 관계는 사람과 다른 생물의 대등한 관계를 근거로 함을 알 수 있다. 탈근대 패러다임이 저 먼 과거 이야기 속에 내장되어 있다. 오래된 미래다.

4) 결

오늘이가 만난 원천강의 사계절은 시간의 구분이 없는 곳이고, 모든 시간이 응축되어 있는 곳이기도 하다. 큰 시간의 틀로 보면 과거와 현재가 함께 공존하는 것이고, 전생과 현생이 공존하는 것이다. 하나의 공간에 과거-현재-미래가 있다는 사고로 본다면, 삶과 죽음도 하나의 공간 속에 있다는 셈이다. 과거 고대인들의 공간관이 그러한데, 하나의 공간 속에 삶과 죽음이 있다는 사유다. 죽음은 한 공간의 이쪽에서 저쪽으로 이동하는 단순한 변화에 불과하다고 믿었다. 그러니 죽음은 슬퍼할 필요가 없는 일이다. 오히려 삶에서 죽음으로 가는 길이 막혀 이쪽에 인구가 과밀하여지고 온갖 오물이 가득하고 먹을 것이 부족하게 되는 사태가 발생하자, 문을 틔웠더니 사람들이 저쪽으로 이동하여 평화가 찾아왔다는 신화도 있다. 과거 삶과 죽음을 대하는 태도를 읽을 수 있고, 그런 세상이 아마 사계절이 구분되지 않는 원천강과 같은 곳이었을 것이다.

원천강을 찾아가는 오늘이의 여정에서, 우리는 인생의 목표를 향해 가는 길이 쉽지 않음을 알게 된다. 누구에겐가 묻고 또 다음 단계를

---

46) 조동일, 『대등한 화합』, 지식산업사, 2020, 20-21쪽.

위해 누군가를 만나 묻는 연속이다. 우리 인생도 그처럼 단박에 찾아가는 목표는 존재하지 않는다. 인생의 최종 목적지에 닿는 직행은 존재하지 않는다. 단계를 수없이 거쳐야 원하는 바에 도달할 수 있으니, 멈춰서지 말고 끈기 있게 나아가야 한다.

숱한 존재들에게 신세를 지고 원하는 목적지에 도달했다면 이제 할일은 거기 안주하는 것이 아니라, 다시 돌아와 보답하는 길이 남았다. 베풀고 보답하는 삶이 거기 있었다. 누군가를 위해 운명적인 만남을 주선하기도 하고, 원하는 세상으로 가도록 돕기도 하고 원하는 풍요로움을 누리도록 배려하는 삶이 거기 있었다. 그런데 제약된 운명을 바꾸는 데는 깨트려야 할 장벽이 있었으니, 협소한 자기 안위의 테두리를 깨거나 과다한 욕망을 버리거나 소중하게 여기는 것도 과감히 포기할수 있는 용기가 필요했다. 지금 우리의 삶도 마찬가지다. 공부만 하면안 되고 어느 정도가 되면 결혼해 행복해질 선택이 요구된다. 과다한욕망은 자신을 망가트리는 독임을 깨달아야 한다. 우리 주변을 보면욕망을 좇다가 패망하는 삶을 수없이 확인하지 않던가. 이기에 빠지지말고 이타적 삶을 사는 것, 사랑과 공감과 자비라는 덕목은 '축의 시대'성인들이 남긴 소중한 말씀이고, 자본주의의에 의해 피폐해진 인간을구원할 방식도 거기에 있다. 제주 서사무가는 축의 시대가 구축한 '공감과 자비'의 정신을 터득하고 있다.

원천강을 가고 살던 곳으로 돌아오는 오늘이의 여정은 묘하게도 부모에 의존하기의 전반부와 부모에서 벗어나기의 후반부로 구성되어있다. 오늘이는 긴 여정을 만나면서 성숙하게 되고 성년의 판단력과깨달음이 있을 즈음, 부모로부터 벗어나 자기의 삶을 향해 길을 떠난다. 우리 젊은이의 여정도 이처럼 어린 시절 부모에 의존해 성장했다면, 이제는 과감하게 벗어나 홀로 그 길을 가야 한다. 그래야 자기정체성을 찾고 인간답게 살게 될 것이다.

오늘이의 여정에서 함께 한 존재들은 인간과 동식물과 선계 선녀들인데, 인간과 자연과 우주의 존재를 망라하고 있고, 이 존재들이 서로 말하면서 소통하고 있다. 누군가가 위압적이지도 않고, 누군가가 일방적으로 우월하거나 열등하지도 않다. 인간과 동식물이 대등하고, 인간세계 안쪽과 바깥쪽이 대등하게 교류하고 서로를 돕고 있다. 우리 현대문명은 지나치게 인간 위주로 흐르면서 자연의 생명들을 홀대하고 함부로 죽이고 파괴했다. 먹히는 것들에 대한 예의조차 갖지 못한 문명 속에서 인간의 욕망만 부풀렸다. 숲이 파괴되어 그곳에 사는 동물들이 100년 전의 6%에 불과해지자, 바이러스는 자신의 생존을 위해 인간 숙주를 택해 도시로 나왔다. 그것이 작금 우리가 겪는 코로나 19 바이러스 사태다. 인간이 생존하기 위해서는 이제 다른 생명체를 배려해야 하고, 그런 정신을 오래된 신화로부터 환기시킬 수 있다는 것은 다행이다.

02. 〈문전본풀이〉와 집

1) 서

제주에는 1만 8천 신들이 산다고 한다. 그리스 로마신화에 나오는 숱한 신들과 비교할 만하다. 창세신, 산육신, 곡식신, 저승차사, 운명신, 무조신, 풍요신 등 다양한 신이 있고, 제주도 각 마을마다 마을의 수호신인 본향당신이 있다. 본향당신만 해도 500~600여 신위가 있을 정도다. 제주 의례의 첫머리 '초감제'에서는 옥황상제에서부터 높은 신들을 차례로 모신다. 신들이 많기 때문에 초신맞이, 초상계, 제오상계를 하면서 여타의 신들을 모신다. 그런데 이름 없는 신도 많다. 이것들이 영혼, 혼백이기도 하고, 군병(軍兵), 군졸, 잡귀이기도 하고, 새(邪)나 '매'인 경우도 있다. 이런 이름 없는 신들을 합하여 1만 8천신이라 하고 그 숫자는 많은 신을 의미한다.

집안 곳곳에도 신들이 산다. 그 내력이 〈문전본풀이〉라는 신화에 담겨 있다. 남선비와 여산부인 사이에 아들 일곱이 있었는데, 아버지가 첩에 의해 위기에 처하고 일곱 아들 중 막내인 '녹디생이'에 의해 위기를 극복하고 집안은 평안을 되찾는다. 집안을 수호한 녹디생이는 집안의 가장 중심인 '상방'(마루방)의 신인 문전신이 되고, 여섯째는 뒷문전신, 나머지 다섯 형은 동·서·남·북·중 5방의 신이 되었다. 어머니는 부엌의 신(조왕신)이 되었고 아버지는 대문과 올레를 관장하는 신(정낭신, 올레신)이 되었고, 첩도 신이 되었는데 냄새 나는 화장실의 신(측간신)이 되었다. 어머니 신이 첩을 싫어해 지금도 부엌과 화장실은 멀수록 좋다는 말이 있게 되었다. 어머니는 집안의 온기와 먹을 것을 관장하고 아버지는 집밖의 일을 주재하는 역할 분담의 재치도 읽을 수 있다. 부엌의 먹을 것이 화장실의 똥으로 가고, 그것이 퇴비가 되어 다시 먹을 것을 키우는 순환의 질서도 깃들어 있다.

제주에서는 최근까지도 새해가 되면 '문전제'를 하는데 바로 가옥의 신에 대한 제사다. 문전제는 정월에 문전신을 비롯한 집안 곳곳의 가신(家神)들에게 가족의 건강과 안녕을 기원하는 일이다. 이것을 '문전철갈이'라고도 하는데 문전신에 대한 제사와 함께, 밧칠성을 모신 '칠성눌'에 새로 수확한 오곡을 넣고 그 위를 덮는 띠를 새로 갈아주는 일을 덧보태 그렇게 부르기도 한다. 그러니 이 신년 제사는 문전신, 조왕신, 올레신을 비롯해 칠성신을 모시는 것이다. 거기에 삼승할망(아이의 탄생과 양육을 보살피는 신)과 갈매(농기구를 수호하는 신)들도 함께 모신다.

대개의 경우 문전제는 맹감제(맹감코사) 뒤에 하게 되는데, 맹감제는 생업수호신에게 집안의 풍요를 비는 의례다. 생업은 사는 위치에 따라 갈리고 모시는 신도 달라진다. 산간지역에서는 산신맹감을, 중산간 농업지역에서는 제석(혹은 세경)맹감을, 밭농사(특히 감귤) 지역에서는 드르맹감을, 바닷가 어업지역에서는 용왕맹감을 모시기도 한다. 그러니 제주의 새해맞이는 생업수호신과 가옥수호신에게 제를 올리는 것으로 시작되었다. 밥 먹고 사는 일과 가족과 화합하고 사는 일이 중요함을 일깨운다.

제주도 일반신본풀이 12개는 일반적인 사연을 노래한다. 일반적이라는 것은 개인과 마을과 지역에 국한되지 않는다는 뜻이고 인간의 가장 소중한 가치와 연관되어 있다는 말이다. 거기에서는 자연현상과 인문현상이 두루 보인다. 그 시작은 창세이고 끝은 집이다. 대부분의 큰굿 재차에서 세상이 만들어진 〈천지왕본풀이〉를 먼저 풀기 시작하여, 인간의 탄생을 주재하는 〈할망본풀이〉를 풀고, 이어 〈초공본풀이〉 〈이공본풀이〉〈삼공본풀이〉를 풀어낸다. 무조신의 신뿌리―꽃뿌리― 전상뿌리를 이어가는 내용이다. 한 사회 속에서 우주의 탄생과 인간의 탄생에 이어 중요한 것은 무조신의 뿌리였나 보다. 무조신은 한 사회의 통치자였던 시절의 내력이었을 것이다. 이어 인간을 죽이기도 살리기도 하는 꽃의 근원을 말하고 인간의 운명을 주재하는 신의 근원을 말한다. 그 다음에 저승차사 이야기와 곡식신 이야기 등이 이어지고 대체로 맨 마지막에 가옥의 신 이야기로 마무리된다. 심방마다 제각각 다르지만 우주에서 집까지로 이어지는 밑그림을 상정할 수 있다.

그 끝에 가옥의 신 이야기 〈문전본풀이〉가 있다. 이 가옥의 신은 한반도 전역에 광포한 성주신과 비슷하다. 그런데 그 성주신 역할을 제주도에서는 '문전신'이 하고 있다. 이렇게 다르지만 〈문전본풀이〉도 한반도 전역에 유사한 이야기를 가지고 있어 함께 비교해야 한다. 특히 성주신이 없는 지역인 호남과 제주에 〈칠성풀이〉 계열의 신화가 분포한다. 제주도 일반신본풀이 중 7~8개는 육지의 설화와 비슷한 사정이 있으니 이 일반신본풀이는 한반도 전체와 교류한 흔적인데, 그것이 제주에 와서 정착할 때 지역적 변이가 이루어진 것으로 보면 될 것 같다. 〈문전본풀이〉와 비슷한 서사 유형을 가진 것으로는 함흥의 〈살풀이〉, 평양의 〈성신굿〉, 부여의 〈칠성굿〉, 전북 줄포의 〈칠성풀이〉, 전주의 〈칠성풀이〉, 전주의 〈칠성마지석〉, 고창의 〈칠성풀이〉, 순창의 〈칠성굿〉, 전남 장성의 〈칠성풀이〉 등이 있다.[1] 관서와 관북을 제외하고는 대부분 호남지방의 〈칠성풀이〉라 하겠다.

〈관서·관북본〉은 본처의 죽음 뒤에 남편이 재혼하고 후처가 출산하자, 전처 소생과 후처 소생의 갈등이 주를 이룬다. 〈호남본〉은 본처가 추방당하고 남편이 재혼하였는데, 본처 자식이 부친을 만나면서 후처의 악행이 이어지다가 과보를 받는 결말이다. 〈제주본〉은 남편이 출타 후 실종되자 본처가 탐색을 하고, 후처는 본처를 죽이고 변장하여 남편과 함께 귀가하여 악행을 일삼다가 과보를 받는 결말이 〈호남본〉과 비슷하다. 그러면 구체적인 대비를 위해 〈호남본〉을 살피기로 한다.

〈칠성풀이〉이야기 서사구조는 다음과 같다. 칠성님이 매화부인과 결혼하여 아이를 낳게 되었는데 한꺼번에 일곱을 낳았다고 소박하고, 옥녀부인을 후실로 맞는다. 매화부인이 7형제를 키우는데 아비 없는 자식이라 놀림을 받자 아버지의 존재를 알려주고 아이들은 부친에게 간다. 옥녀부인은 꾀병을 앓고 산 사람 간 7개를 먹어야 한다고 하여, 칠성님이 아들을 죽이려 한다. 금사슴이 7형제를 구하고 자신의 간을 내어주는데, 간을 먹는 척하고 내버린다. 후에 7형제가 나타나 후실부인과 대결하여 응징을 시도하고, 후실부인은 하늘의 심판을 받게 한다. 후실부인은 죽어 두더지 혹은 뱀, 모기, 깔다귀가 되고 7형제는 칠성신이 된다.

제주도 〈문전본풀이〉와 후반부는 매우 유사한데 차이점을 든다. 칠성님과 다르게 남선비는 가난하고 생업 때문에 집을 떠난다. 〈칠성풀이〉에서 본부인은 한꺼번에 아들 일곱을 낳는데 여산부인은 차례로 일곱을 낳는다. 그래서 남편과 본부인의 격절 이유가 사뭇 다르다. 첩

---

1) 서대석, 「칠성풀이 연구」, 『한국신화의 연구』, 집문당, 2002, 325쪽.

이 직접 처를 살해한다. 일곱 아들을 죽이려는 과정과 결과는 같다. 이후 친모를 환생꽃으로 살리는 모티프가 일부 같다.[2] 가족들이 신으로 좌정하는 것이 크게 다르다. 〈칠성풀이〉에서는 일곱 아들은 칠성신이 되고, 일부에서는 부모가 견우와 직녀가 되어 대부분 천상계 신이 된다. 반면 〈문전본풀이〉에서는 모두 땅 위 집의 신이 된다. 마지막으로 계모를 징치하고 난 후, 몸에서 해산물의 기원이 이루어지고 계모는 측간신으로 좌정하는 것이 확연히 다르다.

그래서 본고는 〈칠성풀이〉와의 차이점에 무게중심을 두고 제주적 변이를 집중적으로 살필 것이다. 남편과 본처의 대립 관계는 크지 않았던 점을 주목하여 역할분담의 보완적 관계를 찾아낼 것이다. 처첩의 갈등은 살해로 이어지는데 첩의 악을 응징한 후 대립적 공존 관계를 만들어내는 특이점을 찾아낼 것이다. 아버지와 일곱 아들이 집 곳곳에 좌정하는 사정을 깊이 들여다 볼 것이다. 마지막으로 시체화생신화의 의미를 정리할 것이다. 〈문전본풀이〉는 집과 가족 구성원의 관계가 주를 이루기 때문에, 관계에서 빚어지는 선악(善惡)과 어리석고 현명한 대처 속에 드러나는 삶의 철학이 생생하다. 그 가족 구성원의 대립과 화합 과정에서 드러나는 사고 층위의 의미를 새롭게 밝히고자 한다.

---

2) 신동흔 선생은 〈칠성풀이〉와의 차이점을 네 가지 들었는데, 옷을 바꿔 입고 여산부인 행세를 하는 것, 죽은 어머니를 환생꽃으로 되살리는 것, 여산부인 노일저대가 조왕신 측간신이 되어 대립적 공존관계를 지속해 나간다는 것, 인물 간 대립관계라 극적으로 부각되는 것을 들었다[신동흔, 『살아있는 한국신화』(개정판), 한겨레출판, 2014, 577쪽]. 호남의 〈칠성풀이〉에서는 줄포본과 전주본에서 죽은 모친을 환생꽃으로 되살린다.

2) 집과 가족관계

우선 〈문전본풀이〉 내용을 요약하여 제시한다.

남산고을 남선비와 여산고을 여산부인이 아들 일곱 형제를 낳고 살았
다. 남선비가 전배독선에 오곡 물건을 팔러 가다가 풍랑을 만나 오동고을
에 가게 되고, 이때 노일제대귀일의 딸의 호탕에 빠져 눈은 어둡고 겨죽만
먹으며 산다. 여산부인은 남선비가 돌아오지 않자 직접 찾으러 나섰다가
풍랑을 만나 오동고을에 가게 된다. 남선비가 살고 있는 비서리초막에 가
서 부엌을 빌리고 밥을 차려주고 부부임을 확인한다. 여산부인이 남선비를
집으로 데려오려고 하니, 노일저데구일이 딸도 함께 가겠다고 한다. 그러
나 노일제대귀일의 딸이 목욕을 하고 가자며 여산국 부인을 연못으로 데리
고 가서 빠뜨려 죽여 버린다.

노일제대귀일의 딸은 여산부인의 옷으로 갈아입고 남선비와 돌아온다.
아들들은 부모님의 마중을 나오나, 작은 아들이 나의 어머니가 아니라고
의심한다. 이를 알아챈 노일제대귀일의 딸이 하루는 배가 아프다며 남선비
에게 문점하러 다녀오라고 하고는 스스로 점쟁이로 변장하여 점을 쳐 아들
들 일곱 형제의 애를 내어 먹어야 좋겠다고 한다. 이에 남선비는 칼을 갈며
자식들을 죽여 애를 내리자, 이를 알게 된 작은아들이 자신이 형제들
애를 내어 드릴 것이며 마지막으로 자기 것만 아버지가 내도록 하면 좋겠다
고 한다. 그리고는 멧돼지 애 6개를 내어 노일제대귀일의 딸에게 드리니,
진짜인 줄 알고 먹은 체하며 이불자리 밑으로 숨긴다. 작은아들이 이불자리
를 걷으면서 노일제대귀일의 딸의 흉계를 밝히자, 아버지는 정낭으로 달려
가 죽어 정낭신이 되고, 노일제대귀일의 딸은 변소에 가서 목을 매어 죽는
다. 그리고 신체 각각은 해산물, 농기구 등으로 탄생한다. 어머님은 서천꽃
밭에서 환생굿을 하여 살아나 조왕할망으로 들어서고 아들들 일곱 형제는
집안 각각의 신이 되고, 작은아들 '녹디생이'는 일문전으로 들어선다.[3]

---

3) 주인공 이름이 각양각색이나 여기서는 남선비와 노일제대귀일의 딸, 녹디생이를

중심 신이 아버지 대가 아니고 아들 '녹디생이'가 되는 것을 주목하여 우선 부자관계를 살피고자 한다. 그 다음 여산부인과 노일제대귀일의 딸이 벌이는 대립과 갈등이 서사의 중요 부분이어서 처첩관계를 다룬다. 그리고 남선비와 여산부인의 좌정을 바라보면서 부부관계를 전망해 볼 것이다. 마지막으로 노일제대귀일의 딸이 죽어 다양한 해산물과 농기구와 해충으로 변하는데 이런 시체화생(屍體化生)의 의미를 덧보태고자 한다. 결론에서는 그 관계가 지니는 철학적 의미를 다시 부각시켜 바라보고, 가족의 의미를 새롭게 되새기고자 한다.

(1) 부자관계, 정낭신과 문전신

거릿길에서 집으로 들어오는 길목에 대문 대신 가로걸쳐 놓은 길고 굵직한 나무를 '정낭'이라 한다.(『제주어사전』) 제주만의 독특한 대문 형식이다. 나무를 걸쳐 놓는 대문 형식은 동남아와 스리랑카 지역에 두루 퍼져 있는 남방식 문화다. 그러나 제주에 정낭만 있는 것은 아니다. 세거리집은 대개 정낭을 해 놓고, 네거리집은 대문을 달아 놓았다. 제주에 대문이 없다고 하는 것은 육지의 잣대로 제주를 평가하는 방식이어서 헛되다.

제주의 독특한 대문 형식인 정낭은 집안에 사람이 있는지, 가까운 곳에 출타했는지, 먼 곳에 가서 한참 뒤에 돌아올 것인지를 알려주는 신호등과 같은 체계다. 이런 표식은 도둑에게 집이 비어 있으니 털어가라는 신호가 아니냐고 우려하기도 한다. 그러나 걱정 없다. 정낭을 지키는 정낭신이 있기 때문에 누군가 함부로 집안을 드나들 수 없고,

---

택하였다. 내용 또한 조금씩 다르나 여기서는 『고순안심방 본풀이』(허남춘 외, 제주대 탐라문화연구소, 2013)를 저본으로 하여 요약하였다.

그것을 어기면 동티가 나거나 벌을 받는다고 믿고 있기 때문이다. 정낭
뿐 아니라 집안을 수호하는 신들이 도처에 좌정하고 있으니 도둑과
병마가 얼씬거리지 못한다. 그래서 제주의 가옥은 신성한 구조이고,
그곳에 머무는 인간도 허튼 짓을 하지 못하고 경건하게 살아간다. 제주
가옥에서 중심은 상방이고, 대표적 신은 역시 '문전신'이다. 육지에서
는 '성주신'을 중히 여기는데, 제주에서는 대부분의 제사와 명절에 문
전신을 위한 제상을 차리고 문전신을 중하게 여기고 있다. 육지에는
보이지 않는 이 정낭은 필리핀, 라오스, 스리랑카에까지 분포되어 있
다. 제주와 해양문화의 교류를 짐작할 수 있다.

 일문전은 상방 앞쪽 문신(門神)을 지칭한다. 집안 가장인 대주를 기준
으로 하면 상방 출입구가 집안의 앞쪽이자 중심이 된다. 그래서 제주에
서 "대문이 없다는 것은 육지부 양식의 대문이 없다는 말이지, 제주도
적 개념의 대문이 없다는 말은 아니다. 제주도에서는 집은 상방 앞쪽
문을 대문이라 한다."[4]고 하였다. 이와 비슷하게 '상방의 앞쪽 문을
이 지방에서는 대문이라고 한다. 이는 큰 문이라는 뜻으로서 손님이나
가장이 떳떳이 출입하는 문은 이 문이 되는 셈이다. 그러니까 이 대문
의 신이 문신의 대표적인 것이 된 것이다.'[5]라 했다. 그 이유는 ' 제주도
에서 문전은 항상 문을 지켜서 집안의 모든 일을 수호한다고 믿기 때문'
이라고 했는데 의심이 든다. '문(門)은 가문(家門)을 말하고 한 가정을
일컫는 문호(門戶)를 의미한다.'[6]라고 한 정의에 주목하고자 한다. 즉
상방의 중심이 문전신의 좌정처이지 '문(門)'에 집착할 필요가 없을 것
같다. 이미 정낭이라는 문이 있고, 이 문은 결코 형식적인 문이 아니고

---

4) 현용준, 『무속신화와 문헌신화』, 집문당, 1992, 278쪽.
5) 『한국민족문화대백과사전』, 한국학중앙연구원, '門神'條.
6) 서대석, 앞의 책, 353쪽.

불완전한 문이 아니기 때문이다. 거기에 신이 깃들어 있어 집안의 일을 수호한다고 사유하는 근거를 누구나 갖고 있기 때문이다. 그래서 일문전은 상방(마루방)으로 집안의 중심 장소이고, 대문은 아니다. 일문전신은 집안의 중심인 상방의 신이다.

막내아들 녹디생이가 바로 일문전이다. 이런 상황을 '분가 관행의 반영'이라고 하면서 "제주도에서는 장남이고 차남이고 결혼하는 족족 재산을 나누어 주어 분가시키고 마지막 남은 것은 막내아들과 늙은 부모뿐이다. 그러니 늙은 부모가 집안을 지키고 돌보는 데 막내아들의 역할이 중요하게 된 셈이다."[7]라 하여, 가족제도 때문에 막내가 중요한 역할을 맞게 되었다는 설명이다. 장남이 결혼하면 분가하고 제사도 분할하여 봉행하는 관행인 '제사분짓' 등 제주도 가족제도의 특성 하에서 말자 중시의 양상이 나타났다고 보는 사회학적 견해[8]도 덧보태 본다면 독특한 제주도의 관행에서 '말자중시'가 나왔다고 보겠다. 막내 아들을 중시하는 사유는 유목문화의 잔재라는 견해도 있다. 제주도가 몽골의 침탈을 받으면서 약 100년 동안 문화적 영향을 받았기 때문에 유목민에게서 나타나는 '말자상속'의 풍습이 전해졌다는 설도 있다. 앞에서 정낭이 해양문화의 소산이라고 했는데, 그렇다면 제주에는 해양, 유목문화 복합의 흔적이 산재한다고 하겠다. 하지만 서사 전개상 막내가 등장하여 반전(反轉)의 미감을 높이는 장치를 염두에 두고 볼 필요도 있다.

〈문전본풀이〉에서 '부부관계', '모자관계', '부자관계' 등 다양한 관계가 등장하는데 '부자관계'는 상하(上下)의 관계이고 현우(賢愚)를 상기시킨다. 높은 위치에 있거나 슬기롭다고 하는 사람만 우러러보고 공경

---

7) 현용준, 『무속신화와 문헌신화』, 집문당, 1992, 269쪽.

8) 이창기, 『제주도의 인구와 가족』, 영남대출판부, 1999, 188쪽.

하면 안 된다. 어리석고 낮은 곳에 있는 사람이 더욱 진실하게 사는 것을 알아차려야 한다. 가장 낮은 서열의 녹디생이가 서사의 주체가 되고, 가장 높은 가신이 된 것이다.9) 집을 구성하는 부모와 지식, 더 나아가서 대가족인 경우 조부와 조모가 있는 경우, 대개 서열이 중시되고 집안의 의사결정은 억압적이 된다. 경험 많은 어른이 집안의 중요 대사를 책임지겠지만 반드시 나이 서열이 옳지 않다.10) 집안의 의견을 조율할 줄 알아야 진정 어른이라고 할 수 있다. 제주도 〈문전본풀이〉는 그런 가족제도를 비판적 시선으로 바라본다. 현명하고 용기 있는 사람이 집안의 수호자로서 역할을 해야 한다고 강하게 제안하고 있는 것이다. 제주는 규범적인 문화가 고정적이지 않고 북방의 대륙문화도 받아들이고 남방의 해양문화도 받아들이면서 유연한 문화적 관습을 형성해 나갔다고 본다.

육지의 가택수호신 신화는 황우양 부부가 성주신과 터신으로 좌정하는 이야기다. 남편과 아내는 서로 도와 집을 짓고 가족을 지킨다. 그런데 〈문전본풀이〉의 남선비는 그렇지 못하다. 아내인 여산부인은 지혜를 갖추고 가족에 대한 신뢰 있는 행동을 하는데, 남선비는 가족을 위해 장사를 떠났으나 도중에 악한 여성 노일제대귀일의 딸을 만나 본분을 잃고 만다. 이런 상황 때문에 아버지의 임무는 자식들에게 밀려 내려가고, 일곱 아들 중에서 용기와 지혜를 갖춘 녹디생이가 가택수호신의 중심이 된다. 우리는 남선비의 일탈을 주목해야 한다.

---

9) 류정월, 「〈성주풀이〉와 〈문전본풀이〉에 나타난 가정관」, 『시학과 언어학』 29, 시학과언어학회, 2015, 44쪽.

10) 아버지 남선비의 존재를 과거 질서에 놓아, 문전신이 되는 이본도 존재한다. "남선빈 문전 할으방 / 큰 아들은 저 올레에 주먹대신 / 남은 요ᄉᆞ 셍젠 / 큰 셩 혼정을 빼앗안 / 하늘로 올라간 / 북두칠성으로 들어샀수다"(진성기, 『제주도무가본풀이사전』, 민속원, 1991, 111쪽: 이춘아본.) 여기서는 남선비와 큰 아들이 문전신과 정낭신이 되고, 나머지 아들은 땅이 아니라 하늘의 질서 속으로 재편된다.

우선 남선비의 욕망 추구 때문에 가정이 위태롭게 되는 점이다. 남선비는 노일제대귀일의 딸에 눈멀고 성적 욕구에 빠져 든다. 노일제대귀일의 딸이 표상하는 바가 '배설 욕구'인데 배설의 장소인 뒷간의 신이 된다는 것과 너무나 들어맞는 성격[11]이라는 점이다. 대개 가정의 파탄은 남성의 횡포 혹은 바람기에 의해 이루어지는 것이 상례다. 그런데 문제는 그 다음이다. 첩에 눈이 멀어 여산부인이 죽은 줄도 모르고 첩이 여산부인의 행세를 하는 것도 알아채지 못한다. 다음에는 판단력이 흐려져서 자식들을 죽이려는 첩의 음모도 알아채지 못한다. "첩의 신분이지만, 처의 행색을 하여 여산부인이 되었기 때문에" 남선비가 자식의 목숨을 거두려하는 상황에 이르렀다고 보는데[12] 처의 신분에서 의뢰된 행위라도 목숨을 거두려는 일은 용서할 수 없는 일이다. 유교적 효 관념을 개입시킬 수 없는 일이다. 첩의 트릭을 알아채지 못한 남선비의 어리석음을 크게 질타하고 주목해야 된다.

남선비의 어리석음은 본풀이에 삽입된 민요 속에 두드러지게 나타난다. 여산부인이 오동나라에 도착했을 때 남선비의 소재를 알려주는 아이의 노래가 들린다. 새를 쫓는 노래의 내용은 다음과 같다. "이 새야 저 새야. 아이 맺은 그물에 든다. 남선비는 약은 척 해도 노일저데구일의 딸의 꼬임에 빠져 오곡 물건 다 팔아 먹고 거지 신세로 살았구나."[13]

---

11) 신동흔, 앞의 책, 579쪽.
12) 정제호, 「칠성풀이와 문전본풀이의 여성 지위에 따른 전개양상 고찰」, 『비교민속학』 45, 비교민속학회, 2001, 333쪽.
13) 아이고 요 새 저 새~, 밥주리 욕은 새야 / 너미 욕은 척 하지 말라 / 아이가 뭇인 그물에도 드는 법이로구나 / 남선비 욕은 깐에도, 노일저데, 귀 호탕에 빠지난 / 전배독선(全船獨船) 다 풀아먹언 / 안맹천지(眼盲天地)가 뒈엇구나(제주대 한국학협동과정, 『이용옥심방 본풀이』, 제주대 탐라문화연구소, 2009, 396-397쪽). 이 세야 저 세야 아이 뭇인 춤그물에 든다. 남선비 욕은 깐에도, 노일저대 호탕에 빠지언 오곡 물건 다 풀아먹언, 비서리초막에, 거적문에(『고순안 심방 본풀이』, 329쪽.) *여기서 '욕'은 아래아 방점 2개인데 표기상 '욕'으로 적었다.

이런 내용은 제주민요에 흔하게 발견된다.

> 새야새야 욕은 양 마라
> 밥주리도 제 욕은 깐에
> 아이 못인 구물에 든다.
>
> 김영돈, 『제주도 민요 연구 上』(민속원, 2002), 618번

약은 체 하다가 어린 애가 맺어놓은 그물에 걸려 위험에 처한 참새를 조롱하고 있다. 이런 종류의 민요는 자신의 욕망을 위해 물불을 가리지 않지만 결국은 욕망 때문에 패가망신하는 인물과 세태를 풍자하는 데에 널리 불렸다. 웅대한 포부를 가지고 떠났으나 얄팍한 노일제대귀일의 딸의 꼬임에 빠져 어리석은 인생을 살고 있는 남선비에 대한 풍자가 어린애의 노래 속에 잘 드러나고 있다. 이런 노래가 제주에서도 널리 민요로 불리던 것이었는데, 고려시대 민요의 한역 속에서도 발견이 되니 제주가 오래된 민요의 보고임도 알 수 있다. 또한 그것이 무가 속에 이끌려 들어가기도 했음을 확인할 수 있다. 민요가 무가의 일부분이 되기도 하고 무가가 떨어져 나와 민요가 되기도 한다.

노일제대귀일의 딸 즉 계모가 전실 자식을 죽이려는 행위가 〈문전본풀이〉의 극적 순간인데, 이런 표층의 갈등은 아버지와 아들간의 심층의 대결[14]로 이어진다. 아버지가 칼을 갈고 아들의 간을 내려할 때, 녹디생이가 아버지에게 가서 자신이 형들의 간을 내오겠다고 자청하고 1차 위기를 넘긴다. 이 절대절명의 순간에 청태산 마구할망 혹은 백발노인의 도움이나, 어머니의 선몽 등이 있어서 그들의 말대로 산돼

---

14) 권복순, 「문전본풀이의 대립적 인물성격 연구」, 『실천민속학연구』 13, 실천민속학회, 2009, 166쪽.

지를 잡아 그 간을 내어 위기를 넘기게 된다.15) 이제 더 이상 아버지의 지위는 없는 셈이다. 위계가 발각되어 노일제대귀일 딸은 측간의 디딜팡에 목매 죽고, 남선비는 정낭에 걸려 죽는다. 어리석고 쇠약한 아버지가 힘이 왕성하고 현명한 아들에게 자리를 내준다는 것은 당연한 수순이고, "죽음은 탄생의 이면"16)이 되는 것이다. 묵은 질서는 물러나고 새 질서가 들어서는 과정이다. 그래서 집안의 중심 신은 녹디생이가 된다.

하지만 두 개의 질서가 안팎에 나란히 남아 좌정하고 있다. 남선비의 죽음과 새 주억의 탄생, 묵은 질서의 후진과 새 질서의 약진이 함께 남아 무언가 메시지를 전한다. 집 안과 바깥의 경계를 이루는 정낭의 신이 된 남선비는 사람들로 하여금 욕망의 함정에 빠지는 일을 경계하는 구실을 하며, 칠형제는 나날의 일상을 살아가면서 분별력을 잃지 않고 자기 자신을 지키며 살아가도록 하는 거울이 되어 주는 것17)이다. 이런 장치 때문에 제주도 집안의 도처에는 많은 가옥신이 남아 있고, 신들은 각각의 기능을 하면서 집의 철학을 일깨운다.

---

15) 왜 간을 내는 설정일까. 문득 〈토끼전〉의 거북이 토끼의 간을 내려다 토끼의 위계에 가까운 지혜로 무산이 되는 서사가 중첩된다. 〈문전본풀이〉에서도 남선비가 자식들의 간을 내려다 위계에 가까운 지혜로 위기를 모면한다. 용왕의 하수인이 거북이듯이, 악한 첩의 하수인이 남선비다. 거북은 토끼에게 어리석은 존재이듯이, 남선비는 아들 녹디생이에게 어리석은 존재로 나온다. 반면 용왕은 권력의 존재이고 해신이다. 노일제대귀일의 딸이 지닌 신적인 능력이 나중에 축소되어 그렇지, 애초에는 용왕의 권위처럼 거스를 수 없는 능력을 지닌 존재였을 것 같다. 뒤에 시체화생으로 해산물의 기원이 되는 '신적인 지위'와 연결되는 서사구조가 이면적으로 있다고 하겠다.

16) 권복순, 앞의 논문, 171쪽.

17) 신동흔, 앞의 책, 580쪽.

(2) 처첩갈등, 조왕신과 측간신

여산부인과 노일제대귀일의 딸은 처첩관계였기 때문에, 부엌과 변소는 마주보면 좋지 않고 멀어야 좋다고 한다. 변소의 것은 돌 하나, 나무 하나라도 부엌으로 가져오면 좋지 않다고 한다. 옛 사람들의 과학정신이라 하겠다. 부엌과 변소를 가급적 멀리 두려는 옛 사람들의 상식과 믿음이 보인다. 그러나 둘의 대칭적 입지는 선악으로 명확히 나뉘어진다. 가족을 살리려 애쓰는 여산부인과 본부인과 그 아이들을 철저히 죽이려 애쓰는 노일제대귀일의 딸은 극적으로 대비된다. 가족을 위해 장사를 떠났는데 돌아오지 않자 여산부인은 남편을 찾아 온 바닷가를 헤맨다. 남편 부재의 현실을 극복하기 위해 스스로 길을 떠났다가 첩에 의해 죽임을 당한다. 그러나 죽은 여산부인은 회생하고, 노일제대귀일의 딸은 스스로 죽게 된다. 여기서 첩이 응징을 당하는 것은 '악에 대한 응보' 때문이다. 여산부인을 물속에 밀어 넣어 죽게 한 죄는 몸이 찢어지는 벌로 응징된다. 여산부인의 선행이 두드러지지 않다고 말해선 안 된다. 자식들과 삶을 누리려 애쓰는 것이 선이다.[18] 반대로 남의 삶을 유린하는 것이 악인데, 노일제대귀일의 딸에게 두드러진다. 본처를 살해하고 일곱 아들을 살해하려 한 혐의 말고도 여러 이유가 거론된다. 유흥형 여성상이고 질투가 많고 눈치가 빠르고, 살림이 미숙하며, 거짓말과 속임수에 능하고, 사람을 죽일 줄 아는 냉혈적 여성이라 하여 악인형 여성상[19]이라 정의된다.

여산부인과 노일제대귀일의 딸 사이의 갈등을 두고 원초적인 불과

---

18) 삶을 누리는 것이 선이고, 삶을 유린하는 것이 악이다(조동일, 『세계·지방화 시대의 한국학』 4, 계명대학교출판부, 2006).

19) 이지영, 「문전본풀이에 나타난 악인형 여성의 전형성 연구」, 『한국고전여성문학연구』 12, 한국고전여성문학회, 2006, 200-201쪽.

물의 원형성으로 접근한 예도 있다. 첩이 처를 죽이는 사건을 두고 그것이 지니는 의미를 구상하게 되는데, 나중에 여산부인이 부엌신이 된다는 점을 들어 여산부인을 불의 신으로 상정하고, 그 대척점에 있는 노일제대귀일의 딸을 물의 신이라 보았다. 처를 물에 빠트려 죽이는 과정도 감안한 시선을 이해할 수 있다. 특히 아이누의 〈카무이후치 야이유카르〉와의 비교를 통해 처첩갈등을 바라보고 있다. 본부인이 '불의 여신'인데, 남신이 처를 두고 '물의 여신'인 첩에게 가서 돌아오지 않자 처가 첩을 찾아가 대결을 벌이고, 불의 여신인 처가 물의 여신인 첩을 기법게 물리친다. 불을 위협할 수 있는 것이 물이어서 둘의 갈등을 상정한 것일 수 있다. 아무튼 북쪽 추운 지방의 신화에서는 선신인 불의 신과 그 불을 위협하는 악신의 대결이 많이 나타난다. 물의 여신은 살려달라고 애원하고, 불의 온신인 처는 죽이는 것이 별 의미가 없다고 살려 둔다.[20] 〈문전본풀이〉에서처럼 첩을 측간신으로 좌정하게 하는 온정적인 태도와 비슷하다고 하겠다. 지형적 특성을 반영하는 아이누 신화를 그대로 우리 신화 해석에 적용하는 것은 온당하지 않은 듯하다.

그래서 여성은 불보다는 물의 속성에 가깝다고 보고, 조왕신이 '불의 신'이라는 것에 의문을 표시하면서 "풍요와 생명의 여성신으로서의 성격을 지니고 있는 여산부인이 불신과 동일시되는 조왕신이 되는 서사는 자연스러운 전개라고 보기 어렵다."라 하며 여성이 불의 이미지, 불의 속성을 지니고 있어서라기보다는 불 지킴이로서 '불과 시루를 가지고 음식을 만드는 자'로서 인식하고 있다고 보아야 한다[21]고 했다.

---

20) 장유정, 「〈문전본풀이〉를 통해 본 제주도 가족제도의 한 특징: 아이누의 〈카무이후치 야이유카르〉와의 비교를 통해서」, 『구비문학연구』 14, 한국구비문학회, 2002, 335쪽.

불의 신과 불을 지키는 신을 적절하게 구분하는 길을 터주었다고 본다. 이 견해에 수긍이 간다. 〈문전본풀이〉와 서사 유형이 같아 동일계열의 무속신화로 보는 호남의 〈칠성풀이〉에서 여산부인과 같은 본처인 '매화부인'은 물과 관련이 깊은 존재로 나타난다. 그 대척점에 있는 후실 옥녀부인은 천상을 거주지로 하고 있어, 두 집단의 갈등은 '태양신신앙과 수신신앙의 갈등'이 잠재하고 있다고 보았다.[22]

그래서 '불–물' 대결 국면으로 끌고 가는 것은 무리다. 형식주의적 구조주의적 해석의 산물인데, 쉽게 구획하고 간명하게 보여주는 장점은 있지만 문학이 지닌 깊은 맛을 저버리게 하는 처사다. 〈문전본풀이〉에서 처첩의 갈등도 주시해야 하지만 그 갈등을 화합으로 이끄는 문맥도 중시해야 한다. 이 갈등과 화합은 부엌과 화장실의 순환 장치로 연결된다.

부엌과 변소의 거리, 그 분별과 경계는 집 안팎의 경계를 이루는 남선비와 아들 녹디생이의 거리와 닮았다. 〈문전본풀이〉 속에는 그 경계를 허물기도 한다. 노일제대귀일의 딸이 배제되지 않고 측간신으로 포용되는 것은 사람에 있어 부엌의 몫과 측간의 몫이 함께 있음을 나타내는 것이고, '먹는 일과 배설하는 일'이 서로 짝을 이룬다는 사고다.[23] 악한 첩(측신)과 어리석은 가장인 남선비(정낭신)은 징치되지만 완전히 소멸하지 않고 집안의 한 부분을 담당한다. 선악현우(善惡賢愚)가 모두 존재하는 실제 가족의 모습을 반영한다. 선악현우의 역할론은 가족간 갈등을 해결하는 과정에서 하나의 구성원도 포기하지 않도록

---

21) 진은진, 「문전본풀이 연구」, 『한국고전여성문학연구』 14, 한국고전여성문학회, 2007, 65쪽.
22) 서대석, 앞의 논문, 349쪽.
23) 신동흔, 앞의 책, 578쪽.

하는 데 기여하는 것이다.[24] 조금 부족하고 어리석고 간특한 구성원도 한 가족의 일원이고, 그래서 그것이 인간 본연의 삶의 모습이기 때문일 것이다.

본처인 여산부인은 부엌의 신이 되고 첩인 노일제대귀일의 딸은 측간의 신이 되는 것으로 귀결된다. 제주의 처첩갈등은 미미한 편이다. 배를 타고 위험한 일을 감내해야 했던 제주의 남성들은 자주 사고로 죽었고 남자보다 여자가 훨씬 많은 인구 구조를 낳았다. 그래서 남편을 잃은 여성은 남성에 의탁하여 새로운 가정질서 속에서 아이들을 기르고자 하였고, 그렇다 보니 한 남자에게 둘 셋의 부인이 있게 되었다. 이런 당연한 집안 가족구조 때문에 처첩갈등이 미미할 수밖에 없었다. 그렇다면 처첩갈등과 처첩화합, 두 가지에서 어느 것이 제주적 정체성인가. 육지에 비해 처첩의 첨예한 대립은 미미하였다 할지라도, 늘상 처첩갈등과 화합은 공존하고 있었다. 선악이 공존하듯이 갈등이 화합으로 귀결하는 것이다. 조왕신과 측간신은 먹고 배설하는 육체와 밀접한 관련성을 지닌다. 먹고 배설하는 행위가 사람이 살아가는 데 필수불가결의 행위로 존재한다. 이것이 모두 삶의 순환원리[25]고 이런 본질적 근거 하에서 선과 악도 함께 소멸한다.

노일제대귀일의 딸의 몸이 해산물이 되고 다시 해산물은 인간의 몸이 되는 순환구조도 있다. 화장실의 똥이 채소밭에 뿌려지고 채소가 다시 부엌으로 가는 순환구조도 있다. 처첩은 멀수록 좋기 때문에 부엌과 화장실은 멀게 자리 잡았다는 과학적 사고도 있지만, 똥이 다시 먹을 것이 되고, 측간의 것이 부엌으로 가는 순환의 질서를 우리는

---

24) 김수연, 「도교신화 〈조군영적지〉와 제주신화 〈문전본풀이〉의 조왕서사 비교」, 『고전문학연구』 57, 한국고전문학회, 2020, 133-134쪽.

25) 권복순, 앞의 논문, 168쪽.

주목하게 된다. 이 세상 모든 것이 이렇게 순환한다. 안과 밖, 인간과 자연, 먹는 것과 배설한 것이 인드라망으로 연결되어 있고, 우리의 운명은 죽음으로 연결되지만 삶으로 순환된다는 것을 근원적으로 제시해 보여주고 있다.

수세식 화장실을 만들고 똥을 자원으로 여기지 않고, 마구 버리고 정화하는 수고로움을 감당하는 현대인들은 인간 중심의 사고를 하면서 다른 생명과 자연을 배려하지 않고 있어 지난 100년을 '인류세'라 칭한다. 그 폐단이 극에 달해 100년 전 자연과 숲의 6%만 남아 있는 현실은 벼랑 끝에 매달린 상황이다. 이를 극복하기 위해 '술루세'(Chthulucene, 혹은 툴루세)를 주장한다. 술루세는 인간에 의해 억압되었던 모든 존재들, 예를 들어 백인에 의해 억압당한 유색인종과 동식물과 타 생명들이 중심이 되는 세상을 뜻한다. 이 용어는 그리스어 '크토니오스'에서 온 것으로, 크토니오스는 그리스 신화에서 대지의 여신 가이아와 지옥의 신 타르타토스 사이에서 태어난 것으로 알려졌다. 이 술루세를 주장한 다나 헤러웨이(Dona Haraway)는 자신을 퇴비주의자(compost-ist)라고 불렀고 인간(human)이 아니라 퇴비(humus)가 더 중요하다고 했다. "퇴비 내지 두엄은 … 새로운 생명이 자라게 하는 원동력이다. 퇴비는 군림하지 않으며 주인 행세를 하지 않으면서 조용히 모든 것을 뒷받침한다. 죽어가는 것과 배설된 것 속에서 살아있는 것과 새로운 것을 만들어내는 것이 바로 두엄이다. 퇴비 내지 두엄이 갖는 그 놀라운 힘이야말로 우리가 살아가는 이 지질학적 시대를 가장 잘 표현해 준다."[26]고 했다. 두엄의 가치를 새생명의 원동력으로 보고 있다. 똥이 순환하는 가치에 귀 기울여야 할 것이다. 헤러웨이의 '툴루세'를

---

26) 김재영, 『녹색아카데미 웹진』, 〈인류세, 탈인간 중심, 툴루세(3)〉, 2020.5.13., green academy.re.kr/archives/5681.

이해하기 위해서는 '상호작용을 하면서 함께 만들기'를 중시하는 정신을 읽어야 한다.

우리는 처첩갈등이라거나 녹디생이의 영웅성과 아버지의 무능함을 대비적으로 바라볼 수 있다. 그러나 〈문전본풀이〉는 우리에게 집안의 신성성을 일깨운다. 집안 모든 곳이 신이 좌정한 곳이어서 어느 하나 신성하지 않은 곳은 없다. 거기에 머무는 사람 또한 마찬가지다.[27] 이제 우리는 사람에게서 신성을 되찾아야 한다. 그러기 위해서는 우리 사는 공간 속에 신성을 회복해야 한다. 〈문전본풀이〉는 그래서 우리에게 값진 신화다.

(3) 남편과 아내, 정낭신과 조왕신

남편과 아내, 달리 말하면 녹디생이에게는 아버지와 어머니인데 이 둘이 가정의 지주인데 육지의 성주신화에 비교해 보면 결핍이 느껴진다. 육지의 〈성주풀이〉[28]가 호남과 제주에는 없고, 〈칠성풀이〉 유형 신화가 성주신화의 기능을 담당하는 것으로 보인다. 가정의 탄생과 가정의 시련, 시련의 극복과 가정의 완성이라는 서사적 전개를 갖춘 가정신화의 구조를 보여 준다.[29] 〈성주풀이〉에서 황우양의 조력자 부

---

27) 신은 죽었다고 신을 부정하는 사람들은 사람들 속에서 신성을 느끼지 못한다. 신을 부정하는 세상에서 인간의 존엄성이 상실되어 있다. 그래서 상대를 함부로 대하고 감정이 많이 상하면 폭력을 함부로 행사한다. 폭력과 학살이 커져가는 세상을 우리는 경계해야 한다. 다음에 오게 될 학살과 폭력은 우리가 상상하지 못할 정도의 엄청난 것일 가능성이 높다는 경고를 지나쳐서는 안 된다.

28) 지금 제주도에서는 이사를 하는 경우 성주풀이의 의례를 행하는 경우도 있다. 성주신을 모시는 의례가 나중에 들어와 자리 잡은 것으로 보이는데, 문전신과 중첩된다. 그래서 7형제 중 위의 세 형제가 성주신이 되는 본풀이도 있다. "큰성님은 상성주(上成造)로 둘쳇 성님 중성주(中成造)로 셋쳇 성님은 하성주(下成造)로"(『고순안 심방 본풀이』)

부엌과 측간, 문전과 정낭의 대립적 측면이 강조된 것은 사실이지만 궁극에는 보완적 측면이 강하다. 부엌과 측간은 거리를 두지만 순환적 관계를 이면에 지니고 있고, 집밖과 집안의 유기적 관계도 복원된다. 부부인 남선비와 여산부인의 관계도 역시 상보적 관계로 수렴되는데, 그 전모를 찾아보는 것이 이 장의 목표라 하겠다.

남편 남선비는 가정의 풍요를 위해 애쓰는 모습을 이야기 전반부에 보인다. 이용옥 본에서는 남선비가 자청하여 육지로 무곡장사를 나가 겠다고 하는 적극적인 면을 보인다. 직접 나무를 베어서 배를 만들고 미역을 팔아 쌀을 사올 계획을 실천에 옮긴다. 오히려 여산부인이 사고 날 일을 걱정하며 소극적이다.[34] 그러나 장사를 떠나서 여자의 유혹에 빠지고 무기력해진다. 아내의 죽음도 인지하지 못하고 집으로 돌아와 일곱 아들을 죽이려는 노일제대귀일의 딸의 음모에 빠진다. 무능한 가장의 모습을 보인다. 노일제대귀일의 딸이 측간 디딜팡에 목을 매어 죽은 후에 남선비도 급히 집을 나가다가 마룻문에 머리가 터져 죽거나, 정살에 목이 걸려 죽거나, 정낭에 걸쳐져서 죽는다. 남선비는 어떤 존재일까.

〈문전본풀이〉와 동일 계열의 신화인 호남의 〈칠성풀이〉를 보면, 본부인을 소박하고 아이들도 본부인에게 남기고 홀로 천상계의 후실부인에게 떠난다. 〈문전본풀이〉에서는 본부인과 자식들을 남겨 놓고 장사를 떠나는데 버린 것은 아니지만 상당 기간 동안 자식 양육과 가정사는 본부인의 몫이다. 그래서 서대석 선생은 "고대에 농경과 수렵으로 생활하던 시기에는 여성이 거주처를 지키고 자녀를 양육하며 농경의 일을 하였고, 남성은 사냥이나 무역 또는 전쟁과 같은 일을 하면서

---

34) 제주대 한국학협동과정, 앞의 책, 392-393쪽.

이동생활을 하였다."[35]고 했다. 모계사회에서 부계사회로 바뀌어 나가는 과도기적 과정을 상상할 수 있다. 그래서 〈문전본풀이〉에서도 모계 가족으로서의 특성[36]이 짙게 배어 있다. 가족이 해체될 뻔하다가 위기가 해결되고 각각 집안의 신으로 좌정하였고[37], 남선비와 여산부인은 본래 부부의 역할을 회복하였다고 본다.

집안 중심은 상방이다. 그 곁에 부엌이 있다. 집안 중심은 녹디생이가 차지했는데 집안 자녀를 중심에 두고 사유한 흔적이다. 그 곁에 어머니신인 조왕신이 있다. 집밖으로 나가는 대문 역할의 정낭과 마을 길로 향하는 올레를 관장하는 신이 아버지 남선비다. 정낭신과 올레신을 겸하고 있다. 자녀를 중심에 두고 집 안팎으로 아버지신과 어머니신이 좌정하고 있는 셈이다.

어머니는 부엌을 책임지고 아버지는 정낭과 올레의 신이 되어 대문 안팎을 책임진다. 어머니는 집안을 책임진다. 먹는 것과 아이들의 양육, 그리고 가정교육을 담당한다. 아버지는 집의 안팎을 연결하는 임무를 갖는다. 동네 사람들과의 관계, 마을 공동의 일을 책임진다. 그리고 집안의 중요한 결정이 있을 때 관여한다. 아버지가 집안의 사소한 것에 잔소리하면 집안의 질서가 흔들린다. 반대로 이웃과의 문제에 여자가 나서면 싸움이 커진다. 역할분담의 지혜다.[38] 〈문전본풀이〉는 이런

---

35) 서대석, 『무가문학의 세계』, 집문당, 2011, 248쪽.

36) 장유정, 앞의 논문, 334쪽.

37) 노일제대귀일의 딸의 악행이 알려지자 남선비는 올레로 나가다가 정낭에 걸려 죽게 되는데, 아들들은 "아버님이야 숫아방 무슨 꿰가 시리오"(허남춘 외, 『양창보 심방 본풀이』, 제주대 탐라문화연구소, 2010, 281쪽)라고 하는데, '숫아방'은 성품이 어질고 우직한 아버지란 뜻이다. 아이들에게도 좋은 아버지로 인정되는 면이 있으니 가족의 일원으로 환원된 것으로 보인다.

38) 물론 현대에는 그 역할을 바꾸어도 좋다. 아버지가 집안을 챙기고 어머니가 집밖을 책임져도 좋다. 그러나 아이가 잘못했다고 엄마도 잔소리를 하고, 아버지도 화를 내면 아이는 갈 곳이 없다. 시험성적이 떨어졌다고 엄마가 혼을 낸 후, 뒤늦게 들어온

안팎의 역할분담 지혜를 일깨운다.

안팎으로 나뉘는 것이 또 있다. 그것이 바로 안거리와 밖거리다. 제주도 가옥은 마당을 중심으로 안거리(안채), 밖거리(바깥채), 모커리(별채)로 공간이 구성되고 'ㅁ'자 형을 이룬다. 안거리, 밖거리라고 이름을 달리 불렀지만 규모나 재료 등에 차이가 있는 것은 아니었다. 안거리와 밖거리에는 각각 상방(마루), 구들(방), 정지(부엌), 고팡(곳간)이 있다. 그 분리된 공간에서 부모와 자식세대의 독립적인 생활이 이루어진다. 안거리와 밖거리는 저마다 공간이 있지만, 조상의 제사를 지내는 일(상방), 제사를 준비하는 일(정지), 제주용 제수를 보관하는 일(고팡) 등은 안거리에서만 할 수 있다. 가정의례가 통합되었다는 증거다.

제주도에서는 안채와 바깥채를 쓰는 부모와 자식들이 함께 식사를 하지 않았다. 안채와 바깥채가 독립적으로 살림할 수 있는 부엌과 장독대를 따로 갖추었고, 먹고 자는 것은 물론 딸린 밭도 달랐기 때문이다. 즉 경제의 분리와 독립이 이루어져 있었다. 취사와 생활을 달리 하지만, 필요에 따라 함께 식사를 하는 경우도 있었다. 부모 중에 아픈 사람이 있을 경우, 집안사람의 생일 등 특별한 날에는 함께 모여 식사를 했고 그 외의 경우는 독립적으로 밥을 해 먹었다. 한 가족이지만 두 가족이고, 두 가족이지만 한 가족 소속으로 공동의 의례를 가졌다. 과거 공동체문화가 강한 현실 속에서도 젊은 세대의 독자적인 생활을 보장해 주었다는 점을 보더라도 제주도 문화가 지향하는 세대 간 배려를 읽을 수 있다. 근대문명이 '개인의 발견'을 통해 개인의 자유를 보장하고

아버지가 또 혼을 내면 아이는 갈 곳이 없다. 가출하거나 자살을 결심하고 옥상으로 올라갈 수밖에 없다. 엄마가 꾸중하면 아버지는 감싸야 하고, 아버지가 꾸중하면 엄마가 감싸는 역할분담이 소중한 때이다. 청소년 자살률이 높은 우리 현실을 반성해야 한다.

권위적 질서를 극복한 긍정적인 측면이 있는 데 반해, 공감과 공생과 공존의 정신을 잃어버렸는데, 제주의 안거리 밖거리 문화는 개인과 공동체를 함께 아우르는 '따로 또 같이'의 정신이다. 따로 살면서도 함께 하고, 함께 하면서도 독립적인 생활을 누리는 대등하고 평화로운 정신이 깃들어 있다고 하겠다.[39]

집안과 밖에 정지(부엌)를 두어 부엌을 분리한 것인데, 취사만의 분리가 아니라 생활 단위의 분리이다. 제주의 안거리와 밖거리의 분리는 함께 살면서도 세대별 독립생활 방식을 가능하게 한다. '안거리 밖거리 주거 형태'는 3세대가 거주할 수 있는 공간의 미학과 공생의 과학과 공존의 철학을 갖추었다고 할 수 있다. 제주는 과거 전통을 잘 지키고 보존하는 곳인데, 이 과거 전통 속에 미래가 담겨 있다. '오래된 미래'라 하겠다.

3) 인간과 자연의 관계

(1) 시체화생(屍體化生)

여산부인의 일곱 형제가 어머니를 죽이고 자신들마저 죽이려 한 노일제대귀일의 딸에게 복수하는 장면은 우리나라 이야기에 흔치 않은 일이고 잔인하기 이를 데 없다. 말하자면 '두 다리를 찢어 드딜팡(디딤돌)으로, 대가리를 끊어 돼지먹이통으로 만들고, 머리털은 끊어 던지니 해조류가 되고, 입을 끊어 던지니 솔치가 되고, 손톱과 발톱은 굼벗으로, 배꼽은 굼벵이로, 음부는 전복으로, 육신을 빻아 날려 보내니 각다

---

39) 허남춘, 「안거리밖거리」, 『한국의식주생활사전』(주생활), 2019, 국립민속박물관.

귀와 모기가 되었다'고 한다.

좀 더 구분하여 정리하면 다음과 같다. 음식도구로 화생한 것인데 머리는 돗도구리(돼지먹이통), 귀는 주걱이나 솔박, 젖가슴은 가지껭이(밥그릇 뚜껑), 손은 글겡이(긁개)나 쇠스랑, 발은 곰베(곰방메) 등이 되었다. 해산물의 기원이 된 것인데 머리카락은 해조류, 손발톱은 쇠굼벗과 돌굼벗, 이빨은 데우살(거북손), 배꼽은 굼벵이나 보말, 배는 물이슬(해파리), 음부는 전복, 똥구멍은 말미잘 등이 되었다. 양 다리는 측간의 디딜판을 만들었고, 육신을 갈아서 뿌리니 각다귀, 모기, 벼룩, 빈대, 배염(뱀), 주넁이(지네) 등 독한 짐승과 곤충이 되었다고 한다.[40)

여기서 우리는 음식물 기원신화에 주목하고자 한다. 그 대표적인 것은 '하이누벨레' 신화일 것이다. 하이누벨레의 시체를 절단하여 두었더니 더 많은 감자가 생산되었다는 것인데, 수렵채취로 얻어진 자연물의 작물재배과정[41)을 보여준다고 한다. 하이누벨레와 노일제대귀일의 딸 두 여신의 유사점은 다음과 같다. 첫째, 두 여신은 원시적 생명력과 창조의 힘을 지닌 존재로, 배설과 연관이 있는데 하이누벨레는 접시와 징 등 귀중한 물건을 직접 배설하는 데 반해 노일제대귀일의 딸은 화장실이라는 배설 공간을 관장하는 신으로 등장한다. 둘째, 외방에서 온 새로운 존재로서, 내부 질서를 위협하는 존재로 설정된다. 셋째, 여신이 살해된다는 것이고, 넷째, 죽은 후 새로운 문화적 결과물을 생산해 낸다는 점이다.[42) 특히 음식 도구와 음식물의 기원이라는 점에서 매우

---

40) 대부분의 심방들은 음부를 말하지 않고 '남선비가 좋아하는 것'이라고 은유하면서 유머를 끼워넣고 있다. 이용옥 심방은 요즘 '물이슬'이라는 말을 왜 모르고 안 쓰는지 의아해 하면서 해파리의 고운 옛이름을 거명하였다(제주대 한국학협동과정, 앞의 책, 416쪽). 음식도구는 아니지만 코는 침통이 되었고, 입은 마이크가 되었고, 귀는 전화기가 되었다고 한다. 단골의 흥미를 위해 일반 가전제품까지 거명하고 있다.

41) 김은희, 「문전본풀이와 하이누벨레 신화의 비교 연구-'음식기원여신' 모티브를 중심으로」, 『영주어문』 28, 영주어문학회, 2014, 93쪽.

유사한데, 반면 여타의 음식물 기원신화에서 오곡종자나 구근 등이 우세한데, 〈문전본풀이〉에서는 해산물의 기원이 나타난다는 점이다. 매우 특별한 점인데, 노일제대귀일의 딸이 측간에서 죽어서 단순하게 그 장소의 신이 된 것이 아니란 단서가 바로 여기에 있다. 그 자체로 원시적 생명력과 창조의 힘을 지녀 신으로 받들어지는 것이고, 여기에 배설과 음식의 순환적 고리가 덧보태져 측간신으로 좌정한 것이다.

반고처럼 거인의 몸이 부서져 만물의 기원이 되었다는 이야기와는 규모가 작고 다르지만, 거대한 여인의 몸집이 부서져 해산물의 기원이 되었다는 이야기가 애초에 있었던 것 같다. 그런데 그 거대한 여인의 죽음과 악행을 저질러 몸이 해체되어 죽은 여인의 사연이 중첩되면서 새로운 이야기가 만들어질 수 있겠다. 그러나 중요한 것은 노일제대귀일의 딸이 하이누벨레처럼 음식도구를 창조하는 능력이 잠재하고, 배설물에서 무엇을 만드는 능력이다. 하이누벨레는 직접 만들고, 노일제대귀일의 딸은 그가 관장하는 측간의 똥이 퇴비가 되어 다시 음식물을 키우는 원동력이 되게 하는, 간접적인 창조의 힘이라는 차이만 있을 뿐이다.

다음으로 일본의 시체화생신화를 주목할 필요가 있다. 식물 및 곡물의 기원이 되었다는 대표적인 여신으로 우케모치노카미(保食神), 오게쓰히메노카미(大宜都比賣神), 와쿠무스비노카미(稚産靈神)가 있다. 『고사기(古事記)』에 의하면 스사노오에 의해 죽은 오게쓰히메노카미 시체의 머리에서 누에, 양 눈에서 볍씨, 양 귀에서 조, 코에서 팥, 음부에서 보리, 엉덩이(항문)에서 콩이 생겼다고 한다. 『일본서기(日本書紀)』에 의하면 죽은 우케모치노카미 시체의 정수리에서 우마가, 이마에서 조, 눈썹에서 누에, 눈에서 피(稗), 배에서 벼, 음부에서 보리와 콩과 팥이

---

42) 위의 논문, 95-99쪽.

생겼다고 한다. 와쿠무스비의 머리 위에서는 누에와 뽕나무가 생겼고, 배꼽에서 오곡이 생겼다고 한다. 일본 여신의 화생은 대개 곡식과 누에와 뽕나무와 우마로서 음식과 옷에 집중되어 있다.

예로 든 하이누벨레 신화와 일본 시체화생 신화는 농경과 긴밀한 관계가 있다. 그런데 화장실과 그곳에서 분뇨를 먹고 크는 돼지와 가축으로서의 변모과정[43]은 분명 수렵에서 농경으로 변모하는 경제사적 발전단계라고 본다. 해조류 등 해산물로 변했다는 시체화생의 모티브 속에는 수렵 채취 어로의 흔적이 역력하지만, 제주 바다를 경영했던 해녀들은 일찍부터 바다밭을 일구어 '어경(漁耕)문화'를 창출했던 점을 감안한다면, 이 또한 농경에 비견되는 진전된 어경문화를 예비하고 있었다고 보아야 할 것이다. 제주의 영등신앙이 오래되었던 점을 감안한다면, 영등신이 씨앗을 뿌리고 다니는 행위는 바다밭을 경작하는 단계의 어경신화(漁耕神話)[44]라고 하겠다. 제주의 어업은 일찍부터 어획에서 어경으로 넘어섰고, 막연히 결과를 기다리는 숙명론에서 벗어나 '심고-기르고-수확'하는 개척론의 운명을 경영하고 있었다.[45]

본풀이 속에는 악인에 대한 응징의 교훈이 있고, 고대인의 지략과 지혜가 담겨 있다. 해조류나 해산물의 유래를 설명하는 이야기인데 그것이 사람의 시체에서 왔다는 사유다. 인간세계의 것과 자연세계의 것 중 닮은 것을 짝지어, 인간과 자연이 순환하는 관계임을 은연중에 밝힌다. 여성의 음부와 전복을 관계 짓는 흥미담 속에 옛 사람들의 유머가 묻어난다. 시체화생신화의 대표격은 중국의 반고신화다. 반고

---

43) 위의 논문, 94쪽.
44) 송기태, 「어획과 어경의 생태문화적 기반과 어업집단의 신화적 형상화」, 『한국고전연구』 26, 한국고전연구회, 2012, 290쪽.
45) 허남춘, 「제주도 약마희(躍馬戱) 신고찰」, 『구비문학연구』 54, 한국구비문학회, 2019, 165쪽.

가 죽은 후 그의 몸에서 해와 달, 산과 강, 흙과 초목, 그리고 인간이 탄생하였다는 이야기로 창세의 내용을 담고 있다. 그런데 문전본풀이에는 그런 창세적인 화소는 없다. 창세 이야기가 화석화되어 해초와 해산물 기원 신화적 흔적을 남기고 있다.

(2) 역할분담과 상생(相生)

> "일문전 하나님은 / 우리 인간덜은 살기는 집에 살아근, 먹고 입고 행공발신(行窮發身) 허긴, 집에서 허는 일이라근 / 문전 하르맛님아, 어머님도 이논(議論)헙서 아바님도 이논합서. / 서룬 성님덜토 이논헤여근, 일 년은 열두 둘 삼벡은 육십오 일 / 문전 하르밧님, 천릿 길도 발롸줍서 만릿 길도 발릅서. 질토레비 일감관(一監官)을 멕여근 / 데한간에 질 알론 수도, 급헌 전보(電報) 급헌 펜지(便紙) 눌려들 일 일문전 하나님, 모두 막아주고 …"46)

〈문전본풀이〉를 마치고 이어진 '비념'에서 일문전 신에게 소망하는 바를 나열하고 있다. 일문전 신과 어머니 조왕신이 우선 의론하여 집안일을 잘 돌봐 달라는 청이다. 이용옥본에서도 "조왕에서 불러주민 문전에서 싸 주고 문전에서 불러주민 조왕에서 싸 주고 어머님이영 의논공론(議論公論)허고"47)라 하여 조왕신과 문전신이 서로 감싸 주고 논의를 해가며 집안을 돌보아 달라고 한다. 다음으로 아버지 정낭신과도 의논하고 형제와도 의론하여 인생의 여러 길을 바르게 하여 달라고 청하고 있다. 결국 가신 모두가 협력하여 집안사람을 도와달라고 청하는 것이

---

46) 허남춘 외, 『서순실 심방 본풀이』, 제주대학교 탐라문화연구원, 2015, 361쪽.
47) 제주대 한국학협동과정, 앞의 책, 421쪽. 여기 이용옥의 비념에서 "문전 대청난간(大廳欄干) 질 알로 숭(凶) 나게 맙서"라는 구절이 있어 서술실의 비념을 해독할 수 있겠다.

다. 집에서 시작하는 인생길에 장애물 없이 탄탄대로가 이어지길 바라는 마음이고, 문전(門前) 대청마루 아래 길로부터 흉험이 없도록 빌고 있으며, 사건 사고를 알리는 나쁜 소식도 모두 막아줄 것을 당부한다.

집안 곳곳의 신들이 각각의 장소를 지켜주어 우리가 편히 먹고 입고 어려움에서 벗어나 인생이 유지되고 출세도 가능한 바이다. 이런 신들이 있는 각 장소는 신성하고 그곳에 사는 우리 인생도 신성하게 가꾸어 나가야 한다. 집안 각 장소를 관장하는 신들의 관계는 거기 사는 인간들의 관계를 은유하고, 인간들의 의론(議論)과 합심이 중요하다고 일깨운다. 각 장소의 관계를 통해 집에서 먹고 살아가는 이치를 깨닫게 하고, 인간과 자연이 순환하는 이치, 먹는 것이 버려졌다가 다시 먹을 것이 되는 순환의 이치까지 알려 준다.

그런데 이본에 따라서 6형제가 셋은 성주신이 되고, 셋은 방위신이 되는데, 한 방위를 놓치는 바람에 벽사의 기능이 완전하지 못하게 되었다고 한다.[48] 가옥의 신이 미비한 상태임을 알려주는 사례라 하겠는데, 또 그런 것이 있다. 지금 제주도 집안의 신들 중에 〈문전본풀이〉의 의론에 참여하지 못한 신이 있으니, 바로 안칠성 밧칠성 신이다. 〈칠성본풀이〉에 따르면 집의 고팡(庫房)에는 곡식의 풍요를 위해 '안칠성'이라는 뱀신이 머문다고 믿는다. 집의 뒤꼍에는 '밧칠성'이라는 뱀신을 모신 장소를 마련해 둔다. 주젱이(주저리)를 밧칠성의 좌정처라 여긴다. 그런데 이 가신들은 〈문전본풀이〉 속에 없다. 그러니 〈칠성본풀이〉는 훨씬 뒤에 마련된 신화이고 안칠성과 밧칠성신 또한 뒤에 합류한 외래신으로 보인다. 업신은 '외지에서 들어온 신격'인데, 업신앙이 가옥구조 속에 자리 잡으면서 안칠성과 밧칠성이 신격으로 모셔지게 됨에

48) 『이용옥 심방 본풀이』에서 동서남북 네 방위를 다 좌정하지 못하고 한 방위가 비었다고 한 점을 들어 이렇게 논했다(양성필, 『신화와 건축공간』, 생각나눔, 2012, 81쪽).

따라서 〈칠성본풀이〉가 생성되고 형성되었을 가능성이 있다.[49] 이렇게 여러 가신(家神)들을 섬기는 가정신앙은 육지의 영향도 받으면서 여러 가지가 섞이며 서서히 마련되어 갔던 것이다.

다시 녹디생이 문전신으로 돌아가 보자. 부자관계, 문전신과 정낭신의 관계에서 우리는 높은 위치에 있거나 슬기롭다고 하는 사람만 우러러보고 공경하면 안 되고, 어리석고 낮은 곳에 있는 사람이 더욱 진실하게 사는 것을 알아차려야 한다는 이치를 일깨운다. 명분의 허실을 떠나 현명하고 용기 있는 사람이 집안의 수호자로서 역할을 해야 한다고 강하게 제안하고 있는 것이다. 낡은 질서가 물러나야 새로운 질서가 서고 그것이 사는 이치로 작용해야 함을 일깨운다.

높고 귀한 자가 역사를 지배했고 낮고 천한 자는 억압당하면서 역사에 기술되지도 못했다. 종교가 민중에게 군림하면서 권력을 지지하고 권력 편에 선 경우가 많았다. 그런데 그것을 뒤집는 역사가 한 차례 있었으니 설화집『삼국유사』다. 거기에는 낮고 천하고 어리석어 보이는 자가 오히려 원효 스님보다 훌륭하다고 했고, 허름한 옷차림의 초대 받지 못한 스님이 실은 부처였다고 하여 화려하고 명망 있는 세계의 권위를 전복시킨다. 〈문전본풀이〉도 민중의 역사에 가깝고, 어리숙한 줄 알았던 막내가 현명한 대처를 하여 집안을 구하며 기존의 질서를 전복시킨다. 상하의 전복 속에 민중 철학이 담겨 있다.

처첩갈등, 조왕신과 측간신의 관계에서 우리는 우선 둘이 반목하였으니 부엌과 화장실은 멀수록 좋다는 속담 속에 과학적 지식이 숨어 있음을 알아차린다. 그런데 거리를 두지만 집안 울타리 안에 공존한다. 그리고 똥이 다시 먹을 것이 되고, 측간의 것이 부엌으로 가는 순환의

---

49) 김헌선,「칠성본풀이의 본풀이적 의의와 신화적 의미 연구」,『고전문학연구』28, 한국고전문학회, 2005, 259쪽.

질서를 우리는 주목하게 된다. 이 세상 모든 것이 이렇게 순환한다. 안과 밖, 인간과 자연, 먹는 것과 배설한 것이 연결되어 있고, 분별과 공존이 연결되어 있다. 언제나 처첩 갈등과 화합은 공존하고 있었다. 선악이 공존하듯이 갈등이 화합으로 귀결하는 것이다.

처음에 둘은 싸워 불화가 시작되었지만 집안 울타리 안에 공존하면서 화해가 이루어졌다. 이를 달리 말하면 화해가 싸움이고 싸움이 화해인 원리다.[50] 처첩이 함께 살아야 하는 상황에서 극단적 대립이 있었다. 상대가 악을 저질러 응징은 하지만 끝까지 짓밟고 증오하고 흔적을 없애버리지 않는다. 적당한 선에서 타협할 줄 안다. 그래서 상생이 상극이고, 상극이 상생이 되게 한다. 이런 생극론은 철학에 앞선 사물의 양상이고 인간관계의 존재 방식 그 자체다.

부부관계, 조왕신과 정낭신의 관계에서 우리는 역할분담의 지혜를 얻게 된다. 먹는 것과 아이 양육의 중심인 어머니 조왕신은 집안을 책임진다. 대문 밖 올레를 통해 나가 만나게 되는 마을길은 이웃과 통하는데, 마을의 대소사를 논하고 공동체적 삶을 일구는 것은 아버지 정낭신이 책임진다. 안과 밖의 장소성에 기대어 역할분담이 이루어지고 있음을 일깨운다. 그리고 제주 가옥이 진화하여 안거리와 밖거리를 갖게 되는데 이것 또한 역할 분담과 협심의 2중성을 띤다. 따로 살면서도 함께 하고, 함께 하면서도 독립적인 생활을 누리는 대등하고 평화로운 정신이 깃들어 있다고 하겠다. 마을 본향당제의 경우 제각각 구덕에 제물을 준비해 가져가 마을의 안녕을 빌면서 동시에 자기 집안의 복을

---

50) 2(둘)인 기는 생하면서 극하고, 극하면서 생하는 생극의 관계이다(조동일, 『창조하는 학문의 길』, 지식산업사, 2019, 363쪽). 상생과 상극의 합하여 생극(生克)이라 하고 있다. 사실 생극론은 철학 이전의 철학이다. 철학으로 개념화되기 이전에 이미 존재하는 사물의 양상이고 사고의 방식이다(같은 책, 430쪽).

빈다. 개인과 공동체를 함께 아우르는 '따로 또 같이'의 정신이다.

시체화생, 인간과 자연의 관계에서 우리는 인간이 죽어 자연의 일부가 되는 서사를 경험하게 되었다. 원래 큰 몸집의 신이 죽어 그 몸이 세상 만물이 되었다는 신화가 보편적인데, 여기 노일제대귀일의 딸이 죽어 해산물과 음식 도구의 기원이 되었다는 것은 조금 어색하다. 우리가 먹는 해산물이 왜 악한 인간의 몸에서 비롯되었는가 하는 의문도 든다. 간을 내 먹겠다는 노일제대귀일의 딸은 용왕의 처지와 비슷하다. 제주도에 도래하여 좌정하는 여신 중에 대표적인 것이 용왕의 딸이다. 그런 해신(海神)의 연원51)을 가지고 있다가 상실한 것은 아닌지 모르겠다. 그 몸의 규모나 악행은 개입시키지 말고, 인간의 몸이 자연물이 되었다가 다시 인간의 몸으로 돌아오게 되는 순환성을 주목하면 좋겠다. 모양이 비슷한 것이 생성되었다는 생물적 지식은 유감주술적 사유의 흔적이라 보면 된다.

여기서 중점적으로 다룬 네 가지 관계 이외에도 눈여겨 볼 또 다른 가치가 있다. 생명 존중 사상과 용서의 미덕이다. 녹디생이를 비롯한 일곱 형제가 자신들의 간을 내 먹이겠다는 남선비의 엽기적 행동에 난감해 할 때, 산에 올라 선몽을 하게 되거나 직접 산신 혹은 백발노인을 만나게 되는데, 곧이어 오게 될 산돼지 간을 내되 한 마리는 씨를 전할 생명으로 남겨 두고 잡으라는 제언을 꼭 하고 있다.52) 생명을

---

51) '하이누벨레 신화'도 역시 신의 죽음이 새로운 생명을 낳는 과정이며, 이러한 과정이 곧 음식의 기원으로 이어진다는 점(아돌프 옐레가르트 옌젠·헤르만 니게마이어, 이혜정 역, 『하이누웰레 신화』, 뮤진트리, 2014, 75-119쪽)을 상기한다면, 노일제대 귀일의 딸이 지닌 능력을 짐작할 수 있다.

52) "산톳 일곱이 느렴시니 에미랑 씨전종으로 놔두곡 새끼 요솟이랑 앨 내여"(안사인 본) "에미랑 씨전종(傳種) 헐 거 네부러두고그 세끼랑 요섯 게 에 네영 가라."(허남춘 외, 앞의 책, 2010, 278쪽). "ᄒ나랑 씨 붙이곡 요솟개랑 잡앙그네"(박남하본, 『제주 도무가본풀이사전』, 128쪽).

함부로 대하는 노일제대귀일의 딸과 요즘 현대인이 경청할 말이다. 동물을 잡더라도 필요한 만큼만 잡고, 잡을 이유가 있더라도 씨가 될 것은 남겨 두는 대응방식은 상대 생명을 존중하는 태도이면서 또한 인간이 필요할 때 언제든 얻을 수 있는 조건이 된다. 자연생태계의 순환 질서를 존중하면서 지속가능한 삶을 견지하는 태도다.

처첩갈등과 부자관계를 논하면서도 잠시 언급하였지만, 악행을 일삼았던 노일제대귀일의 딸과 무능하고 무력한 남선비에 대한 문제다. 악행과 무능을 탓하였다면 집안의 신으로 좌정하지 못하였을 텐데, 제주도의 민중들은 그들을 용서하고 집의 외각을 지키는 신으로 수용하였다. 세상사가 선악으로 얽혀 있고 무능에 의한 희생으로 점철되기 때문에 이런 삶도 우리 삶의 일부분으로 끌어안는 태도다. 용서하고 가택수호신으로 좌정시키되, 악행과 욕망을 경계하고 절제하게 만드는 교훈을 늘 새기도록 하고 있다. 거기에 사는 제주도민은 늘 분별력을 갖출 수 있게 선과 함께 악도 끌어안았다.

4) 결

구비전승 속에서 철학적 사유를 찾는다는 것이 생경하고 엉뚱하게 느껴질 수도 있다. 그러나 말이 먼저 있고 글이 생겼다. 문학은 말로 하는 구비문학에서 시작해 글로 하는 문학인 기록문학으로 이행했다. 철학 또한 구비철학이 먼저 있고 기록 철학이 나타났다.[53] 우리는 문학 속에서 역사와 철학을 찾아야 하는데 너무 인문학을 구획하고 좁은

---

53) 조동일, 앞의 책, 2019, 323쪽. 인도의 〈베다〉, 석가나 공자의 가르침은 구전되다가 기록되었다.

영역에서 학문을 유폐시켰다. 문학과 역사와 철학을 통합하여 바라보고, 예술적 언저리도 함께 이해하는 태도가 절실하다. 제주도의 본풀이는 바로 문학·역사·철학을 아우르며 예술도 포함하는 가장 오래된 구비전승이다. 다른 지역에서는 거의 사라져버린 원시적 고대적 인간 사유의 보편성을 그대로 간직하고 있다. 제주도 본풀이의 철학적 복원은 인간 사유의 원초를 되살리는 길이다. 근대문명이 파탄에 직면하여 갈 길을 모르고 있는 이때, 인간의 첫걸음에 지닌 사유를 더듬어 인간 사회를 재정비하는 것이 절실한 과제다. 그래서 〈문전본풀이〉의 삶의 철학을 돌아보면 관계를 재정비하고 상생의 철학, 용서의 철학, 순환의 질서, 질서의 교체에 대해 살폈다.

제주에서 〈문전본풀이〉는 잊혀져 가는 신화다. 가정의 중요성을 일깨우는 문전신 제사 – 문전제가 잊혀져 가는 듯하지만 아니다. 무속의 례를 버리고 근대의 물결 속으로 강하게 합류하는 것처럼 보이지만, 설날과 추석이란 조상제사로 스며들어 살아남게 되었다. 설날과 추석의 조상제와 기제사를 지낼 때 맨 먼저 하는 일이 바로 문전제다. 육지식으로 바뀌어 가고 있으면서도 '문전제'를 명절 의례에 고스란히 남겨 전통을 이어가고 있다. 조상에 대한 제사도 집안의 화합을 다짐하는 것이니 문전제와 부합한다. 그러나 제주의 전통적인 문전제는 보다 큰 의미를 환기시킨다. 집안 곳곳에 신들이 머물며 집안사람들을 수호하고 있으며 집안 모두가 신들이 머무는 신성한 공간이어서 그곳에 사는 인간도 신성하다고 믿는 마음이 특별하다. 집안에서 부모 자식이 서로 대립하기도 하지만 한 공간에 어울려 살아야 한다고 가르치고, 집안의 일과 집밖의 일을 역할분담하면서 화합으로 이끌어야 한다고 가르친다. 모든 것이 순환하는 이치를 '문전제'로부터 배운다. 제주에는 아직도 1만 8천 신이 살고 있다.

03. 〈삼공본풀이〉의 운명과 문명

1) 서

　〈삼공본풀이〉는 '내복에 산다'계 설화와 연관성을 갖고 일찍부터 논의가 있어 왔던 작품이다. 특히 〈서동설화〉와의 비교 속에서 남성영웅과 여성 주인공 사이의 관계도 두루 해명된 바 있다. 그런데 제주도에서는 신화로 전승되고 있고, 전상신이라 하고 있어 주목을 받아 왔다. 전상신은 무엇인가. 전상은 전생을 뜻하고, 운명과 연관된다고 하는데, 사록은 무엇일까. 〈삼공본풀이〉의 주인공 가믄장아기는 운명신의 의미만 지니는 것일까.

　그래서 전상과 사록의 의미를 풀며 전상신 혹은 운명신의 존재를 좀더 살펴보고자 한다. 그러기 위해서는 우선 가믄장아기의 정체를 깊이 들여다보아야 할 것이다. 가믄장아기는 인간에서 신이 되는 것일까. 아니면 애초부터 신적인 능력을 가지고 있는가. 그래서 가믄장아기의 정체를 밝히면서 운명신의 배태 과정을 살피고자 한다. 그리고 가믄장아기의 행로를 따라가면서 단순히 부자가 되는 삶을 발견하는 것이 아니라, 문명을 전수하는 문화영웅으로서의 면모를 가지고 있음을 덧보태고자 한다. 마지막으로 이야기 전반에 녹아 있는 인간애를 따라가면서 배려와 공존의 정신을 찾고, 이것이 다시 우리 삶속에 돌아올 수 있는 계기가 되어야 함을 말하고자 한다.

작품의 온전한 이해를 위해 본풀이에 담긴 각 시대의 정신사를 따라가려 한다. 인간의 운명에 대해 우리는 언제부터 관심을 가졌을까. 마를 캐먹고 살다가 밥을 먹고 금을 발견하는 문명사적 전환은 언제 이루어졌는가. 거지부부와 그 식구들의 삶을 들여다보며 그들이 살아낸 빈곤의 궤적도 들여다보려 한다. 차등의 사회가 오고 인간의 신분과 계층이 나뉘어 경쟁하고 억압하는 부조리한 현실은 애초부터 인간이 감당하던 현실일까. 아니면 원시 고대 사회에서는 인간이 함께 나누며 공존과 공생을 누렸던 것인가. 틀림없이 그런 단서들이 있을 것이고 그런 단서가 현대의 삶을 환기시키는 바도 있을 것이기에, 이번 시도는 〈삼공본풀이〉 이해의 새로운 길을 열어 보여줄 것으로 기대한다.

〈삼공본풀이〉의 흐름을 잘 이해하기 위해서는 주인공 가믄장아기의 행동을 따라 나서서 그 의미 맥락을 찾아야 할 것이다. 그래서 우선 가믄장아기의 주요 특성을 주목해 본다. 우선 그녀의 능력에 눈길이 간다. 태어나자마자 집안이 부자가 되었고, 자기 덕에 먹고 산다는 의미의 말을 했다가 쫓겨나기도 하지만, 난관을 잘 헤쳐 나가 부를 획득하고 운명을 바꾼다. '선그뭇' 덕에 먹고 산다는 말이 충격적이다. 다음으로는 두 언니를 지네나 버섯으로 만들어버리는 선험적 능력이다. 그리고 일부 이본에서는 부모를 봉사가 되도록 하거나 거지가 되도록 만든다. "고대광실 높은 집 물로 만딱 씻어 보세. 헤연 다시 얻어먹는 거지가 되엇입니다."(양창보 심방 본풀이)라고 하여 가믄장아기가 주체가 되어 이루어진 듯한 행동으로 부모 집안은 가믄장아기가 떠나자 가난하게 되었다. 부모의 눈이 밝다가 가믄장아기가 떠나게 되자 어두워졌으나, 재회하여서는 다시 눈을 뜨게 된다는 설정은 애초부터 가믄장아기가 신적 능력이 있음을 의미한다. 멀리 떨어져 있는 부모가 거지가 되고 봉사가 된 것을 아는 예지력도 포함된다. 도대체 어떤 능력이란 말인가.

삼공본풀이에서 주인공 '가믄장아기'는 인간이었다가 신적 지위에 오른 것으로 이해된다. 그런데 애초부터 신적 능력을 지니고 있었던 것처럼 느껴지는 대목이 여럿 있어서 그 의문을 먼저 해결해 보고자 한다. 셋째 딸 가믄장아기가 태어나면서 집안이 일어나고 부자가 되었다고 했고, 두 언니가 가믄장아기를 내쫓는 과정에서 위계를 보이자 청주넹이(청지네)와 용달버섯으로 변신시킨다.

> 가믄장아기 말을 ᄒ뒈
> 설운 큰성님 물팡돌 알로 ᄂ려사건 청주넹이 몸으로나 환싱(還生)ᄒ서
> 설운 성님 물팡돌 알레레 ᄂ려사난 청주넹이 몸으로나 환싱허여간다.
> ……
> 설운 셋성이랑 걸름 알레레 ᄂ려사건 용달버섯 몸으로나 환싱ᄒ서
> 설운 셋성 걸름 알레레 ᄂ려사난 용달버섯 몸으로 환싱허여간다.[1]
>
> 나 성님이랑 물팡돌 알에 네려사건, 청주넹이 몸으로 환싱(還生)헙서에.
> 은장아기 청주넹이 흑주넹이 몸으로 환싱헤엿구나. ……
> 아이고 우리 셋성님이랑, 저 걸름 알더레 네려사건, 굼벵이 용달버섭으로 환싱헙센.
> 허난에 굼벵이 몸에 환싱헌다.[2]

말의 주술성을 확연하게 느낄 수 있다. 자기를 내쫓으려는 큰언니를 향해 청지네나 되라고 했더니 바로 그런 결과가 나타나고, 둘째 언니를

---

1) 현용준, 『제주도무속자료사전』, 도서출판 각, 2007, 170쪽.
2) 허남춘 외, 『서순실 심방 본풀이』, 제주대 탐라문화연구소, 2015, 152-153쪽.

향해 버섯이 되라고 했더니 바로 그런 결과가 나타난다. '호칭-명령'의
언술에는 원시 고대적 언어성이 흐른다. '누구야 - 해라'라고 하면 이내
그 결과가 나타나는 것은 분명 주술성이 흐르는 면모다. 고대의 삶으로
거슬러 올라가면 사람이 동물이 되고, 동물이 사람이 되는 이야기는
신화 속에 흔하다. 그런데 사람이 식물이 되는 경우는 흔치 않다. 불교
적 환생의 개념이 들어온 것 같은데, 아직은 미미하다. 그러니 신화적
질서 속에서 동물이 말을 하거나 인간과 결혼을 하는 관계와는 다른
점이 있다. 여기에는 대상에 대한 말의 주술성이 담겨 있고, 그 주체인
가믄장아기는 신적 존재인 것처럼 느껴진다. 그러나 가믄장아기의 신
적 능력보다는 언어의 주술성이 지닌 신화의 원시성을 주목하여야 한
다. 그리고 안녕과 풍요를 비는 백무(白巫)의 기능과 함께 저주를 일삼
는 흑무(黑巫)의 주술성이 느껴지고 샤먼적 기질을 보인다. 그녀는 인간
세계의 샤먼적 길을 가면서 저주로 언니들을 환생시키고, 나름의 쇠를
다루는 기술로 새로운 문명을 창출한다.

한국신화의 많은 주인공들은 인간인가 하면 신으로 보이고, 신인가
하면 인간으로 보인다. 예를 들어 당금애기 등이 반신적(半神的)인 존재
로 태어나 고난을 극복하고 신직을 받게 된다고 하나, 그 정체성은
반신보다 인간에 해당되는 것이라 여겨진다.[3]

〈삼공본풀이〉에서 가믄장아기는 주체적으로 행동한다. 부모의 비위
를 건드리지 않고 슬쩍 넘어갈 일일 수도 있는 질문에 '내 복에 산다'고
단호하게 말한다. 어리석은 듯한 모습으로 비춰지기까지 한다. 하지만
스스로 선택한 고난의 길을 자신의 지혜로 헤쳐 나가, 궁극에는 황금을
발견하여 부자가 되고, 거지잔치를 벌여 부모와 재회하는 전 과정에서

---

3) 신동흔, 「무속신화를 통해 본 한국적 신관념의 단면」, 『비교민속학』 43, 비교민속학회,
   2010, 359-364쪽.

인간적인 고난의 행로를 보여준다. 그러니 시련과 극복의 주체적 삶이 신격이 되는 중요 인자라 하겠다.

가믄장아기는 스스로 자기의 운명을 만들어 간다. 부모에게 의존하는 마음을 버리고 자기 자신만의 삶을 택한다. 누구 덕에 사냐는 질문에 '내 복에 산다'고 당당히 말한다. 하늘님의 덕이고 지하님의 덕이고, 아버지의 덕이고 어머니의 덕이지만, "나 베또롱 알에 선그뭇 덕으로 먹고 입고 행우발신 홉네다."[4]라고 밝힌다. '선그뭇'은 무엇인가.

"민간에서는 임신선(배꼽선, 세로금)이 뚜렷이 진한 여자가 질 산다는 속신이 있어 왔다. 마치 손금이나 관상을 자신의 삶과 운명에 연관지었던 것처럼 신체의 고유한 무늬를 가벼이 하지 않고 길조로 여겨온 것이다."[5]라고 하여 선금이 복록의 상징으로 보았다. 그런데 서대석은 "여인에게 배꼽 아래에서 성기 사이에 그러한 금은 없다. 이것은 분명 여성의 성기를 말하는 것으로 생각된다. 위치가 배꼽 아래이고 세로로 그어진 금이란 성기밖에 다른 것은 없다."[6]고 단호히 말하고, 음부가 지닌 여성성과 여성성의 생산능력을 적시했다.

'그뭇'을 손금처럼 운명의 금이라고 해석해 보자. 그렇다면 인간의 운명을 모두 그렇게 정해져 있는 것으로 단정하게 될 수 있다. 인간의 운명은 전생 혹은 업에 의해 결정되지만, 한편으로는 현세에서 고치고 수정해나가는 과정도 중시돼야 한다. 가믄장아기는 전상을 주재하기도 하지만, 정해진 전상 이외에 현세적 삶과 운명을 주재하기도 한다.

그렇다면 '선그뭇'이 음부를 뜻하고, 여성성을 상징한다는 데 대해

---

4) 현용준, 앞의 책, 169쪽. 주에는 '하복부 배꼽에서부터 성기 쪽을 향해 그어진 금'이라 했다.

5) 조현설, 『우리 신화의 수수께끼』, 한겨레출판, 2006, 298쪽.

6) 서대석, 『무가문학의 세계』, 집문당, 2011, 274쪽.

해명하고자 한다. 음부가 여성성으로 해석된 바 있고 그때는 대개 다산
과 풍요의 상징을 드러낸다고 한다. 그렇다면 이 〈삼공본풀이〉도 풍요
다산의 상징성으로 회귀해야지 왜 '운명의 신'에 대한 풀이이겠는가
하는 의문이 있을 것이다. 서대석은 전상이 직업을 뜻한다고 보고, 풍
요신과는 다른 생업의 신이라고 하고, 〈삼공본풀이〉를 생업의 신에
대한 본풀이라고 했다.[7] 가믄장아기는 자신의 여성성과 생산능력에
대한 주체적 인식이 있고, 자신의 운명을 스스로 개척하는 모습이다.
그 운명만 믿거나 여기에 의존한 채 사는 것이 아니라, 적극적으로
자신의 삶을 개척해야 한다는 인생의 원리[8]를 잘 알고 실천에 옮긴다.

〈삼공본풀이〉에서 가믄장아기의 능력은 음부에 국한하지 않는다.
부모에게 자신의 능력으로 잘 먹고 잘살고 있다고 당당하게 밝히는
여성으로서의 주체성, 쫓겨나서도 운명에 굴복하지 않고 새로운 삶을
찾아 나서는 진취성, 마퉁이가 모르는 금을 발견하여 부를 취해가는
지혜력, 쫓겨난 운명이지만 자신을 쫓아낸 부모를 다시 만나고자 하는
포용력 등이 작용하여 가믄장아기가 운명개척의 여신이 되는 것이다.[9]
어느 하나의 상징성에 매몰되지 말아야 한다.

2) 운명

가믄장아기를 운명신이라고 한다. 그 근거는 '전상'에 있다. 그것은

---

7) 위의 책, 275쪽.
8) 정제호, 「'삼공본풀이'에 나타난 쫓겨남의 의미와 신화적 성격」, 『한국문학 이론과
   비평』, 한국문학이론과 비평학회, 2018, 47쪽.
9) 허남춘, 『설문대할망과 제주신화』, 민속원, 2017, 251쪽.

불교의 전생에서 왔을 가능성이 크다. 그런데 '사록'이란 말도 있어 그 뜻을 풀어야 한다. 그리고 삼공신을 전상다리라고 하면서도 '노뿌리'라고 한다. '노'는 무엇일까.

> 활ᄒ기도 전상 글하기도 전상 상업 농업 혜업ᄒ기도 전상입네다. 나님 ᄀ뜬 나님 전상 드님 ᄀ뜬 드님 전상 신구산 대전상 난산국이웨다.[10]

여러 직업이 전상이라고 한다. 떠나가는 님 같은 전상도 있고 들어오는 님 같은 전상도 있다고 한다. 함께 있다가 헤어지는 것도 전상이고 다시 돌아오는 것도 전상이라 한 듯하다. 머리 아픈 전상, 배 아픈 전상, 입 아픈 전상, 가슴 아픈 전상도 있다. 공무원 하는 것도 전상이고, 병원장 하는 것도 전상이라 하면서, 전상 없는 일이 없다고 한다. 그러니 불교에서 말하는 전생일 수도 있고 운명일 수도[11] 있다. 전상은 운명이라고 할 수도 있고 태어날 때부터 타고난 것일 수 있는데, "타고남을 의미하는 천생(天生)으로 보아도 좋을 듯하다."[12] 그러니 빈부 흥망 행불행은 여자의 타고난 복에 달려 있으며 또한 운명적으로 정해져 있다는 운명관이 내재해 있다고 하였다.[13]

〈삼공본풀이〉에서는 전상이란 말 이외에 '사록'이란 말도 함께 쓰이

---

10) 현용준, 앞의 책, 2007, 167쪽. "글 허기도 전상 활 허기도 전상 여 굿 보러 오기도 전상이고 녹음허는 것도 ᄆ딱 전상이고 카메라 찍는 것도 전상이고, 전상 엇이민 못 혜여 이것도 전상이난"(『양창보 심방 본풀이』, 154쪽) "글 허기도 전상 활 허기도 전상 상업 허기도 전상 공업 허기도 전상 심방질 허기도 전상이여 공무원 허기도 전상 뱅원장 허기도 전상 이거 전상 엇는 일이 어디 시웁네까"(허남춘 외, 『고순안 심방 본풀이』, 2013, 163쪽).

11) 이수자, 「제주도 무속과 신화 연구」, 이화여대 박사학위논문, 1989, 134쪽.

12) 강정식, 『제주굿 이해의 길잡이』, 민속원, 2015, 171쪽.

13) 현승환, 「삼공본풀이의 전승의식」, 『탐라문화』 13, 탐라문화연구소, 1993, 31-50쪽.

고 있다. 전상놀이에서 "전상이여 만상이여 스록이여"라고 하면서 '스록'을 내놀리리고 있는데, 이 사록은 '되어 가는 일을 그르치게 하는 사기(邪氣)의 뜻'14)이라고 했다. 강정식은 이로 보아 스록이 사록(邪祿)에서 비롯된 말일 수 있다고 하며, "좋은 의미의 복록(福祿)이 아니라 원치 않음에도 불구하고 달라붙어 녹명(祿命)을 그르치는 것이기에 이와 같이 명칭이 붙었겠다."15)고 하였다. 이와 유사하게 사(邪)와 복록(福祿)의 관계 가운데에 사록이 있음을 서술하면서도, 좋은 사록과 나쁜 사록이 있어, 사록이라는 단어가 좋은 의미와 나쁜 의미를 포함한 양가적 의미의 단어16)라고 풀어내고 있기도 하다.

> 청스록 흑스록 내놀리난 이간주당(此家內住堂) 천하거부(天下巨富) 시기고, 좋은 스록이랑 집안으로 들이놀리곡, 모질곡 악(惡)흔 스록이랑 천지왕골목데레 시군문 밧겻데레 내조치자.17)

> 청스록 나무광데 질세 스록 먹으민 광질(狂疾)허는 스록 아프는 스록 싸우는 스록 돈 벌엉 놔두민 물반신발 엇어지게 허는 스록 나쁜 스록이라, 천지왕 골목데레 다 네놀립서에.18)

앞은 『제주도무속자료사전』의 '전상풀림' 마지막 대목인데, 여러 사록을 내놀리니 집안을 천하의 부자로 바꾸게 될 수 있다고 하면서, 좋은 사록을 집안으로 들여오게 놀리고 모질고 악한 사록을 천지왕의 깊숙한 골목에, 올레길 바깥으로 나가게 놀리자는 말로 끝난다. 뒤는

---

14) 현용준, 앞의 책, 314쪽.
15) 강정식, 앞의 책, 234쪽.
16) 고은영, 「사록의 의미」, 『영주어문』 39, 영주어문학회, 2018, 72-74쪽.
17) 현용준, 앞의 책, 315쪽.
18) 허남춘 외, 앞의 책, 2015, 162쪽.

서순실의 〈삼공본풀이〉 놀레 끝 장면인데, 술 먹으면 술주정하는 사록,
남과 싸우는 사록. 돈 벌어놓으면 탕진해버리는 사록 등은 나쁜 사록이
니 깊숙한 골목에 나가 놀리자고 한다. 이로 보아 좋은 사록은 집안으로
로 들이고, 나쁜 사록은 집밖으로 내보내는 사유가 있다고 하겠다.

삼공은 전상신이 되었다고 했는데, 무속신의 사연이니 불교 이전의
이야기인데 불교의 전생(前生) 개념이 가미된 것 같다. 운명을 스스로
개척하는 주인공의 주체적 삶이 결국 운명의 신으로 좌정하는 데 이르
렀고, 그 운명을 불교적 용어인 '전생'으로 덧입힌 것 같다. 그렇다면
이전의 용어는 어떤 것이었을까. '사록'이란 말에 주목할 필요가 있다.
"좋은 사록 들이 놀리고, 모진 사록 내풀렸수다."나 '상사록', '하사록'
이란 말이 있어 머리 좋은 것은 상사록이고 술 먹는 습관은 하사록이라
한 것을 보더라도 '전생'이란 말과 통한다. 전생 인연이 현생을 결정하
는데 전생 인연 중에 좋은 것은 잘 지키고 나쁜 인연은 풀어 없애는
것이 우리 인생 과정이라는 의미가 내포되어 있다.

'전상풀림'에서는 사록을 풀어가자고 하면서, 키와 비를 들고 집안을
돌아다니며 청소를 하고, 집안의 어지러운 것을 모조리 뜰로 쓸어내
던진다. 장님이었던 부부가 먼 올레까지 쓸어내고, 입었던 옷을 벗어버
리고 세수하고 들어 운다. 마지막으로 '산받아 분부 사룀'에서 "좋은
亽록은 들이놀리고 모진 亽록은 내풀렸수다. 이제랑 천하거부(天下巨富)
시겨 줍네까?"[19]로 끝난다. 전상놀이를 하고 전상풀이를 한다는 사실
을 주목해 볼 필요가 있다. 전후문맥을 고려하면 뒤의 전상풀이는 전상
에 낀 '사록'을 풀어내는 것이라고 이해할 수[20]도 있다. 재차에서는
그런 사정을 이해할 수 있는데, 본풀이는 변했고 전상놀이 속의 대사에

---

19) 현용준, 앞의 책, 315-316쪽.
20) 강정식, 앞의 책, 236쪽.

서도 좋은 사록과 나쁜 사록이 구분되어 좋은 것은 들이고 나쁜 것은 내친다. 재차와 본풀이의 시차를 느낄 수 있다. 집안의 나쁜 사록을 걷어냄으로써 운명을 잘 풀어내는 것이 주제라고 이해할 수 있다. 〈삼공본풀이〉는 전상과 연관이 된다고 하면서 '전상ᄃ리'라고 지칭한다. 초공은 '신뿔리' 이공은 '꼿뿔리' 삼공은 '전상ᄃ리'[21]라고 셋을 함께 지칭한다.

> 초공은 신뿔리 이공은 꼿뿔리고, 삼공은 전상연ᄃ리, 노불리가 뒈옵네다.
>
> 이용옥본

> 초공은 신뿔리 이공은 꼿뿔리, 삼공은 전상연ᄃ립네다.　　　　양창보본

> 삼공본은 노전상 노불휘본이고, 글 잘하기도 전상, 우리같이 심방질하기도 전상[22]

삼공을 '전상ᄃ리'라고 하면서 '노불휘'라고도 했다 '불리'나 '불휘'는 '뿌리'라는 의미이다. 그러니 초공은 신의 뿌리, 이공은 꽃의 뿌리를 푸는 것이고, 삼공은 전상의 근원 혹은 노의 뿌리를 푸는 것이다. 그렇다면 '노'는 무엇인가. 강정식은 '뜻밖에 얻은 재물이나 행운'[23]이라 했다. 그러나 해석의 근거를 제시하지는 않았다. 아마도 '노나다'의 뜻인 '횡재를 얻거나 운수가 대통하여 모든 일이 잘 풀리게 되다.'(한국어대사전)에서 가져온 듯하다. 이 단어는 표준국어대사전에는 없는 말이어

---

21) 현용준, 앞의 책, 60쪽.

22) 문무병, 『제주도무속신화 열두본풀이 자료집』, 칠머리당굿보존회, 1998, 165쪽. 문순실 구송본.

23) 강정식, 앞의 책, 171쪽.

서, 아직도 속어처럼 사용되는 말이다.

'삭(索)'의 우리말 훈이 '노' 혹은 '동아줄'이다. 노는 '실, 삼, 종이 따위를 가늘게 비비거나 꼬아 만든 줄'(표준국어대사전)이다. 노끈이라고도 한다. 두세 개의 실을 비비고 꼬아 만들게 되는데, 그런 과정을 거쳐 단단한 강도를 지니고 본연의 구실을 하게 된다. 이런 끈은 여러 개의 원 가닥을 엮어 강도를 높이고 본연의 구실을 하게 된다. 끈은 서로 다른 것을 연결해주기도 한다. 그래서 노 혹은 노끈은 인연을 상징하기도 한다. '노불휘'는 전상의 근원이란 측면에서 운명의 뿌리라고 할 수 있고, 인연의 뿌리라고 할 수도 있다.

'노'는 관계를 의미하는 것 같고, 앞과 뒤의 관계, 위와 아래의 관계, 나와 너의 관계이고, 구체적으로 나가면 전생과 현생, 현생과 내세의 관계, 남녀의 관계, 부모와 자식의 관계 등을 의미한다고 여겨진다. 그래서 〈삼공본풀이〉 속에는 부모와 자식의 관계, 부부관계, 그리고 인과관계가 엮여 있다. 과거의 어두운 사슬을 끊어버리고 새로운 운명을 시작한다는 주제와 상통하는 '노'의 해석을 기대한다.[24]

우리의 운명은 정해진 것처럼 여긴다. 그런데 〈삼공본풀이〉는 정해진 운명만을 환기시키지 않는다. 좋은 전상은 잘 살리고 나쁜 전상은 버리도록 한다. 몽둥이로 나쁜 전상을 떨어내 운명을 쇄신시켜 준다. 좋은 사록은 집안에 남게 하고, 나쁜 전상은 털어내 집안을 흥하게 만든다. 한 사람에게는 좋은 전상과 나쁜 전상을 함께 지닌다. 노끈이 두세 갈래가 꼬여 있는 것처럼 우리 운명도 장점과 단점이 엮여 있어, 좋은 전상을 잘 키워가고 나쁜 전상을 버리도록 노력을 해간다면 운명이 바뀔 수 있다는 점을 환기시킨다.

---

24) 허남춘, 앞의 책, 2017, 251쪽.

가믄장아기는 자신을 가두는 집을 떠나면서 수동적인 삶에서 벗어난다. 그리고 미지의 땅으로 떠나게 된다. 무소의 뿔처럼 혼자 그 길을 떠나 고난을 견뎌내고 다시 새로운 공간에서 자신의 힘으로 일어선다. 금을 발견하고 부자가 되는 데 머무르지 않고 자신을 쫓아낸 부모를 찾아 행복을 나눈다. 가믄장아기는 자신의 힘으로 고난을 극복하고 자기 삶을 스스로 이끌어가는 여성25)이다. 정해진 삶이 아니라 만들어가는 삶이다.

인간에게는 정해진 운명도 있다. 부모의 유전자를 이어받아 키가 크기도 하고 작기도 하다. 술을 잘 먹기도 하고 못 먹기도 한다. 장이 튼튼하기도 하고 폐가 약하기도 하다. 부모가 산골에서 농사를 지으면 그렇게 될 가능성도 높다. 섬에서 살면 어부가 될 가능성이 높다. 그렇게 인연 따라 살게 된다. 그런데 가을에 피는 국화를 봄에 피게 할 수도 있고, 봄에 피는 진달래를 가을에 피게 할 수도 있듯이, 우리는 시절인연을 바꿀 수 있다. 일부는 정해져 있지만, 일부는 우리의 의지대로 바꾸어나갈 수 있다. 불교는 이런 시절인연을 바꿀 수 있다고 하면서 자력신앙26)을 일깨워 주었는데, 그 훈김이 주변의 무속에까지 퍼져나간 것일까. 가믄장아기는 이렇게 시절인연을 바꾸어 나가며 자력으로 인생을 개척한다. 애초부터 무속신앙 내부에 타력신앙의 면모와 자력신앙의 면모를 함께 지니며 흘러온 것이던가. 기존에 자력신앙을 가지고 있었다 하더라도, 불교의 파급과 함께 무속도 새로운 트랜드

---

25) 신연우, 「여성담당층 관점에서의 〈초공 이공 삼공본풀이〉의 문학 사상의 의미망」, 『한국고전여성문학연구』 21, 한국고전여성문학회, 2010, 241쪽.

26) 불전설화 〈바사닉왕의 딸 선광의 인연〉을 보면, 왕이 공주에게 아버지 덕에 대중으로부터 존경받고 있다고 하자, "저에게 업의 힘이 있기 때문이요, 아버지의 힘이 아닙니다."라고 해서 쫓겨난다. 그 후 거지를 만나 집안을 일으키고 부자가 되었는데, 왕은 그제서야 "자기가 선악을 짓고 자기가 그 갚음을 받는 것이다."란 깨달음을 얻는다. 불교의 자력신앙을 여실히 드러내는 대목이다.

의 종교성을 받아들이고 세련되는 길을 갔다고 보면 좋겠다.

아무튼 〈삼공본풀이〉 속에는 정해진 운명에 예속당하거나 수동적이
지 않고, 능동적이고 적극적으로 운명을 바꾸어 나간다. 타력신앙(他力
信仰)적 요소도 있지만, 특징적인 것은 자발적으로 자신의 운명을 개척
하는 자력신앙(自力信仰)이다. 우리 인생은 우리가 스스로 바꿀 수 있다
고 하는 메시지는 제주도 본풀이의 백미다.

3) 문명

가믄장아기는 집에서 쫓겨난 신세가 된다. 정하님을 데리고 암소
한 마리를 끌고 하염없는 방랑길에 오른다. 집과는 격리된 다른 세상으
로 흘러간다. 산 넘고 재 넘어 먼 곳으로 향하는데, 우선 두려움이 앞서
고 갈 길을 몰라 한다. 산속을 헤매는 가믄장아기는 마침 마를 캐서
먹고 사는 마퉁이 형제를 만나 산 너머에 있는 초가집을 소개받고 가는
데, 거기가 바로 마퉁이네 집이다.

마를 캐어 온 삼 형제는 그것으로 저녁 끼니를 해결한다. 첫째와
둘째는 마의 윗부분을 어머니에게 드리고 아랫부분을 손님인 가믄장
아기에게 준다. 그런데 셋째는 마의 중간 실한 부분을 어머니에게 드린
다. 이런 모습을 본 가믄장아기는 가져온 쌀을 꺼내 밥을 하고, 그것을
첫째 둘째 마퉁이에게 먹어보라고 권한다.

> 감은장애긴 즈냑을 ㅎ영 먹젠
> 솟을 빌언 밥을 ㅎ고
> 상을 출련

큰마퉁이신디 들러가난
"우린 초상적부터
그런 굼벵이밥을 먹어본거 읏어
아니 먹크라."27)

밥을 지어 놓안 큰마퉁이신디 들런 "이 밥 먹어 봅센." 허난, "아이고 우리 초상(祖上) 적부터 아니 먹어난 밥, 그리 무신 버렝이 닮은 밥이엔 아니 먹켄."28)

큰마퉁이 "이거 우리 하르방 적에부떠 안 먹어난 버렝이 밥이여."29)

"나도 밥 출려시난에 나 밥 먹어 봅서." 큰 마퉁이안티 들러가난 "우리도 조상쩍부떠 어멍쩍부떠 아니 먹어난 밥 안 먹키여."30)

밥을 권하는데, 그들은 조상 때부터 먹어보지 못한 것이어서 먹을 수 없다고 하고, 그 생긴 모습을 보면서 굼벵이나 벌레 같이 생긴 밥이라고 낯설어 한다. 조상 때부터도 안 먹고, 어머니 때에도 먹어보지 못한 것이라고 한다. 그들의 주식은 마와 같은 구근문화임을 알 수 있다. 그런데 가믄장아기가 추나록쌀(찹쌀)31)과 같은 새로운 쌀 문화를 가지고 들어간다. 마치 〈탐라국건국신화〉에서 사냥을 해서 먹고 살던 3신인에게 벽랑국으로부터 온 3여신이 찾아오고, 그들이 가져온 오곡 종자로 농사를 지어 먹고 살게 된 내력과 유사하다. 마퉁이 형제가 사는 곳은 원시 수렵채취 사회인 듯하고, 가믄장아기는 곡식(쌀) 위주

---

27) 진성기, 『제주도무가본풀이사전』, 민속원, 김계림본, 1991, 100쪽.
28) 제주대 한국학협동과정, 『이용옥 심방 본풀이』, 제주대 탐라문화연구소, 2009, 200쪽.
29) 허남춘 외, 앞의 책, 2013, 168쪽.
30) 허남춘 외, 앞의 책, 2015, 154-155쪽.
31) 현용준, 앞의 책, 172쪽.

의 청동기 이후 문명권에서 살다가 새로운 것을 가지고 가서 원시사회
에 충격을 준 셈이다.

　가믄장아기는 신문명의 도래자이다. 쌀 문화를 가지고 새로운 세상
으로 떠나가 그곳을 조금씩 바꿔 놓는다. 신문명에 대해 셋째 마퉁이는
유연한 태도를 보이고 그 밥을 먹어본다. 맛있다고 기뻐하니 두 형은
동생을 부러워하는 신세가 되고 만다. 가믄장아기는 부모에 효도하는
인물이자, 신문명을 받아들이는 셋째 마퉁이를 배우자로 삼는다. 만나
자마자 첫날밤을 함께 지낸 가믄장아기는 셋째 마퉁이를 목욕시키고
새 옷을 입히는데, 신문명의 두 번째 증거물은 셋째 마퉁이에게 입힌
그 '옷'이다.

> 줄누비 바지에 콩누비 저구리에
> 낙낙창신 코제비 보선에
> 외올망긴에 숫불리 당줄에
> 대염이 동곳에 삼백도리월통영에
> 한산모시 중치막에 막 출련
> 먼동 금동 대명천지 붉아 가난
> 낭군님아, 저 올레에 물팡돌에 강근에 사십서.[32]

> 남방사주 바지에 북방사주 저구리에
> 백농보선을 내어놓고
> 속속들이 입지시고 맹건 간망 출리시고 아찌시니
> 대장이 기상이 나는구나.[33]

---

32) 진성기, 앞의 책, 100쪽.
33) 장주근, 『제주도 무속과 서사무가』, 역락, 고대중본, 2001, 131쪽.

바지와 저고리를 입히고, 버선과 신을 신기고, 망건과 갓을 씌우고, 한산모시로 한껏 멋을 부린 셋째 마퉁이를 보고 큰 마퉁이가 신선인지 착각하여 "어딧 신선님이우꼔"[34)]이라고 말한다. 고대중본에서도 바지와 저고리, 버선, 망건, 갓 등이 유사하게 묘사되고 있다. 위에서는 신선의 기상이라 했는데 여기서는 대장의 기상이라고 한다. 양창보본에서는 서울 선비 같은 모습[35)]이라고 치켜세운다. 행전을 채우고 도포까지 입은 모습이 등장하기도 했다. 이런 행색은 〈칠성풀이〉의 '신랑치례' 사설과 유사하다.

> 칠성님으 호사치례 잔이 좃네
> 외씨같은 삼승보선 호추등을 받혀신고
> 명주바지 통행전으 남안포단 잡어 매고 …
> 머리를 바래보니
> 오일상 대상줄 대모관자 눌러씨고
> 벌연안에 쌍게타고 대리청에 들어 주점치고[36)]

저고리, 바지, 버선, 행전, 모자를 쓴 복식이 위의 셋째 마퉁이 모습과 유사한데, 〈삼공본풀이〉에서는 여기처럼 명주 비단이 생략되어 있다. 〈칠성풀이〉는 제주도의 〈문전본풀이〉 내용과 유사하다. 〈칠성풀이〉 첫머리에서 부부가 인연을 맺는 장면에서 '신랑치례'와 '신부치례', '신방치례'가 나오는데, 그런 내용이 〈문전본풀이〉가 아닌 〈삼공본풀이〉

---

34) 진성기, 앞의 책, 100쪽.
35) "시집 가그네 남편이라도 허여 주젱 흔 이복 앞언 간, 아이고 쏘곱에 그 읏터레부터 우이부터 알에깟 믄딱 입지고 행경 보선 다 치우곡 진양도폭 기우곡 머리엔 삼벡도리 진선양갓 딱 씌완, 올레에 떡 네노난 아이고 서울 선비로구나"(허남춘 외, 『양창보 심방 본풀이』, 제주대 탐라문화연구소, 2010, 163쪽).
36) 서대석, 『한국신화의 연구』, 집문당, 2002, 356-357쪽.

에서 발견할 수 있으니 제주도 본풀이의 육지 무가 영향을 가늠할 수 있고, 아울러 감물을 들인 갈옷을 입고 있던 마퉁이들에게 육지의 새로운 의복문화가 전래한 과정을 가늠할 수 있다.

신문명의 세 번째 증거물은 금 발견이다. 마퉁이 삼형제가 마를 파서 먹고 사는 현장을 가본 가믄장아기는 뜻밖의 상황에 맞닥뜨린다. 첫째 마퉁이가 파던 곳에서는 소똥이나 말똥이 그득하고, 둘째 마퉁이가 파던 곳에는 지네나 뱀, 짐승이 그득한데 셋째 마퉁이가 파던 곳은 다르다.

> 죽은 마퉁이 마 파난 딘 자갈이옌 줏어 데계분 게 봉강 흑 쓸언 보민
> 금(金)뎅이곡 봉강 보민 은(銀)뎅이곡 둥글둥글 나아온다.[37]

마 파던 구덩이 근처에 자갈이라 여기고 주워 던져버린 것이 있어 겉에 묻은 흙을 쓸어 보면 금덩이이고, 주워 보면 은덩이이고, 둥글둥글 나온다고 했다. 마퉁이는 금의 존재를 모른다. '내복에 산다'계 설화에서 마퉁이 대신 숯구이 총각이 등장하는데, 이 남성 그룹을 야장일을 하는 존재로 보는 것은 무리인 듯하다. 가믄장아기가 해준 쌀밥을 허겁지겁 먹으면서 '조상도 못 먹어본 것이라' 한 점을 두고, 오랜 세월을 지내면서 야장일에서 겨우 입에 풀칠할 수 있는 가난한 신분으로 전락하였다고 보는 것[38]도 애매하다. 서대석은 불을 사용하는 남성집단과 금을 찾아내고 제련방법을 아는 여성집단의 결합으로 철기문명을 개척하는 새로운 사회가 출현했다고 해석[39]하면서, 셋째 딸의 능력은

---

37) 현용준, 앞의 책, 173쪽.
38) 현승환, 「삼공본풀이」, 『제주신화 본풀이를 만나다』, 제주학연구센터, 2020, 198쪽.
39) 서대석, 앞의 책, 2011, 272쪽.

곧 금이 무엇인지 모르는 사람에 비해 문명사에서 한층 발전된 단계의 높은 문명을 가진 집단이라고 보았다.

마퉁이는 금의 용도를 모르고 그것이 시장에서 큰 돈과 바꿀 수 있는 것도 모른다. 쇠를 다룰 줄 아는 야장 문화를 가져온 존재는 가믄장아기이고, 마퉁이는 원시적 삶 속에 놓여 있고, 숯을 굽는 것도 단순한 산촌의 원시적 일로 보인다.[40] 그들은 전혀 다른 세상에 살고 있다. 가믄장아기는 문명의 장소에서 원시의 장소로 이동한 것이다. 자기가 살던 공간에서 축출되어 알 수 없는 곳으로 향하고, 재와 산을 넘는 그 과정은 시련이었지만 그녀의 존재를 성숙하게 변모시키는 우주적 공간으로의 이행[41]이다. 수난의 과정이지만 새로운 문명 전달의 임무를 수행하는 계기가 되기 때문이다.

〈수로신화〉에서 허왕옥이 비단과 염색문화를 가지고 도래한 고대문명 전래의 신격이듯이, 〈삼성신화〉에서 3여신이 오곡종자와 송아지와 망아지를 가지고 도래한 고대문명 전래의 신격이듯이, 가믄장아기는 쌀과 같은 농경문명과 금과 같은 철기문명을 가지고 도래한 고대문명 전래의 신격이다. 〈삼공본풀이〉 속에는 농경을 바탕한 신분제 계급사회의 배경과 야금술 역할이 반영되어 있고[42], 새로운 의복문화와 의례

---

40) 남성이 야장으로 등장하는 것은 후대의 일이다. 시간이 흐르면 여성영웅이 하던 일을 남성영웅이 하게 된다. 여성이 주인공인 이야기는 남성이 주인공인 이야기로 파생된다. 〈서동설화〉가 대표적이다. 앞에서 거론한 '탄소장자 설화'도 같은 부류의 것이다. 마를 캐는 아이가 숯을 굽는 아이로 바뀐 것인지, 숯을 굽던 야장이 그 속성을 탈각하면서 마를 캐는 아이로 바뀌었는지는 의문이다. 이것들은 여성보다 남성이 주체가 되는 이야기의 경우에 해당한다. 이야기의 내용이 바뀌지는 않았지만 무게중심이 바뀌었다. 여성은 비주체적이고 남성에 부속된 인물로 전락한다. 숯을 사용하여 쇠를 다룰 줄 아는 이 남성 주인공은 바로 야장이고 철기문명의 주체이며 고대국가 건설의 주인공으로 이어지기도 한다. 이런 시차를 읽어야 한다.

41) 김미숙, 「〈삼공본풀이〉에 나타난 공간의 의미」, 『구비문학연구』 25, 한국구비문학회, 2007, 429쪽.

가 시작된 시기의 문명을 반영하고 있다. 가믄장아기는 세련된 문명의 창시자 자격을 갖는다. 그래서 문화영웅적 면모를 획득하고 있는데, 우리는 가믄장아기의 능동성만 추켜세우고 있다.

허황옥이나 3여신은 자신의 출자처로 돌아가지 않는다. 1차공간에서 2차공간으로 이동하였을 뿐이다. 그런데 가믄장아기는 눈먼 부모를 만나기 위해 맹인잔치를 열고 출자처와 소통한다. 맹인잔치 부분은 나중에 덧보태진 흔적이다.[43] 가믄장아기의 자비와 배려의 마음을 강화시켜 나타내기 위한 새로운 장치로 〈심청전〉에 있던 부분을 덧보탠 것 같다.

4) 공존

〈삼공본풀이〉의 첫 대목은 그냥 지나쳐버릴 수 있는데, 거지들을 위한 마을 사람들의 미담으로 시작된다. 가믄장아기의 아버지인 강이영성이서불은 윗마을 웃상실에서 살고, 어머니인 홍운소천궁에궁전궁납은 아랫마을 제상실에 살았는데, 아래쪽이 풍년이 들면 강이영성이 얻어먹으러 내려가고, 위쪽이 풍년이 들면 홍운소천이 얻어먹으러 올라간다고 했다. 오르내리다 둘이 만나 결혼하고도 너무 가난하여 남의 품팔이를 하고 사는 신세다. 그런데 이 상황에서 임신이 되어 첫 아기

---

42) 현승환, 앞의 책, 14쪽.

43) 『삼국유사』를 보면 후반부의 이야기가 애초부터 존재한 듯도 하다. 금이 구름처럼 쌓이자 용화산 사자사 지명법사에게 금을 보낼 계책을 물으니, 법사의 신통한 힘으로 하룻밤에 신라 궁중으로 실어다 놓았다. 진평왕이 그 신통한 변화를 감탄했고, 서동은 이로부터 인심을 얻어 왕위에 올랐다(『삼국유사』 권2, 기이, 무왕조). 이를 보면 신부의 집안으로 금을 보내거나, 신부의 부모를 위한 쓰임으로 부를 나누는 화소가 있었던 듯하다. 〈심청전〉처럼 바뀐 것은 후대의 일로 보인다.

를 낳게 된다.

> 일가방상(一家親戚) 엇어지고 먹을 쏠 입을 옷 엇어지난, 동네에서 풀쌍
> ㅎ댄 은(銀)그릇에 フ를(粉)을 카다 멕연 살려주난 은장아기로 일름 삼제
> (三字) 지와놓고44)

> 쳇자는 은장애기가 솟아나고
> 둘차는 놋장애기가 솟아나고
> 셋자는 감은장애기가 솟아나니
> 동넷집에서 밥 주라고 그릇에 밥을 아자다 주어서
> 그릇 아니 촛아가고 불쌍하다고
> 근근히 생활을 ㅎ는 중애45)

친척도 없고 먹을 쌀과 입을 옷도 없는 상황에서 아이를 낳으니,
동네 사람들이 불쌍하다고 은그릇에 가루를 타다가 먹여 살려주었다
고 하고, 그래서 첫째 이름이 '은장아기'가 되었다고 했다. 각 마을 거지
를 마을 사람들이 챙기는 일상이 나타난다. 고대중본에서는 밥을 가져
다 주고 아예 그릇째 내주었다고 하면서, 그릇에 연유한 세 딸 이름의
내력과 함께 마을 사람들의 미담을 소개하고 있다.

> 밥 빌어당 죽 써 먹어간다
> 아긴 베연 놈이 집 쉐막에서
> 아기 나난 동네 사름덜이
> 불쌍허덴 헤어근 은그릇에 밥을 떠단 주난에, 아기 이름이 은장아기
> 지왓구나46)

---

44) 현용준, 앞의 책, 168쪽.
45) 장주근, 앞의 책, 125쪽.

　　동네에 사름덜, 동녕바치, 아이 낳젠, 은그릇에 모물 축베기 허여단 준
것이,
　　은장아기 이름 셍명 지와간다.[47]

　밥을 빌어다가 죽을 쑤어 먹는 신세인데, 임신이 되어 아이를 낳는
데 그 장소가 남의 집 외양간이다.(서순실본) 이용옥본에서는 거지부부
가 아이를 낳자, 동네사람들이 메밀수제비를 해다 주었다고 했다. 가루
를 타다 주거나 죽을 쑤어 주거나 밥을 해 준 것만이 아니다. 제주도에
서 산모는 미역국과 함께 메밀수제비를 믹어야 붓기가 빠지고 산후조
리가 잘 된다고 여겼다. 그래서 동네사람들이 산모를 위한 특식을 제공
하였다는 미담까지 등장하고 있다. 그리고 동네사람들의 선행은 은장
아기에 그치지 않고, 놋장아기와 가믄장아기까지 이어 나간다. 가믄장
아기는 동네사람들이 검은 나무바가지에 음식을 제공하여서 붙여진
이름이었다.
　예전 삶은 이러했다. 동네에 거지가 있거나, 장애우가 있거나, 지능
이 모자라는 바보가 있더라도 거두어 먹였다. 동네에서 그런 사람들이
굶어 죽거나 겨울에 얼어 죽으면 수치로 여겼고, 그런 일로 손가락질
당하지 않기 위해 애썼다. 동네 잔치나 장례 등 일손이 필요한 곳에는
이런 사람들이 궂은일을 도맡아 했고 그 대가로 남는 음식을 챙겨주었
다. 그들은 결코 놀림과 배제의 대상이 아니었다. 그들도 당당한 마을
의 일원으로 대우했다. 이것이 중세 공동체 삶의 모습이다. 약자를 배
려하고 공존하는 방식이었다. 〈삼공본풀이〉 서두에는 이처럼 아름다
운 풍속 하나가 우리의 마음을 일깨운다.

46) 허남춘 외, 앞의 책, 2015, 150쪽.
47) 제주대 한국학협동과정, 앞의 책, 192쪽.

셋째 가믄장아기가 태어나고부터 거지부부의 형편이 펴지기 시작하더니 천하 거부로 살게 된다. "저는 전상차지로 인간의 나왓으니 부모님이 부자로 살게 된 것도 제가 잇기 때문이엿습니다."[48]라고 가믄장아기가 술회하는 것으로 보아 태어날 때부터 신적인 능력을 가진 인물이었다. 그렇게 부자로 살자, 부모는 세 딸을 불러 누구 덕에 먹고 사냐고 묻는다. 대부분의 이본들이 비슷한 대답을 내놓고 있어 하나만 인용해도 되지만, 이야기 흐름의 실상을 깊이 들여다보기 위해 풍부하게 인용해 본다.

> "큰딸아기 이레 오라. 은장아기 너는 누게 덕에 먹고 입고 행우발신(行爲發身)ㅎ느냐?" "하늘님의 덕이웨다. 지애(地下)님의 덕이웨다. 아바님도 덕이웨다. 어머님도 덕이웨다."[49]

> "야, 은장아기야, 너는 누구 덕에 먹고 입고 행공발신(行動發身)헤여 사느냐." "하, 하느님도 덕입네다 지에님, 덕입네다마는 아바지 어머님 덕으로, 먹고 입고 행공발신 헤연 살암수다." 놋장아기도 "하느님도 덕이고, 지에님도 덕이고, 아바지 어머님 덕입네다."[50]

> 는 누게 덕에 사느냐
> 하늘님의 덕이우다
> 지애님의 덕이우다
> 아방왕의 덕이우다
> 어멍왕의 덕이우다.[51]

48) 아끼바·아까마츠, 『조선무속의 연구』 상, 동문선, 1991, 271쪽.
49) 현용준, 앞의 책, 169쪽.
50) 제주대 한국학협동과정, 앞의 책, 193-194쪽.
51) 진성기, 앞의 책, 97-98쪽.

은장아기와 놋장아기의 답은 거의 똑같다. 그런데 아버지와 어머니의 덕을 말하기 앞서 '하늘님과 지애님의 덕'을 선창한다. 놀랍지 않은가. 은장아기와 놋장아기는 쫓겨나는 가믄장아기를 만류하고자 하는 부모님의 전갈을 왜곡하게 전하여 천벌을 받은 존재인데도, 누구 덕에 먹고 사느냐는 물음에 한결같이 '하늘과 땅의 덕'을 말하고 있다. 근대를 살기 이전 당시 이 땅의 인간들은 이처럼 한결같은 마음이었을까. 당연히 그렇다. 자연은 인간을 유익하게 하기 위해 마구 가져다 써도 좋다는 서구적 근대의 사고와는 달리, 동아시아에서는 인간과 자연을 유기적인 존재로 보았고 자연의 은공을 고마워하고 존중했다. 하늘의 햇빛과 비, 땅의 자양분, 그리고 그 사이에서 자라는 숱한 식물과 동물 덕에 인간이 생존하고 있다는 생각을 하고 있었다. 그래서 천지 자연만물을 존중하고 대등하게 화합하였다. 인간도 그 천지만물 중 하나이지 결코 지배하고 군림하는 존재로 여기지 않았다. 그러니 자연만물을 배려하는 마음속에 천지자연의 공존은 당연한 것이었다.

근대를 맞이하기 이전의 우리네 삶이 천지자연의 공덕을 우선으로 여기고 살았다면, 그 다음은 주변 사람들의 공덕을 저버릴 수 없는 것이 아닌가. 가믄장아기와 두 언니가 태어날 때, 거지부부가 마을사람들에게 지은 신세를 염두에 둔다면 가믄장아기의 거지 잔치는 어쩌면 인간의 도리인 셈이다. 거지 잔치는 물론 거지 부모를 만나기 위한 것이 1차 목표이긴 하지만, 잔치의 의도를 세심히 들여다보면 거지들 전체를 위한 배려가 담겨 있다.

"우리가 흔번 혼례를 헤 봐수강. 예도 안 헤봐시난, 우리 잔치나 헙주."
"경 허주게" "잔치를 헤뒈 잘 먹고 잘 씌는 사람덜랑 불렁, 밥을 멕여도 불쌍허덴 아넵니다. 착허덴 아녀곡, 그자 얻어먹는 게와시, 동냥바치 잔치

나 혜영 동녕혜그네 먹으러 뎅기는 게와시 잔치나 헙주," "경 허주" "경
헨, 그냥 종덜 불러놓고 게와시 잔치허젠 허난, 아이구 얻어먹는 사람덜은
올레로 들어오멍 앚이민 머 잘 멕이곡 혜연 잘 혜영 보네곡,"52)

셋째 마퉁이와 가믄장아기는 어려운 시절 혼사를 생략하고 부부가
되었으니, 부자가 되어 넉넉해진 마당에 혼례를 대신한 잔치를 계획한
다. 잘 먹고 잘 쓰는 사람들은 대접을 해도 고맙다고 여기거나 착하다
고 여기지 않을 것이니, 거지들을 위한 잔치를 하겠다고 작정하고 거지
들을 잘 먹이고 잘 해 보내겠다고 한다. 부모의 빚을 자식이 대신 갚는
모습이고, 베풀고 보답하는 이치를 구현하고 있다. 가난한 부모 밑에서
태어나 굶어죽을 수도 있었는데, 마을사람들의 배려로 살아남은 것은
세 딸에게 미친 공덕이니 가믄장아기는 자신의 빚을 갚는 것이기도
하다. 마을사람들이 베푼 은혜를 보답하는 이치다. 공동체를 배려하는
정신 속에 공존의 틀이 확연하다.

신문관고 내여놓고 석돌 열흘 벡일 게와시 잔치를 허여 가니 일천 게
와시(一千乞人)가 모여 든다. 일만 게와시가 모여 든다. 돈 그린 게와시
돈을 주고, 밥 그린 게와시 밥을 주고, 물 그린 게와시 물을 주어, 설돌
열흘 벡일 만엔 할망 게와시와 하르방 게와시가 흔 막뎅이 지프곡 허연
들어온다.53)

게와시 잔치를 하는데, "돈 그리운 거지는 돈을 주고, 밥이 그리운
거지는 밥을 주고, 물 그리운 거지는 물을 주며" 거지들의 요구를 채워
나간다. 마치 "믈 그린 새라근 물 주며 드리자. 쏠 그린 새라근 쏠 주며

---

52) 허남춘 외, 앞의 책, 2010, 164쪽.
53) 현용준, 앞의 책, 174쪽.

ᄃ리자. 돈 그린 새라근 돈 주며 ᄃ리자."54)라고 노래하는 '새ᄃ림'의 가사와도 유사하다. 배고픔과 갈증을 달래주어서 우리 인생의 가장 심각한 문제(邪)를 풀어내려는 '새ᄃ림'과 대비해 본다면, 우리 사회의 가장 심각한 문제인 가난과 배고픔을 해결하고자 하는 의지가 드러난다. 그때나 지금이나 사회 빈부 격차는 큰 고민거리였고 마을사람들이 함께 고민하여 풀어갈 문제였다. 예전에는 그 문제를 마을사람 스스로가 감당하였다. 마을사람들이 거지를 거둬 먹였고, 가난에서 탈피한 민중은 다시 거지를 위한 향연을 베풀어 배고픔을 달래주었던 장면이 바로 〈삼공본풀이〉의 거지잔치 대목이다.

"우리가 천하거부로 잘 살게 되었으니 이제 삼읍(대정현, 정의현, 목안)의 모든 얻어먹는 사람들을 모아 걸인잔치를 하자"55)고 가믄장아기가 제안을 한다. 부자의 처지에서 거지를 챙기고 있는데, 그 저변에는 과거 거지였을 때 마을의 베풂에 대한 보답이라는 심정이 깔려 있다. 가믄장아기가 셋째 마퉁이에게 거지잔치를 하자고 청하면서, "우리가 우리만 잘 먹곡 잘 쓰민 뒙네까? 얻어먹는 게와시덜 걸인 잔치허영 우리도, 멕이는 것도 공덕이니, 영협주."56)라고 하는데 함께 잘 먹고 잘 사는 사회를 그리는 당대 제주도민의 이상향이 환히 제시되고 있다. 그러면서 가난 구제의 공덕이 사회적 미덕임을 강조한다. 거지를 위한 잔치가 동네 단위로 이루어지는 것이 아니라, "전국 방방곡곡 얻어먹는

---

54) 위의 책, 55쪽. 초감제 대목. 여기서 본래 사인데 새(鳥)의 뜻으로 쓴 것이라 했다. '새'를 사(邪)로 보고 있다. 그리고 'ᄃ리자'를 '쫓다'로 해석한다. 사가 새로 쓰였다 하더라도 'ᄃ리자'를 쫓아내자로 해석하는 것은 왠지 어색하다. "물이 그리운 새는 물을 주며 쫓아내자?" 여기서 'ᄃ리다'는 '달래다'로 보아야 한다. 그래야 선신이건 악신(惡神)이건 잘 달래 보내는 우리의 신관념에 맞다. 이것을 이객환대(異客歡待)라 한다. 그래야 물 그리운 거지를 물 주며 달래는 상황과 부합하게 된다.

55) 진성기, 앞의 책, 101쪽.

56) 허남춘 외, 앞의 책, 2009, 202쪽.

게와시덜 멩인(盲人) 잔치를, 석둘 열흘 벡일만 열어게.”57)라는 대화에
서 알 수 있듯이 넓은 지역의 가난을 구제하고 있고, 거지잔치의 기간
이 100일 정도로 길게 베풀어지고 있다는 점이 특이하다. 신화의 맥락
상 ‘두 이레 열나흘’ 혹은 ‘석달 열흘’이 상투적으로 등장하여 장시간
주변을 위해 베푼다는 말일지라도, 가난 구제를 길게 오래도록 해야
한다는 사회적 책무를 덧보탠 말이라 하겠다. 배려와 공존의 정신이
확연하다.

이상 본풀이의 첫 대목에서 동네사람들이 거지부부를 걷어 먹이는
장면에서 소외계층을 배려하는 마음과 공존의 정신을 찾았고, 은장아
기 놋장아기와 같은 악인형 인물일지라도 자신이 이 세상 천지자연의
도움으로 살고 있다고 고백하는 말 속에서 자연과 공존하는 정신을
만났고, 마지막 부자로 살면서 거지잔치를 여는 대목을 만나면서 부자
의 책무가 가난한 사람의 구제에 있다는 공존의 정신과 하층민에 대한
배려를 만나게 되었다. 단순한 서술 속에서 만나게 되는 당대 사람들의
인생철학은, 근대 양극화의 극단 속에서 신음하는 사회적 문제를 환기
시키며 미래적 대안까지 돌아보게 한다.

5) 결

〈삼공본풀이〉 사건 전개의 가장 큰 발단은 ‘누구 덕에 먹고 사냐’는
질문에 대한 가믄장아기의 대답으로 시작되었다. 가믄장아기는 자신
의 음부 덕에 먹고 산다고 했고, 그 진의를 살피니 풍요의 여성성과

---

57) 허남춘 외, 앞의 책, 2015, 158쪽.

연관되고, 생업의 수호신으로서의 면모도 있지만, 그녀의 다양한 행적을 통해 운명의 신, 인연의 신으로 좌정한 면모를 강하게 풍긴다. 가믄장아기의 능력은 음부의 여성성에 국한하지 않는다. 부모에게 자신의 능력으로 잘 먹고 잘살고 있다고 당당하게 밝히는 여성으로서의 주체성, 집에서 축출당하고 나서도 운명에 굴복하지 않고 새로운 삶을 찾아나서는 진취성, 마퉁이가 모르는 금을 발견하여 부를 취해가는 지혜력, 쫓겨난 운명이지만 자신을 쫓아낸 부모를 다시 만나 품어주는 포용력 등이 작용하여 가믄장이 운명개척의 여신이 되는 것이다.

이 논문의 목차는 2장이 운명이고, 3장은 문명이고, 4장은 공존인데, 신화의 시대적 특성으로 살피면 '중세성—고대성—원시성'의 역순으로 꾸며진 것이다. 즉 인간의 운명에 대해 관심을 가진 것은 퍽 오랜 것이었지만, 본고에서 다루는 스스로 운명을 개척하는 주체적 삶에 관한 것은 중세적 질서와 연관이 된다. 그리고 마와 같은 구근을 파서 먹는 삶에서 쌀밥을 먹고 쇠를 중시하는 문명으로의 이동은 고대국가 건설기의 질서와 연관된다. 마지막으로 배려와 공존의 삶은 오랜 과거부터 중세까지 지속적으로 중시되는 삶일 테지만 그 근본적 토대는 원시공산사회의 질서와 연관된다고 보았다. 가장 강렬한 주제를 2장에 배치하고 희미해진 주제를 4장에 배치한 셈이다.

중석기시대에 지구에 찾아든 소빙기라는 시련과 함께 뉴런의 혁명이 있었고, 이와 함께 인간의 사고는 큰 변화를 보여 눈에 보이지 않는 거대하고 초월적인 힘을 가늠하게 되었고 이때 신의 탄생이 이루어졌다. 중석기를 끝내고 농경과 목축으로 생업의 안정을 가져온 인간은 세상의 질서를 자연의 신이 좌우한다고 생각하기 시작했다. 신석기시대 인간은 신의 의지에 기대어 살면서, 하늘에서 정한 운명과 절대적 힘에 순종할 수밖에 없었던 시대를 지냈다. 신석기시대에서 고대로 이어지는 긴 시간 동안 하늘과 왕권의 절대적인 힘에 의지하고 안전과 풍요와 행운을 비는 타력신앙을 신봉하였다.

그러나 중세에 찾아든 보편주의 종교는 신을 믿고 따라서 얻는 것도 있지만, 자신이 스스로 자신의 운명을 결정지을 수 있은 힘이 있다고 가르치면서 자력으로 운명을 바꿀 수 있음을 강조했고, 그런 자력신앙이 널리 퍼졌다. 정해진 운명에 순응하는 이야기에서 운명을 바꾸는 이야기로 이행하고 있다. 이 시기 기존 전통종교에도 자력신앙의 세례가 퍼지게 된 것 같고, 〈삼공본풀이〉 속 가믄장아기의 행적에서 운명을 스스로 개척하는 자력신앙의 전범을 찾을 수 있다. 이 운명신의 주제가 〈삼공본풀이〉의 가장 표피를 장식하고 있다. 신화 지층의 겉면이라 보면 좋겠다.

이보다 앞선 시기의 삶, 즉 원시에서 고대로의 전환기적 삶도 아래쪽 지층에 남아 있다. 마퉁이와 같이 마 즉 구근을 캐서 먹고, 쌀이 무엇인지 모르고 쌀밥을 벌레 같은 밥이라고 하는 원시적 삶 속에 가믄장아기가 찾아간다. 미지의 땅에 농경문화를 가지고 가서 고대국가 개국의 기반을 마련해주는 문명의 전파자 역할을 하고 있다. 〈삼성신화〉 속 3여신과 같은 역할이라 하겠다. 고대문명의 요체는 농경과 비단과 염색과 철기 등이다. 그녀는 고대문명이 지닌 의복문화도 소개하고, 금을 알아보고 그 가치를 확대하는 철기문명의 도래자 역할을 보여 준다. 가믄장아기의 행로에는 미개의 장소에 고대문명을 가지고 간 문화영웅으로서의 면모가 감추어져 있다.

4장에서 다룬 삶의 내용은 다음과 같다. 본풀이의 첫 대목에서 동네 사람들이 거지부부를 걷어 먹이는 장면이 있었다. 둘째 대목에서는 은장아기 놋장아기와 같은 악인형 인물일지라도 자신이 이 세상 천지 자연의 도움으로 살고 있다고 고백하는 장면이 있었다. 마지막 대목에서는 부자로 살면서 거지잔치를 열어, 가난한 사람을 구제하는 책무를 저버리지 않는 장면이 있었다. 소외계층을 배려하는 인간 공존의 정신, 인간과 자연이 공존하는 정신을 만나게 되었다. 이런 공존은, 함께 생산하여 분배하는 원시공산사회의 미덕으로 출발하였을 것이다. 계층이 분화되기 이전의 공동체적 삶이 배태한 공존의 정신은 고대국가 건설기의 힘의 경쟁과 중세적 신분제 속에서 상처 입게 된다. 원시적 대등의 삶이 고대국가 건설 이후에는 차등의 삶으로 바뀐 중대한 변화를 우리는 읽어야 된다. 그래서 이 주제의식은 〈삼공본풀이〉 지층의 가장 밑면에 자리 잡으면서 그 실체가 미미하게 되었음을 알아차려야 한다. 그러나 큰 줄거리의 무게에 눌려 있으면서도, 거지를 배려하고 자연을 배려하는 원시적 공존의 정신은 고개를 내밀고 있었다. 마을의 열등한 인물을 마을사람들이 챙겨주는 정신은 면면히 이어졌고 인간의 도리를 지키는 전통은 중세를 지나 근대 이전의 서민적인 삶 속에 고스란히 남아 있었다. 지금 와 생각하니, 이 가장 지층의 밑면을 차지하는 정신이 본풀이 속에서 가장 값진 것이 아닐까. 지나친 경쟁과 사회적 양극화와 독식 구조의 현대사회가 다시 만나야 할 정신세계는 바로 '배려와 공존'의 가치일 것이다. 그래서 목차의 가장 뒤에 두고 그 의미를 강조하고자 했다.

꿈의 3층위처럼 〈삼공본풀이〉는 주제의 3층위를 지니고 있었다. 겉은 우리의 시대와 가장 가깝게 만나는 주제로, 스스로 운명을 개척하도록 일러 주었다. 중간은 인간이 원시적 무질서에서 질서를 갖추어가고 제도와 문명을 받아들이는 것이 중요함을 일깨워 주었다. 가장 안쪽은 인간이 인간끼리, 인간이 자연과 어떻게 어우러져 살아야 하는가 하는 근본적인 삶의 방식을 일깨우고 있었다. 인간이 스스로 운명을 개척할 수 없는 경우는 주변 인간의 보살핌으로 살아갈 수도 있음을 여운으로 남겨 놓기도 한다. 남의 보살핌으로 살다가도 스스로 운명을 개척할 수 있는 계기가 인간에게 있음을 알려주기도 한다. 궁극은 자타의 삶이 늘 계기적으로 연결되고 있음을 확인할 수 있었다. 그러나 양극화의 현실 속에서 우리가 귀를 열고 들을 수 있었던 교훈은 저 밑바닥 삶은 누군가 보살펴 주어야 한다는 사실이었다. 본고는 가장 오래된 지층의 삶을 밝히고, 배려와 공존의 삶에 주목한 것으로 의의를 삼는다.

Ⅱ. 제주와 오키나와 신화

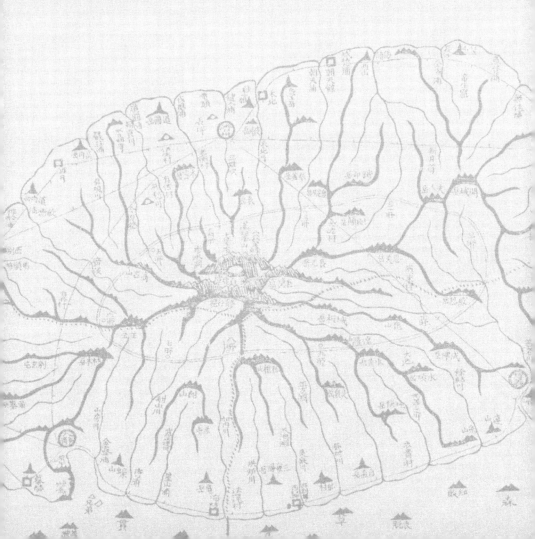

01. 제주와 류큐의 신화

1) 서

류큐(琉球)는 밝게 빛나는 유리구슬 같은 섬을 의미한다. 한때 해상을 통해 만국을 연결하는 가교가 되려 했던 류큐 왕국의 꿈이 있었다. 쇼타이큐왕(尚泰久王)에 의해 주조된 만국진량지종(萬國津梁之鐘, 1458)에 다음과 같은 글이 있다.

> 琉球國은 남해의 뛰어난 곳에 위치해 삼한(조선)의 문화적 전통을 뭉쳐 계승했고, 大明과 일본을 輔車脣齒로 삼아 상호 의존하고 있다. 그 사이에 솟아난 봉래섬이라. 배를 타고 만국의 가교 역할을 해 이국의 산물과 지극한 보배가 나라에 넘친다. (琉球國者 南海勝地而鍾三韓之秀以大明爲輔車 以日域爲脣齒在 此二中間湧出之蓬莱嶋也 以舟楫為万國之津梁 異産至宝 充満十方利.)

『수서(隋書)』에 처음 등장했던 류큐(流求, 636)는 더 이상의 기록이 없어 그 실체를 알 수 없다. 류큐 왕국은 15세기 동아시아를 잇는 중요한 국가로 부상했다. 중국에 조공하고 가까운 일본과 교통하였지만, 조선과도 깊은 관계를 맺고 있다. 『조선왕조실록』에는 류큐와의 교류가 437건이 기록되어 있다. 1389년에 추산(中山) 왕 삿토(察度)가 고려에 국서를 보내면서 우리와 연관을 맺는다. 1416년(태종 16)에는 류큐국 통신과 이예가 왜국에 잡혀갔던 조선인 44명을 쇄환하면서 공식적 접촉이 이루어진다. 이후 35회에 걸쳐 류큐에서 조공무역 사신이 파견된다. 그 중 25회에서 34회까지는 왜구 혹은 하카타 상인이 류큐 사신을 사칭한 것이었다. 1479년 요나쿠니에 표류한 제주 출신 김비의 일행이 류큐 왕국 여러 곳을 들렀던 기록은 제주와 류큐 교류의 상징이라 하겠다. 바다를 통한 제주와 류큐의 교류는 어떤 것이 있었을까. 표류와 귀환을 우선 떠올릴 것이다. 그리고 류큐 왕자 살해 사건도 있을 것이다. 어떤 교류가 있었고 어떤 관계를 설정할 수 있을까.

류큐에서 고려 청자 파편이 발견된 후, 새로운 가설이 제기되었다. 삼별초가 제주에서 끝난 것이 아니라 선단을 이끌고 류큐까지 내려왔다는 시나리오다. 류큐에서 출토된 기와에 '癸酉年高麗瓦匠造'라 했는데, 여기의 계유년은 바로 삼별초군이 진압되었던 시기와 일치한다고 보는 이케다(池田) 교수의 견해는 흥미롭다.[1] 13세기 류큐에 갑자기 큰 변화가 있었던 점을 동아시아적 역사 상황과 결부시켜 보려는 점이어서 흥미롭다. 하지만 결정적인 근거를 발견하지 못한 상황에서 삼별초의 영향을 단정할 수는 없는 처지다. 그런 중에서 인류학적·고고학적 근거를 들어 류큐와 조선과의 연관성을 논한 요시나리 나오키(吉成直樹)의 견해도 눈여겨 볼만하다.

그는 류큐 열도의 기층문화는 고립되지 않고 주변과 연관성을 지닐 것이라 상정하면서, 야마토(ヤマト)부터, 중국 화남(華南)으로부터, 남방 도서에서 북상, 조선반도로부터 남하 등의 루트를 말했다. 특히 수상장

---

1) 池田榮史, 「物質文化交流からみた韓國濟州島と琉球列島―高麗時代を中心として―」, 『琉大アジア研究』 2, 琉球大學法文學部アジア研究施設, 1998.

(樹上葬) 등 민속학적 측면에서 천상신 관념이 강했던 조선과 연관시키고 있고, 천신과 산신 관념도 유사하다고 보았다. 그리고 류큐의 보검 치요가네마루(千代金丸)와 조선의 사검(蛇劍)을 연관시키며 '首里-今歸仁-奄美-朝鮮'의 네트워크를 설정했다.[2] 다른 글에서는 아마미 군도 (奄美諸島)의 북단에 있는 기카이지마(喜界島)의 고고학적 발굴에서 8~12 세기 경 야광조개를 수출하고 철을 수입했던 사례를 들어 아마미(奄美) 에서 규슈(九州)와 大馬, 현해탄(玄海灘, 조선)까지 항로를 개척했고, 이때 (11c) 도쿠지 섬(德之島)에 '가무이燒'를 생산했는데 이는 고려 도기 기술 의 계보라고 했다. 기카이 섬(喜界島) 구스쿠에서는 조선의 백자와 청자 가 출토되었다고 한다.[3] 11세기 경 열린 이 교역로는 14세기 후반 왜구 루트가 되어 활발히 이용되었지만, 조선 루트에 규슈 상인이 개입하여 폐쇄되었다. 조선을 왕래하던 류큐 무역선의 항해 루트는 구주와 대마 도의 민간무역자와 왜구가 활동하는 무대였기 때문에, 류큐 측은 방침 을 바꿔 조선에 직접 무역선을 파견하지 않고 구주·대마도의 상인을 개입시켜 간접무역의 형태를 취하였다. 1431년 경 왜구에 의해 조선 노예 100여 명, 1456년에는 류큐인에게 팔려가 결혼하게 된 여성 노예 가 나하(那覇)에서 거래된 것을 보면[4] 무역로는 왜구에 의해 장악되었 고 류큐와의 관계는 상대적으로 소원해졌다고 하겠다.

지금까지 알려진 조선과 류큐의 관계 이전에 고려와의 교류를 가늠 할 수 있고 특히 한반도의 남단에 위치한 제주와의 관계는 앞으로 주목 할 부분이다. 제주와 류큐는 본토에 부속된 도서로서 중심부에 대한 주변부의 처지를 벗어나지 못하고 있다. 현재를 보면 과거를 알 수

---

2) 吉成直樹·福寬美, 『琉球王國と倭寇』, 森話社, 2006, 24쪽.
3) 吉成直樹, 『酒とシャーマン』, 新典社, 2008, 44-46쪽.
4) 高良倉吉, 『琉球王國』, 岩波書店, 1993, 98-101쪽.

있다. 현재 처한 현실이 유사하다면 과거에 경험한 것도 유사할 가능성이 높다. 우리는 현실적인 유사성으로 눈을 돌려야 한다. 그런 측면에 대해 일찍이 관심을 갖고 제주와 오키나와의 주변부성을 비교한 츠하 다카시(津波高志) 교수의 연구는 큰 의미를 지닌다.5)

제주와 오키나와는 국토의 최남단에 위치한 유명한 관광지이고, 아름다운 경관을 바탕으로 휴양과 보양의 땅이란 점이 매우 유사하다. 본토와 다른 독특한 민속이 있다는 점도 같고, 본토의 폭력 때문에 큰 희생을 겪었던 점도 같다. 그러나 무엇보다 주목을 요하는 것은 무속의 신화(구비서사시)와 의례가 살아 있다는 점일 것이다. 본토에서는 유교와 불교 같은 중세 이념에 의해 거의 사라진 고대적 사유와 의례와 문학이 변방 섬에 온전하게 전한다는 것은 큰 공통점이다. 근대화 과정에서 많이 파괴되고 있지만 아직도 그 무속적 전통이 고스란히 전하고 있다. 본고는 이 점에 주목할 것이다. 그리고 기록을 신봉하는 실증주의적 방법론을 반성하고, 기록을 보완할 수 있고 기록을 넘어서는 구비전승을 중시하는 태도를 취할 것이다. 아울러 신화의 변천과정을 추정하고 그것의 역사화 과정에서 어떤 변이가 있었는지 가늠하면서 신화의 다양한 스펙트럼을 분석할 것이다.

---

5) 津波高志 교수가 대표 연구자로 1998년부터 2000년까지 연구한 프로젝트다. 環東中國海における二つの周邊文化に關する研究－沖繩と濟州の'間地方'人類學の試み－(Research On Two Marginal Cultures Of The East China Sea Area : A Trial Model Of 'Interlocal' Anthropology Of Okinawa And Cheju Cultures.)

2) 신화의 원시, 고대 중세적 특성

지금은 제주와 오키나와로 불리는 이 지역에는 원래 다른 이름이 있었다. 탐라와 류큐였고 이 이름은 옛 국가의 이름이기도 했다. 탐라는 고대국가였다가 망했고 류큐는 중세국가였다가 망했다. 그 국가로서의 역사가 기록에 전하기도 하고 구전되기도 한다. 그 자체로 풍부할 텐데 본토의 기록에는 매우 미미하게 전한다. 탐라국에 대한 것은 〈고려사〉에 전하지만 고대국가로서의 권위를 인정받지 못하고 있다. 현대 교과서에서도 고대국가로서 인정받지 못하고 있다. 대한민국의 역사에서 탐라국은 전혀 언급되지 않고 있다. 철저하게 망각시킨 역사라 하겠다. 류큐국에 대한 역사도 일본사 속에서 온당하게 취급받지 못하고 있고 심하게 왜곡되어 있다는 점이 탐라의 사정과 같다. 둘은 그 자체로서 인정받아야 하고, 근대국가주의의 횡포에서 벗어나 독자적인 언어와 문화와 역사를 회복해야 한다.

오키나와에 살았다는 거인 아만추가 있다. '천인(天人)'이란 의미다. 그는 태고 적 하늘이 낮아 인간은 개구리처럼 엎드려 살았는데, 아만추가 인간을 불쌍히 여겨 양손과 양발의 힘을 다해 하늘을 들어 올렸다고 한다. 또 어느 때 태양과 달을 천평봉(天枰棒)에 매달아 놀다가 봉이 부러져, 그때부터 태양과 달이 멀리 떨어지게 되었다고 한다. 『오키나와 민화집(沖縄民話集)』에는 천지 사이가 좁았을 때 아만추메(あまんちゅめ)가 하늘을 들어 올렸다고 되어 있다. 창세신화의 흔적들이다.

이 거인 아만추 이야기는 아마미쿄(あまみきよ) 이야기와 뒤섞이게 된다. 그 명칭상의 유사성 때문이다. 오모로소시(10권 52번) 류큐 개벽의 이야기를 보면, 최초에 태양신(日神, てだこ)이 온 세상을 비추었는데 세상을 내려다보다가 아마미쿄에게 명령해 세상에 내려가 섬들을 만들

게 했고 후에 하늘나라 백성과 같은 사람이 살도록 했다고 한다. 이 비슷한 이야기가 『중산세감(中山世鑑)』에 전한다. 천제가 아마미쿠(阿麻 美久)를 불러 아래에 신이 머물만한 영처(靈處)가 있으니 내려가 섬을 만들도록 명령했다. 아마미쿠가 내려와 보니 영처로 보여 하늘로부터 토석초목(土石草木)을 받아 그것으로 섬을 여럿 만들었다. 아마미쿠는 하늘에 올라가 사람 종자를 받아 갔다.[6] 거인 아만추 이야기가 변질되긴 했지만 국토 창조의 맥을 잇고 있으며 인간 창조의 내용도 담고 있다.

『중산세감』에서는 천제(天帝)의 1남 1녀가 인간의 시조가 되었다고 했다. 다른 곳에서는 아마미쿄[혹은 아마미야(あまみや)]의 여신과 남신(し ねりや) 부부가 지상에 내려와 섬을 만들고, 3남 2녀를 두었다고 했다. 첫 아들은 왕이 되고, 2남은 아지(按司)가 되고, 3남은 백성이 되었으며, 1녀는 신녀(神女)가 되고 2녀는 무녀(巫女, のろ)가 되었다고 했다. 왕은 류큐를 3개로 분할하여 통치했다고 한다. 이는 산잔시대[三山時代]를 반영하는 변이라고 하겠다. 한편으로는 다카마노하라(高天原)에서 내려오는 아자나기와 이자나미, 즉 일본의 개벽신화를 연상하게 한다. 이런 것들에는 변이 양상이 두드러진다고 하겠다.

아마미쿄는 태양신의 명령을 받고 나라를 만드는 일에 나섰지만 자신의 자손을 퍼트리지 못하고 천계의 후예를 혈통으로 삼아 인간세계의 자손이 번성하게 되었다. 이를 두고 호카마 슈젠은 아마미쿄 위에 태양신이 자리하고 아마미쿄는 태양신의 명령을 받는 이런 신화 체계가 왕권강화와 연관된다고 했다. 즉 왕국의 이념을 만들어가는 쇼신왕(尚眞王) 시대란 역사적 시점에서 태양신이 위치하게 되었다는 해석이

---

6) 伊波普猷, 外間守善 校訂, 『古琉球』, 岩波文庫, 2000, 220-222쪽.

다.7) 아마미쿄는 천지창조의 신에서 국토 창조의 신으로 변모하고, 이제는 주신(主神) 태양신의 하위에 있는 선조신(從神)의 역할을 하는 쪽으로 변했다. 자신이 해결하지 못하는 것을 천상의 도움으로 해결한다는 것은 원래 있었던 것이 아니고 나중에 적절하게 덧보태진 것임을 알 수 있겠다.

이 신이 글(문자)를 가르쳐 주었다는 기록도 있어 단순한 거인만이 아니고, 문화영웅의 의미도 있고, 일설에 의하면 奄美人(あまみきよ)을 어원으로 갖고 있어 대륙 도래인과 연관된다고도 한다. 구마모토(熊本)에는 아만시야구마(あまんしやぐま)라는 거인 이름이 있어 규슈지역과의 연계성을 논하기도 한다. 내방신 전승과 거인 전승이 합하여져 그런 추정도 있을 법하다. 그러나 아만추는 '천지분리(天地分離)'와 연관된 기원신화로서의 특수성을 인정해야 한다.

『중산세감』(1650)의 阿摩美久(あまみきよ)도 혼자 천제의 명을 받아 하늘에서 내려왔는데, 하계는 바다뿐이어서 천제로부터 토석초목을 받아 많은 섬을 창조했다고 한다. 호카마 슈젠(外間守善)은 아마미야(あまみや)가 창세신인 아마미쿄가 있는 곳이고, 북쪽에 있는 조상신의 고향이라고 하면서 일본 본토와의 연관성을 논한다. 즉 규슈의 동남해안에 거주하는 아마베(海人部)와의 관계를 고려, 북방에서 점차 남으로 민족이 이동했다는 이하 후유(伊波普猷)의 학설에 동조하고 있다.8)

아마미쿄의 등장을 두고 오리구치 시노부(折口信夫)는 마레비토(まれびと)라 하면서 신이 우리에게 방문하여 기술과 작물 등 여러 혜택을 전해주고 간다는 내방신으로 보았다. '천인(天人)'은 이방인으로 니라이 가나이에서 오는 천혜(天惠)라고 했다.9) 북방에 있는 조상신의 고향은

---

7) 外間守善, 『おもろさうし』, 岩波書店, 1985, 65쪽.
8) 위의 책, 67-69쪽.

아마미야(あまみや)인데 수평적인 공간으로 사유된다. 아마미쿄는 이처럼 바다 먼 곳에서 온다고도 하고, 위에서처럼 하늘에서 하강하기도 하는 이중적 존재로 전한다.[10] 우리는 여기서 바다를 통해 오는 내방신에 주목해야 한다. 류큐에는 하늘에서 인간세계로 내려오는 수직적 타계관 이전에 수평적 세계관이 자리하고 있었다.

널리 알려져 있듯이 니라이 가나이는 풍요의 신이 출자하는 곳이고, 아울러 농경에 재액(災厄)을 가져오는 충서(蟲鼠) 등 해로운 것을 보내는 곳이다. 바다 저편에 있는 이상향으로 사유되는데 바다의 동쪽에 있다고 하고, 혹은 지역에 따라 남쪽, 서남쪽에 있다고도 한다. 오모로에 의하면 니루야(ニルヤ) 신은 수평이동을 하는 것으로 나타난다. 국왕이 축복을 빌면 화신(火神)이 매개하여 니루야 신에게 전하고, 신은 바다를 건너고 걸어서(혹은 走, 巡) 슈리(首里)에 나타난다.[11] 이런 수평적 이동의 사유가 보편적이었는데, 후에 왕권을 강화하기 위한 수단으로 천상계의 개입이 중요하게 되었고, 그래서 고대국가 형성기에는 천상계에서의 수직적 이동이 두드러지게 된다. 이런 시간적 추이에 따라 수평적 이동에 의한 신의 내방은 희박해지고, 혹은 신의 내방이 수직적 이동으로 바뀌게 되었고, 혹은 수직이동 뒤에 수평이동이 부가된 경우도 있게 된다.[12]

불 혹은 오곡종자 같은 인간에게 중요한 것이 바다 저편에서 온다는 니라이 가나이에 대한 시유는 남은 대신, 절대 권력을 지닌 영웅의 출현은 주로 천상계로 바뀐다. 그래서 아마미쿄 신화가 등장하고, 또

---

9) 松前健, 『日本の神々』, 中央公論新社, 1974.

10) 波照間永吉, 『琉球の歴史と文化』, 角川書店, 2007, 66-67쪽.

11) 위의 책, 142-143쪽.

12) 위의 책, 153-156쪽.

오보츠·카구라(ォボッ·カグラ) 신앙이 중요하게 부각된다. 오보츠는 天上의 신이고 왕권의 수호신인데 오키나와 본섬과 아마미(奄美)에 널리 분포한다.(宮古, 八重에는 없다) 아마미에는 지금도 오보츠 우타키(御嶽)가 있다. 이는 북방적 요소로 보인다.

야나기타(柳田國男)는 오보츠를 천상계로 해석하는 것을 부정하고 니루야(ニルヤ)의 오브(ォブ)는 신성지역으로 내방신이 가장 먼저 발을 딛는 곳이라 하여 수평적 이동을 논하였다. 그러나 호카마 슈젠은 오보츠(ォボッ)가 천상계 혹은 산악의 신성지역으로 오모로 사전(混効驗集)에 나와 있음을 근거로 "천상세계로 관념하는 오모로人의 세계관이 명확하게 반영되어 있다"고 하고, 민중과 촌락 레벨의 '우부·오부·오보'가 귀족과 국가 레벨의 오보츠(ォボッ)로 변천되었으며, 이 천계 사상은 오키나와 고유의 것이 아니라 중국의 도교의 영향 혹은 일본 신도의 영향을 받은 지식인이 왕권강화의 사상으로 키워나간 것이라 했다.[13] 역시 천상계와의 연관을 통해 왕권을 강화하려던 쇼씨(尚氏) 왕조의 의지가 반영되었다고 하겠다. 오보츠는 천신, 산신, 조상신이 얽혀 있다. 한국과 일본의 건국신화 속에도 이런 관념이 보편적이다. 산은 신이 내려오는 곳이고, 조상신이 탄생한 곳이다. 그래서 우타키와 같은 산악숭배 신앙이 북방에서 온 것일 가능성이 높다.

신의 출자(出自)를 살피면 시대의 흐름을 읽을 수 있다. 제주에서도 〈천지왕본풀이〉라는 창세신화가 있다. 혼돈의 시절 땅이 떡징처럼 갈라지고 개벽되는 장면이 나온다, 그 후 지상세계를 지금처럼 만든 거인신이 바로 '설문대할망'이다. 거대한 여신이 만물을 생성하고 많은 자식을 번성시킨 내용이 이어진다. 아마미쿄와 비슷하다.

---

13) 外間守善, 앞의 책, 61-62쪽.

이어서 여신이 지배하는 세상이었을 것이다. 여신은 땅을 상징하고, 여신은 그래서 지모신 혹은 대지모라 한다. 여성 영웅이 지배하던 세상은 어느덧 남성 영웅이 지배하는 세상으로 바뀌고 영토 전쟁에서 승리한 '고대국가' 건국의 주역이 등장한다. 남성 영웅이 등장하면서 그동안 세상을 지배하던 여성신은 남성신의 모계신으로 남게 된다. 신라 박혁거세의 어머니인 서술신모(西述神母), 가야 수로왕의 어머니인 정견모주(正見母主), 고구려 주몽의 어머니인 유화(柳花) 등이 바로 여성신들이다.

고대국가 건국주의 등장은 대부분 천상계에서의 하강으로 나타난다. 부족연맹을 이루고 있던 기존 세력을 진압하여 왕권을 공고히 하려면 하늘의 권위가 필요했다. 그래서 단군신화부터 건국주는 천상에서 출자한다. 그 이전 신의 도래는 어떠했는가. 바로 수평적 이동 혹은 땅속에서 용출하는 형태였다. 땅은 만물을 산출하는 근거지이고 어머니의 자궁과 같은 곳이었기 때문에 "유럽과 북미의 초기 창조신화는 최초의 인간이 식물처럼 대지로부터 솟아올랐다고 상상한다. 최초의 인간은 씨앗과 같이 지하세계에서 생애를 시작한다."[14] 제주의 3신 탄생신화는 그래서 땅에서 솟아나는 가장 원형적인 형태를 유지하고 있다고 할 수 있다. 그러나 지금 남아 있는 탐라국 건국신화는 〈고려사〉에 기록되어 있는데, '中有絶嶽 降神子三人'이라 하였듯이 산악에 신이 하강한 사유를 담고 있다. 중세 국가의 지배하에 놓이면서 제주신화도 땅에서 솟아난 것에서부터 서서히 하늘에서 내려온 것으로 변천하는 증거다.

탐라국 신화는 고대국가 형성기의 신화다.[15] 땅에서 솟아난 것을

---

14) 카렌 암스트롱, 『신화의 역사』, 문학동네, 2005, 51쪽.
15) 천강 화소가 고대국가 건설기 지배자의 신화라 한다면, 제주의 것은 이보다 앞선

위주로 하다가 중세에 하늘에서 내려온 사유를 은근히 덧보탰다. 류큐 국 신화도 고대국가 형성기에는 원형을 유지하다가 중세에 하늘에서 내려온 사유로 변하는 것 같다. 류큐 신화 속의 주인공은 애초 바다를 건너온 도래신 혹은 내방신의 성격이 짙었다. 제주의 3여신은 바다 먼 곳에서부터 출자한다. 그곳은 '벽랑국(碧浪國)' 혹은 '일본국'이라 한 다. 바다 먼 상상의 땅, 니라이 가나이와 같은 해양낙토에서 온다. 제주 의 탐라국 건국신화를 유추하면 류큐국 건국신화의 신비를 풀 수도 있을 것이다. 반대로 류큐의 원형을 살피면 제주의 신화를 해석할 단서 가 나오기도 한다. 그런 의미에서 둘의 비교는 매우 유효하다고 하겠다.

3) 고대국가와 중세국가

오키나와에는 아만추(あまんちゅ)나 奄美人(あまみきよ)가 있다. 미야코 의 시조는 땅에서 솟아났는데, 기소오와 후사소오 남녀신이 인류의 기원이다. 또한 미야코의 대표적인 창세신화는 하늘에서 내려온 여인 이 미야코 섬을 만들고 지상의 생물과 혼인하여 인물을 번창시켰다는 내용이 전하고 있다. 그러나 오키나와의 고대신화는 오모로소시(おもろ さうし)에 응축되어 있다.

1531년에 기록된 오모로소시 제1권 1장을 보면 키코에오키미(聞得大 君)를 칭송하는 내용이다. 키코에오키미는 국무이면서 동시에 신격이

시기 농경을 위주로 하는 신석기의 신화다(허남춘, 『제주도 본풀이와 주변신화』, 보고사, 2011, 127쪽). 그 원시적 신화 형태가 그대로 고대국가 형성기까지 지속된 것이 탐라국 건국신화다. 반면 다른 지역에서는 원시적 형태를 부정하고 새로운 세력이 나타나, 지배의 정당성을 주장하기 위해 天降神話를 조작해 냈다고 하겠다.

다. 태양신의 대리자가 된 키코에오키미가 국왕에게 나라를 다스리는 영력을 주는 국가적 의례를 통해 국가의 안녕과 국왕의 통치를 찬미하는 내용이다. 천상의 신격과 지상의 무격이 일치되면서 신성한 권능이 발휘되고, '국무-신격-왕' 등이 삼위일체를 이루면서 尙王朝의 권위를 내세우는 것이 이 신가의 성격이다.16) 하늘의 존재와 지상의 지배자를 연결시키되, 국무가 매개되는데, 무속적 사제자가 권력을 유지하고 있는 모습 속에 고대적 요소가 가득하다.17)

제주도와 오키나와의 굿이 소중한 이유는 문화적 시원성을 그대로 유지하면서 다른 지역에서 모두 거세되고 없는 것을 자체로 훌륭하게 전승하고 있으면서 생동감 있는 증거를 가지고 있다는 데 있다.18) 1차적으로 불교나 유교에 의해 파괴되고, 2차적으로 근대 문명에 의해 철저히 파괴되는 것이 대부분의 사정이라 할 때, 고대적 요소를 잘 지니고 있다는 것은 대단한 가치라고 하겠다. 오키나와가 가지고 있는 것이 독자적인 것이라면 큰 의미는 없을지도 모른다. 그러나 그것들이 과거 수천 년 전 인류가 지닌 보편적인 것들이었는데 그 보편 사유와 의례와 문학이 남겨 있다는 것은 중요한 가치를 지닌다.

---

16) 김헌선, 「동아시아 무속서사시 비교 연구」, 『동북아 샤머니즘 연구』, 소명, 2000, 82쪽.
17) 고대국가 초기에 祭政分離가 이루어지고 사제자보다 왕이 강한 권력을 갖는 쪽으로 변화한다. 신라 남해왕과 阿老의 관계가 그러했다. 류큐에서 オナリ신앙은, 남자가 세계를 지배하고, 여자(妹)는 남자를 수호하고 신을 모시는 신녀의 위치임을 알려준다. 古琉球에서는 神女(ノロ)가 왕보다 강대한 권력을 갖는다고 상상했으나, 쇼신왕 시대 키코에오키미 설치 이후 왕권 우위로 바뀌었다(吉成直樹, 앞의 책, 96-98쪽).
18) 김헌선, 「제주도와 沖繩의 내림굿과 본풀이 비교 연구」, 『비교민속학』 35, 2008, 100쪽.

(1) 고대 영웅서사시

오모로소시는 지금까지 고대국가 시기의 영웅서사로 논해져 왔다. 신자토 에이지(新里惠二)는 시대구분을 하면서 쇼하시(尙巴志)의 시대를 고대국가 시기로 못 박고 있다. 그 앞 시기는 '고대로 가는 과도기'와 '정치적 사회의 성립' 시기라고 했다. 다카라 구라요시(高良倉吉)는 10~14세기를 구스쿠 시대, 14세기를 산잔시대[三山時代], 그 다음을 제1 쇼씨(尙氏) 왕조와 제2 쇼씨 왕조로 나누고, 10세기에서 사츠마의 침입을 받는 17세기 초까지를 '古琉球'라 했다. 고대와 중세를 엄격히 구분하지 않고 있지만 역시 10세기 이전을 선사시대라고 한 것과 1609년 이후를 근세 류큐라고 한 사이에 '古琉球'가 위치한다.[19] 이 시기는 고대와 중세의 두 시기를 뭉뚱그린 시대구분이라 하겠다.

호카마 슈젠은 13세기 후반 활약한 에이소(英祖)와 14세기 중반 활약한 삿토(察度)의 시대를 두고 "철기 농기구를 확산시켜 농업생산의 혁명을 가져왔다. 당시 고대사회에서 쇠로 만든 농기구는 생산력을 비약적으로 높였으며, 쇠의 전설과 얽혀 있는 에이소와 삿토는 무력으로 승리를 거두었을 뿐만 아니라 문화적 영웅이기도 했다"고 하여 고대 국가 건설기의 문화영웅시대로 보았다.[20]

오키나와 역사상 문학적인 영웅시대를 설정한다면 에이소(英祖)와 같은 아지(按司)들의 흥망(13세기 말)을 중심으로 고사마루, 아마와리의 멸망(15세기 중엽)으로 종지부를 찍었을 것이다.[21] 그 다음 시기는 쇼하시(尙巴志)에 의한 제1 쇼씨(尙氏) 왕조다. 호카마 슈젠은 해외와의 교역을 중시하고 외국에서 철을 구입하여 농기구를 만들어 농업생산력 증

---

19) 高良倉吉, 앞의 책, 40-42쪽.
20) 호카마 슈젠, 심우성 역, 『오키나와의 역사와 문화』, 동문선, 2008, 69쪽.
21) 위의 책, 78쪽.

대를 꾀했다는 공적을 들어 시대적 성과를 설명했다.

에이소(英祖)의 경우 젊은 시절에는 전쟁영웅이었고, 다음에는 불교와 문자를 받아들인 문화영웅이다. 에이소는 농민을 사랑하고 철제 농기구를 주어 농업을 진흥시킨 뜻을 주목할 수 있는데, 불교 등 문화를 바탕으로 백성을 아끼고 농업을 장려하였다는 것은 중세적 사유의 반영이기도 하다.22) 철기와 농업을 중시한 데에는 고대국가 시기의 잔영이 남아 있지만, 불교와 같은 중세 종교에 바탕을 둔 애민정신이 중심이라 하겠다. 그래서 에이소는 고대 영웅적 면모와 중세 영웅적 면모를 함께 지닌다고 하겠다. 삿토(察度)도 철기를 보급하는 영웅으로 등장하여 고대적 면모가 강하고 류큐 사회의 발전이 더딤을 알 수 있지만, 삿토 왕의 시절(1372) 처음 명과 조공 관계를 갖고 명실상부한 중세 국가에 편입되었는데도, 호카마 슈젠은 "오키나와 역사에 있어 문자의 유입, 철기의 사용도 원시사회를 벗어나 고대사회 탄생의 계기를 잉태"23)하였다고 하여 중세성을 보지 못하였다.

통일왕국을 연 쇼씨 왕조도 철기 수입과 농기구 보급을 중시한 흔적이 서두를 장식한다. 쇼하시(尚巴志)의 등장에는 〈사메카와오누시(佐銘川大主, 鮫川大主)ㅡ나와시로후야(苗代大比屋, 苗代大親)ㅡ사시키쇼아지(佐敷小按司)〉 3대의 이야기가 함께 동반된다.(『中山世譜』卷4, 尚思紹王 / 『中山世譜』卷4, 尚巴志王 / 佐銘川大ぬし由來記) 나와시로후야(苗代大比屋)가 쇼하시(尚巴志)의 부친이다. 구비전승에는 나와시로후야의 조부인 야구라우후누시(屋藏大主)와 증조부인 가미요자아지(上與座按司)가 등장하기도 한다. 가미요자아지는 난잔(南山) 구스쿠의 왕과 형제였는데, 형제간에 전쟁이 일어나 가미요자아지가 죽임을 당했다고 한다. 그래서 야구라

---

22) 外間守善, 앞의 책, 1985, 122-123쪽.
23) 外間守善, 앞의 책, 1985, 128쪽.

우후누시가 이헤야촌(伊平屋)에 도망 오게 되었다고 한다.24) 문헌에서
건 구비전승에서건 그 아들 사메카와오누시가 이헤야촌 이제나 섬(伊是
名島)에 주거하면서 농사를 짓고 크게 흥하여 주민을 돕는 등 존경받을
일을 하였고, 주민의 제사를 받는 존재가 되었다고도 했다. 그러나 섬
에 기근이 들고 소동이 일어나 결국 섬을 탈출할 수밖에 없는 상황이
되었다고 한다. 그는 '場天浜'에 와 그 지역 아지(按司)의 딸과 결혼하여
아들을 낳으니 그가 쇼시쇼왕(苗代大親, 尙思紹王)이다.

쇼씨의 조상은 남산의 왕과 형제였다는 고귀한 혈통을 지녔지만 투쟁
에서 패배하여 본거지를 떠나게 되고, 다시 정착한 곳에서 크게 인심을
사게 되지만, 기근과 소동이 있어나게 되자 다시 탈출을 감행하여 새로
운 땅에 도착하게 된다. 거기서 아지(按司)의 도움을 받고 그의 딸과
결혼하여 새로운 기회를 맞이하게 된다. '場天浜' 그곳은 문물이 드나드
는 항구인데 거기서 세력을 형성하여 드디어 왕에 오른다. 요나바루조
(与那原港)에 들어오는 철을 사서 낫과 삽과 곡괭이 등 농기구를 만들어
무상으로 백성들에게 제공하였다고 한다. 그런데 전쟁이 일어나자 이
농기구가 원동력이 되어 츄산(中山)·난잔(南山)·호쿠잔(北山)을 공격해
공멸시켰다고 한다. 농민에게 농기구를 무상으로 준 것이 하나의 전술
이었다는 전설이 전해 온다.25) '고귀한 혈통 – 탁월한 능력 – 기아 –
양육자 만남 – 투쟁에서 승리'라는 영웅의 일대기를 갖추고 있으면서,
그 주인공이 철기문명과 깊은 관계를 지닌 인물임이 확인된다.

철기문명과 연관된 고대의 흔적은 역시 구비전승에 강하게 남아 있
음을 알 수 있다. 제주도에서도 〈초공본풀이〉에 쇠철이가 등장하여

24) 原田信之, 「屋藏大主と鮫川大主-第一尙氏始祖傳說を中心に」, 『奄美·沖繩民間文藝硏
    究』 17號, 1994.
25) 原田信之, 「沖繩縣南城市佐敷新里 調査 原稿」, 2003(大正十年生, 男).

삼형제의 무구를 만들어주는데, 이것이 무조신이 지니는 철을 가공하는 능력 -제정일치 시대의 지배자의 공적을 드러내는 예라 하겠다. 역시 구비서사시에 담긴 내용이다. 제주의 내림굿과 유사한 것이 오키나와의 본다데(ぼんだて)인데 제주의 심방이 그러한 것처럼 유타가 집행하고 있다. 오키나와의 빙의의 말(神語り)에 오모이마츠카네(思松金)가 있는데, 주인공 이시쿤다 마루(石くんだ丸)가 자신의 출생의 비밀을 알아내고 하늘로 올라가 아버지 신(父神)에게 아들임을 인정받는 내용은 고대 영웅서사시의 흔적을 그대로 보여 준다. 그리고 아비 없는 자식이라고 놀림을 받는 대목, 꽃을 피우거나 꽃을 꺽어 오는 능력으로 시험을 통과하여 자식으로 인정을 받는 대목 등 전반적인 줄거리가 〈제석본풀이〉 혹은 제주의 〈천지왕본풀이〉와 유사하다. 미야코지마의 칸카카리야(유타)의 본풀이는 창세신화와 무조신화의 결합 형태인데, 둘은 "영웅적 일대기가 일치할 뿐만 아니라 인물의 구성에 있어서도 이 자료가 분간되지 않는다"[26]고 할 정도다. 고대적 신화의 자료가 의례를 통해 존속된 점이 제주와 같다. 이것들은 천계의 신과 지상의 왕권을 결부하는 북방계 고대국가 건설기의 영웅서사시에 보편적이다.

　그런데 호카마 슈젠은 〈오모로소시〉 1권에 오보츠(천상계) 신과 지상세계의 연관성이 특별히 강조되는 것은 "쇼신왕 무렵 중앙집권과 왕권강화의 시대를 반영한 신의 세계라 생각한다고 했다.[27] 그리고 이런 천계의 사상은 중국과 일본의 사상의 영향을 받은 지식인들에 의해 조장된 것이라 보았는데, 이것은 지어질 당시(15세기 말~16세기 초)의 사상의 반영이 아니라 이미 존재하고 있던 고대신화의 틀을 빌려 중세 왕권의 신성성을 강조하려던 흔적으로 보아야 한다. 오키나와에는 이

---

26) 김헌선, 앞의 논문, 89쪽.
27) 호카마 슈젠, 심우성 역, 앞의 책, 175쪽.

미 미미하게나마 고대 왕권이 형성되었던 것으로 보이는데, 그것은 강력한 통일 왕권에까지는 이르지 못하였고, 작은 폴리스 형태로 병존하였던 것으로 보인다. 그렇게 고대신화는 면면히 전해 내려올 수 있었던 것이다. 그리고 새로운 쇼 왕권은 민중에게 익숙한 고대신화에 의탁하여 자신들의 지배의 정당성과 왕권의 신성함을 드러내려 했던 것으로 보인다.

(2) 중세 영웅서사시

고대 영웅서사시는 주변부적 성격을 많이 갖추고 있으며, 그런 면에서 제주신화와 충분히 비교될 만하다. 그런데 중세 서사시는 중심부적 성격을 갖는다. 중세 왕실은 유교와 불교를 받아들이면서 중세화에 성공한 사례를 서사시 속에 드러낸다. 그래서 주변부를 머문 제주 구비서사시에는 중세 영웅서사시를 보기 힘들고, 대신 한국의 중심부 서사시에서 그 면모를 찾아야 한다. 류큐의 중세 영웅서사시는 그래서 중세의 중심인 조선의 〈용비어천가〉와 비교될 수 있다. 그러면 오모로소시의 중세적 특성을 찾아보고자 한다.

류큐 산잔 통일 왕조가 태어나기 전인 1372년 삿토(察度)가 명에 조공한 사실을 주목해야 한다. 삿토의 아들 부네이(武寧) 때 처음 중국의 책봉을 받았는데(1404) 이때 류큐는 이미 중세화의 길에 들어서 있었다. 중국을 중심으로 하는 중세보편주의의 역사가 류큐에도 적용이 된다. 쇼신왕 때에는 명에 조공을 2년에서 1년에 한 번으로 조정하면서 조공무역의 이익을 극대화하고자 했고, 불교에 귀의함과 동시에 민중을 사랑하고 조세를 가볍게 하는 중세적 국가 경영방식을 채택한 바 있다.

산잔시대로부터 제1 쇼씨(尚氏) 왕조와 제2 쇼씨 왕조에 이르기까지, 고대신화는 노로와 유타의 무속의례 속에서 면면히 흘러오고 있었다. 그런데 무속적 제의는 쇼신왕 무렵 서서히 궁중의례로 재편된다. 고대적 요소의 중세화가 외면에 존재한다. 오모로소시(おもろさうし)는 고대 영웅서사시를 모방한 중세 서사시라 하겠다. 국무인 키코에오키미는 왕을 축원하면서 국가안태와 해상안전, 오곡풍요를 기원한다. '류큐의 만엽(萬葉)'이라고 할 수 있는 오모로가 풍성하게 노래되었는데, 거기에는 류큐의 창세기, 왕과 영웅 찬가, 전쟁과 항해와 풍경과 일월성신이 있고 연애도 있다.[28)]

> 에이소 전쟁의 승리자는 훌륭한 분 / 밤마다 놀러 나오셔서
> 승리한 아지 / 언제까지나 영화를 누리소서
> 여름에 넘쳐나는 神酒 / 겨울에 넘쳐나는 御酒　　　　　오모로소시 12권

여기에는 농민 친애, 술과 놀이를 통해 태평성대를 찬미하는 중세성이 느껴진다. 고대신화가 하늘의 권위를 빌려 지배의 정당성을 주장하는 영웅의 일대기였다면, 중세의 신화는 백성과 농업과 평화를 주재하는 영웅을 그려낸다.[29)] 오모로소시는 고대 영웅서사시를 모방한 중세 영웅서사시다. 그런데 중세 서사시는 서사적 줄거리만 드러내지 않는다. 궁중 의식에 쓰이도록 새롭게 개편된 형식이다. 앞에서 이하 후유가 만엽(萬葉)의 노래를 예로 든 것은 오모로소시에 담긴 내용이 서정성

---

28)　伊波普猷, 外間守善 校訂, 앞의 책, 70쪽, 218쪽.

29)　조동일 교수는 〈광대토대왕릉비〉에 "하늘의 뜻을 땅에서 받들어 백성을 돌보아 농업에 힘쓰면서 평화를 구가하게 했다는 사연을 앞세워 중세보편주의의 이상을 나타냈다"고 했다(조동일, 『동아시아문명론』, 지식산업사, 2010, 43쪽). 백성과 농업과 평화의 이상이 드러나는 측면에서 오로모소시를 함께 주목할 필요가 있다.

을 짙게 드리우고 있다는 반증이다. 만엽가요는 역사와 사건도 있지만 대부분은 서정과 서경을 위주로 하고 있는데, 오모로소시도 서사성과 서정성이 교직되어 있다고 하겠다. 오모로는 창하는 기원의 문학에서 노래하는 서정의 문학으로 가는 중간에 위치하여 기원에서 서정으로 가는 중간 역할을 한다고 하면서, 오모로의 후기에는 서사적 가요에서 서정적 가요의 류카(琉歌)로 이행해 간다고 정의되기도 했다.30) 이처럼 류큐의 학자도 오모로의 서사성을 언급한 바 있다. 하지만 오모로는 궁중 의식요로의 기능을 위주로 하기 때문에 빈약한 서사성을 드러내기 마련이다. 오히려 제의 주변이나 제의 밖 설화에서 풍부한 신화를 발견할 수 있다.31) 오모로는 단형의 에피소드의 결합이다. 그래서 그것은 조선왕조의 〈용비어천가(龍飛御天歌)〉와 유사한 사유를 담고 있다.

조선의 〈용비어천가〉는 태조 이전의 4대조와 태조·태종의 영웅의 일대기를 기본 골격으로 하고 있다. 특히 태조의 영웅적 면모가 중국의 경우와 대비되어 부각되는 서사시다. 그런데 그것이 하나의 이야기로 이루어져 있지 않고, 125장의 에피소드로 나열되고 있어서 서사성이 결여되어 있다는 지적이 있다. 왕조 창업의 정당성을 강조하는 서두의 부분과 후왕에게 훈계하는 물망장(勿忘章)의 주제적 혹은 교술적 장르 성격을 드러낸다. 그리고 각 장의 억제발화의 노래하기 수법은 서정성을 강하게 드러내고 있다.32) 그러므로 〈용비어천가〉는 다양한 장르

---

30) 外間守善, 앞의 책, 12-14쪽.

31) 정진희, 「제주도와 琉球·沖繩 신화 비교연구의 검토와 전망」, 『탐라문화』 37, 2010, 109쪽.

32) 김학성, 『한국고전시가의 정체성』, 성균관대 대동문화연구원, 2002, 147-148쪽. 김학성 교수는 "사건은 서사적으로도 교술적으로도 서정적으로도 그리고 희곡적으로도 표현할 수 있다"고 하면서 역사적 사건을 다루고 있는 〈용비어천가〉는 진술방식에서 벗어나 "억제발화에 의한 노래하기의 진술양식"에 주목해야 한다고 했다. 여기서도 서정적, 서사적, 교술적 양식의 복합을 읽어낼 수 있다.

성격을 지닌다.

오모로소시에는 창세의 신화도 있고, 영웅 서사시도 있다. 그런데 오모로의 서두는 왕조 찬양이다. 1권의 앞부분을 잠시 살펴보면 다음 과 같다. 1, 2장은 태양신이 수리성에 내려와 국왕에게 나라를 다스릴 영적 능력을 준다는 내용이고, 3장은 천년 동안 나라를 다스리게 해 준다고 부연하고 있다. 4장은 오시마 섬(大島) 토벌의 승리를 예축하고, 5장은 갑옷과 칼을 내려준 현명한 무당을 찬미한다. 6장은 3장과 비슷 하게 국왕을 찬미하는 의례적 언어다. 7장은 수리성을 찬미하고, 8장은 국토 수호의 염원을 담았다. 9장은 하늘에서 내린 영광을 임금에게 헌상하는 내용이고, 10장은 하늘에서 전쟁에 승리할 수 있는 능력을 주어 왕이 빛나게 된다는 내용이다. 하늘(태양신)의 도움으로 왕의 업적 이 빛나고, 주변의 전투를 이겨 나라를 굳건히 하고, 국토 전체가 잘 다스려지게 된다는 찬양과 찬미 일색이다.

수사적인 언어, 관용어가 반복되고, 과장된 찬양이 치장되는데 이것 은 중세 궁중의례 찬가들의 보편적 속성이다. 1장에서 11장 사이에 '천만 세(千萬世)', '천령(千齡)', '백 세(百歲)', '말장(末長)' 등 왕이 천수를 누리고 왕조가 오래 지속되길 비는 관용어가 수시로 반복되어 나타나 고 있다. 궁중음악에서 "천 세를 누리소서, 만 세를 누리소서"를 관용적 으로 쓰는 수법과 같다. "오늘과 같이 좋은 날에, 오늘과 같이 훌륭한 날에"(今日の吉き日 今日の輝かしい日に)는 오모로소시의 19장, 21장, 23장 에 이어 381장에 이르기까지 여러 군데에서 반복된다. 이런 관용구는 '잔치의 흥을 돋우는 치사(致辭)'에 해당한다. 『청구영언』 첫 노래인 '심 방곡(心方曲)'에도 그런 구절이 발견된다. 제주의 무가에서도 관용적으 로 등장하는 구절이다.

1권의 서두에는 거의가 '키코에오키미'를 장치하고 있는데, 그 의미

를 태양신의 매개자로 풀고33) 이 시기 최고의 신녀(神女)의 칭호라고 했다. 태양신이 내려 빙의한 신녀를 의미한다고 하겠다. 하늘의 존재와 지상의 존재(今王)를 연결시키되 국무(國巫)가 매개되고 있다. 키코에오키미의 대군(大君)은 '사마(さま), 기미(ぎみ)'인데 우리 의례가로 본다면 '님'에 해당한다. 신격인 님을 찬미하던 관습에서 서서히 왕을 찬미하다가, 후에 이것은 사랑하는 님을 찬미하는 변모를 거듭한다. 신격을 찬미할 때는 제의가였다가, 왕을 찬미할 때는 궁중의례가였다가, 사랑하는 일반 님을 찬미할 때는 서정가로 변화하는 일반적 법칙을 보이고 있다. 님의 찬미야말로 중세 가요의 대표적인 형태라 하겠다. 오모로도 서사와 서정이 교차되는 가운데 주도적인 특징은 주제적 혹은 교술적 장르 성격을 드러낸다고 하겠다. 그런 측면에서 조선의 중세 서사시와 비견된다. 오모로는 고대적 서사에, 민중적 서정을 담고 후대에 궁중에 올라와 왕조 찬양의 교술시가 되었다고 본다.

4) 결

이하 후유는 일유동조론(日琉同祖論)을 주장하였는데 오키나와와 일본의 조화를 확보한 후 오키나와의 독자성을 강조하려 했다고 한다. 그는 오키나와인은 '류큐민족(琉球民族)'이라는 정체성을 늘 염두에 두었다고도 한다. 그는 메이지 유신 직후 일본에 편입된 류큐인을 두고, '열등한 민족성'을 청산하고 류큐 민족이 소생할 기회를 얻었다고 했

---

33) '名高く 靈力豊かな 聞得大君'이라고 호카마는 관용적 풀이를 하고 있다(外間守善 校註, 『おもろさうし』上·下, 岩波文庫, 2000). 이하 오모로의 번역과 인용은 이 책을 따른다.

다. "명치(明治) 12년 폐번치현(廢藩置縣)은 미약한 오키나와인(沖繩人)을 개조하는 좋은 기회"[34]라고 하며 민족개조론을 주장했고 30년이 지난 명치 42년(1909)에 그 감회를 되짚으면서 그 필요성을 다시 강조한 바 있다. 식민지 조선의 〈민족개조론〉(1922)을 주장한 이광수가 후유의 뒤를 이었다. 이광수는 해방 후 친일파의 가장 대표적인 인물로 배척되었다. 그런데 후유는 배척되지 않았고 그 학문적 독선이 그다지 비판당하지도 않았다. 그는 아직도 오키나와학(沖繩學)의 아버지로 추앙받고 있다.

후유는 '류큐 연구의 선지자'이면서 '왕국을 발견'한 류큐의 지식인이었다. 1911년 오키나와를 방문한 가와카미 하지메(河上肇)의 필화사건은 유명한데 그의 논지는 '류큐의 독자성'에 대한 것이었고 그 생각의 근저에 후유가 있었다. 후유는 문제에 대해 정면돌파는 피하면서, 본토와 일치하는 점도 있지만 다른 점도 있다고 하면서 독자성을 강조하는 굴절된 논리를 전개한 바 있다.[35]

후유의 동조와 독자성 주장 사이에 야나기타 구니오(柳田國男)가 있다.[36] 그는 일본의 원류를 남방에서 구했고 '해상의 길' 구상의 핵심이

---

34) 伊波普猷, 外間守善 校訂, 앞의 책, 93쪽. 후유는 류큐의 돼지가 작은 것이 지역적 폐쇄성에 기인한다고 했다. 류큐인이 작은 것도 자연 도태와 진화론적 견지에서 바라보고 있다. 그는 鳥居龍藏의 조사를 인용하면서 일본 남자의 평균 신장은 159㎝ 인데, 류큐 남자의 평균 신장은 158㎝에 불과하다고 하면서 그 원인을 절대 고립에 두고 있다.

35) 高良倉吉, 앞의 책, 19-29쪽. 이하 후유(伊波, 1876~1947)의 젊은 시기와 말년기의 태도가 달랐을 것이다. 또한 폐쇄적인 琉球에 신문명을 받아들이는 처지의 상황과 대동아전쟁이 심화되면서 갖게 되는 반감이 달랐을 것이다. 일본의 실질적인 지배 하에서 취할 수 있는 태도 또한 한계가 있었을 것이다. 그럼에도 불구하고 대동아전쟁에서 류큐인들이 30만 이상 죽는 모습을 목격한 후에도 비판적 태도를 취하지 않았던 점은 의아하다.

36) 후유는 동경제국대학에서 언어학을 공부했다. 제국대학에서는 오구라 신페이(小倉進平)·긴다이치 교스케(金田一京助) 등의 학우(學友)와 함께 신무라 이즈루(新村出)

된 것은 자패(紫貝)와 벼농사였다. 자패의 주요한 산지로 주목받은 곳이
미야코지마이다. 그 자패가 일본민족 조상들을 남쪽 섬으로 불러들였
다고 야나기타는 생각했다.[37] 이 기묘한 발상은 문명의 루트와 민족의
이동을 뒤섞은 발언이다. 결국 야나기타와 이하 후유의 긴밀한 공조에
의해 '잃어버린 원향(原鄕)으로서의 오키나와 및 그 민속의 가치'를 강
조하게 되었다. 동질성 주장도 문제이지만, 고형이라는 말 속에 숨겨진
후진성을 인정하는 태도가 더 문제이고, 이는 제국 일본의 식민주의[38]
라 하겠다. 이제 류큐 왕국은 없고 오키나와만이 남게 된다. 오키나와
는 일본에 부속된 하나의 지방으로 남게 된다. 신화 해석에도 그런
그림자가 짙게 드리워져 있다.

　후유의 학문적 계승을 호카마(外間)에서 발견할 수 있다. 신사(神社)와
우타키(御嶽)을 비교하는 호카마 슈젠은 그 구조적 동질성을 억지로
찾으려는 모습을 보이면서 '근원이 같다'는 결론을 도출하고 있다.[39]
오카모토 타로(岡本太郞)의 『오키나와 문화론(沖繩文化論)』에는 '잊혀졌던
일본'라는 부제가 붙어 있는데, 그는 "이 남도의 섬들을 통해 일본문화가
전개되고 있거나, 혹은 고대 일본이 부풀려지고 흘러넘쳐 이곳에 정착해
서, 일본 자체가 변해 갔어도 이곳에는 아직도 순수한 모습이 남아

의 강의를 청강하였는데, 각각 조선어와 류큐어와 아이누어를 연구하여 제국의 언어
학을 정립하는 데 심혈을 기울였다. 이미 그 시절 후유는 일본과 류큐의 동질성을
심각하게 고민하기 시작했다. 그 후 오리구치 시노부(折口信夫)와 야나기타 구니오
(柳田國男)와 교우하면서 그들에게서 큰 영향을 받았다. 서울대 전경수 교수의 지적
과 조언에 감사를 드린다.
37) 호카마 슈젠, 심우성 역, 앞의 책, 223쪽.
38) 정진희, 앞의 글, 118쪽.
39) 호카마 슈젠, 심우성 역, 앞의 책, 174-180쪽. 이 책의 결론에서도 "나는 야요이시대
이후 오키나와 문화의 고층(古層)을 규슈에서 아마미(奄美) 섬으로 남하한 아마베(海
人部)들에 의한 어로와 벼농사문화라는 확신을 최근 더욱 굳히고 있다"고 술회하고
있다(262쪽).

있는 것인가"[40] 반문하면서도 일본의 옛 모습이 순수하게 남아 있는
오키나와의 현실에 대해 근원적 감동을 표현한다. 결국 여기 오키나와는
일본의 문화가 넘쳐 흘러내려간 주변부이고, 중심부의 근대화가 가속화
되면서 변해 갔더라도 여기는 고형을 유지하고 있는 모습 속에서 일본의
정체성을 확인하면서, 실은 그 후진성을 인정하고 반기는 태도라 하겠다.

민족과 언어의 동질성을 내세우면서 국가와 민족의 울타리 안에 봉
사하기만 강요하고, 이질성과 독자성은 억압해 왔던 국가주의적 시선
을 거두어야 할 때이다. 각 민족과 지역의 독자적 문화를 인정하는
것이 민족 모순을 해결하는 길이고, 그럴 때에만 근대가 저지른 살육과
기만의 상처를 치유할 수 있다. 제국주의 혹은 제3세계 국가에 억압되
었던 제4세계의 민족과 언어와 문화를 인정하여야, 하나의 국가가 평
등과 평화의 토대 위에서 진정한 연대가 이루어져 새로운 시대로 지향
할 수 있게 된다.[41] 일본은 단일민족이라는 신화를 포기해야 하고,
오키나와도 일본에 의해 부정되었던 역사와 민족과 언어와 문화의 독
자성을 자주적으로 찾고 밝혀야 한다. 그래야 일본이라는 국가 아래에
서 일본과 오키나와와 홋카이도가 공존할 수 있다.

본고는 신화 연구에 담긴 편견을 극복하고 제주와 오키나와 그 자체
의 고유성과 독자성을 밝힘과 동시에 보편성까지 규명하는 데까지 나
가고자 했다. 결국 추구하는 바는 지역 역사와 문화의 복원이다. 두
지역은 바다에 둘러싸인 자연 조건 때문에 바다 너머의 내방신에 대한

---

40) 岡本太郎, 『沖繩文化論』, 中公文庫, 1996, 195-196쪽.

41) 제4세계민족은 제3세계 안에서도 민족국가를 이루지 못해 억압받고 있는 민족이다.
"제4세계 민족의 문제는 정치적인 차별이나 경제적인 불평등보다는 민족적 전통과
가치관, 종교와 관습의 차이 때문에 더욱 심각하게 제기되고 있기 때문에, 사회학문
보다는 인문학문에서 더 잘 다룰 수 있다"(조동일, 『동아시아 구비서사시의 상상과
변천』, 문학과지성사, 1997, 30-32쪽). 류큐의 역사와 문화와 종교와 신화를 적절하
게 대우하고, 그 독자성을 인정해야 불평등이 적절히 해소될 수 있을 것이다.

사유가 많다. 아직도 마을 공동체가 살아 있고, 심방 혹은 유타에 의해 무속 의례가 수행되는 공간적 동질성도 갖추고 있다. 이 다양한 유사성의 비교 고찰은 향후의 과제다. 강남천자국과 니라이 가나이의 이상향이 갖는 의미도 추후 고찰의 대상으로 삼고자 한다. 위의 논지에 담긴 주장을 요약하면 다음과 같다.

1) 북방, 후진성, 동조론(同祖論)에 대한 언급은 일본과 일본신화의 보편성으로 편입을 요구하는 시도들이다. 보편주의를 가장한 전파론과 계통론을 벗어나야 한다. 서로 다르면서도 소통하는 문화를 읽어야 한다. '화이부동(和而不同)'의 정신이 필요한 때이다. 20세기가 분석의 시대였다면 21세기는 공감의 시대여야 한다. 분석의 시대가 놓쳐버린 공생 혹은 상생의 길을 모색할 때이다.

2) 류큐 왕국보다 오키나와로, 국가에서 지방으로, 독자성을 부정하고 보편성을 강조하는 국가주의를 벗어나야 한다. 이제 민족이라는 큰 틀에서 억압받고 배제당하고 소외당한 소수 민족의 독자성을 인정하는 방향으로 나가야 한다. 제3세계에서 제4세계로 관심을 넓힐 필요가 있다. 계급모순과 민족모순을 함께 극복해야 진정 근대가 완성된다.

3) 신화를 보면서 고대성과 중세성을 구분해야 한다. 쇼하시(尙巴志)는 중세 왕권이었다. 지배를 공고히 하기 위해 민중에게 익숙한 신화를 조작하여 새로운 지배자의 권위를 만들어냈다. 그래서 오모로소시 속에는 고대 영웅서사시가 내장되어 있다.

02. 오모로소시와 키코에오키미聞得大君

1) 오모로

오모로(神歌)에는 태양신과 키코에오키미(聞得大君)의 빛으로 가득하다. 오모로 최고의 신은 천상의 태양신이고, 류큐 최고의 신녀는 키코에오키미이다. 신녀는 태양신의 대행이며, 키코에오키미가 신을 대신해 나라를 수호하고 지배하는 것을 가능하게 하는 주력(呪力, 세지)을 준다. 그러니 오모로는 국왕에게 주력(呪力)을 부여하는 형태를 가진 제의의 노래다.[1]

천상의 최고신으로서의 태양신이 지상의 최고 권력자로서의 국왕과 만나는데, 그 매개가 신녀의 영적 수호의 힘이고, 그 대표가 키코에오키미이다. 국왕의 아름답고 빛나는 존재감은 빛나는 태양의 투영이고, 신녀의 찬미를 통해 기 빛이 가능하다. 신녀는 태양신의 신성한 신탁을 국왕에게 전하고, 태양신의 화신으로 신의(神意)를 왕에게 주어야 왕의 지위와 권위가 가능하다.[2] 오모로 1권 1수 첫 번째 노래를 보자.

---

1) 外間守善, 『おもろそうし』, 岩波書店, 1985, 41-42쪽.
2) 小山和行, 「『おもろさうし』にみる神話、傳承、他界觀」, 『沖繩文化研究』42, 法政大學 沖繩文化研究所, 2015, 124-138쪽.

聞得大君이
내려와 노시니(神遊び)
하늘의 밑 (天의 下)
평정하여 통치하시다
又 토요무 세다까꼬(聞得大君)가
又 首里杜 구스쿠(城)
又 眞玉杜 구스쿠 (1)

신이 천상에서 지상으로 내려오고, 제의 중에 신녀(神女)가 나타나, 신을 즐겁게 하기 위해 노래와 춤을 추고, 수리성 신성지역을 위하니, 왕은 천하를 평화롭게 다스리게 된다는 내용이다. 오모로 전편에서 이런 내용의 패턴이 지루하게 반복된다. 천상의 신인 태양신의 대행인 키코에오키미에게 신탁(信託)이 되고, 그 뜻을 임금에게 전하고 태양신의 영력(靈力)을 왕에게 전하여 왕이 왕실과 온 세상을 온전하게 다스리게 된다는 말이다. '태양신-신녀인 키코에오키미-왕'의 삼각구조가 오모로를 지탱하고 있다. 이 단순 반복의 의례가 왜, 어떤 의미에서 류큐를 대표하는 문학이 될 수 있을까. 그 단서는 오모로가 노래불리는 점에 착안해야 할 것이다.

첫 수부터 신놀이(神遊び)가 등장한다. 키코에오키미에 의해 신의 뜻이 왕에게 전해지는 의례를 단순하게 전하는 것이 아니라, 신놀이와 함께 노래가 불린다는 점을 주목해야 한다. 오모로의 테마는 왕국의 안태(安泰)와 번영, 국왕의 장수을 기원하고 권위를 찬미함과 동시에 키코에오키미를 찬미하고 그 영력(靈力)에 대해 찬미하는 것이다. 왕을 중심으로 한 정치, 키코에오키미를 중심으로 한 종교, 두 축에 대한 찬양과 찬미다. 그런 측면에서 고대·중세 왕실의 악장(樂章)문학과 비슷하다.

오모로를 노래한 집단은 키코에오키미인지 아니면 대군(大君) 이하의 노로인지 그 실상을 보자. 그런데 키코에오키미는 노래의 대상으로서 객체로서의 신녀명이다. 키코에오키미가 주체로 노래를 부르고, 동시에 노래불리는 객체가 된다면, 스스로 찬미하는 모순이 드러나게 될 것이다. 노로는 제사 때 노래의 주체가 되어 노래하였다. 예를 들어 구메 섬(久米島)의 오모로를 보면 하위의 신녀가 오모로를 노래하는 주체로 나타난다. 그래서 하급신녀는 오모로 노래의 주체이고 고급신녀는 '객체'가 된다고 했다.[3] 유규왕실에서도 똑같이 하급신녀만 노래한 것일까. 신탁 때에는 키코에오키미가 노래를 부르기도 하면서 주고받는 노래는 아니었을까. 키코에오키미와 국왕을 칭송하는 하급신녀의 말로부터 서사(敍事)의 노래가 나왔다고 하는데[4] 찬미와 칭송의 노래 속에는 서사 이외에 서정성과 의례성이 있다고 할 수 있다. 그래서 찬미와 칭송의 교술성(敎述性)과 서사성 이외에도 놀이성과 서정성을 신놀이(神遊び)에서 살펴보고자 한다.

> 又 京の內(首里王城內) 환하고 아름답다.
>   모찌로內(首里王城內) 환하고 아름답다
> 又 國淸ら(깃발) 펄럭이며
>   あけ珍ら(양산) 펄럭이며
> 又 鳴り鳴響み(아름다운 북) 쳐울리며
>   鳴り淸ら(아름다운 북) 쳐울리며

---

3) 竹內重雄, 「おもろそうしの敍事性」, 『沖繩文化硏究』 42, 法政大學 沖繩文化硏究所, 2015, 76-77쪽.

4) 이 논거의 예는 오모로 554(10권 44수)인데, 아마미오시마 최북단 섬에서 여러 섬을 거쳐 슈리(首里)에 오기까지의 공납(貢納)의 여정인데, 소박한 서서가 담겨 있다고 했다(위의 논문, 80쪽). 그는 서사를 규명하는 논지의 끝에 오모로를 비롯한 남도가요 속에 서정성과 추상성과 기도의 표현이 나타나게 되었다고 결론짓고 있다.

又 大君를 맞이하여
　君들을 맞이하며
又 京の踊り(수리성 안에서의 춤) 神이 내리시다
　아름답게 치장하여 神놀이를 하면 (37)

　오모로 제 36수에서는 신녀의 참전으로 미야코지마, 야에야마, 하테르마지마 등을 평정한 내용이 있는 것을 감안한다면 제 38수는 승전의 기쁨을 왕실과 병사와 함께 하는 내용일 것이다. 제 37수는 깃발을 휘날리고 북을 치고 노래를 부르면서 신놀이를 벌이고 있는 장면이다. 신놀이에 대한 구체적 실상을 보려면 오모로 12권 '신놀이(神遊び) 오모로'를 참조할 수 있다. 노래, 춤, 악기 반주, 장식, 의상, 제물, 의례가 총망라되어 있다.

> 노래: "울려퍼지는 오모로 박자"(652), 오모로 歌人(693), 아름다운 소리
> (712)
> 춤: 손의 춤(舞)과 전신의 춤(踊)(670), 춤으로 풍요와 평화 기원(682), 박
> 자에 맞춰 춤(686), 춤추는 모습(687, 688), 어울려 춤추는 모습(713, 715)
> 악기 반주: 북 울리는 소리(669), 북을 치는 신녀와 많은 북(677), 북소리
> (702), 북(716), 북(722)
> 장식: 양산과 부채 등 신과 왕을 받드는 도구(657), 수리의 깃털(鷲羽)로
> 머리를 장식(663), 曲玉을 목에 건 모습(683), 새의 깃털로 장식한 신녀
> (705)
> 의상: 별이 그려진 의상(682)
> 제물: 기장(粢)으로 만든 떡(698), 카멘코라는 술을 바침(699)

　궁중음악을 구비한 궁중의례가 망라되어 있다. 제사와 음악이 갖추어져 있으니 예악(禮樂)이라 하겠다. 유교적 예악이 아닐 뿐이지 류큐

궁중예악의 현장성을 여실히 볼 수 있다. 본디 악(樂)은 노래와 춤과 악기의 반주(歌舞奏)를 합한 이름이다. 제장(祭場)의 모습과 제례를 드리는 신녀들의 장식한 모습과 제물까지 두루 갖추어져 있다. 이 모든 것을 오모로 12권은 '신놀이(神遊ぴ)'라고 했으니, 이것이 바로 류큐 궁중예악이다. 신녀들의 움직임만 있는 것이 아니다. "군신들 모이게 하시고 신녀의 초청 기획하여"(694)라거나 "수리(首里)의 신정(神庭)에서 춤추자 아지(按司)도 하사(下司)도"(696)라고 했으니 왕과 신녀와 신하와 하급관리까지 모두 함께 즐기는 자리가 되었다. '높은 사람과 지역에서 모인 사람이 함께 노래'하는 모습도 있으니 수리성 사람들뿐만 아니라 지방 귀족도 함께 하고 있다.

전 계층의 사람들이 모여 왕실의 안녕을 빌고, 왕의 만수무강을 축수하고, 신의 영험한 능력을 왕실에 가져온 키코에오키미를 찬미하는 노래를 함께 부른다. 구체적으로는 쇼신왕과 키코에오키미 월청(月淸)의 의례이고, 빙의한 5명 혹은 7명의 신녀도 등장한다. 술과 음식도 갖추어져 '음주가무'를 하고 즐겁게 노는 장면도 있다. "도망가고 쫓아오는 장면"(729, 730)은 왕과 키코에오키미의 오나리(731)로 이어지는 듯하다. 모두 "기뻐 축복하고 아름다운 신놀이 아름답다."(736) "아름다운 신놀이 아름답다."(737)라고 환호한다. 놀이와 노래가 넘쳐난다. 오모로에 다수의 가인(歌人)이 등장하는 것은 예사롭지 않다.(243-252) 오모로 가인 중에서 아카와리(253-256)나 아카미네마(258-259)가 소개되고, 15세기 오모로의 중심 작가이면서 가창자인 오모로 네애가리(393-35), 가창의 명인인 아카의 오에츠키(436-475) 등을 집중적으로 조명하고 있다.

여기에 "에" 하면서 경합하는 모습도 있다. "에"는 아름다운 모습에 경탄하는 후렴이나 여음인 듯하다. 다음 장면은 더욱 강렬하다.

점점 더욱 더 달려라 오이
야우라 야우라 야우라아 에오이
야우라 야우라 야우라아 에오이
야우라 야우라 야우라 에오이
야우라 야우라 야우라
아에이 에오이
점점 더욱 더 달려라. (728)

"야우라" "에오이"를 외치는 이 노래는 2번 더 반복된다. 이 후렴은 배 저을 때의 함성소리라고 하니, 우리의 "어기야, 어기여차"나 "이어 싸, 이어도사나"와 같은 후렴과 같다. 이렇게 후렴을 갖춘 노래는 서정 성을 환기시킨다. 오모로가 노래불리는 장면을 통해 오모로의 놀이성 (희곡성)과 서정성을 볼 수 있었다.

오토마코인가 아카마코인가
당신의 집에서 오신 겁니까, 묘인 아지여
신을 모시는 집에서 나와요, 妹인 神女여
무엇을 말하고 계신 겁니까, 묘인 아지여
세상 일을 하기 위해서입니다, 妹인 神女여
세상 일은 싫습니다, 묘인 아지여
섬을 세(貰)내고 國을 세내요, 妹인 神女여
섬도 싫고 국도 싫습니다, 묘인 아지여
바다를 세내고 땅을 세내요, 妹인 神女여
바다도 싫고 땅도 싫습니다, 묘인 아지여
玉을 세내고 粒玉을 세내요, 妹인 神女여
조화롭게 굽혀지네요, 승락하지요, 묘인 아지여. (998)

매(妹)는 '오나리(おなり)按司'라고 되어 있는데 신녀에 대한 존칭이고,

형(兄)인 영주(領主)를 보좌하고 수호하는 '오나리' 신앙이 담겨 있다. 그런데 이 노래는 형과 매가 주고받는 문답형 가요다. 섬과 땅을 차지하거나 빌리거나 하는 내용 속에 통치의 의미가 스미어 있긴 하지만 문답형 가요가 지닌 확장적 의미를 염두에 두고 이 노래를 보아야 할 것으로 본다. 놀이적 기운이 다분히 있고 남녀의 서정적인 감정도 있어 오모로 가요의 장르적 다양성을 짐작케 한다.

2) 키코에오키미(聞得大君)

제2 상왕시대(尙王時代)를 연 쇼엔왕(尙円王, 金丸)은 1470년 왕위에 올라 7년 만에 죽고, 왕위는 1477년 그의 동생인 쇼센위왕(尙宣威王)에게 돌아간다. 쇼엔왕의 왕비는 제의에서 신탁을 조작하는 방법을 통해 왕권을 바로 아들에게 돌리니 그가 3대 쇼신왕이다. 아직 14살 어린 나이였기 때문에 어머니가 섭정을 하였고, 쇼엔왕이 쿠테타로 왕권을 찬탈하였다는 혼란을 극복하고 왕권을 강화하는 방책을 구하였는데, 그것이 바로 키코에오키미(聞得大君)의 창설이다. 왕비의 딸인 츠키키요라(月淸)를 제1대 키코에오키미로 삼았는데 아들에게는 왕권을 주었고 딸에게는 교권(敎權)을 주었다.[5]

왕비 오키야카(おきやか)는 아들의 신호(神號)를 오키야카모이(おきやかもい)라고 한 것을 보면 어머니의 권력이 대단하였음을 직감케 한다. 왕비는 왕과 키코에오키미의 위에 있었다. 이후에는 국왕이 키코에오키미의 임명권을 가지고 있었으니 국왕의 정치권이 키코에오키미의

---

5) 後田多敦, 「琉球國の最高女神官・聞得大君創設期の諸相」, 『沖縄文化研究』 40, 法政大學 沖縄文化研究所, 2014, 110-113쪽.

종교권보다 우위에 있게 되었다.6) 왕의 권력 뒤에는 늘 키코에오키미가 있었고, 후에 사츠마의 침입 뒤인 쇼시쓰왕(尚質王) 때에는 왕비의 다음 서열로 그 권위가 추락하게 된다.

왕과 키코에오키미, 애초에 둘은 오빠와 여동생의 관계였고 이는 오랜 류큐의 전통과 관련이 깊다. 류큐에는 옛날부터 여성이 영력을 가지고 있다고 생각하여 제사는 여성이 중심이 되어 지내왔다고 한다.7) 오빠를 수호하는 힘이 여동생에 있다고 믿는 오나리 신앙이 있는데 이 전통을 원용하여 여동생인 키코에오키미가 오빠인 쇼신왕을 수호하는 제도를 만들어 왕권사상을 정비한 것이다.

제1대 키코에오키미인 츠키키오라(月淸)가 류큐의 가장 중요한 우타키라 할 세이와우타키(齋御嶽)와의 관계는 일찍 정립되었다. "키코에오키미가 齋御嶽에 내려오셔서"(오모로 34)라고 한 것을 보면 오모로 1권이 만들어진 1531년 이전에 신녀와 신당의 관계가 이루어졌다. 키코에오키미의 취임식은 이 우타키에서 전통적으로 행해졌다고 하는데, 이를 오아라오리(御新下り)라고 한다. '오아라오리'는 키코에오키미가 자신의 영지에 처음으로 들어가는 것을 말하기도 하며, 지넨마기리의 노로가 새로이 신호(神號)를 바치는 즉위식을 말하기도 한다. 류큐 최대의 의례라고도 할 수 있는 것으로, 국왕의 오나리신인 키코에오키미를 공식적으로 인정하는 것이 왕국의 안녕으로 이어진다고 보는 사고방식이 근저에 흐르고 있다.8) '오아라오리'는 최근까지도 오키나와에서 행하는 축제로 남아 있었다.

제2대 키코에오키미인 우메미나미(梅南)는 오모로 40번과 연관이 있

---

6) 外間守善, 앞의 책, 42쪽.
7) 赤嶺政信, 『沖繩の神と食の文化』, 靑春出版社, 2003, 22쪽.
8) 湧上元雄・大城秀子, 『沖繩の聖地』, むぎ社, 1997, 134쪽.

다. 니루야 大主(가나야 大主)가 우메미나미의 의례에 실제 나타났다는 전설을 지니고 있다. 니루야(가나야)는 바다 저편의 행복과 풍요를 가져오는 땅이고, 니루야 大主는 풍요의 신격이다. 니루야 大主가 오모로를 노래했다는 것은 실제 신이 노래했기보다는 오모로 전문가객[大取]이 니루야 신에 빙의되어 노래했거나, 전문가객이 니루야 신의 역할을 했던 것으로 이해하면 될 것이다.9) 니루야 大主를 체현시켜 국가적 대사업의 완성을 축하한다는 것은 키코에오키미의 존재감이 높아짐을 의미한다. 키코에오키미가 나루아 혹은 니라이 가나이라는 해양낙토와 연관되는 점은 다시 그쪽에서 논하고자 한다.

오모로에 보이는 키코에오키미는 왕권을 수호하고 지탱하는 중요한 조직의 정점이었다. 왕권이 민족종교의 신에 의해 승인되는 '왕권신수(王權神授)'의 틀이었다. 키코에오키미와 여신관(女神官) 조직에 의한 국가제사가 왕권을 든든하게 지탱하고 있었다. 그 전에 있던 여신관 조직이 어떻게 재편되었는지는 구체적 자료가 없어 알 수 없지만, 제2 쇼씨 왕조의 전성기인 쇼신왕 때를 맞아 그 제도가 완비되고 이 왕권 강화정책은 류큐 왕국의 정치적 근간이 되었다. 그때 키코에오키미의 영(靈)력과 위엄을 높이기 위해 〈오모로소시〉 권1이 성립되었다.

그런데 류큐 왕국의 왕권을 지탱하는 또 하나의 정당성은 조공과 책봉에 있었다. 삿도왕부터 시작한 조공(1371)과 그의 아들 무네이의 책봉(1404)은 그 실례. 중국황제의 책봉사(冊封使)를 보내는 의례는 류큐 왕권의 대외적인 승인이었다.10) 류큐 왕국이 조공사절을 파견하고 중국으로부터 책봉사를 영접하는 행위를 통해 류큐 왕국은 중세질서 속으로 편입되어 그 왕권을 공고히 해 왔다. 쇼신왕 때에는 2년에

---

9) 後田多敦, 앞의 논문, 121-122쪽.
10) 위의 글, 106-107쪽.

한 번 조공하는 것을 1년에 한 번 조공하는 것으로 바꾸어 조공무역의
이익을 극대화하고자 했다. 쇼신왕은 명분과 실질 둘을 모두 취했고,
대외적인 명분과 대내적인 명분을 모두 쌓았다.

왕권과 종교권을 나눈 것에 대해 호카마 슈젠은 제정일치(祭政一
致)[11]라고 했지만, 이는 엄밀히 말해 제정분리라 하겠다. 신라 남해왕
이 제사권을 여동생인 아로에게 주었던 것을 상기하면 정치권과 종교
권을 모두 갖고 있던 고대왕권이 서서히 변화해 가는 상황을 보여 준다.
정치적인 실권은 남성에게, 제사권은 여성에게 나누어 서서히 제정분
리로 나아갔고, 후에 제사권은 국무(國巫)에서 민간무(民間巫)로 이관된
다. 그리고 왕권을 지탱하는 중요한 중세이념이 제사권을 대행하게
된다. 류큐에서 불교와 유교가 이 시기 중요한 정치적 이념으로 부상하
지 못하였고, 좀 더 시간을 기다려야 했다. 조공과 책봉의 중세 질서는
수용하였지만 아직 중세언어와 이념은 받아들일 수 있는 상황이 아니
었다. 류큐의 통치를 위해서는 고대 지배이데올로기가 더욱 효과를
발휘하였던 것 같다. 제2 쇼씨 왕조 쇼신왕 시기의 키코에오키미가
강력하게 정착한 것이 그런 배경을 대변하고 있다.

15세기 후반 마련된 키코에오키미의 제의와 영력(靈力, 세지)의 수호
질서는 17세기 초반(1609) 사츠마의 침공으로 위기를 맞는다. 그러나
여전히 왕실의 권위를 지탱하는 것은 이 키코에오키미의 제의였다.
그러다가 18세기 중반이 되면 류큐 왕권의 새로운 변혁이 시작되는데
그 주인공이 바로 사이 온(蔡溫, 1682~1762)이다. 그는 명(明)에서 도래한
채숭의 11대 후손이다. 정치적 역량을 발휘하면서 왕실과 혼사를 이룬
권력가로 성장하는데 한문학과 중국식 제도 정립에 힘을 기울였다.

---

11) 外間守善, 앞의 책, 43쪽.

한문학파과 국문학(和文學)파의 갈등이 있었을 때 국문학파 15명을 처형하면서 중국 중심주의 세계관을 정립해 나갔다.

일본 사츠마의 침입 후 간섭이 심해지자 일본 영향에서 독립하고 독자적인 길을 가려 했던 점과, 낙후한 류큐의 상황을 타개하고 주자학·양명학·불교학을 수용함과 동시에 실학적인 개혁까지 추구하고자 했던 점이 중세적 세계관을 지향했던 계기라 하겠다.12) 류큐는 이미 1458년 쇼타이큐왕(尚泰久王) 시절 '만국진량지종(萬國津梁之鐘)'에 피력하였듯이 조선과 중국과 일본의 가교 역할을 하면서 동아시아 문명권적 인식이 뚜렷한 흔적을 남긴 바 있었다. 그러나 종교적인 측면에서는 키코에오키미를 정점으로 하는 무녀조직을 통해 쇼씨 왕조의 국가 기반이 유지되었고, 실질적인 중세화는 18세기에 이루어졌다고 본다.

그러나 키코에오키미를 중심으로 하는 의례에는 고대적인 요소와 중세적인 요소가 혼효되어 있음을 볼 수 있다. 그 나름으로 18대 키코에오키미까지 이어져 내려왔으니 류큐 왕국의 성격을 이해하는 데 중요한 근거다. 사츠마 침공 후 키코에오키미 조직에 균열이 와서 그 신성(神性)을 1차 훼손당했고, 18세기 중반 중국화가 시도되고 채온이 47세 때 (1728년 경) 삼사관(三司官, 류큐왕국의 재상직)으로 임명되고 聞得大君御殿大親職(집사장)에 임명13)되었을 때 2차 곡절을 경험하였을 것인데도 1879년 류큐처분 이후에까지 남아 1923년에 즉위한 쇼유우왕(尚裕王)의 키코에오키미인 18대 나키진노부코(今歸仁延子)까지 지속되었다.

키코에오키미는 류큐 왕실을 중심으로 국가의 근간을 이루었을 뿐만 아니라, 지방의 행정 조직을 가지고 있었다. 지방 여신관 조직(노로구모이)을 전국에 배치하고 제사를 통해 생활과 정신세계를 콘트롤했다

---

12) 김헌선, 『유구 사상가 채온의 〈사옹편언〉』, 보고사, 2014, 20-26쪽.
13) 위의 책, 42쪽.

고[14] 하니 키코에오키미와 노로의 영향력이 정치 사회 문화 전방위에
걸쳐 두루 펼쳐졌음을 짐작하게 한다.

> ─ 聞得大君가 기원을 한다.
> 　首里杜 열린 처음에
> 　태양 神의 명령으로 按司오소이(국왕)이 나라를 다스린다.
> 　국왕은 테루카하(태양신)와 상대를 하고 계시다
> 又 토요무 精高子(聞得大君의 異稱)가
> 　眞玉杜 처음에
> 　태양 神의 명령 貴人
> 又 나라를 바로잡는 按司오소이
> 　왕실에 큰 부엌을 만들고
> 　神女들 합장하여 기원하고
> 又 섬을 바로잡는 按司오소이
> 　세지寄せ(요세, 부엌)를 만들고
> 　神女들 합장하여 기원하고 (345)

가) 태양신의 명령 ─ 키코에오키미(聞得大君)가 받들어 ─ 按司오소이(王)
　에게 전하다.
나) 首里杜, 眞玉杜 등 신에게 제사하는 곳을 만들다.
다) 키코에오키미, 首里大君, 키미하에(君南風), 키코에 아오리야헤 등 최
　고급 神女
라) 노로, 야치요쿠(神役을 보좌), 무리아이코(群り合い子) 君

　대부분의 오모로에는 가)와 나)의 패턴으로 이루어졌고 의례를 거행
하는 다)의 문맥으로 이루어졌는데, 가장 빈번한 등장은 키코에오키미이

---

14) 後田多敦, 앞의 논문, 107쪽.

다. 오모로는 키코에오키미의 권위를 위해 만들어졌다 해도 지나치지
않다. 그리고 많은 의례에 라)의 신녀(神女) 그룹들이 등장한다. 오모로는
키코에오키미와 신녀들의 찬탄과 찬미의 노래다. 키코에오키미는 태양
신의 매개자로서 국왕이 나라를 잘 다스리게 하는 힘과 영력의 근거가
되는데, 이보다 앞선 최초 태양신의 매개자는 '아마미쿄'다. 아마미쿄가
태양신의 명령으로 국토를 만드는 장면이 '창세 오모로'에 등장한다.

3) 創世 오모로

천지가 처음 열릴 적에
日神 이치로쿠가
日神 하치로쿠가
높은 곳에서 바라다보며
鎭坐하여 내려다보며
아마미쿄를 불러서
시네리쿄를 불러서
섬을 만들라 하시다
나라를 만들라 하시다
많은 섬들
많은 나라들
섬이 완성되는 것도
나라가 완성되는 것도
日神은 기다리다 지쳐
아마미야 사람(스치야)을 낳는구나
시네라야 사람을 낳는구나.
그렇다면 사람을 낳으시는구나. (512)

오모로를 논하는 학자들이라면 누구나 오모로 10권의 두 번째 노래 (제 512수)를 주목한다. 창세의 신 아마미쿄가 등장하기 때문이다. 가장 논란의 대상이 되었던 구절은 '生むな'다. "아마미야 사람을 낳는구나" 라고 해서 'な'를 감동의 말로 해석하기도 하지만, 'な'를 금지의 말로 여겨 "아마미야 사람을 낳지 마"라고 해석하기도 한다. 이하 후유 등 뒤의 경우는 그래서 천민(天民)을 낳지 말게 하고 국민(國民)을 낳게 하 는 문맥으로 보고 있다.

> 가) 태양신이 아마미쿄를 세상에 내려보내 섬과 나라를 만들게 하다.
> 나) 사람을 만들지 말게 하고 하늘의 자손을 인간에 내려보내다.

그 근거는 『중산세감(中山世鑑)』에 있다고 한다. 아마미쿄(혹은 아마미쿠) 가 천제의 부름에 따라 세상에 내려와 섬을 만들고자 하는데 하늘의 토석초목을 가져다 섬을 만든 후, 스스로 인간을 낳지 않고 하늘에 올라가 하늘 종자를 얻어 와 인간세상에 살게 하였다고 하는 내용을 담고 있다. 그러니 인간은 아마미쿄가 낳은 것이 아니라고 해석해야 온당하다는 입장을 갖고 오모로를 해석하고 있다. 그래서 "태초의 사람을 낳지 마"라고 태양신이 명하게 되었고, 아마미쿄는 그에 따랐다고 보았다.

이를 두고 1650년에 출간된 『중산세감』의 내용에 견인되어 오모로 를 해석한 것은 문제가 있다고 항변한다. 『중산세감』은 일본 기기신화 (紀記神話) 같은 신의 '피에라루키'(피라미드형 지배구조)에 영향을 받아서 아마미쿄보다 상위의 신인 태양신을 설정한 것이고, 이는 기존의 류큐 신화가 일본신화의 영향을 받아 왜곡된 일면이라고 보고 있다.[15] 아마 미쿄와 짝을 이루는 시네리쿄는 이하 후유도 지적하였듯이 운을 맞추

---

15) 小山和行, 앞의 논문, 143-145쪽.

기 위한 반복이다.16) 아마미쿄 이외에 별도의 신이 있는 듯한 착시는 『중산세감』 뒤에 가면 현실화한다.

이전의 오모로와 구비전승에서 그랬듯이 『중산세감』에는 '아마미쿠'라는 여신만 등장하다가, 『채온본 중산세보』에는 남신 시니레쿠(志仁禮久)와 여신 아마미쿠(阿摩彌姑) 둘의 결합에 의해 인간이 탄생하였다고 하는 산문적 서술을 덧보태게 된다. 여신만의 탄생에서 남녀신 결합으로 바뀌며 합리적 서술을 해나가는 변모를 읽을 수 있다. 17세기 기록은 합리적 서술로 변했지만, 민중의 구비전승 속에서는 본래의 아마미쿠라는 여신의 창세신적 면모가 남아 전해진다고 하겠다. 아마미쿠 혹은 아마미쿄는 류큐의 창세 여신인 아만추 신화를 계승한 것으로 보인다. 아만추라는 거인 신화 속에 있던 창세의 이야기는 고스란히 오모로의 '창조신 아마미쿄'로 이어져 온다.17)

다시 앞의 논의와 결부시켜 논한다면, 아마미쿄가 국토창생의 신일 뿐만 아니라 선조신으로 인정되어야 한다고 하는 주장에 다다른다. 애초의 창세신은 천지를 분리하고 어둠에서 빛을 가져오고 이어 인간과 세상만물을 함께 창조하는 창세신의 온전성을 지니고 있기 때문이다. 류큐 신화의 원형은 창조신이고 선조신으로 아마미쿄가 있었는데, 시간이 흐르면서 서서히 변모하게 된다. 상위신으로서 태양신이 개입한 것으로 보인다. 그것이 오모로의 각 노래의 서두를 장식하는 '데다', '데다코'다.18) 그래서 천상계의 주신(主神)인 태양신이 종신(從神)인 아

---

16) 정진희, 「류큐왕조의 아마미쿄 신화와 현대 구비전승」, 『국어문학』 42, 국어문학회, 2007, 278-279쪽.
17) 이에 대한 자세한 논의는 다음의 논문에 자세하다. 허남춘, 「설문대할망의 창세신적 특성과 변모양상」, 『반교어문연구』, 반교어문학회, 2014, 321-322쪽.
18) 데다, 데다코의 왕권론에 대해서는 다음의 논문에 자세하다. 정진희, 「17·18세기 류큐(琉球) 사서(史書) 소재 왕통(王統) 시조 신화와 왕권의 논리」, 『비교문화연구』

마미쿄(祖先神)를 불러 나라를 만들도록 명령하고 천계의 사람들을 하계에 내려보내 인간 자손을 번성하게 하였다[19]는 것이 오모로의 텍스트 틀이다.

애초 태양신은 자연신으로 존재하였는데 어느 시기부터 서서히 인격신으로 바뀌게 된다. 그래서 태양이 왕의 선조신이 되어 왕권의 신성을 보증하는 역할을 하게 된다. 이런 변화를 들여다보면 천계사상은 오키나와 고유의 것이 아니라 중국 도교나 일본 신도(神道)의 영향을 입은 것으로서 왕권 강화를 위해 덧보태진 것[20]으로 볼 수도 있다. 이런 변모는 동아시아 고대신화가 모두 경험한 바다. 고대국가 건설기의 강력한 세력은 동진하여 기존 세력을 제압하고 왕권의 신성성을 마련하기 위해 천상계를 그들의 출자처로 삼아, 하늘 혹은 태양의 권위를 업고 지배의 정당성을 확보한다. 고대국가에서 하늘의 권위는 절대적이다. 그래서 우리나라 대부분의 건국주는 태양의 아들이거나 천상계로부터 하강한 존재로 신성화된다.

오키나와에 전하고 있는 '오모이마츠카네(思松金)' 설화도 부계가 천상계로 설정되어 있다. 오모이마츠카네가 우연히 햇빛에 노출되었다가 잉태하게 되는데 12개월 만에 출산하여 신의 아기임을 입증하였다. 이 아이는 이웃 아이들과 내기에서 이기고 부계를 물어 천상으로 올라 시련을 견디고 태양신의 아들임을 인정받는다. 그러나 천상계에 머물 수 없어, 상을 차려 꽃을 꽂고 인간과 신을 지키라는 명을 받고 인간세계에 내려온다. 오모이마츠카네는 유타가 되어 태양신을 참배하고, 그 아이는 점쟁이가 되었는데 바로 이시쿤다마루다. 부계가 하늘 혹은

35, 경희대학교 비교문화연구소, 2014.

19) 外間守善, 앞의 책, 65쪽.

20) 위의 책, 62쪽, 75-89쪽.

태양으로 설정되어 있고, 그 아들은 천자(天子) 혹은 일자(日子)인 면에서 우리나라의 〈제석본풀이〉와 닮았고, 제주의 〈초공본풀이〉와 흡사하다.

일본 학자들은 일본신화 중 일광감정(日光感情) 화소와 유사하다고 하는데, 그것과는 다른 유형의 신화다. "무조신화와 성무의례의 일치점을 갖는 〈초공본풀이〉와 〈사송금〉의 일치점은 화소의 논점이나 구조적 일치점을 넘어서서 신화 연구의 심층적·층위적 공통점을 발견할 수 있는 적절한 사례로 판단된다."[21]는 지적이 타당하다. 어머니 혹은 아들이 무조신이 되었던 점을 상기하면 제주도의 〈초공본풀이〉의 같다. 이처럼 류큐국도 어느 순간 북방계 문화를 받아들이며 신화체계에도 변화가 있게 되는데 특히 한국과 제주신화와의 유사성을 외면할 수 없다. 오키나와에 널리 분포하는 미륵과 석가의 경쟁 화소도 한국 북방 함경도의 〈창세가〉 혹은 남방 제주의 〈천지왕본풀이〉 영향을 받은 것으로 보인다. 미륵과 석가가 꽃피우기 경쟁으로 이승 차지하기 내기를 하는데 석가가 트릭으로 꽃 바꿔치기를 하여 미륵이 지게 되는 사연 또한 한국신화와의 비교를 통해 해석의 실마리를 풀어야 한다.

신화는 어느 한 곳에 머무르지 않고 계속 시대상에 맞춰 변모한다. 신의 권위와 신성성을 확보하기 위해 당대적 권위를 지속적으로 흡수하게 되는데, 고대신화가 천상계를 신성성으로 받아들였다면, 중세로 갈수록 중국 천자 혹은 중심부의 남자가 도래하여 혈통 있는 자식을 낳는 이야기로 변모한다. 류큐 신화 속에 천상계의 개입은 고대국가 형성과정이 더딘 만큼 후대에 이루어진 것으로 보인다. 유규신화에 보이는 천상계의 출자 이전의 신의 모습은 어떤 것이었던가. 이 또한 오모로에서 재구해 낼 수 있을 것으로 본다.

---

21) 김헌선, 『한국의 무조신화 연구』, 민속원, 2015, 214쪽.

4) 니라이 가나이와 해양신(海洋神)

니루야 토요무 大主
大島토요무 若主
按司오소이만이
세지(신의 靈力) 훌륭하게 계시다
又 훌륭한 嶽 높은 명성
　眞君淸ら大主(神女)
又 아름다운 嶽 높은 명성
　섬 최초의 大主
又 아마니코(아마미쿄)에 감동하여
　케사니코에 감동하여
又 테루카하(태양신)와 합심하여
　말씀 전하시다. (100)

니라이 가나이는 류큐 고대신앙과 깊이 관련되어 있다. 벼와 불이 그곳에서 전해졌다고 한다. 니라이 가나이 신은 1년에 한 번 내방하여 인간세계에 곡식의 풍요를 가져다주기 때문에 지금도 오키나와 사람들에게 깊이 각인되어 있다. 키코에오키미의 즉위식에 니라이 영력(세지)을 모셔오는 신사가 있다. 앞에서 제2 키코에오키미인 우메미나미(梅南)의 제의에 니루야의 大主가 나타나 오모로를 노래하였던 사연을 소개한 바 있다. '니루야 가나야'와 '아마미쿄'가 결합되는 양상이 있는데 바로 오모로 제 100수다.

니루야 혹은 니라이는 바다 저편의 생산과 풍요를 주재하는 신이다. 이 신과 관련이 있는 아마미쿄는 常世의 國(니루야 가나야) 主의 화신(化身)[22]이라고 여겨진다. 아마미쿄를 니루야 大主와 연관시켜 이해해야 한다는 취지를 창세 오모로(512)와 연관시켜 논의한 고야마 가즈유키

(小山和行)의 논지는 시사하는 바가 크다. 그는 제 511수의 니루야 신과 아마미쿄와 태양신, 이 셋을 한 맥락에서 이해할 수 있는 설명을 하고 있다. 왕의 지배력은 영원하지 않고 생성과 소멸이 있어 1년을 주기로 한다는 것이다. 태양의 지배력이 영원하지 않고 생성과 소멸이 있어, 생명력을 부활시켜야 하는 것과 같은 순환이다. 니루야 가나야란 공간 은 모든 생명력이 재생하는 곳이듯이 태양의 생명력이 부활하는 공간 도 니루야 가나야라 한다. 왕의 지배력과 번영·풍요·안녕 모두 태양의 탄생 공간인 니루야 가나야로부터 가져오게 된다는 것이다.[23]

태양의 갱신은 그 힘이 소멸하는 끝인 동지와 연관된다. 동지에는 일양생(一陽生)하듯이, 모든 질서는 동지를 정점으로 바뀐다. 왕의 지배 력 갱신도 필요하다. 왕의 생생력도 '죽음과 탄생'을 반복하는데 겨울 의 죽음에서 봄의 소생으로 이어진다.[24] 마치 곡식의 죽음과 탄생과 같다. 그런 의미에서 곡식의 부활과 태양의 갱신과 왕권의 갱신은 하나 의 맥락으로 이어진다. 여기서의 태양은 천상계의 인격신으로 바뀌기 전의 자연신의 모습이다.[25] 자연신으로서 여름과 겨울의 탄생과 죽음 을 반복하는데 그 생명력을 얻는 원천이 바다 저편의 니라이 가나이라

---

22) 外間守善, 『おもろそうし』上, 岩波書店, 2000, 92쪽.

23) 小山和行, 앞의 논문, 145쪽.

24) 穀神은 주검(地中에 매몰)을 거친 다음에 부활한다. 그 부활은 생산의 풍요를 상징한 다. 왕도 주검의 절차를 거쳐서 부활해야만 한다. 그래야만 그 왕권은 풍요의 생산능 력이 되며, 따라서 神聖이 될 수 있다(최진원, 『국문학과 자연』(증보판), 성균관대 출판부, 1981, 152쪽).

25) 오모로에 보이는 천(天)은 여러 가지다. 자연의 하늘을 의미하는 천, 추상적인 천상 세계, 초월적인 존재를 의미하는 천, 세계의 중심을 의미하는 천, 미칭사로서 사용하 는 천 등이다(吳海寧, 「琉球における'天'の觀念の基礎研究」, 沖繩縣立藝術大學大學院 博士論文, 平成 27年, 2015, 111-147쪽). 여기서는 초월적인 존재 이전의 자연의 하늘을 의미하는 것으로 정리할 수 있다. 여기서는 태양도 초월적 존재 이전의 자연 의 태양이다.

는 해양낙토다. 해가 동쪽 바다에서 떠올라 서쪽 바다로 진다는 단순한 순환과정이 자연스런 해의 모습이다. 해가 지닌 자연신으로서의 면모가 바다와 결합하는 것 또한 자연스럽다. 바다 저 편에서 생명력을 얻게 되는데 거기가 니라이 가나이라는 곳이고 그곳을 주재하는 신이 태양의 생명력, 곡식의 생명력, 그리고 왕의 생명력을 주재한다고 믿는 일원적 사고가 당연히 연상된다.

이처럼 초기 류큐 왕국은 바다 저편 도래신(渡來神)과 긴밀하였다. 그러니 오모로 속에는 바다 저편을 내왕하는 이야기가 흥미진진하다. 쇼신왕이 아마미오 섬의 북단 카사리까지 토벌하는 내용(15)을 시작으로 해서, 키미하에(君南風) 신녀의 참전은 유명하다.[26] 미야코지마와 야에야마, 하테루마지마에 참전한 키미하에(36)는 구메섬(久米島)을 수호하는 신으로서, 특이하게도 오모로 11권의 거의 대부분을 구메섬에 할애하게 만든 장본인이다. 도쿠지 섬(德之島), 아마미오 섬(奄美大島)을 국토에 포함시켜 통일왕조의 위업을 자랑(53)하는 데까지 이른다. 바다를 오가면서 류큐호의 통일을 위한 오랜 해양 전쟁을 끝내는 내력이 들어 있다.

이후에는 일본 사츠마의 침입과 연관된 해양 전투 내용이 이어진다. 야마토(大和) 군대와 싸워 이긴 내용(93), 야마토와 갈등하면서 사츠마 병사를 비난하는 내용(96), 일본 병사가 깊은 바닷속으로 빠지길 기원

---

26) 애초에는 '아오리야헤'의 활약이 두드러진다. 아오리야헤가 미야코지마와 야에야마를 정벌하는 데 앞장 서 큰 공을 세웠다. 아오리야헤는 久米島 仲里城 우타키 신이었는데, 나중에 왕부의 久米島 침략 후 王族神女로 등장하기도 한다. 君南風은 首里 우타키 신과도 연관되고, 미야코지마와 야에야마의 大阿母와 유사한 神職者다. 오모로 속에서 아오리야헤와 君南風의 관계는 매우 밀접하다(眞喜志瑤子, 「〈おもろさうし〉にみる久米島出自の神の變容とその歷史的背景」, 『沖繩文化硏究』 28, 2002, 216-217쪽). '아오리야헤'는 오모로의 曲節을 알려주는 근거가 되기도 한다. '아오리야헤'의 'ふし名'는 '간접명령법으로 작명되었음을 밝히기도 했다(島村幸一, 「『おもろさうし』の「ふし名」について」, 『沖繩文化硏究』 10, 1983).

하는 내용(97) 오다이라교(大平橋) 전쟁(1609)의 승리를 도운 신녀에 대한 내용(103) 등으로 이어진다. 바다를 오가는 배에 대한 오모로가 13권 '船 에토의 오모로'다.

　우선 기카이 섬(喜界島), 도쿠노 섬(德之島), 요론 섬(與論島), 아마미오 섬(奄美大島), 우케 섬(請島), 요로 섬(與路島)을 항해하고 나키진(今歸仁)에서 나하항까지 항해하는 모습이 두루 보인다. 15세기 베트남까지 항해한 무역선도 등장한다. 배를 만드는 모습, 경조행사, 제사 드리는 모습도 있다. 공납물(貢納物)을 받고 나하로 귀향하는 번영의 류큐 왕국이 잘 나타난다. 그래서 휘황한 임금의 배가 바다를 누비는 장면을 자랑스럽게 그린다. 바다에서 보는 아름다운 경치도 그려내고 있다. 그래서 "東方의 大主(태양) 아름다운 꽃이 피면 저기 보아라 아름다운 君"(977)이라고 하여 태양의 일출 장면이나 일몰 장면을 우아하게 그려낸다. 국토를 내왕하는 내용 속에는 류큐의 역사가 녹아 있다. 앞 시대에는 류큐 전체를 통일 하는 내력이다가 시간이 지나면 사츠마와 전쟁을 벌이는 힘겨운 내력가지 담아냈다. 류큐의 서사(敍事)가 진행되는 와중에도 바다의 아름다운 모습이 서정적으로 그려진다. 해 뜨고 지는 모습, 빛나는 수평선, 병사의 수호신, 배와 바다, 태양신의 위엄 등 서정과 서사, 숭고와 우아가 결합되어 오모로 13권이 아름답게 빛나고 있다.

　류큐의 신화와 역사는 바다 위에서 이루어지고 있다. 그래서 바다의 신이 있고, 해양신의 수호 아래 바다를 오고 가는 류큐국의 역사가 있다. 바다의 역사는 너무 거칠고 힘겨워 배와 사람을 수호하는 신은 고대를 거쳐 중세에도 완고하다. 바다 위에서 죽음과 싸우는 삶은 늘 해양신의 수호가 필수적이었다. 그래서 태초의 신도 니라이 가나이의 大主이고, 현대에도 여전히 그 신앙은 계속된다.

5) 나가며

　오모로는 다양한 장르적 속성을 지닌다. 그 이유는 지금까지의 논의를 통해 보듯이 오랜 기간 전승되어 왔고, 구비전승되던 것을 처음으로 문자로 정착한 시기가 16세기였고, 또 한 세기를 건너 17세기에 완성되었기 때문이다. 또 18세기에는 불에 타 복원하는 가운데 이본의 잡다한 성격이 덧보태져 다양한 양상을 띠고 있다. 오모로의 가창자의 변화도 중요하다. 애초 키코에오키미를 찬미하기 위해 만들어졌던 오모로는 서서히 왕권 중심의 의례가로 바뀌게 된다. 이 변화과정이 특히 오모로의 다양한 스펙트럼을 만들어냈을 것으로 본다.

　신녀 중심의 오모로는 남성 가창자 오모로로 바뀌게 되었던 상황 하에서 오모로 내용도 큰 낙차를 보이게 되었을 것이다. 고급신녀의 쇠퇴는 신녀 오모로의 쇠퇴를 가져왔고, 고급신녀가 오나리 신으로 국왕을 수호하는 오모로는 위축되었던 것으로 보인다. 반면 남성 가창자가 '데다 혹은 데다코'(日神)를 중심에 두고 신년의례나 국왕의 장수를 축원하는 오모로는 확장되어 갔던 것으로 보인다. 그 결과 '니루야 가나야'(바다)에서 오는 내방신 제사가 약화되는 반면, '오보츠 가구라'(天上)를 영력의 원천으로 삼는 '君' 위주의 의례로 발전해 갔다는 시마무라(島村幸一)의 견해27)는 오모로의 역사성을 꿰뚫는 견해라 하겠다. 신녀 즉 키코에오키미 위주의 오모로에서 왕 중심의 오모로로, 여성신 중심의 의례에서 남성신 의례로 바뀌는 과정을 볼 수 있다. 이는 여성 영웅서사시에서 남성영웅서사시로 바뀌는 서사시 진화과정과 부합하는 변화라 하겠다. 신앙서사시는 고대영웅서사시로 바뀌고 이어 중세

---

27) 狩俣惠一, 「『おもろさうし』と琉球文學 書評」, 『口承文藝研究』 34, 日本口承文藝學會, 2011, 158-160쪽(島村幸一, 『『おもろさうし』と琉球文學』, 笠間書院, 2010).

서사시로 바뀐다. 그래서 중세 예약의 성격이 짙어지는 변화가 오모로에 두드러진다. 류큐의 오모로는 중세 궁중악의 예약사상과 함께 논의하는 길이 열려야 할 것으로 기대한다.

류큐문학 연구사에는 두 가지 폐단이 있었다. 선학이 류큐 역사를 일본 역사의 큰 틀에서 파악하면서 류큐문학을 일본문학의 지류 정도로 파악하는 태도에 대해 반성의 시각을 가져야 할 것이다. 반대로 류큐문학을 류큐의 독자적인 환경에서 성장한 것이기 때문에 남겨진 그대로를 중시하다 보니, 그것이 보편문학과 어떤 연관성을 지니는지의 의미를 도외시하는 측면에 대해서도 반성해야 한다.

과거 연구의 큰 폐단은 이하 후유(伊波普猷)와 호카마 슈젠(外間守善)의 학문을 그대로 답습하는 데 있었다. 이하 후유는 일찍이 류큐문학을 일본문학의 방계(傍系)로 보았고 일류동조론(日琉同祖論)을 피력한 바 있다. 호카마 슈젠도 일본문학과 류큐문학을 공통의 조상으로 보았고 류큐문학은 거기서 분기한 것으로 파악한다. 이 류큐문학 연구의 근간에 대해 하테루마 에이키치가 경계하고 있다. 류큐문학은 그 나름의 독자적인 것이고 고유성이 있으므로, 산문문학이 결여한 점을 불완전한 것으로 보지 말고 있는 그대로 인정해야 한다고 했다.[28] 그 대신 류큐에는 운문문학이 융성하다는 자랑을 덧보태고 있다. 충분히 공감이 가는 발언이다. 서구문학을 추종하면서 서구문학만을 문학의 보편성으로 여기고 우리문학의 한계점만을 논하던 60~70년대 식민적 연구 시기를 뒤돌아보면 더욱 수긍할 수 있다.

그런데 너무 고루하면 스스로를 섬 속에 한계지울 수도 있다. "오키나와 고대문학 이론은 그곳에만 전승되는 남도가요를 연구하는 결과

---

28) 波照間永吉, 「この半世紀の琉球文學硏究, そしてこれからの硏究」, 『沖繩文化硏究』 42, 法政大學 沖繩文化硏究所, 2015, 55-56쪽.

에 따라 독자적인 전개가 이루어지기 때문에, 외부에서 들여온 이론에
의해 구축되는 것이 아니고 남도가요를 항상 들여다보는 가운데 이론
을 만들 수 있음이 중요하다고 늘 들어 왔다."[29]는 발언은 옹색하기
그지없다. 독자적인 이론이 있을 수 있지만, 이론은 늘 보편성을 전제
로 하는데 문학 전반의 보편성은 도외시한 채 이론을 논하는 것은 논리
에 맞지 않다. 류큐 나름의 독자적인 문학이 있지만 그 성격을 규명하
기 위해서는 늘 문학의 보편성 속에서 논의되어야 한다. 그 보편성
속으로 들어가는 큰 일을 선학들이 해왔던가. 이하 후유와 호카마 슈젠
이 한 일은 류큐문학을 일본문학의 언저리에 놓아 둔 것에 불과했다.
류큐문학은 독자적이면서도 동아시아 중세문학 속에 공존하고 있었
다. 그러니 동아시아 중세문학의 보편성과 세계문학의 보편성을 염두
에 두면서 류큐문학의 독자성을 논해야 옳다.

　최근 오키나와학 연구자들의 장르론을 보면 서정, 서사, 희곡, 3대
장르를 논하면서 류큐 가요를 파악하는 데까지 이르렀다. 호카마 슈젠의
'축도(祝禱)에서 서사로, 서사에서 서정으로' 발전한다는 논의를 주목해
보면 '축도문학'이 오키나와 문학의 장르적 특성과 닿아 있다고 하겠다.
주술적인 축도는 '교술적(敎述的)'(didactic) 혹은 '주제적(主題的)'(thematic)
장르로 파악하여야 그 특성을 찾을 수 있다. '서정, 서사, 희곡'의 세
갈로로는 감당할 수 없는 장르 분류를 넘어설 수 있는 근거다. 근대문학에
서는 별로 중요하지 않지만 중세에는 문학의 범주에서 오히려 당당했던
제4장르를 유념하면서 류큐가요의 장르론을 정립할 수 있다. 축도의
무가(巫歌)로 알려진 오모로 속에는 서사, 서정, 희곡, 교술의 네 장르가
혼합되어 있는데, 외부를 장식하는 것이 교술이다. 왜냐하면 오모로는

---

29) 竹內重雄, 앞의 논문, 80-82쪽.

궁중예악이기 때문에 찬탄과 찬미를 주제로 하는 왕조찬양의 교술시를 기본 속성으로 한다.30) 중세 예악의 풍토는 고대 신화의 영웅인 왕을 중세 신화의 영웅으로 그리면서 '백성과 농업과 평화'라는 이념을 지향한다.31) 이런 중세성을 포착해야 오모로가 보인다.

아직도 오모로의 태양신을 논하는 데 있어 일본의 아마테라스를 연관 짓고, 다카마노하라와 오보츠를, '根國'과 '니라이'를 영향관계로 해석하는 풍토가 남아 있다. 저 멀리 도리이 류조(鳥居龍藏), 시라토리 구라키치(白鳥庫吉), 야나기타 구니오(柳田國男) 등 제국 학자들과 그들의 이론에 동조하여 일본인종이 일본 내지에서 분파해 이주했다는 南進論을 수립한 이하 후유와 그 학맥들32)이 떠오른다. 오키나와에서는 결국 일본 제국주의를 용인하는 결과를 낳았던 학풍이 아직도 해결되지 못하고 있다.

오키나와는 새로운 시선이 요구된다. 동아시아 문학의 보편성이란 구도 속에서 류큐가요를 새롭게 바라보아야 한다. 류큐의 문학은 중국, 일본, 한국, 월남, 그리고 수많은 도서지역의 문학과의 교류와 공감대, 역사발전과 함께 변모한 사상적 궤적, 그리고 류큐 왕권을 에워싼 중세 예악사상을 적극적으로 포용해야 독자적인 류큐문학이 생동하게 될 것이다.33)

---

30) 허남춘, 「琉球 오모로소시의 고대·중세 서사시적 특성」, 『비교민속학』 47, 비교민속학회, 2012, 375쪽.
31) 조동일, 『동아시아 구비서사시의 양상과 변천』, 문학과지성사, 1997; 조동일, 『한국문학통사』(개정 4판), 지식산업사, 2005.
32) 전성곤, 「'日琉同祖論'의 창출논리와 제국의식-이하후유를 중심으로」, 『일본사상』 16, 한국일본사상사학회, 2009, 153-187쪽.
33) 〈오모로소시〉 번역 초고를 선뜻 내준 경기대 김헌선 교수님께 거듭 감사의 인사를 드린다.

03. 제주와 오키나와의 해양신앙*

1) 머리말

제주와 류큐 열도는 서로 다른 국가권이다. 그러나 중심 대륙으로부터 남단(南端)에 위치한 섬이라는 공통점이 있다. 이들은 각자의 대륙권과는 다른 역사·문화·민속·언어를 가졌다. 지정학적 위치가 견인한 이 특성들은 제주와 류큐 열도가 본토부에서 독립된 탐라국(耽羅國)과 류큐국(流球國)이었다는 사실과도 조우한다. 대륙권과 섬, 중심부와 주변부라는 상대적 비교는 곧 제주와 류큐 열도를 두고 제반 학계가 상당 부분을 견줄 수 있는 단초(端初)가 되었다. 민족사, 교류사, 문화사와 같은 역사학은 물론 의·식·주, 건축, 민속, 문학 등의 세부적인 범주를 대상으로 한 많은 연구들이 제주와 류큐 열도를 상호 비교를 통하여 활발한 연구 성과를 쏟아 내고 있다.

이 글은 그 중에서도 제주와 류큐 열도의 구비서사물(신화와 설화)과 민속신앙에 초점을 둔다. 특히 관심을 둔 것은 해양신앙과 관계된 무속

* 이 글은 나의 박사학위논문 제자인 이현정 선생이 공동 연구원으로 참여하여 함께 작성한 것이다. 이현정 선생의 양해를 얻어 여기 싣는다. 이 글을 쓰는 데 도움을 준 제주학연구센터에 감사의 뜻을 표한다.

신화와 전설, 무속신앙과 그 의례이다. 해양신앙을 비교하고 그 교섭관
계를 확인하는 연구 방식에 대한 우려를 표하는 시각이 일부 존재한다.
이들은 거시적인 관점에서 하나의 원형(元型)에 불과하다는 견해를 들
수 있겠다. 물론 인간의 감각기관, 즉 체감을 통한 인식은 환경의 유사
성과 불가분의 관계에 있다. 그리고 유사한 지정학적 위치에 놓인 장소
들은 전 세계에 무수히 많다. 그러므로 지정학적 인식이나 체험을 간과
할 수 없는 전승자·신앙민의 산물인 구비서사물, 민간 신앙의 비교는
자칫 단선적인 전파론이나 확대 오류의 범할 수 있는 위험성을 지닌다.
하지만 이늘이 원형적 상과 관념을 뛰어넘을 정도로 매우 닮아 있거나,
유사한 변용 과정을 겪은 사례가 발견된다면 이야기는 달라진다.

필요에 따라 도출 결과에 영향을 끼친 여타의 신앙과 풍속 등도 함께
다룬다. 주된 내용은 제주와 류큐 열도의 개별 양상들을 검토하고 상호
간에서 확인되는 유사성을 토대로 제주의 해양신앙이 지닌 변주 양상
이나 복합적 특질을 구명하는 것이다. 때에 따라서 섬이라는 불가역적
환경이 불러온 제주의 역사적 사실을 대면하거나, 기존 연구에 대한
비판적 고찰을 수행하는 것을 논지 전개의 주요 과정으로 삼았다. 이는
그 동안 단편적으로 다뤄졌던 대상과 주제를 응집하여 총체적인 틀에
서 조금 더 진전시킬 것으로 기대한다.

(1) 제주와 류큐열도의 해양타계(海洋他界) 신앙의 변이 양상

해양타계란 본디 해양신앙 내에서 해상(海上) 어딘가에 존재하는 신들
의 출자처(出自處)를 의미한다.[1] 해양타계 신앙의 출발점은 바다를 경외

---

1) 현용준은 이를 바다 건너의 낙토(樂土) 내지 신국(神國)이라 기술한 바 있다.

의 공간으로 인식하고 숭배한 원시·고대의 애니미즘 사상에 있다. 이 신앙은 점차 섬사람들의 역사 체험과 결합하며 신화 체계 안에서 변이 되고 인간의 영역으로 전환되며 설화도 흔적을 남겼다. 그래서 이 상상 의 장소는 신의 공간이자 신앙의 대상으로, 불가항력적인 어떤 상황을 타개하거나 이해하려는 인간의 공간으로 변주되어 왔다. 제주의 강남천 자국(江南天子國)과 벽랑국(碧浪國), 류큐열도의 니라이 가나이(ニライカナ イ)는 전자의 성격을, 제주의 이어도와 류큐열도 야에야마(八重山)의 파 이파티로마(南波照間島, パイパテイロマ)는 후자의 성격을 반영한다.

제주에는 바다를 통하여 입도(入島)하거나 내왕(來往)하는 신들의 이 야기가 민간신앙의 저층인 무속신화에서 주로 나타난다. 해당 내력담 은 지중용출(地中湧出)과 비등할 정도로 공식구처럼 등장하는데, 특히 당신본풀이에서 많이 발견된다. 당신앙(堂信仰)은 제주의 토착적·원시 적인 정신문화의 산물을 이다. 이를 감안한다면 해류를 타고 건너오는 신들의 내력담은 매우 오랜 전승기를 거쳐 현재까지 이어지는 셈이다. 바다를 건너온 신들의 내력은 크게 두 가지인데, 하나는 바다 저편에서 출자한 신이 표류의 흔적 없이 제주로 건너 들어오는 형태를 띤다. 다른 하나는 석함에 실린 채 바다를 떠돌다 당도(當到)하는 경우이다. 물론 요황(용왕)이라는 바다 속의 세계에 근본을 두고 있는 설정도 적지 않지만, 본고에서 주목하려는 것은 바다를 통한 신격의 수평적 이동과 그 출자처이므로 이는 배제한다.

위 유형 중에서도 '바다 건너의 저편'을 상정하고 있는 해상출자(海上 出自) 화소는 제주 무속신화 내의 출현빈도 상 '강남천자국'이 대표적이 다. 이곳에서 탄생한 수많은 신들은 대체적으로 바다로의 노정을 따라 제주로 당도하고 각 마을의 당신(堂神)으로 좌정한다. 이 외에 음력 2월 초하루에 바다를 건너 입도하여 보름날 떠나가는 바람의 신 영등도

강남천자국으로부터 출자한다.2) 해양타계에서 출자한 신들은 각기 좌
정하여 개별 신앙권역을 갖는다. 이들은 신앙공동체의 생산·물고·호
적 등을 관장하는 본향신이나 어업 수호와 번영의 직분(職分)을 수행하
는 어업수호신 등 다양한 성격으로 분화하였다. 신격의 역할과 기능으
로 보아도 신앙민의 전반적인 생활에 영향을 미치고 는 것이다.3) 제주
의 무속신화 내에서 해도출자 삽화의 위상은 결코 지중용출이나 천상
하강과 견주어 밀리지 않는다.4)

- 도원수 감찰지방관 할으방이 강남천ᄌ국에서 솟아나 … 억만명 군ᄉ를
  거느려 역적을 물리치고 요왕국 들어가 요왕부인 거느려서 남방국 제국
  절도를 들어와 할로산 올라.5)   (칠머릿당)

---

2) 영등신의 출자처는 다양하게 나타난다. 그러나 칠머리당 영등굿에서 "영등대왕 영
   등벨캄 영등한집님 영등사제, 동경국 대왕님 세경국 부인님, 벨과부 정월 그믐날
   계탁제 헷당, 이월 초ᄒ룰날 한영젤 받앙, 보름날은 강남천저국에 배 놓아 갑네다."
   라는 사설을 심방이 구연하므로 이에 방점을 두기로 하였다. 영등신의 출자처와
   관련한 자세한 내용은 마지막 부문에서 자세히 다루기로 한다.
3) 어느 쪽이든 '풍요신'으로서의 성격을 일정정도 갖는다. 어업수호신이 수확물의 풍
   요 등을 관장하는 것은 분명한 사실이다. 본향신도 마을의 호적·물고·장적 등을
   담당하는 토주관(土主官)의 직능을 주로 수행한다고 하지만, 매년 이 신을 위하여
   시만곡대제(新萬穀大祭)가 벌여진다는 점에 주목할 필요가 있다. 이 의례는 제주에
   서 본향당의 4대 제일로 꼽힐 만큼 중요한 위치에 놓여있다.
4) 신화학계에서 해류표착과 지중용출은 남방계의 산물로, 천손강림은 북방계의 산물
   로 가르는 것이 일반적이다. 제주 무속신화에 나타난 신격의 출자 형태를 유사 권역
   별로 유형화 한 시도는 현용준에 의하여 이루어졌다. 그는 제주의 강림형 신화는
   한반도를 거쳐 북방아시아의 강림형 신화에 이어지는 계통으로 일본, 터키系大, 퉁
   구스계 등 북방아시아 민족에 널리 분포되어 있으며, 상대적으로 제주의 地湧出神들
   은 沖繩·臺灣·동남아시아로 이어지는 계통의 것이라 하였다. 아울러 女神이 돌함에
   담겨 표착한다는 來訪神 이야기 역시 沖繩·臺灣·동남아시아로 이어지는 箱舟漂着型
   으로 해석하고 있다. 현용준, 『濟州島 巫俗과 그 周邊』, 集文堂, 2002, 508, 512,
   515쪽.
5) 진성기, 『제주도무가본풀이사전』, 민속원, 2002, 332쪽.

- 강남천제국 용녀부인. 요왕(龍王)의서 나오라 …6)　　　　　　(ㄴㅁ릿당)

- 강남천제국 정ᄌ국 안까름(內洞)서 솟아나신 삼형제가 제주 입도 헤야 큰성님은 조천관 압선도 정중부인이고 중형님은 짐녕 관세전부인　세전 부인….7)　　　　　　(金寧큰당)

- 강남천제국 벡몰레왓디서 솟아나신 벡줏도 마ᄂ라 … 벡주가 제주 입도 헤야 손당릴 춫아가서 소천국을 상멘헤야 천상베필이 됩데다.8)　　　　　　(궤눼깃당)

- 음력 2월 영등달이 들면, 이 신들은 강남천자국에서 제주절섬에 산 구경 물 구경 하러 오는데, 맨 먼저 한림읍 귀덕리 '복덕개'라는 포구로 들어 온다고 한다.9)

이처럼 제주의 신앙민들은 강남천자국을 '바다 저 편에 위치한 신들의 본향(本鄕)'으로 섬겼다.10) 이 인식의 반향으로 강남천자국과 제주 간의 바다 노정은 신성존재가 진정한 신으로 거듭나기 위한 '영웅성·비범성 증명의 장치'로도 활용되었다. 아래는 「궤네깃당본풀이」의 한 대목이다.

- 강남천제국의 국난(國難)이 났젠 ㅎᄀ데 세벤(世變) 막으레 가단 풍파 (風波)에 쫓겨서 요왕국을 들어 왔읍네다.11)　　　　　　(궤눼깃당)

6) 현용준, 『제주도 무속자료 사전』, 도서출판 각, 2007, 562쪽.

7) 위의 책, 552쪽.

8) 위의 책, 552-553쪽.

9) 문무병·제주칠머리당굿보존회, 『바람의 축제 칠머리당 영등굿』, 황금알, 2005, 27쪽.

10) 제시된 「ㄴ모릿당본풀이」의 사설을 그대로 받아들인다면, 강남천자국과 용궁은 동일한 장소가 된다. 이 경우 강남천자국은 바다 속에 존재하는 공간으로 인식되었을 가능성도 있다.

궤네깃또는 부모에게 불효한 죄로 무쇠석함에 갇힌 채 바다에 버려졌으나, 용왕의 말젯딸아기를 부인으로 얻고 강남천자국의 변란을 진압한 후 제주로 다시 돌아온다. 죽음의 위기를 이겨내고 신격으로서 좌정할 자격을 갖춘 대상이 되었으니, 부모의 신격은 서사에서 자연스레 자취를 감췄다. 강남천자국과 제주를 오가는 여정에서 획득한 성과들은 신성 존재를 완성시키는 조건이었다. 그 안에는 근본적으로 강남천자국과 그 노정기를 대하는 신앙민의 인식과 태도가 담겨 있다.[12]

한편 제주의 신방이 구송하는 무가(巫歌)에서 강남천자국은 곧 중국과 동일시된다. 그러나 이는 후대에 벌어진 윤색일 뿐 태초의 원형은 아니다. 사실 강남천자국은 그저 바다 저 멀리 '바깥'이라는 정도의 의미를 담고 있을 뿐이다. 제주도의 무속신화에서는 중국을 문명의 중심부로 여기고 위대한 신이 중국 천자의 땅인 강남천자국에 근거하고 있다고 하여, 권위를 높이고자 하는 변화가 중세시대에 있었다.[13]

탐라국의 해상 체험과 중국과 한반도 그리고 탐라의 지배·통치 관계가 강남천자국이라는 작명(作名)의 과정에 큰 영향을 끼쳤다. 강남은 우리가 익히 알고 있는 중국 양쯔강 이남 지역으로 해석되어야 옳다. 강남천자국을 심방과 신앙민 모두 일반적으로 중국이라 인식하는 것이 이를 방증한다. 이곳에는 중국 역대 왕조의 무역과 해운의 중심지들이 있었다. 그리고 탐라국의 사람들은 중국 강남지역과 자신들의 땅이 바닷길로 이어져 있다는 사실을 매우 오래 전부터 알았다. 절강성 영파시의 오랜 교역일지에는 탐라의 직접적인 교류가 기록되어 전하며,

---

11) 현용준, 앞의 책, 2007, 556쪽.
12) 「세경본풀이」의 주인공인 자청비 역시 강남천자국의 변란을 평정하고 오곡종자를 얻어 돌아와 좌정한다.
13) 허남춘, 『설문대할망과 제주신화』, 민속원, 2017, 371쪽.

이를 입증하는 유물도 각처에서 발견되었다.[14]

더하여 원나라는 탐라현을 고려의 영토가 아닌 자신들의 직할지임을 강조하고자 탐라국군민도다루가치총관부(耽羅國軍民都達魯花赤摠管府)를 두었다. 그뿐 아니라, 일본정벌에 쓰일 군선(軍船)을 제조하고 길러 낸 군마(軍馬)와 여러 물자들은 각 조공포에서 수송토록 하였다. 더욱이 원나라는 이 시기 해양 정책이나 해상교육을 펼침에 있어 특히 강남 일대의 항만을 유용하게 활용하면서 그 규모를 키워갔다.[15] 원나라의 직접 통치로 제주가 영위한 세월은 약 100년이었다. 점점 중국 강남 지역은 뭇 섬사람들에게 풍부한 물자, 진귀하고 새로운 것들이 몰려 있는 곳에서 지배자의 땅, 조공물의 전달처 등으로 형상화 또는 세뇌(洗腦)되어 갔다.

격변의 시간 속에서 민간신앙도 서서히 변이되었다. 강남은 중국을 대유하는 장소가 되었고 중국의 고대·중세 국가들은 자신들의 통치자를 천자(天子), 자신들의 나라를 천자국(天子國)으로 지칭하며 한반도와 일본 등지에 끊임없이 외압(外押)을 가하였다. 그렇게 지배의 메커니즘

---

14) 제주 사람들은 중국 강남지역과 자신들의 땅이 바닷길로 이어져 있다는 사실을 매우 오래 전부터 인지하고 있었다. 절강성 영파시의 오랜 교역일지에는 탐라의 직접적인 교류가 기록되어 전하며, 이를 입증하는 유물도 각처에서 발견되었다. "1928년 제주도의 항구를 축조하려 공사를 진행하다 출토된 오수전이 왕망전과 함께 출토되었기 때문에 그 연대가 기원후 1세기를 크게 벗어나지 않는다고 한다." 허남춘, 『제주도 본풀이와 주변 신화』, 보고사, 2011, 202-204쪽. 이들의 해상교역은 쿠로시오 해류를 타고 왕래하며 이루어진 것으로 알려진다. 6~7세기경 성립된 중국과 한반도를 왕래하는 바닷길인 사단로보다 훨씬 이전에 이 루트가 개척되어 있었다. "양쯔강을 중심으로 그 북쪽인 강소(江蘇) 일대가 오나라의 땅이고, 강남 쪽인 절강(浙江)인 이남이 월(越)의 땅에 해당되며 중국의 부는 이 일대에 집중된다. 탐라국의 상인들이 영파에서 직접 장사를 하였다는 기록도 남아 전한다. 탐라해민들이 이 황금의 해역에 가려고 목숨을 걸고 주산(舟山)으로 모여드는 것은 오히려 당연한 일이다"(고용희, 『바다에서 본 耽羅의 歷史』, 도서출판 각, 2006, 113쪽).

15) 朴貞淑, 「문헌자료를 통해 다시 살펴 본 中國의 海神 '媽祖'의 原型과 그 變貌」, 『중국어문학논집』 77, 중국어문학연구회, 2012, 567-590쪽.

은 신화적 논리가 되었다. 자연스레 신화 내에서도 중심부와의 친연성을 강조하고 그 권위를 가져다 당신(堂神)의 권능을 강화하는 변화가 일어났다.16) 그리고 그 뒤로도 계속 신들의 출자처는 끊임없이 조탁(彫琢)되며 '명나라 천자국', '대국 천자국' 등과 같은 공간을 만들어 내기에 이른다. 바다 저 편에 존재하는 신들의 출차처를 중국으로 인식하는 사유가 절대적으로 태초의 것일 수 없는 이유이다.

아울러 제주의 「탐라국 건국신화」에서도 문명의 근원(오곡종자와 우마)과 신성 존재(삼여신)가 바다 저쪽의 벽랑국(碧浪國)에서 왔다는 해양 타계 신앙을 찾을 수 있다. 바다는 새로운 것을 받아들이는 통로라는 사고(思考)가 강하게 드러난다. 역설적이게도 이는 외부에 대한 선망을 표출한 흔적이기도 하다. 원시·고대적 사유로부터 기인한 바다에 대한 경외(敬畏)와 문명과 힘의 중심부를 선망하는 인간의 욕구가 뒤섞여 해양타계 신앙의 본질적 실체가 되었다. 그러므로 해상출자 화소를 간직한 신화는 '섬이라는 특유의 자연환경과 역사적 체험이 신화적 관념으로 배양된 순리적이면서도 인공적인 결과물'이라 정리할 수 있겠다.

류큐열도의 니라이 가나이 역시 바다 저편 또는 바다 속에 존재한다고 믿어지는 신들의 공간이다. 열도 전역에서 찾아볼 수 있는 널리 숭앙되는 신앙이며, 지역에 따라 명칭, 위치와 방향, 특성 등이 매우 다양하나 니라이 가나이로 통칭하는 것이 보편적이다.17) 열도의 신앙

---

16) 허남춘, 앞의 책, 2017, 360쪽.

17) 그 외에도 지역에 따라 니루야카나야(ニルヤカナヤ), 기라이카나이(ギライカナイ), 미루야카나(ミルヤカナ), 니레(ニレー), 니리야(ニリヤ), 니루야(ニルヤ), 니라(ニーラ), 닛쟈(ニッジャ) 등의 유사한 명칭을 띠며 그 방향 역시 남쪽, 동쪽, 서쪽 등으로 다양하다. 니라이 가나이는 그 어원이 정확하지 않다. 혹자는 '뿌리의 나라'라고 하며, 다른 혹자는 '태양이 뜨고 지는 곳' 또는 '머나먼 곳에 있는 이상향'으로 그 의미를 해석한다.

민들은 이 해양타계에 보리, 조, 콩 등의 곡식 종자나 불을 자신들의 섬에 전하여 준 신이 산다고 믿는다. '벽랑국'의 삼여신과 매우 유사한 속성을 띠고 있어 흥미롭다.

이곳의 신은 니루야(ニルヤ), 니라이(ニライ), 니란(ニラン) 등으로 불리는 존재이다. 자신들이 섬기는 신이 해양타계로부터 출자하며, 생활을 영위하는데 더 없이 중요한 풍요와 생명, 문명의 근원을 전달한다는 류큐 열도의 이 신앙은 제주의 해양타계와 매우 닮은꼴이다.[18] 류큐 열도의 운자미(ウンジャミ), 우후우이미(ウフウイミ)와 같은 민간 의례와도 맞물린다. 이 의례들은 현재까지 전승되고 있다.[19]

류큐왕조 대의 구비전승물인 오모로소시(おもろさうし)에도 니라이 가나이는 '모든 생명력이 재생하는 공간'으로 상징된다. 여기서 오모로(神歌)의 전반에 농후하게 채색된 천신(天神)의 윤색(潤色)을 벗길 수 있는 단서가 마련된다. 오모로소시는 태양신과 그의 대리자 키코에오키미(聞得大君)가 왕에게 주력(呪力)을 부여하는 형태를 띤 제의의 노래인데, 이 안에는 창세·시조신 아마미쿠(阿摩美久)가 니루야의 분신(分身)으로 표현되거나,[20] 니루야 大主가 태양의 생명력, 곡식의 생명력, 그리고 왕의 생명력까지 주재한다는 믿음이 담겨 있는 대목들이 발견된다.[21] 노래 안에서 니루야 大主라고 지칭되는 신격은 의심할 여지없이

---

18) 이는 현용준, 허남춘 등이 비교민속학적·비교신화학적 관점에서 줄곧 주지한 사실이다.

19) 해당 의례에서 여성 제사장은 바다 저편의 타계로부터 방문한 내방신으로 분장하여 섬(島)에 유우(ユ-ウ)를 가져오는 呪的 行爲를 한다. 高梨一美 著·이혜연 譯, 「풍요는 바다로부터 온다: 류큐 열도의 풍요(유우)와 타계 관념」, 『島嶼文化』 23, 목포대학교 도서문화연구소, 2004, 403쪽.

20) 外間守善, 『おもろそうし』 上, 岩波書店, 2000, 92쪽.

21) 허남춘, 「오모로소시와 키코에오키미(聞得大君), 그리고 創世神」, 『구비문학연구』 35, 한국구비문학회, 2017, 292-294쪽.

니라이 가나이에 머무는 신을 대어(對語)한 표현이다.

해당 현상은 강남천자국의 변이 실상과 별반 다르지 않다. 제주에서는 농경신의 내력담인 「세경본풀이」가 전승되고 있는데, 자청비가 천자국의 변란을 진압하고 오곡종자를 받아 오는 서사가 삽입되어 있다. 이때 천자국은 옥황(玉皇)과 같은 공간으로 나타난다.

> ᄌᆞ청비가 …(중략)… 천제국(天子國) 나라에 들어간 보니, 아닐세 세벤 난이 일어나고 일만명의 제군ᄉᆞ 삼만명의 제군ᄉᆞ가 칼을 빌고 싸옴싸옴 허염시난 …(중략)… 동서레레 쓰러져 세벤난을 막아노니, 천제왕 벡제왕의서 땅 ᄒᆞᆫ 착 물 ᄒᆞᆫ 착 내여준다. ᄌᆞ청비가 천제왕 벡제왕아피 등장들 때, "오곡 열두 시만이나 내여줍서." …(중략)… 오곡씨 마련ᄒᆞ단 보난 씨 ᄒᆞ나가 잊어지여 옥황의 간 씨를 타오는 것이 한부중ᄀᆞ실 늦어져도 ᄄᆞᆫ ᄀᆞ실농ᄉᆞ영 ᄀᆞ찌 허여 먹기 마련ᄒᆞᆫ ᄆᆞᆯ씨가 돼옵네다.22)

당신본풀이에 주로 나타나는 강남천자국은 '천자국'이라는 말을 사용함에도 불구하고 해양 너머의 공간이다. 오곡종자 역시 해양타계 신앙에 따르면 저 멀리 벽랑국으로부터 전하여 온 것이었다. 그런데 어느 순간 천상의 권위가 강조되고 천자국이란 설정에 맞게 하늘이 새로운 산물을 내려주는 신성 존재가 되었다. 해양신의 권위는 축소되고 그 힘을 천신이 흡수하여 간 과정이 엿보인다. 니라이 가나이 역시 오보츠카구라(オボツカグラ, 天上)의 관계 속에서 의례와 신앙 범주가 축소되었던 사실이 존재한다. 그러나 천상과의 대결에서 밀려나기 전 해양타계는 제주와 류큐 열도 모두에서 생기(生氣)와 신성성, 생명력의 원천으로 섬겨졌다.

---

22) 현용준, 앞의 책, 2007, 298-299쪽.

해양타계 신앙은 어느 순간 인간을 중심에 둔 일정 공간으로 변모하
게 된다. 그래서 해양타계는 인간 중심의 사고관과 세계관을 띤 설화의
영역으로 편입된다. 신의 세상이 아닌 인간이 범접할 수 있는 해양타계
가 탄생한 것이다. 제주의 이어도 설화 그리고 야에야마(八重山)의 파이
파이파티로마(南波照間島, パイパテイロマ) 설화가 이에 속한다. 서로 간은
외부로부터 억압당하였던 원주민들의 역사가 내재되어 있다는 공통점
을 지닌다.

먼저 전승 채록된 이어도 설화인 ㉠, ㉡, ㉢을 소개하면 다음과 같다.[23]

㉠-1) 제주도 조천리에 고동지라는 남성이 살았다.

㉠-2) 어느 해에 중국으로 국마를 진상하러 가게 되었다.

㉠-3) 진상을 위해 중국으로 가던 배가 폭풍을 만나 좌초되었다.

㉠-4) 배에 탔던 사람들 중 고동지만 살아남아 이어도에 표류하게 되었다.

㉠-5) 이어도는 과부들만의 섬이었다.

㉠-6) 그곳에서 고동지는 잘 대접받으며 살았다.

㉠-7) 어느 날 고향인 제주도 생각이 간절하여 노래를 불렀다.

㉠-8) 그 후 뜻밖에 중국 어선을 만나 고동지가 제주도로 돌아오게 되었다.

㉠-9) 그때 이어도의 한 여인이 제주도에 고동지를 따라오게 되었다.

㉠-10) 고향에서는 죽은 줄 알았던 고동지가 돌아오자 잔치가 벌어졌다.

㉠-11) 후에 사람들은 고동지를 따라온 이어도의 여인을 조천리의 신으로
모시게 되었다.

㉡-1) 고려시대 제주도는 몽고의 지배를 받았고 그로 인하여 제주도민들

23) ㉠은 진성기, ㉡은 高橋亨, ㉢은 현용준·김영돈·현길언이 채록한 자료이다. ㉠은
1958년, ㉡은 미상, ㉢은 1983년에 조사한 것으로 나타난다. 각각 『제주도 전설』과
『濟州島の民謠』, 『濟州島 傳說誌』에 실려 있다(진성기, 『제주도 전설』, 백록, 1993,
34-36쪽.; 高橋亨, 『濟州島の民謠』, 寶蓮閣, 1974, 54-55쪽; 濟州島, 『濟州島 傳說誌』,
1985, 67쪽).

은 소, 말 등을 진상하였다.

ⓛ-2) 진상을 위하여 제주도를 떠났던 배는 이상하게 고향으로 돌아오지 못하였다.

ⓛ-3) 제주도와 중국 사이에는 이어도라는 섬이 있었다.

ⓛ-4) 배들이 돌아오지 않는 것은 그들이 모두 이어도에 갔기 때문이다.

ⓛ-5) 어느 해 강씨라는 사람이 몽고에 진상할 배를 타고 나갔다가 돌아오지 않았다.

ⓛ-6) 강씨의 아내는 너무도 슬퍼 자신의 심정을 담아 노래를 지어 불렀다.

ⓛ-7) 같은 처지에 있는 제주도의 여인들이 이 노래에 공감하여 널리 퍼뜨렸다.

ⓒ-1) 한 남편이 아내를 버려두고 이어도로 가서 첩을 얻어 행복하게 살았다.

ⓒ-2) 남자의 아내는 홀로 늙은 시아버지를 모셨다.

ⓒ-3) 남자의 아내가 시아버지에게 배 한 척을 지어주면 남편을 찾아오겠다고 말한다.

ⓒ-4) 시아버지는 며느리의 소원을 들어주려 조천면 선흘리 고지에서 배를 만들었다.

ⓒ-5) 배를 띄워 험한 길을 거쳐 이어도에 다다르니 남자는 첩과 행복하게 살고 있었다.

ⓒ-6) 아버지와 본처의 설득 끝에 남자는 첩을 데리고 고향으로 돌아가기로 마음먹는다.

ⓒ-7) 이어도롤 떠나 제주를 향하던 배는 풍파를 만나고 온 가족은 몰사(沒死)한다.

ⓒ-8) 사실을 안 고향 사람들이 이 가족을 가엾게 여겨 당제를 지내듯 제사하여 주었다.

ⓐ, ⓛ, ⓒ에 동일하게 나타나는 이어도의 성격은 바다 상에 존재하는 표류의 공간이자, 인간의 낙토(樂土)라는 것이다. ⓐ, ⓛ은 섬주민들의

수난사가 보태어졌다. 그 안에는 종주국(중국)의 수탈로 목숨을 걸고서 바닷길을 떠날 수밖에 없었던 애환을 담았다. ⓒ은 ⊙, ⓛ의 자료에 비하여 역사적 배경보다는 제주 여인의 고단한 삶을 더 부각시켰다. ⓒ의 구연자는 "지금도 이어도라고 하는 섬은 분명 어디엔가 있을 것이다."는 말로 설화의 구연을 마친다. 이어도는 굳이 사실적·역사적 사건을 배제하고도 수용자들에게 헤테로토피아(Heterotopia)로 인식되었다는 것을 알 수 있다.

⊙처럼 이어도에서 함께 돌아온 대상을 신성시 할 수 있었던 것은 바다 저편의 공간을 신의 세상으로 인식하였던 신화 속 해양타계 사상의 흔적이 아닐 수 없다.[24] 이처럼 이어도는 표류한 인간이 목숨을 건지는 구원처이자, 외세의 억압으로 인하여 항해를 떠난 사람들이 머무르며 돌아오지 않는 낙원, 섬사람들이 무수히 겪었던 바다 표류와 실종의 아픔을 상쇄시키는 위안처인 해양타계로 기능하였다. 그래서 설화 속의 해양타계는 신의 공간도 아니며 속세도 아닌 리미널 스페이스(liminal space)의 특징을 강하게 지닐 수밖에 없었다.

파이파티로마는 야에야마 제도 하테루마지마(波照間島)의 설화에 나오는 해양타계이자 낙토이다. 하테루마의 남쪽에 위치한 이곳은 야쿠아카마리(ヤクアカマリ)가 발견한 곳이며, 세리(税吏)의 눈을 피하여 몸을 숨길 수 있는 조건을 갖춘 섬이다.

---

24) ⊙에는 설화 제보자의 문제가 거론될 수 있다. 이 설화의 제보자 정주병의 직업은 심방이다. 따라서 심방의 세계관대로 설화를 이해하고 구술하였다는 설화적 신빙성의 문제가 붉어질 수 있다. 그러나 제시된 설화에서 이어도의 여인이 신이 된 공간은 조천리 소재의 장귀동산당이다. 그리고 정주병은 조천리의 큰심방으로 활약한 인물이다. 따라서 그가 구술한 신의 내력은 당시 신앙민들이 거부감 없이 받아들였던 신의 내력이기도 하다. 여기에서 오히려 무속신화의 해양타계 신앙과 설화의 해양낙토 신앙을 연결할 수 있는 고리가 생긴다. 바다 멀리 미지의 장소에서 온 대상을 신성 존재로 여기고 모셨던 신화적 관념을 축출할 수 있기 때문이다.

　しかもここへ来ればさらにまた、パェパトローの島を談ずるそうであ
る。ハエは南のことで、我々が南風をハエと呼ぶに同じく、パトローは
すなわち波照間の今の土音である。この波照間の南の沖に今一つ、税
吏の未だ知っておらぬ極楽の島が、浪に隠れてあるものと、かの島の人
は信じていた。

　昔百姓の年貢が堪へ難く重かつた時、此島の屋久のヤクアカマリと
伝ふ者、之を済はんと思い立つて、遍く洋中を漕ぎ求めて終に其島を
見出し、我島に因んで之を南波照間と名づけたと伝へて居る。叙福が
大帝の命を承けたのとは事がはり、此は深夜に数十人の老幼男女を船
に乗せて、窃かにその漂渺の邦へ移住してしまつた。其折に只一人の
女が、家に鍋を忘れて取りに戻つて居る間に、夜が開けかかつたので
其船は出去つた。鍋掻と伝ふ地は其故跡と伝ふことに為つて居る。取
残されて嘆き悶えて足摺し、浜の真砂を鍋で掻き散らした処と謂ふの
である。[25]

　파이파티로마에 특정한 방향을 설정하거나, 이 섬을 '극락의 섬',
'물결에 감추어져 있는 섬' 등으로 표현한 점에 주목할 필요가 있다.
이 대목에서 류큐 열도 전반에 퍼져 있는 해양타계 니라이 가나이를
떠올리지 않을 수 없다.

　김용의는 『西表島·黑島·波照間島の傳說·昔話』에 실려 있는 이 설
화의 동계서사물에 주목하였다. 「나비하키아마스(銅掻き)의 유래」가 그
것인데, 사츠마번이 침입하여 하테루마지마를 평정하고 과다한 연공
(年貢)을 부과하여 이에 고통을 받던 주민들이 배를 타고 도망가기에
이른다는 내용이다. 그는 이를 바탕으로 하테루마지마 농민들의 탈출
에 관한 역사적 기록과 전설을 함께 조응(照應)함으로써 낙원전설이

---

25) 柳田國男, 『海南小記』, 創元社, 昭和15, 133쪽.

생성하게 된 역사적 배경을 추론할 수 있다고 언급한다.[26]

결국 이어도 설화와 마찬가지로 파이파티로마 설화 역시 상층부 혹은 외부 세력으로 인한 억압의 문제와 해양타계가 긴밀히 얽힌 모습이다. 이 설화들은 안식처, 구원처로서의 해양타계를 동일하게 그려내고 있다. 그러면서도 이어도와 파이파티로마는 상이하다. 이어도는 풍랑과 사고를 늘상 동반하는 곳이지만 파이파티로마는 그러지 않은 것이 가장 눈에 띄는 차이이다. 또 이어도는 파이파티로마에 비하여 인공(人工)적 성격이 덜하다는 점도 간과할 수 없다.

두 설화의 차이는 서사에 삽입된 역사적 배경의 시기 문제, 역사적 사실의 서사 개입 정도의 문제에서 비롯된다. 두 설화에 삽입된 역사적 배경은 크게 약 350여년 정도의 간극을 지닌다. 덧붙여 ⓒ에는 '나무를 베어다가 만든 배'가, 「나비하키아마스(銅搔き)의 유래」에는 '피루구마(蒸氣船)'가 등장한다. 따라서 이어도 설화에 비하여 파이파티로마 설화가 근대성을 강하게 갖는다는 사실도 알 수 있다. 현실의 속박을 대하는 태도 차이도 여기에서 기인하는 것이 아닌가 한다.

또 ㉠, ㉡에서 삽입되었던 중국과 제주 간의 역사적 관계가 ⓒ에서는 드러나지 않는다. 설정할 수 있는 가설은 두 가지이다. 우선 이어도 설화가 후대로 전승되며 점차 서사 내에서 역사적 배경이 흐릿하여

---

26) 「나비하키아마스(銅搔き)의 유래」에는 다음과 같은 대목이 있다. "사쓰마가 하테루마지마를 평정한 후에 연공을 부과했다. 과다한 연공을 부과했기 때문에 주민들이 무척 고통을 받았다. 그 무렵 후카(富嘉) 부락 서쪽에는 야쿠(ヤク) 부락이 있었다. 야쿠 부락에는 야쿠아카마라(ヤクアカマラー)라는 대장이 살았다. 야쿠아카마라는 연공이 너무 가혹해서 야쿠 부락 사람들을 모두 이끌고 파이파티로마로 탈출하고자 하여 야마투후노라에게 상납해야 할 연공을 배에 실었다. …(중략)… 그 배는 피루구마(蒸氣船)로 야쿠아카마라라는 사람이 선장이었다. …(이하 생략)…"(狩俁惠一·丸山顯德, 『西表島·黑島·波照間島の傳說·昔和』, 三弥井書店, 194-195쪽; 김용의, 「오키나와 야에야마(八重山) 지역의 낙원 전설」, 『일어일문학연구』 80(2), 한국일어일문학회, 2012, 243-244쪽 재인용 및 참고).

지고 제주 여성들의 애환을 담는 방향으로 변모된 경우가 있겠다. ㉠, ㉡보다 ㉢이 후대에 채록된 사실을 그 근거로 들 수 있다. 실제로 제주에 전승되는 '맷돌 노래(ᄀ래 가는 소리)'와 이어도 간의 상관성을 해명하는 시도들이 있었다. '강남 가는 해남을 보라 이어도가 반이옌 해라'라는 이 민요의 사설을 통하여 이어도의 성격을 구명(究明)하거나 '이어도 허라'라는 민요의 후렴구에 주목하고 이를 이어도 설화와 결부하기도 하였다.

다른 하나는 본래 역사적 사실은 설화에 개입하지 않았었는데, 이어도에 당도한 주체들에게 계기를 부여하기 위한 도구로 끌어다 썼을 가능성이다. 그렇다고 하여 이어도 설화에 삽입된 역사적 배경을 수사(修辭) 단락 정도로 치부하기는 어렵다. 서사 내에서 분리·치환되는 삽화일지라도 설화 수용자가 이를 받아들이고 기정화(旣定化)시켰다는 점은 설화의 성격을 분석하는데 매우 중요한 요인이다.

해양타계의 신앙은 바다를 경외(敬畏)의 공간으로 바라보던 섬들의 신화적 사유에서 출발하였다. 이때의 해양타계는 생명, 힘, 신성성을 주재하는 장소로 기능하였다. 이후 이데올로기나 역사적 체험이 신화 속으로 삽입되기에 이른다. 천신사상의 확대로 인한 해양타계 신앙의 축소나 신화 속 해양타계 설정의 변이, 강남천자국과 같은 명칭의 부여 등이 그 증거이다. 그러나 이러한 변화 속에서도 해양타계 신앙은 여전히 두 곳의 정체성을 논의할 때 빼놓을 수 없는 민속신앙으로 전승된다.

이에 더하여 해양타계 신앙은 인간의 실질적인 삶의 문제와 맞물리며 설화의 영역으로 변주한다. 인간 중심의 해양낙토를 만들어내고 자신들의 불가항력적·운명적 문제를 해결하는 수단으로 삼았다. 그 기저(基底)에는 바다 저 편 어딘가 있을지 모르는 미지의 공간에 대한 무수한 상상력이 있었다. 양측 모두가 그 실재를 확인하고자 노력하여

온 사실은 해양타계를 향한 인간의 끊임없는 갈구(渴求)의 또 다른 모습
일지 모른다.27)

(2) 제주와 류큐열도의 제충의례(除蟲儀禮)와 해양신앙

제주와 류큐열도의 민간신앙에서 바다는 해로운 대상이나 기운을
소거하는 힘을 지닌 신성한 영역으로 인식되었다. 제주 무속 내의 우도
의 말축굿, 류큐 열도에 폭넓게 전승되는 운자미(ウンジャミ)와 시누구(シ
ヌグ)는 이에 관한 매우 유사한 의례이므로 비교·고찰할 필요가 있다.28)

말축굿은 메뚜기로 인한 충해(蟲害)를 소거하는 무속 의례이다. 현재
전승은 중단되었지만, 실상을 알려주는 현장 학술조사 자료와 마을지
가 존재한다. 농작물에 피해를 입히는 대상을 퇴치하는 목적의 의례이
기에 해양신앙과 거리가 있을 것으로 여겨지지만, 그 기층(基層)에는
해양신앙, 즉 해신신앙이 자리 잡고 있다.

---

27) 우리나라에서 이어도의 실재론이 처음 대두된 것은 1951년으로, 국토규명사업을
벌이던 한국산악회와 해군이 공동으로 이어도 탐사에 나서서 높은 파도 속에서 실체를
드러내 보이는 이어도 정봉을 육안으로 확인하고 '이어도'라고 새긴 동판 표지를
수면 아래 암초에 가라앉히고 돌아왔다. 그 후, 1984년 제주대학교-KBS 파랑도
학술탐사 팀이 암초의 소재를 다시 확인한 바 있으며, 1986년에는 수로국(현 국립해
양조사원) 조사선에 의해 암초의 수심이 4.6미터로 측량되었다. 이어도 최초의 구조
물은 1987년 해운항만청에서 설치한 이어도 등부표로서 그 당시 이 사실을 국제적
으로 공표하였다. 또 오키나와 현의 지사가 해군성에 파이파티로마 탐색을 요청하였
으나 거절당한 역사적 사실도 존재한다. 해군성이 거절한 이유는 파이파티로마의
소재가 불분명하다는 이유였다고 한다. 이상은 국립해양조사원 홈페이지(www.
khoa.go.kr)와 김용의, 앞의 논문, 240쪽 인용.

28) 이는 도쿠마루 아키(德丸亞木)도 주목한 바 있다. 그는 우도에서 진행된 학술공동조
사를 통하여 관련 내용을 제시하고 있는데, 의례의 명칭과 성격이 불명확할 뿐만
아니라, 서로 성격이 다른 의례들을 별도의 구분 없이 제시하여 보완이 필요하다.
"7월 15일의 굿은 신방이 섬의 경작지를 돌면서 벌레를 쫓아내는 진송의례(鎭送儀
禮)이다. 이 굿은 신방 한 명이 행한다."는 기술을 확인할 수 있었다. 德丸亞木,「韓日
漁民信仰의 比較研究」,『韓國民俗學』34, 한국민속학회, 2001, 293쪽.

〈말축굿〉은 메뚜기의 번식으로 생기는 농작물의 충해(蟲害)를 막기 위한 굿이다. 이 굿은 30년 전까지 했으나 지금은 없어진 것이다. 메뚜기가 성하여 농작물의 피해가 심할 때, 하우목동의 바닷가 '우묵개'에 있는 돈짓당에서 하였다. '우묵개'는 우도면의 모든 牛馬를 실어 나르는 포구였으며 '우묵개'에 있는 돈짓당은 또 우도의 대표적인 돈짓당이었다. 이 당의 신은 '돈지하르방·할망'으로 〈말축굿〉은 이 당신에게 기원하고, 메뚜기를 몰아다 배에 실어 떠나보내는 굿이다.[29]

해당 의례를 벌이는 장소인 돈짓당은 해신당(海神堂)이다. 현재는 해녀와 어부를 비롯한 어로(漁撈)의 일을 관장한다. 그러나 이들은 원래 요왕해신과 선왕 정도의 신격이었던 것으로 추측된다.[30] 해신에게 농사의 풍요를 기원하는 양상은 제주의 영등신앙에서도 발견된다. 이처럼 해신과 농업의 풍요를 결부하는 일은 제주의 민간신앙에서 빈번한 양상이다.

돈짓당의 제일은 정월 14일과 7월 14일인데 이때의 굿도 〈말축굿〉과 비슷하다. …(중략)… 굿하는 날 아침에 상·하우목동뿐만 아니라 다른 동네 사람들도 각각 제물을 지고 돈짓당에 모여든다. 사람들이 모이면 당 앞에 제물들을 벌여놓고 심방이 굿을 시작하는데 굿은 다른 당굿과 별로 다르지 않다. 그러나 오후가 되면 이 굿의 특징인 메뚜기를 몰아내는 굿 제차로 이어지는데, 수심방이 제장에서 '어떤 마소 어떤 마소를 아무게 테우리(牧童)가 몰러 갑니다'는 내용의 사설을 창하면, 무악기를 치던 小巫들이 목동들이 분장하고, '멜망탱이'를 메고 막대기를 들고서 '아무 소를 몰러 나간다'고 외치며 제장을 빠져 당의 양쪽으로 갈려 나간다. 한쪽은

29) 牛島誌編纂委員會, 『牛島誌』, 1996, 226-227쪽.
30) 강정식, 「한국 제주도의 해양신앙」, 東亞細亞의 海洋信仰과 '海神' 張保皐 학술세미나 발표문, 목포대학교 도서문화연구소, 2005, 6쪽.

오른쪽으로 출발하여 …(중략)… 섬의 중앙 부분으로 나가고 다른 한 쪽은 왼쪽으로 출발하여 …(중략)… 섬의 중앙부분으로 나간다. 그들은 손으로 닭을 끌며 …(중략)… 큰 소리로 외치면서 걸어간다. …(중략)… 이 닭을 다리, 날개, 머리를 각각 산산조각으로 찢어서 바다에 던지고 나머지는 배에 싣는다. …(중략)… 닭도 싣고서 배를 먼 바다로 띄워 보내면 굿은 끝난다.[31]

말축굿은 충해가 일어날 때마다 치러지는 비정기적 의례였다. 그러나 돈짓당의 정기적인 제일에도 유사한 절차가 있음이 확인된다. 조사자는 "이 굿의 특징인 메뚜기를 몰아내는 굿 제차"라고 하였지만 말축굿보다 마을의 액을 막는 기능이 더 강화되어 있다. 돈짓당이 우도면의 모든 우마를 실어 나르는 포구였다는 점에 착안하면, 위 의례의 구성에 대한 이해가 가능하다.

운자미는 음력 7월에 열리는 류큐 열도의 해신 의례이다. 여성 사제(女性 司祭)가 바다 건너편 니라이 가나이에서 오는 신을 맞아 벌이는 의례이다. 즉 내방신을 위하며 한 해의 풍요제인 것이다. 많은 경우 제사는 산비탈 경사지, 혹은 약간 높은 언덕 위 제장(祭場)에서 시작해서, 평지로 내려와 마을을 돈 후 해안으로 나가서 끝을 맺는다.[32] 比地에서는 남자들이 멧돼지, 사냥꾼, 개 등으로 분장하여 멧돼지 사냥의 모양을 연행하며, 安波의 경우는 청년들이 쌀, 과실, 물고기, 멧돼지 등을 수확하는 극적 형태의 연출을 한다. 의례는 해안에 나와 내방신을 바다 저편으로 돌려보내는 것으로 마무리된다. 塩屋에서는 이때 서쪽 해상의 타계 니레이를 향하여 농경과 어업의 풍요를 기원한다.[33]

---

31) 제주대학교 탐라문화연구소, 『濟州島部落誌』(3), 1990, 129-130쪽.
32) 高梨一美, 「오키나와 구니가미(國頭) 지방의 운자미·시누구; 海洋祭祀에 관하여」, 『韓國民俗學』 33, 한국민속학회, 2001, 2쪽.

시누구는 류큐 열도의 산신 의례에 해당한다. 남성 사제(司祭)에 의하여 집행되며, 농경의 풍작과 마을 액운·질병 등의 소거가 목적이다. 특히 이때 불제의례(祓除儀禮)를 벌인다. 넝쿨, 나뭇가지, 풀 등으로 치장한 남성들이 산을 독특한 소리를 내며 산을 내려와 마을을 돌며 재액을 물리친다.[34]

더하여 운자미의 나가리(ナガリ)라고 불리는 절차를 시누구에서도 벌이는데, 이는 메뚜기와 같은 해충, 쥐를 작은 배에 실어 바다로 띄워 보내는 제차(祭次)로 의례를 마무리를 장식한다.[35] 시누구가 산신 신앙임에도 류큐 열도 내에서 해신제의 일환으로 인식되어 일본 학자들의 주목을 받아 온 것은 이 같은 절차가 의례 구성에 끼어있기 때문이었다. 해충을 제거하는 목적으로 치러지는 연중행사인 아부시바레(アブシバレー)도 운자미·시누구의 나가리와 비슷한 구성이다.

이 행위는 우도의 말축굿, 돈짓당굿에서 벌이는 행위와 다름이 없다. 제주 영등신앙이나 두린굿 따위에서 보이는 배방송도 함께 거론할 만하다. 배방송은 송신(送神)의 의미를 지닌다. 영등신을 돌려보낼 때는 바다 저편으로 왔으니 다시 그곳으로 모신다는 의미가 있겠다. 두린굿에서는 질병, 우환 등을 내리는 영감신을 바다로 보내는 행위로 기능한다. 영감신은 한라산을 차지한 산신임에도 불구하고 돌아갈 때는 바다

---

33) 高梨一美 著·이혜연 譯, 앞의 논문, 2004, 403쪽.

34) "メーバの山の上から太鼓を先頭に、「イエー・ヘー・ホイ」という掛け声を唱和しながら、男性たちが降りてくる。山の中腹を通る県道を横切った所にある広場で輪になって、左回りに三周する。… 山から草に身を包んだ男性たちが降りてくる儀礼が行われていた。"黒田一充,「沖繩における男性の祭祀 −シヌグとアミドゥシ−」,『關西大學博物館紀要』13, 2007, 4쪽.

35) 男童十人程が白鉢サ巻ジに衣·袴姿で棒を持ち、各家を廻って悪魔払いをして廻り、島の西崎でネズミを海に流したという。現在も島の西側の勢理客では、各家を祓った後、海岸に出て藁に包んだネズミの死骸を海へ流す。위의 논문, 7쪽; 高梨一美 著·이혜연 譯, 앞의 논문, 2004, 406쪽.

로 떠난다.[36)

말축굿과 유사한 의례가 한반도 내에 없는 것은 아니다. 전라남도 진도에 충제(蟲際)가 현재까지 전승된다. 하지만 의례의 대상은 산신(山神)이며, 그 장소도 산 또는 산의 수목이나 바위이다.[37) 따라서 말축굿을 구성하는 해양신앙적 요소들의 속성이나 농경과의 관련성을 진도의 충제와 연관 짓기에는 어려움이 따른다. 오히려 의례의 구성과 속성을 볼 때, 바다 밖으로 시선을 돌려 류큐 열도의 운자미·시누구와 견주어 그 특성을 살필 당위성이 마련된다. 해류를 통한 상호 전파의 가능성도 배제할 수 없다.

심지어 이 의례들은 수렵과의 관련성도 지닌다. 운자미를 행할 때, 여사제가 활을 들고 모의 사냥을 하는 절차인 아시비(アシビ), 남성들이 흉내 내는 돼지 사냥 등의 수렵 행위도 존재한다. 돈짓당굿에서 등장하는 테우리나 배에 띄워 보내는 날고기 등도 수렵을 형상화 한 일종으로 볼 수 있다. 이 의례들에서는 이처럼 복합적인 성격은 애초에 해신이 지녔던 원초적인 직능이 고스란히 남아 있거나 분화, 혼효된 흔적이다.

운자미·시누구 의례는 다른 방면으로 제주도의 신앙 체계를 이해하는 단서도 제공한다. 운자미와 시누구는 각각 여성과 남성 중심의 의례로 대비된다. 高利一美와 黑田一充에 따르면, 국두(國頭)의 지역 내에서도 류큐 왕국의 중심지였던 곳들은 운자미만을 행하고 주변부로 갈수록 운자미와 시누구가 함께 연이어 치러지거나, 이를 대체적인 관계로 보고 해마다 번갈아 행하는 특수한 지역도 있다고 한다.[38) 이 둘은

---

36) 이에 대하여 강정식은 "영감들이 돌아다니는 모습은 산신의 경우와 같으나 떠날 때는 바다로 돌아가니 해신의 모습이 되는 것이다."라고 논의한 바 있다. 강정식, 앞의 글, 8쪽.

37) 이옥희, 「충제(蟲祭)의 제의적 의미와 정치적 기능 고찰」, 『남도민속연구』 20(20), 남도민속학회, 2010, 252쪽 참조.

성별을 중심으로 분리되었어도 여전히 민간 신앙의 영역에서 집행된다. 그러므로 상하 관계에 놓이지 않아 위상이 대등하고 상호·보완적인 일면이 있다.

운자미와 시누구는 여성, 남성의 의례로 구별되지만 남녀가 모두 의례에 참여하고 각각의 임무도 수행한다. 『신증동국여지승람(新增東國輿地勝覽)』의 제주목 풍속 조의 기록을 빌면, 제주의 당굿 역시 성별의 구분 없이 모두 참여하여 흠향(歆饗) 드리는 의례였음을 알 수 있다.[39] 그러나 현재 제주의 당굿, 나아가 무속신앙의 단골판은 여성을 중심으로 형성된다. 이 현상은 제주의 포제(酺祭)가 전 지역에 성행하고 점차 당굿의 속성을 겸비하여 간 과정 속에서 입은 타격이었다.

포제는 사람과 사물에게 재해를 주는 신에게 액을 막고 복을 줄 것을 빌던 유식의례(儒式議禮)이다. 이는 국가 오례(五禮)로 가을에 곡식에 충재(蟲災)가 들 무렵 날을 가려서 지냈다. 각 지방에서 이 같은 재해가 발생하여 예조(禮曹)에 보고하면 향·축·폐백(香·祝·幣帛)을 보내어 제사하였다. 따라서 포제의 원래 성격은 민속 의례라기보다 국가적 차원에서 벌이는 것인데, 제주는 대략 19세기 즈음부터 이를 실시한 것으로 추측된다.[40] 이때 의례의 대상이 되는 신격이 포신(酺神)이다.

---

38) 高梨一美, 앞의 논문, 2001, 6쪽: "沖繩本島の北端に位置する国頭村では、各地でシヌグやウンジャミが盛んに行われている。特に、東海岸の奥·安田·安波では、毎年交互にシヌグとウンジャミの両方が行われる。" 黒田一充, 앞의 논문, 3쪽.

39) "又於春秋 男女群聚 廣壤堂 遮歸堂 具酒肉祭神."『신증동국여지승람』 38〉전라도〉제주목〉풍속 條. 한국고전번역원 한국고전종합DB(db.itkc.or.kr) 원문 인용.

40) 李大和는『成農二年壬子三月一洞接禮成册李』에 "…合一疋. 辛未別酺祭犧牲價下."라고 기술된 부분으로부터 제주 포제의 형성 시기를 설정할 수 있는 근거가 마련된다고 하였다. 기록의 신미년은 1871년에 해당하며 따라서 19세기 후반에 대정현 외곽, 오늘날의 서귀포 지역에 제주도 포제가 이미 행해지고 있었다는 의미이므로 포제의 형성 시기를 가늠할 수 있다. 또한 지리적·사회적 여건 상 濟州牧은 그 보다 일찍 제주도 포제가 형성되었을 가능성이 높으므로 19세기 전반에 제주 도내 일부 지역에

제주에서 포제가 지니는 신앙적 위상은 가볍지 않다. 현재까지 많은 마을에서 해당 의례를 벌이고 신앙민들은 이를 중요하게 여긴다. 본래의 역할에서 확대되어 제주의 포신은 마을 전체의 안녕과 복록을 위하는 존재가 되었다. 아울러 다양한 신격들이 해당 의례에서 포신과 함께 모셔지는 경우가 많다. 토지신(土地神), 본향당신(本鄕之神)을 별도로 분리시키거나 전염병, 화재, 인간과 사물에 따른 재해 등을 주는 신도 함께 위한다. 이처럼 단순하게 정의할 수 없는 특성들이 제주의 포제에서 발견된다.[41)]

유교가 조선의 이데올로기였던 점을 감안하면 포제가 무속 의례보다 상위의 것으로 인식되어 점차 그 기능을 흡수해 간 것으로 볼 수 있다. 말축굿과 같은 해충의례 역시 예외는 없었다. 한반도 내의 다른 지역보다 제주에서 포신의 신격이 강화되고 그 범주가 확장된 것도 이 때문이다. 일만 팔천신들이 존재하는 무속의 땅에서 포제는 점차 무속 의례를 흡수하여 갔다. 말축굿과 같은 해충의례는 그래서 명맥을 유지하기 힘들었다. 민속(무속) 신앙의 탄압, 이데올로기의 대립, 그에 따른 남성 우위 사상이 말축굿과 유사 의례의 소멸과 성별의 구획을 야기하였다. 물론 해당 의례가 돈짓당이나 본향당의 정기 제일로 포섭되면서 번거로움을 덜고자 축소되었던 사정도 있었을 것이다. 입춘굿과의 관계도 따져보아야 한다. 입춘굿은 고을굿이었기 때문에 마을굿보다 층위면에서 앞서 있었다.

醮祭와 유사한 형태의 유교식 마을 공동체 신앙이 형성되었을 가능성이 높다는 주장이다. 李大和, 「濟州島 醮祭의 역사민속학적 考察」, 韓國精神文化硏究員 韓國學大學院 석사학위논문, 1998, 41쪽.

41) 里社祭·醮祭는 본래 상호 다른 성격의 제사이나 제주에서는 이를 거의 동일한 의례를 지칭하는 말로 사용한다. 別祭·蟲祭라 불리는 별도의 제사를 음력 6월이나 7월에 儒式으로 치르기도 하는데, 이 또한 제주에서는 포제의 한 종류이다.

유교의 논리로 민간신앙을 탄압한 역사는 제주도를 포함한 한반도 전체의 역사와도 귀결된다. 지배 이데올로기의 문제가 민속의 영역까지 침범하며 유사한 의례를 소멸케 하고 단골판을 축소시켰다. 하지만 이 의례의 본 모습은 류큐 열도의 운자미·시누구의 구성과 별반 다르지 않았을 것이다. 현재의 기록으로는 말축굿의 존재가 우도만의 것으로 남아 있으나 더러 제주의 다른 지역에서도 연행하였을 가능성을 배제할 수는 없다.

이처럼 제주도와 류큐 열도에서는 바다가 곧 신이 오는 통로이자 해로운 것을 정화시키는 공간이라는 인식을 담은 의례가 동일하게 발견된다. 의례의 절차나 방법, 그 속에 담긴 관념이 매우 유사하고 의례의 전체 구성 또한 큰 틀에서 다르지 않다. 해양신앙과 산신신앙이 결합되어 있는 양상을 보이는 것도 같은 점이다. 이는 두 장소가 동질적으로 갖는 바다로 둘러싸인 섬이라는 생업공간의 특성에 기인한 결과였다.

그러나 상대적으로 제주는 이 부문에서 내외적인 영향을 받아 관련 의례의 전승이 축소, 단절되기에 이르렀다. 가장 큰 요인은 지배 이데올로기의 민간신앙(무속) 배격이었다. 이 여파로 전승이 중단된 말축굿과 같은 의례의 본모습과 위상은 류큐 열도의 민속신앙을 만나 복원될 실마리를 제공받을 수 있었다. 제주와 류큐 열도의 신앙과 의례를 구체적으로 비교하고 들여다 보는 일이 매우 소중한 이유이다.

(3) 제주 영등신과 쿠로시오 해류문화권의 해양신의 관계

제주의 해양신앙을 이해하는 데 영등신앙을 빼놓을 수 없다. 앞서 언급한 대로 영등신앙은 '바람의 신'인 영등신을 섬기는 민간신앙이다.

이를 한반도 전역에 분포한 보편 민속신앙으로 보는 것이 한국 민속학계의 일반적인 정설이다. 한반도 내륙부와 신명(神名), 내방의 시기와 간격 등을 동일하게 공유하기 때문이다.

하지만 영등신앙이 한반도 내륙부와 제주 사이에서 분명한 차이를 띠는 부분이 있다. 내륙부의 영등신은 하늘에서 내려오며, 농경의 풍요나 가정의 안녕과 복록을 주는 신격이다. 반면에 제주도의 영등신은 바다 저편의 '강남천자국', '외눈배기섬', '요황황제국' 등 해양타계에서 주기적으로 방문하는 내방신이라는 점이다. 신격의 구체적인 출자처를 설정한다는 점도 한반도 내륙부와는 다른 양상을 띤다.[42]

또 영등은 한반도에서 풍요를 주관하는 바람의 신이지만, 한반도 내륙부와는 다르게 제주도에 머무르는 동안 바다에 해초나 어패류의 종자를 뿌리고 돌아간다. 해류의 흐름을 아는 것은 곧 어업 생활에서 풍요를 맞이할 수 있는 전제 조건이며, 항해술이 발달하기 전 바람은 해류의 흐름을 짐작할 수 있는 훌륭한 지표였다. 그래서 영등신은 제주도에서 해산물의 풍요를 담당하는 바람의 여신이 되었다. 내륙부의 영등신앙이 대부분 가정신앙의 형태를 띠는 것과도 차이를 보인다. 제주에서는 이 신을 위한 의례를 영등굿이라 하는데, 섬 안의 여러 신앙 공동체가 각기 영등신이 오는 시기에 당굿으로 벌인다. 이 같은 면에서 제주의 영등신앙은 육지부와는 차별되는 특별한 성격을 지닌 셈이다. 민속학계의 학자들은 줄곧 이러한 차이에 관심을 가져 왔다.[43]

---

42) 허남춘, 앞의 책, 2017, 345쪽 참조.

43) 현재까지 이 부문의 연구들은 제주도의 영등신앙을 한반도의 영등신앙을 비교하고 그 공통점과 차이점을 언급하려는 방향이나 제주도 영등신앙 의례의 특수성에 대하여 고찰하고 그 근원과 의미를 밝히는 시도들이 다수였다(이유신, 2004; 김재호, 2007; 남향, 한금순, 2008; 2009; 한유진, 2009; 하순애, 2010; 민윤숙, 2011; 강지연, 2014). 그러나 단순히 제주도가 바다를 둘러싼 섬이며, 어업과 관련된 일이 많았기 때문에 영등신앙이 내륙부와 도서지역에 따라 다르게 변이한 것이라는 논설이 주된 관점을

영등신앙은 신의 내력담을 전승한다. 신격의 특성은 의례의 측면에서 다소 혼란스럽다. 영등신의 성별을 달리 말하기도 하고 익사한 당나라 상인의 시체나 외눈배기 섬에서 영등대왕의 시체가 제주 해안가로 흘러 들어와 이를 제사지내고 영등신으로 위하였다고도 한다. 그 출자처나 이동 경로 역시 지역마다 다르다. 그러나 민간에서는 이 신을 여성으로 관념하고 저 멀리 해양타계에서 일정한 주기를 간격으로 내방한다는 사고가 일반적이다.

한반도 내륙부와 차이를 보이는 부분은 오히려 류큐 열도의 니라이가나이 신앙과 겹친다. 결국 신격의 특성과 의례의 측면에서 조금이라도 공유하는 부분이 있다면, 그 대상과의 연관선상 속에서 그 본질을 추론하고 변화의 졸가리를 확인하는 것 또한 나름 의의가 있다. 아마도 제주도의 영등신앙은 본래 류큐 열도권에서 보이는 양상과 동일하게 단순히 바다에 국한된 풍요를 넘어 농경의 영역까지 담당하였을 것이다. 그러나 현재 전승되는 영등신앙은 바다의 풍요에 한정된다. 이 같은 차이는 제주도의 복합적인 신앙 체계에 숨겨져 있다.

류큐 열도의 중부에 위치한 쿠다카지마(久高島)에서는 곡물 종자의 기원과 유래에 대한 이야기를 간직하고 있다. 한 부부가 해안에서 기원을 드렸는데, 흰 항아리가 바다로 떠 내려와 보았더니 그 속에 보리, 조, 콩의 종자가 담겨 있었다. 이것을 밭에 뿌리자 풍성히 결실이 되었고 자손이 번창하였다고 전하여 진다.[44]

차지한다. 이는 다소 피상적이며, 제주도의 영등신앙이 지닌 다양한 속성들을 풀어내기에는 부족하다. 상대적으로 영등신앙을 쿠로시오 해양문화 권역의 공통적 특질이나 해양신앙과 함께 견주어 신앙 형성의 기저를 밝히는 연구들이 최근 이어지고 있다(송화섭, 2010; 송기태, 2012; 상기숙, 2013). 그러나 단선적이고 일방적인 흐름으로 영등신앙의 형성을 논하거나, 신앙 또는 신화가 지니는 원형질을 간과한 채 역사적 사실에 얽매이는 오류를 범하거나, 단순 비교에 그치고 있어 아쉽다.

44) 高利一美, 앞의 글, 2004, 399쪽.

또 류큐 열도 남서쪽에 위치한 야에야마제도(八重山諸島)의 다케토미
지마(竹富島)의 니란(ニーラン) 신 역시 곡물의 종자와 불을 섬에 전해준
존재로 등장한다.45) 이와 같이 류큐 열도의 해양 내방신은 오곡의 종자
뿐만 아니라 불과 같은 문명사적인 물질을 인간에게 전한다. 이러한
속성으로 말미암아 니란신이 지닌 풍요의 성격은 농경, 어업, 수렵뿐만
아니라 추상적인 부나 행복, 번영의 개념으로 분화될 수 있었다.

제주에서는 오곡 종자를 전한 신의 이야기가 「탐라국 건국신화」와
「세경본풀이」에서 나타난다. 「탐라국 건국신화」에서 오곡 종자는 삼
여신이 탐라국 건국시조인 세 명의 신인(神人)과 결연을 맺기 위하여
바다를 건널 때 우마와 함께 가져온 것이다. 「세경본풀이」의 자청비는
천자국의 변란을 평정하고 그 보상으로 오곡종자를 하늘로부터 받아
전하고 농경신이 되었다.

「탐라국 건국신화」는 바닷가 도래자의 내력담이 농경의 기원을 담
고 있지만 이들이 건국주(建國主)의 배우자로서 편성되는 과정을 거친
다. 해양타계 신앙이 건국신화에 편입되면서 건국신화가 견인한 영역
을 민간신앙에서 되찾기는 어려웠다. 자연스레 영등신과 같은 민간의
해양신이 주재하는 풍요의 범주도 줄어들었다. 그런데 다시 농경의
풍요를 담당하는 신격이 내륙부의 영향으로 천상계에서 오곡종자를
가지고 하강한 여성신으로 대체된다. 그래서 영등신의 권한은 원초적
인 모습과는 달리 바다에 한정될 수밖에 없었다.46)

45) 김용의, 앞의 논문, 249-250쪽.
46) 「세경본풀이」에서는 강남전차국의 변란을 진압한 자청비가 오곡 종자를 천자국으
    로부터 가져와 땅에 퍼트린다. 「탐라국 건국신화」와 「세경본풀이」는 「송당본풀이」
    의 구조를 차용하여 형성된 서사물이다(현용준, 1969, 1983; 장주근, 1986; 문무병,
    1996; 황루시, 1998; 권태효, 2005). 따라서 그 선후관계를 분명히 하는 것이 무리는
    아닐 듯싶다. 또한 세경본풀이나 세경신을 위한 의례에 대한 많은 의문점이 제주
    무속 내에 존재한다. 그러므로 세경신은 타 신격에 비하여 후대에 형성되었을 가능

더하여 제주의 무속에는 '요왕세경'이라는 신격이 존재한다. 이는 세경신 신앙이 상대적으로 확대되어 영등신의 영역을 침범하는 과정을 해명할 수 있는 적절한 예이다. 영등신과 마찬가지로 이 요왕세경 역시 바다의 풍요를 담당하는 신격이다. 이 신은 농경의 영역에서 풍요를 관장하는 세경신의 범주가 분화되어, 역으로 바다의 풍요까지 담당하게 되었다. 영등신은 독립적인 의례와 관련 신화가 존재하는 데 비하여, 요왕세경은 단지 요왕이라는 단어에서 바다와의 연관성을 가지며, 본풀이 역시 세경신의 내력담을 그대로 가져다 사용하며 기능만 달리할 뿐이다.

영등굿은 현재 어업과 깊은 연관을 맺고 있다. 그러나 제주도의 중산간 마을에서도 영등굿을 연행하는 경우가 있으며, 설사 사라졌다하더라도 그 흔적들이 도처에서 발견된다.[47] 이 굿을 할 때 한림읍 수원리 영등당에서는 심방이 점을 쳐서 "밭벼 또는 좁씨 등을 가져왔노라." 하면 그 곡식이 풍년이 든다고 하였으며,[48] 진성기가 채록한 영등당의 본풀이 사설 중에 "그 영등대왕의 덕으로 농스에 풍년과 해상에 해산물이 풍성ᄒ여지니, 온 백성이 글주후젠 …제주 삼읍에 ᄆᆞᆫ 퍼져서 기도장수ᄒᆞᆸ네다."라는 대목이 있다.[49] 이 영등당은 영등대왕을 당신으로 모신 특별한 경우에 속하지만, 이를 바탕으로 해당 신격이 관장하는 풍요의 영역이 미쳤던 범위를 소급할 수 있다.

영등굿에서 벌어지는 씨드림, 씨점과 같은 의례는 농경의례에서 이를 가져와 굿의 일부로 편입시킨 것인지, 본래 해신이 지녔던 전반적인

___

성이 크다.

47) 강소전, 「제주도 잠수굿 연구: 북제주군 구좌읍 김녕리 동김녕마을의 사례를 중심으로」, 제주대학교 한국학협동과정 석사학위논문, 2005, 103-104쪽.
48) 현용준, 앞의 책, 2002, 57-60쪽.
49) 진성기, 앞의 책, 1993, 579-580쪽.

풍요신격의 면모를 방증하는 것인지 확실치 않다. 하지만 세경놀이나 입춘굿은 씨점만을 의례의 제차로 두고 씨드림을 하지는 않는다.[50] 더구나 이 행위는 현재 영등굿, 잠수굿 등의 해양신앙에서 유독 두드러지게 나타난다. 따라서 이 제차는 신앙민 자체가 신을 모방하는 행위를 흉내 내는 유감주술의 일종이거나, 해양내방신·도래신이 가져온 만물의 종자를 신앙민들이 뿌리고 풍요를 기원하는 형태가 씨드림으로 정착되었을 가능성이 있다.

한편 제주의 영등신은 어업 수호신으로 숭앙받기도 한다. 이때 선박 항해의 안전을 담당한다고 여겨지는데, 이러한 특성에 기인하여 중국의 해상수호신인 관음과 견주어 특질을 구명하는 견해도 있다.

- 제주도의 영등할망과 선문대할망 설화는 해상과 사신선 등 항해자들이 일본 규슈와 중국 명주를 오가면서 제주도를 중간 기항지로 삼고 정박하면서 유포한 관음연기설화라 할 수 있다.[51]

- 제주항로의 남로를 통과하는 배들이 대체로 중국 절강성 명주항 및 보타낙가산에서 출항한다는 점에서 강남천자국은 … 관음성지 보타락가산을 가리키는 것으로 보이며, 영등할망은 항해수호신인 관음보살이 화신한 것으로 보인다.[52]

---

50) 입춘굿에서 씨점을 벌였다는 사실은 안사인 심방을 인터뷰한 이두현의 자료에서 얻어진 성과이다. 그러나 입춘굿의 상세한 의례 구성을 알 수 있는 기록이 없어 구전 자료에만 의존할 수밖에 없는 한계가 있다(강정식, 「입춘굿의 고을굿적 성격과 복원 방안」, 탐라입춘굿 복원 20돌 맞이 학술 세미나 "굿과 축제, 원형과 변형의 이중주" 발표문, 2017, 24쪽 참조).

51) 송화섭, 「동아시아 해양신앙과 제주도의 영등할망, 선문대할망」, 『탐라문화』 37, 제주대학교 탐라문화연구소, 2010, 197쪽.

52) 위의 논문, 210쪽.

위의 주장대로라면 제주의 영등신앙은 해상교역로 중 남쪽 길을 통하여 전파되고 형성된 것이다. 이 길목은 중국을 출발점에 두었을 때, 저우산 군도의 푸퉈산 그리고 절강성의 명주항을 포함하는 길이다. 특히 푸퉈산의 경우 불교의 4대 성지 중 유일하게 해상에 존재하는 곳이다. 푸퉈산이 위치한 주산군도는 일찍부터 항해를 위한 기도처로 중요한 역할을 해왔다. 이곳은 한국과 일본으로 내왕하는 중국측 출발지였으며, 푸퉈산의 관음전은 항해자들이 안전항해를 기원하는 항해 사찰로 숭배되었다.53) 그러나 이를 근거로 영등신의 시원과 전파 경로를 설정하기에는 무리가 따른다. 보타산의 관음신앙 형성의 기원에 대한 정준(程俊)의 논지를 참고한다.

- 관음신앙이 내륙으로부터 연해에 전해진 뒤 비로소 해상작업을 하는 어민가 해상무역에 종사하는 객상들에 의해 해신으로 개조되었다. 특히 1214년 관련 편액을 하사받아 보타산은 관음보살을 공양하는 중심 도장이 되었다. 그 이후 비로소 관음의 해신 기능이 대대적으로 강화된 것이다.54)

보타산을 중심으로 한 관음신앙은 1214년을 기점으로 하여 공식화되었으며, 그 전에는 (해상)무역상인의 집단에서 섬겨지는 수호신앙이었다. 적어도 이 신앙이 한반도 혹은 일본 등지에까지 파급력을 지닐 수 있었던 시기도 이를 벗어나지 않으리라 생각한다. 이보다 훨씬 오래 전 제주에는 탐라국이 존재하였으며, 이미 그들은 바다를 건너 온 도래신의 신화를 전승하고 있었다.

---

53) 주강현, 「동아세아(東亞細亞)의 해양신앙(海洋信仰)」, 『島嶼文化』 27, 목포대학교 도서문화연구원, 2006, 17쪽.
54) 程俊, 「중국의 마조(媽祖)신앙과 관음신앙」, 『島嶼文化』 27, 2006, 111쪽.

　보타산의 남해관음 신앙이 제주도에 전파되어 영등신앙에 영향을 주었다는 견해는 응당 반박의 여지가 없다. 영등신앙의 구비전승물 중에서 관음 신앙과 교섭한 형태가 발견되기 때문이다. 그러나 논제의 증명을 위하여 차용한 영등신의 내력담이 문제이다.

　　옛날 성은 황씨/이름은 영등이라는/민간 사람도 아니고/저싱 사람도 아니고/요왕 사람도 아닌/대왕이 무휴에서 솟아나/ 요왕황저일 들어가/이 때 동정국 애기씨 ᄒ고/서정국부인광, 서녀공 서이가/나발이 펑개에서 노념을 홀 때에/한수릿 괴깃배가/풍파를 만나서/외눈배기 땅데레 불려감시니/영등대왕이 나산/ "저 사람을 구제해서 살리라." /ᄒ여/큰 왕석 우이가 앚아시니/배가 그 안으로 들어갔수다/영등대왕이 그 사람들을/전부/왕석 쏘곱데레 곱져부니/외눈배기놈들이/물어먹을랴고/개를 ᄃ리고 들어오면서/"곧, 이제 존 반찬이 왔는디/ 어디 갔느냐?"고 ᄒ자/영등대왕은/"나도 그런 걸 봉글랴고/나앚았다." ᄒ니/외눈배기놈들은 다 나가부렸수다/영등대왕은 배를 내여놓아/보제기들을 보내면서/"이 배를 탕 가면서/'가남보살 가남보살'ᄒ멍/ 가라."고 시겼수다/보제기들을 배를 타두서/"가남보살 가남보살"을/불르멍 돌아오는디/거저 흔 ᄀ싯이 당ᄒ야가난/"가남보살을 아니불른딜/이제사 관계 엇다." /해서/그만, 가남보살을 아니불르니/호련 강풍이 또시 일어가지고/또로 외눈배기 땅데레 들어가니/영등대왕은 ᄀ리에 그 자리에/나앚아 이서/보제기들은/"살려줍서"고 빌었수다/영등대왕은/"왜 그때에/내가 뭐라고 ᄒ더냐?" /ᄒ면서/"따시 가남보살 가남보살을/불르멍 가라."고 ᄒ였수다/경ᄒ고 또/"흔 ᄀ싯딜 가더라도/가남보살을 불르멍 댕이곡/영등들 초ᄒ를날랑/날 생각을 ᄒ여라."ᄒ니/그 때에 보제기들은/가남보살을 불르멍/괴양 한수리ᄭ지 돌아왔수다/글지후제 외눈배기놈들은/영등대왕신디 가/"당신 덕분에 존 반찬을 못먹었다."고 해서/영등대왕을/장도칼에 삼도막에 그차/죽여/바당데레 내껴부니/머릿빡은 소섬으로 올르고/발치거린 한수리 비꿀물로/올르고/한준동은 청산으로 올르니/민간 백성들은/바당 수중액을 막아준/영등대왕의 그 은혜

를/생각ᄒ연/소섬에서/정월 구믐날 제를 치고/초ᄒ를날 비꿀물에 오고/
청산은 초닷쇗날/영등제를 시작ᄒᆸ네다/그 때에 영등대왕이/ 제를 잘 받아
먹으민/고양데레 가곡/일년에 흔번 돌아보는/조상이우다/이 영등대왕은
/소섬에도 처가 있고/청산에도 처가 있고/한수리도 처가 있어/각시는 삼
첩입네다.55)

이는 한림읍 수원리에서 당신으로 모셔지는 영등신의 내력담이다.
황영등이라 불리는 영등대왕의 첩이 셋이라 하였으니, 그 성별은 남성
이다. 그런데도 불구하고 이를 "제주의 영등할망 관련 설화이다."라고
제시하고 있다.56) 해당 서사의 내용은 보편적으로 신앙민들이 인식하
는 제주도의 영등신앙과는 매우 상이하다. 오히려 이 설화는 영등신앙
과 관음신앙 간의 우위를 드러내기 위한 것으로 보는 편이 설득력이
있다. 배가 풍파를 만났을 때 관음보살의 이름을 게송(偈頌)하여 위기를
넘긴 서사를 영등신의 내력담과 얽어 놓았을 뿐이다. 당의 신앙민들이
영등대왕과 관음보살을 동격(同格)으로 여겼다는 증거도 미약하다. 서
사의 채록도 20세기에 이루어진 것이다.

또한 중국의 남해관음은 주기적인 내방신이 아닌 표착신의 성격을
강하게 지닌다. 영등신의 주된 역할과 그 의례는 류큐 열도의 해양내방
신 신앙과 더 많이 닮아 있다. 그리고 명칭과 신격의 일부 속성은 한반
도의 내륙부와 그 특성을 공유한다. 그러므로 영등신의 원형을 푸퉈산
의 관음으로 설정하는 것은 무리가 있다. 이 같은 현상은 해양수호신적
성격의 영등신에 중국 영향으로 관음신앙이 덧보태진 상태이며, '해양
교류를 통한 유사 신앙의 습합'으로 판단하는 편이 적절하다.

---

55) 진성기, 「Ⓐ영등당①」, 앞의 책, 1993, 578-579쪽. 이 서사는 진성기가 한림읍 옹포
리 남무 김승은에게 채록한 한림읍 수원리 영등당의 본풀이이다.
56) 송화섭, 앞의 논문, 207쪽.

영등신앙과 류큐 열도의 해양내방신, 관음신앙의 교집합은 쿠로시오 해류가 만든 산물이다. 이 해류는 동아시아권을 관통하는 양대 난류 중 하나로서, 인도네시아·말레이시아·베트남·대만·중국 양쯔강 이남(광동성·복건성·절강성)을 지나 일본 오키나와와 대한민국 제주도에서 거듭 분기하며 흐르는 속성을 지녔다. 북동으로 전진하는 쿠로시오 해류의 방향성은 동아시아 해역권에 속한 해안·도서 지역의 항로설정 및 문화교류의 뼈대가 되었다. 그래서 동일한 해류의 영향권 안에 포섭된 지역들은 그만큼 교류의 기회도 잦았다.

영등신앙은 이처럼 류큐 열도와의 해양내방신 신앙, 한반도 내륙부의 영등(영동)신앙, 중국의 관음신앙이 혼효되어 있는 성격을 보인다. 영등신앙의 본질은 류큐 열도의 내방신 신앙과 같은 것인데, 점차 한반도 내륙부와 교섭하고 후대에 중국 푸퉈산의 남해관음 신앙과 혼재되어 현재의 모습을 갖춘 것이다. 따라서 해당 신앙은 해양문화와 내륙문화를 받아들이고 자체적으로도 끊임없이 분화하는 제주의 복합적이고 다발적인 신앙체계를 논하기에 매우 적합한 대상이다.

2) 맺음말

지금까지 제주와 류큐 열도를 중심으로 대표적인 해양신앙을 내재하고 있는 구비서사물, 민간신앙, 관련 의례를 검토·비교하였다. 그리고 그 과정에서 제주가 한반도 내륙부의 다른 곳들과 유사하면서도 다른 특질을 갖게 된 배경을 추론할 수 있었다. 제주와 류큐 열도를 관통하는 해양신앙은 바다가 주는 원초적 심상에서 출발하여 대·내외적 관계에서 오는 체험과 상호작용의 모든 형태―갈등, 교섭, 정복과 복속, 전파 등-가 그 기층 의식으로 담긴 공동의 창작물이었다. 어떤 사례에서는 의례의 구성이나 연행 방식이 매우 유사하였으며, 특정 해양신앙이 주위의 해양신앙적 요소들을 두루 포섭한 형태의 특성을 갖추고 있음도 확인되었다. 이 경우 해류를 통한 상호 간의 교류가 각자의 동성이속(同聲異俗)적 해양신앙을 탄생시킨 것으로 그 상관관계를 상정할 수 있었다. 주요 논지의 세부적인 내용을 정리하면 다음과 같다.

첫째, 해양타계 신앙은 제주와 류큐열도에서 본래 신성 존재의 출지를 이미저링(imagering)한 것이었지만 천신 중심 사상이나 역사적 체험이 삽입되며 변이되는 양상을 보였다. 점차 이 신앙은 인간의 문제를 다루는 설화의 영역으로 편입되어 인간의 해양낙토로 그 모습을 달리한다. 해양타계 신앙은 바다를 경외의 공간·힘의 원천으로 바라보던 섬들의 신화적 사유에 다름없으며, 해양낙토는 인간의 불가항력적·운명적 문제를 해결하는 헤테로토피아로 기능하였다.

둘째, 제주와 류큐 열도의 해양신앙에서 바다는 부정적 대상을 소거하는 정화의 힘을 가진 장소이다. 특히 해충의례에서 이러한 면모가 두드러지는데, 제주의 말축굿과 돈짓당굿, 류큐 열도의 운자미·시누구에서 해충을 배에 띄우고 바다로 흘려보내는 절차가 동일하게 나타난다. 모두 농경의례의 성격을 가지면서도 해양신앙으로서의 모습도 갖추고 있어 인간 생활의 전반적인 풍요를 주재하는 원초적인 해신의 모습을 재구할 수 있게 한다.

또 운자미·시누구는 현재까지 민간의 무속신앙으로서 그 명맥을 이으며 각각 여성·남성 중심의 공동체의례로 기능하지만, 말축굿의 경우 그 전승이 중단되었고 제주에서 무속신앙의 단골판은 여성 중심으로 재편되었다. 이는 오랜 한반도의 지배 이데올로기였던 유교 사상의 무속 탄압과 관련이 깊으며, 특히 말축굿은 동일한 목적을 지닌 유식의례인 포제의 성행으로 더욱 직접적인 소멸의 계기를 맞았다.

셋째, 제주의 영등신앙은 한반도와의 차별성을 지니는데, 이 특질이 류큐 열도의 내방신과는 온전히 일치하는 양상을 보인다. 영등신앙의 전승에서 보이는 혼란의 요소들은 이 신앙의 기저가 민간의 도처였으며, 신앙권역에 따라 활발하게 숭앙되며 전승된 사실을 반증하는 것이다. 또한 류큐열도의 내방신이 인간 세상의 전반적인 풍요를 관장하는 데 비하여, 영등신의 영역은 바다에 한정되어 있는데,「탐라국 건국신화」와 「세경본풀이」, 요왕세경의 관계 속에서 그 실상을 추론할 수 있다. 울러 영등신앙의 일부 내력담에 저우산 군도의 남해관음과 관계된 서사가 나타나기도 하는데, 이것은 이 신앙이 해양(해상) 교류를 통한 유사 신앙을 습합하며 이루어진 결과이다.

한편 이 글은 제주와 류큐 열도 간의 해양신앙의 유사 양상을 모두 다루지 못하였다. 둘 사이의 해양신앙을 폭넓게 다루는 일은 무속신화나 건국·시조신화에 주로 나타나는 상주표착화소(箱舟漂着話素)나 표착물 신앙, 용사 신앙, 용왕과 용왕국의 제 문제 등을 함께 견주어 다루는 방대한 일이다. 본 연구의 확장에 꼭 필요한 사항이나 다루지 못하여 아쉽다. 해당 부문은 제주와 류큐 열도 양자 간의 비교를 넘어, 쿠로시오 해류 문화권역을 설정할 수 있는 단계의 첫 걸음일 것이다.

그러나 이 글은 제주와 류큐 열도 간의 유사성을 토대로 제주의 해양신앙이 지닌 변주 양상이나 복합적 특질을 구명하려 한 시도로써 나름의 의의가 있다. 이 같은 현상은 충분한 시간을 가지고 연구하여야 할 중요한 과제이기에, 관련 논의를 확대할 수 있는 기회의 장의 소중함을 다시금 깨닫는다.

참고문헌

▌제주문화의 세계화

김동전, 「제주지역 문화의 올바른 이해와 활용방안」, 『지방사와 지방문화』 6, 역사문화학회, 2003.

김성곤, 「한국문학과 문화의 세계화」, 『Comparative Korean Studies』 9, 국제비교한국학회, 2001, 43-76쪽.

김유중, 「한국문화의 바람직한 세계화를 위한 전략적 고찰」, 『Comparative Korean Studies』 17 1호, 국제비교한국학회, 2009, 251-275쪽.

김지순, 『제주도의 음식문화』, 제주문화, 2001, 75쪽.

김형민, 「한국문화의 세계화 전략 방안」, 『전북대 국제문화교류연구소 심포지움-한국문화의 정체성과 그 세계화 전략』, 전북대 국제문화교류연구소, 2011, 11쪽.

도법, 『지금 당장』, 다산초당, 2013, 192-193쪽.

문순덕, 「제주문화상징물 99선 활용방안 연구」, 제주발전연구원, 2009, 1-86쪽.

박갑수, 「한국문화의 세계화와 그 방안」, 『선청어문』 34, 서울대 국어교육과, 2006, 5-30쪽.

심경호, 「한국문화의 세계화」, 『정신문화연구』 60, 한국정신문화연구원, 1995, 157-161쪽.

안창현, 「중국 대형 실경 공연」, 『인문콘텐츠』 19, 인문콘텐츠학회, 2010, 87-88쪽.

앤소니 기든스, 박찬욱 역, 『질주하는 세계』, 생각의 나무, 2000, 47-48쪽.

오지섭, 「세계화 시대 한국문화의 정체성」, 『인간연구』 14, 가톨릭대학교 인간학연구소, 2008, 12-13쪽.

윌러 스타인, 김시완 역, 『변화하는 세계체제 : 탈아메리카 문화이동』, 백의, 1995, 254쪽.

임재해, 「국학의 세계화를 겨냥한 이론 개척과 새 체제 모색」, 『국학연구』 6, 한국국학진흥원, 2005, 417-471쪽.

제주도, 「탐라문화권 발전기본계획」, (사)제주역사문화진흥원, 2008.

조동일, 『세계·지방화시대의 한국학 1』, 계명대학교 출판부, 2005, 198-204쪽.

_____, 『하나이면서 여럿인 동아시아 문학』, 지식산업사, 1999.

좌혜경, 「제주도 무형문화유산 전승보전 및 진흥방안」, 제주발전연구원, 2012, 1-68쪽.

한진오, 「제주도 입춘굿의 연행원리 연구」, 제주대학교 한국학협동과정 석사학위논문, 2007, 113-115쪽.

허남춘, 「제주의 문화가치 확립 방안」, 『제주발전포럼』제44호, 제주발전연구원, 2012 겨울, 53-57쪽.

_____, 「제주도 본풀이와 주변 신화」, 제주대학교 탐라문화연구소, 2011, 249-250쪽.

_____ 외, 『제주의 음식문화』, 국립민속박물관, 2007, 91-92쪽.

현택수, 「문화의 세계화와 한국문화의 정체성」, 『한국학연구』제20집, 고려대 한국학연구소, 2004, 175-199쪽.

▌탐라국 건국서사시

『高麗史』卷58, 志 卷第11 地理2.

『국역 동문선』, 민족문화추진회, 1982.

『南宦博物』, 誌蹟條.

『成宗實錄』 8年(1477年) 8月5日 己亥.

『世宗實錄』 地理志.

『新唐書』卷220, 東夷傳, 儋羅.

『瀛洲誌』, 『耽羅文獻集』, 제주도교육위원회, 1976.

진성기, 『제주도무가본풀이사전』, 민속원, 1991.

_____, 『신화와 전설』(증보 제21판), 제주민속연구소, 2005.

현용준, 『제주도무속자료사전』(개정판), 도서출판 각, 2007.

赤松至誠·秋葉隆, 『朝鮮巫俗の硏究』(上), 朝鮮總督府, 1937.

『中山世鑑』, 1650.

『蔡鐸本 中山世譜』, 1701.

강창화, 「제주도 고고학 30년, 발굴조사와 그 성과」, 『제주고고』창간호, 제주고고학연구소, 2014.

김경주, 「고고학으로 본 탐라-2000년대 발굴조사 성과를 중심으로」, 『섬·흙·기억의 고리』, 국립제주박물관, 2009.

_____, 「고고유물을 통해 본 탐라의 대외교역」, 『탐라사의 재해석』, 제주발전연구원, 2013.

김경주, 「탐라전기 취락구조와 사회상」, 『탐라문화』 57, 제주대 탐라문화연구원, 2018.

김헌선, 『한국의 창세신화』, 도서출판 길벗, 1994, 17-20쪽.

_____, 「대만 포롱족·제주도·궁고도의 서사시와 신화 비교」, 『탐라문화』 36, 제주대 탐라문화연구소, 2010.

김헌선, 「중국 윈난성 소수민족의 신화세계」, 『남방실크로드 신화여행』, 아시아, 2017.

박종성, 『한국 창세서사시 연구』, 태학사, 1999, 339쪽.

이청규, 『제주도 고고학연구』, 학연문화사, 1995.

장창은, 「고대 탐라국 연구의 쟁점과 이해 방향」, 『탐라문화』 57, 제주대 탐라문화연구원, 2018.

전경수, 『탐라·제주의 문화인류학』, 민속원, 2010.

정진희, 「조선초 제주 〈삼성신화〉의 문자화 양상과 그 의미」, 『고전문학연구』제30집, 한국고전문학회, 2006.

조동일, 『동아시아 구비서사시의 양상과 변천』, 문학과지성사, 1997.

_____, 「탐라국 건국서사시를 찾아서」, 『제주도연구』 19, 제주학회, 2001.

_____, 『세계문학사의 전개』, 지식산업사, 2002.

_____, 『한국문학통사』 3, 지식산업사, 2005.

_____, 「제주도 본풀이 변이의 문학사적 이해」, 『제주도 신화 본풀이의 위상과 과제』, 실천민속학회 학술대회 자료집, 2015.

진영일, 『고대 중세 제주역사 탐색』, 제주대 탐라문화연구소, 2008.

카렌 암스트롱, 이다희 역, 『신화의 역사』, 문학동네, 2011.

허남춘, 『제주도 본풀이와 주변신화』, 제주대 탐라문화연구소, 2011.

_____, 『설문대할망과 제주신화』, 민속원, 2017.

_____, 「제주의 신화」, 『제주학개론』, 제주연구원 제주학연구센터, 2017.

현용준, 「三姓神話 研究」, 『탐라문화』 2, 제주대학교 탐라문화연구소, 1983.

▌제주도 굿놀이

강정식, 『동복리 본향당굿』, 문화체육관광부, 2011.

_____, 『제주굿 이해의 길잡이』, 민속원, 2015a.

_____, 『제주도 지역 민간요법 발굴조사』, 제주학연구소, 2015b.

구미래, 『한국불교의 일생의례』, 민족사, 2012.

김동섭·문순덕·양영자, 『한국의 가정신앙 제주도편』, 국립문화재연구소, 2007.

김산해, 『최초의 신화 길가메쉬 서사시』, 휴머니스트, 2005.

김선풍 외, 『우리 민속학의 이해』, 月印, 2002.

김성례, 『한국 무교의 문화인류학』, 소나무, 2018.

김수남·김인회·최종민, 『황해도 내림굿』, 悅話堂, 1983.

김수남·정병호·서대석, 『통영오귀새남굿』, 悅話堂, 1989.

金烈圭, 『韓國神話와 巫俗研究』, 一潮閣, 1977.

_____ 외, 『한국인의 죽음과 삶』, 철학과 현실사, 2001.

金榮墩·高光敏, 『濟州民의 通過儀禮』, 濟州道, 1993.

김유정·손명철, 『제주민속조사보고서 제주의 민속문화 ② 제주의 무덤』, 국립민속박
   물관, 2007.

김종택 외, 『화법의 이론과 실제』, 정림사, 1999.

金泰坤, 『韓國巫俗研究』, 集文堂, 1981.

김헌선, 『서울 진오기굿: 바리공주 연구』, 민속원, 2011.

_____, 『서울굿, 거리 거리 열두 거리 연구』, 민속원, 2011.

_____, 『한국무조신화연구: 비교신화학의 자료적 가치와 의의』, 민속원, 2015.

김헌선·현용준·강정식, 『제주도 조상신본풀이 연구』, 보고사, 2006.

권태효, 『한국 구전신화의 세계』, 지식산업사, 2005.

_____, 『한국 신화의 재발견』, 새문사, 2014.

서대석, 『통영오귀새남굿』, 悅話堂, 1989.

신동흔, 『살아있는 한국 신화』, 한겨레출판, 2014.

_____, 『우리 신화 상상 여행』, 나라말, 2018.

신연우, 『제주도 서사무가 〈초공본풀이〉의 신화성과 문학성』, 민속원, 2017.

신월균, 『풍수설화』, 밀알, 1994.

안진태, 『신화학강의』, 열린책들, 2001.

양인정, 「제주 입춘춘경 기록의 재해석」, 제주대학교 석사학위논문, 2020.

李杜鉉, 『韓國民俗學論考』, 學研社, 1984.

李符永, 『韓國民譚의 深層分析: 分析心理學的 接近』, 집문당, 1995.

임석재·김정녀·이보형, 『함경도 망묵굿』, 悅話堂, 1985.

장덕순 외, 『한국사상대계』, 成均館大學校 大東文化研究院, 1973.

장영란, 『위대한 어머니 여신: 사라진 여신들의 역사』, 살림출판사, 2003.

장주근, 『제주도 무속과 서사무가』, 도서출판 역락, 2001.

_____, 『한국민속론고』, 민속원, 2013.

전경욱, 『함경도의 민속』, 고려대학교 출판부, 1999.

조동일, 『구비문학의 세계』, 새문社, 1981.

＿＿＿, 『동아시아 구비서사시의 양상과 변천』, 문학과지성사, 1997.

＿＿＿, 『철학사와 문학사 둘인가 하나인가』, 지식산업사, 2000.

＿＿＿, 『한국문학통사 1』, 지식산업사, 2013.

조철수, 『수메르 신화(神話) Ⅰ』, 서해문집, 1996.

＿＿＿, 『메소포타미아와 히브리 신화』, 도서출판 길, 2000

＿＿＿, 『고대 메소포타미아에 새겨진 한국 신화의 비밀』, 김영사, 2003.

조희웅, 『한국설화의 유형』, 일조각, 1983.

＿＿＿, 『한국 설화의 유형적 연구』, 한국연구원, 1986.

＿＿＿, 『설화힉깅요』, 집문사, 1989.

秦聖麒, 『濟州島民俗 : 歲時風俗』, 濟州民俗研究所, 1997.

＿＿＿, 『그리스 신화보다 그윽한 신화와 전설』, 제주민속연구소, 2001.

＿＿＿, 『제주무속학사전』, 제주민속연구소, 2004.

최인학 외, 『비교연구를 통한 한국민속과 동아시아』, 민속원, 2005.

허남춘, 『제주도 본풀이와 주변 신화』, 보고사, 2011.

＿＿＿, 『설문대할망과 제주신화』, 민속원, 2017.

현길언, 『제주도의 장수설화』, 弘盛社, 1981.

玄容駿, 『濟州島 巫俗 研究』, 集文堂, 1986.

＿＿＿, 『巫俗神話와 文獻神話』, 集文堂, 1992.

홍태한, 『서사무가 바리공주 연구』, 민속원, 1998.

▌제주도 약마희

강소전, 『濟州大林里遺蹟』, 湖南文化財研究院 學術調査報告 第95冊, 2008.

『국역 신증동국여지승람』Ⅴ, 濟州牧, 風俗條, 84쪽.

김두봉, 『제주도실기』, 제주도실적연구소, 1932.

金尙憲, 『南槎錄』, 永嘉文化社, 1992.

『大漢和辭典』(수정판), 10권, 1985.

『三國遺事』, 駕洛國記.

『新增東國輿地勝覽』, 卷之三十八, 濟州牧 風俗.

『輿地圖書』, 補遺篇, 慶尙道 蔚山府邑誌.

李鈺, 『鳳城文餘』, 魅鬼劇.

이원진, 김찬흡 등 역, 『역주 탐라지』, 푸른역사, 2002, 24-25쪽.

이형상, 이상규·오창명 역주, 『남환박물』, 푸른역사, 2009.

『한국민속대관』 4, 고려대 민족문화연구소, 1982.

『한국민족문화대백과사전』, 한국정신문화연구원, 1991, 시용향악보 조.

현용준, 『제주도무속자료사전』(개정판), 도서출판 각, 2007.

홍석모 편, 진경환 엮, 『서울·세시·한시』, 보고사, 2003.

강소전, 「제주도 잠수굿 연구 - 북제주군 구좌읍 김녕리 동김녕 마을의 사례를 중심으
　　　로」, 제주대 석사학위논문, 2005.

김선자, 『제주신화, 신화의 섬을 넘어서다』, 북길드, 2018.

김헌선, 『한국 농악의 다양성과 통일성』,민속원, 2014.

_____, 「제주도 당제의 신화 생명체계 연구」, 『영주어문』 28, 영주어문학회, 2014.

상기숙, 「한중해양신앙비교연구-마조와 영등을 중심으로」, 『동방학』 27, 한서대 동양
　　　고전연구소, 2013.

송기태, 「어획과 어경의 생태문화적 기반과 어업집단의 신화적 형상화」, 『한국고전연
　　　구』 26, 한국고전연구회, 2012.

宋錫夏, 風神考, 최철·설성경 엮음, 『민속의 연구』(Ⅰ), 정음사, 1985.

송화섭, 「동아시아 해양신앙과 제주도의 영등할망 선문대할망」, 『탐라문화』 37, 2010.

伊藤好英, 「濟州島民俗の比較研究 -蛇の信仰·春祭·石の塔」, 『美學美術史學』 27, 實踐
　　　女子大學, 2013.

이토 요시히데, 「아시아 속의 제주문화」, 『탐라문화』 38, 제주대 탐라문화연구소,
　　　2011.

장주근, 「한국의 신당형태고」, 『한국민속연구논문선』, 일조각, 1982.

_____, 「강인한 삶의 현장 -풍요에의 기원」, 『제주도 영등굿』, 열화당, 1983.

全國竹富島文化協會 編, 『藝能の原風景』, 瑞木書房, 1998.

진성기, 영등할망, 『남국의 전설』, 교학사, 1981.

秋葉隆, 「濟州島に於ける蛇鬼の信仰」, 심우성 옮김, 『조선민속지』, 동문선, 1993.

_____, 「巨濟島の立竿民俗」, 최철·설성경 엮음, 『민속의 연구』(Ⅰ), 정음사, 1985.

하순애, 「바람과 제주도 영등신앙」, 『제주도연구』 33, 제주학회, 2010.

한금순, 「제주도 영등굿의 유래 -연등회에서 영등굿으로의 변천」, 『정토학연구』 11,
　　　한국정토학회, 2008.

허남춘, 『제주도 본풀이와 주변신화』, 제주대 탐라문화연구소, 2011.

현용준, 『제주도 무속과 그 주변』, 집문당, 2002.

▌〈원천강본풀이〉와 인생

강경호, 「'오ᄂ리' 노래의 무가적 전통과 「심방곡」과의 관련 양상」, 『영주어문』 17, 2009, 5-35쪽.(UCI: G704-SER000010594.2009.17..007)
강권용, 「제주도 특수본풀이 연구」, 경기대 석사학위논문, 2001.
_____, 「제주도 특수본풀이 연구」, 『민속학연구』 12, 국립민속박물관, 2003, 7-36쪽.
고은영, 「제주도 특수신본풀이의 성격과 의미」, 제주대 박사하위논문, 2019.
고은임, 「원천강본풀이연구: 오늘이 여정의 의미와 신화적 사유」, 『관악어문연구』 35, 서울대 국문학과, 2010, 201-220쪽.
권복순, 「원천강본풀이의 본디 모습 연구」, 『배달말』 56, 배달말연구회, 2015, 167-194쪽.(UCI: G704-000768.2015..56.007)
_____, 「서사무가 원천강본풀이의 인물기능과 우주인식」, 『국제언어문학』 35, 국제언어문학회, 2016, 375-402쪽.(UCI: G704-SER000001636.2016..35.016)
김융희, 『삶의 길목에서 만난 신화』, 서해문집, 2013.
김헌선, 『한국무조신화연구』, 민속원, 2015.
_____, 『함경도 망묵굿 산천도량 연구』, 2019.
김혜정, 「제주도 특수본풀이 〈원천강본풀이〉 연구」, 『한국무속학』 20, 한국무속학회, 2010, 251-277쪽.(UCI: G704-001496.2010..20.011)
나카자와 신이치(김옥희 역), 『대칭성 인류학』, 동아시아, 2005.
박명숙, 「한중 구복여행 설화 비교연구」, 『구비문학연구』 22, 한국구비문학회, 2006, 371-407쪽.(UCI: G704-000283.2006..22.009)
송정희, 「제주도 굿 재차 중 〈석살림〉 연구」, 제주대 석사학위논문, 2015.
신동흔, 『살아있는 한국신화』, 한겨레출판, 2014.
_____, 「서사무가 속의 울음에 깃든 공감과 치유의 미학」, 『한국무속학』 32, 한국무속학회, 2016, 31-64쪽.(UCI: G704-001496.2016..32.003)
아침나무, 『세계의 신화』, 삼양미디어, 2009.
유정월, 「〈원천강본풀이〉의 운명관 연구」, 『한국고전연구』 42, 한국고전연구학회, 2018, 245-271쪽.(DOI: 10.20516/classic.2018.42.245)
아키바·아카마스, 『조선무속의 연구 상』, 대판옥호서점, 1938.
조동일, 『대등한 화합』, 지식산업사, 2020.

조현설, 『신화의 언어』, 한겨레출판, 2020.

조홍윤, 「〈원천강본풀이〉의 서사에 나타난 시간의 의미 연구」, 『남도민속연구』 23, 남도민속학회, 2011, 409-436쪽.(UCI: G704-002035.2011..23.014)

정제호, 「〈원천강본풀이〉의 문화콘텐츠화 요인 분석」, 『동양고전연구』 77, 동양고전연구회, 2019, 119-144쪽.

진성기, 『제주도무가본풀이사전』, 민속원, 2002.

카렌 암스트롱, 『축의 시대』, 교양인, 2010.

한국학중앙연구원, 『한국민속대백과사전』, 1997.

허남춘, 『설문대할망과 제주신화』, 민속원, 2017.

현용준, 『(개정판) 제주도무속자료사전』, 도서출판 각, 2007.

▌〈문전본풀이〉와 집

제주대 한국학협동과정, 『이용옥심방 본풀이』, 제주대 탐라문화연구소, 2009.

진성기, 『제주도무가본풀이사전』, 민속원, 1991.

한국학중앙연구원, 『한국민족문화대백과사전』, 1991.

허남춘 외, 『양창보심방 본풀이』, 제주대 탐라문화연구소, 2010.

_____ 외, 『고순안심방 본풀이』, 제주대 탐라문화연구소, 2013.

_____ 외, 『서순실심방 본풀이』, 제주대 탐라문화연구원, 2015.

현용준, 『제주도무속자료사전』(개정판), 각, 2007.

권복순, 「문전본풀이의 대립적 인물성격 연구」, 『실천민속학연구』 13, 실천민속학회, 2009.

김수연, 「도교신화 〈조군영적지〉와 제주신화 〈문전본풀이〉의 조왕서사 비교」, 『고전문학연구』 57, 한국고전문학회, 2020.

김은희, 「문전본풀이와 하이누벨레 신화의 비교 연구-'음식기원여신' 모티브를 중심으로」, 『영주어문』 28, 영주어문학회, 2014.

김헌선, 「칠성본풀이의 본풀이적 의의와 신화적 의미 연구」, 『고전문학연구』 28, 한국고전문학회, 2005.

류정월, 「〈성주풀이〉와 〈문전본풀이〉에 나타난 가정관」, 『시학과 언어학』 29, 시학과 언어학회, 2015.

송기태, 어획과 어경의 생태문화적 기반과 어업집단의 신화적 형상화, 『한국고전연구』 26, 한국고전연구회, 2012.

서대석, 『무가문학의 세계』, 집문당, 2011.

_____, 「칠성풀이 연구」, 『한국신화의 연구』, 집문당, 2002.

신동흔, 『살아있는 한국신화』(개정판), 한겨레출판, 2014.

아돌프 엘레가르트 옌젠·헤르만 니게마이어, 이혜정 역, 『하이누웰레 신화』, 뮤진트리, 2014.

▌〈삼공본풀이〉의 운명과 문명

문무병, 『제주노부속신화 열두본풀이 자료집』, 칠머리당굿보존회, 1998.

『삼국유사』

장주근, 『제주도 무속과 서사무가』, 역락, 2001.

제주대학교 한국학협동과정 편, 『이용옥 심방 본풀이』, 제주대 탐라문화연구소, 2009.

진성기, 『제주도무가본풀이사전』, 민속원, 1991.

허남춘 외, 『양창보 심방 본풀이』, 제주대 탐라문화연구소, 2010.

_____ 외, 『고순안 심방 본풀이』, 제주대 탐라문화연구소, 2013.

_____ 외, 『서순실 심방 본풀이』, 제주대 탐라문화연구소, 2015.

현용준, 『제주도무속자료사전』, 도서출판 각, 2007.

아끼바·아까마츠, 심우성 역, 『조선무속의 연구』상, 동문선, 1991,

강정식, 『제주굿 이해의 길잡이』, 민속원, 2015.

고은영, 사록의 의미, 『영주어문』 39, 영주어문학회, 2018.

김미숙, 〈삼공본풀이〉에 나타난 공간의 의미, 『구비문학연구』 25, 한국구비문학회, 2007.

서대석, 『한국신화의 연구』, 집문당, 2002.

_____, 『무가문학의 세계』, 집문당, 2011.

신동흔, 「무속신화를 통해 본 한국적 신관념의 단면」, 『비교민속학』 43, 비교민속학회, 2010.

신연우, 「여성담당층 관점에서의 〈초공 이공 삼공본풀이〉의 문학 사상의 의미망」, 『한국고전여성문학연구』 21, 한국고전여성문학회, 2010.

이수자, 「제주도 무속과 신화 연구」, 이화여대 박사학위논문, 1989.

정제호, 「'삼공본풀이'에 나타난 쫓겨남의 의미와 신화적 성격」, 『한국문학 이론과 비평」, 한국문학이론과 비평학회, 2018.

조현설, 『우리 신화의 수수께끼』, 한겨레출판, 2006.

허남춘, 『설문대할망과 제주신화』, 민속원, 2017.

현승환, 「삼공본풀이의 전승의식」, 『탐라문화』 13, 탐라문화연구소, 1993.

_____, 「삼공본풀이」, 『제주신화 본풀이를 만나다』, 제주학연구센터, 2020.

양성필, 『신화와 건축공간』, 생각나눔, 2012.

이지영, 「문전본풀이에 나타난 악인형 여성의 전형성 연구」, 『한국고전여성문학연구』 12, 한국고전여성문학회, 2006.

이창기, 『제주도의 인구와 가족』, 영남대출판부, 1999.

장유정, 「〈문전본풀이〉를 통해 본 제주도 가족제도의 한 특징: 아이누의 〈카무이후치 야이유카르〉와의 비교를 통해서」, 『구비문학연구』 14, 한국구비문학회, 2002.

정제호, 「칠성풀이와 문전본풀이의 여성 지위에 따른 전개양상 고찰」, 『비교민속학』 45, 비교민속학회, 2001.

조동일, 『세계·지방화 시대의 한국학』 4, 계명대학교출판부, 2006.

_____, 『창조하는 학문의 길』, 지식산업사, 2019.

진은진, 「문전본풀이 연구」, 『한국고전여성문학연구』 14, 한국고전여성문학회, 2007.

허남춘, 「제주도 약마희(躍馬戲) 신고찰」, 『구비문학연구』 54, 한국구비문학회, 2019.

현용준, 『무속신화와 문헌신화』, 집문당, 1992.

김재영, 『녹색아카데미 웹진』, 인류세, 탈인간 중심, 툴루세(3). 2020.5.13. (greenacademy. re.kr /archives/5681)

▌제주와 류큐의 신화

김학성, 『한국고전시가의 정체성』, 성균관대 대동문화연구원, 2002, 147-148쪽.

김헌선, 「동아시아 무속서사시 비교 연구」, 『동북아 샤머니즘 연구』, 소명, 2000, 80-85쪽.

_____, 「제주도와 沖繩의 내림굿과 본풀이 비교 연구」, 『비교민속학』 35, 2008, 98-105쪽.

호카마 슈젠, 심우성 역, 『오키나와의 역사와 문화』, 동문선, 2008.

정진희, 「제주도와 琉球·沖繩 신화 비교연구의 검토와 전망」, 『탐라문화』 37, 2010,

90-109쪽.

조동일, 『동아시아문명론』, 지식산업사, 2010, 43쪽.

_____, 『동아시아 구비서사시의 양상과 변천』, 문학과지성사, 1997, 30-32쪽.

카렌 암스트롱, 이다희 역, 『신화의 역사』, 문학동네, 2005.

허남춘, 『제주도 본풀이와 주변신화』, 2011, 보고사.

岡本太郎, 『沖縄文化論』, 中公文庫, 1996.

高良倉吉, 『琉球王國』, 岩波書店, 1993.

吉成直樹·福寛美, 『琉球王國と倭寇』, 森話社, 2006.

吉成直樹, 『酒とシャーマン』, 新典社, 2008.

松前健, 『日本の神夕』, 中央公論新社, 1974.

外間守善, 『おもろさうし』, 岩波書店, 1985.

_____ 校註, 『おもろさうし』 上·下, 岩波文庫, 2000.

原田信之, 「屋藏大主と鮫川大主 −第一尙氏始祖傳說を中心に−」, 『奄美·沖縄民間文藝研
      究』 17, 1994.

_____, 「沖縄縣南城市佐敷新里 2003年 調查 原稿(琉球國第一尙氏王統始祖傳說 發表
      文)」, 立命館 大學太平洋學部(別府), 2009.

赤嶺政信, 『沖縄の神と食の文化』, 青春出版社, 2003.

池田榮史, 「物質文化交流からみた韓國濟州島と琉球列島 −高麗時代を中心として−」, 『琉
      大アジア研究』 2, 琉球大學法文學部アジア研究施設, 1998.

伊波普猷, 外間守善 校訂, 『古琉球』, 岩波文庫, 2000.

津波高志, 環東中國海における二つの周辺文化に關する研究−沖縄と済州の'間地方'人類
      學の試み, 平成10~12年度科學研究費補助金基盤研究(A)(2)研究成果報告書, 1999-
      2001. (全京秀, "兩屬の沖縄と分斷の韓半島−東アジア的周辺部の過去と近未來−"韓國
      研究者達の見る21世紀の東アジア(韓日共同學術シンポジウム資料集), 2001, 38-42쪽.)

波照間永吉, 『琉球の歷史と文化』, 角川書店, 2007.

▌오모로소시와 키코에오키미

김헌선, 『유구 사상가 채온의 〈사옹편언〉』, 보고사, 2014.

_____, 『한국의 무조신화 연구』, 민속원, 2015.

전성곤, 「'日琉同祖論'의 창출논리와 제국의식 – 이하후유를 중심으로」, 『일본사상』

16, 한국일본사상사학회, 2009.

정진희, 「류큐왕조의 아마미쿄 신화와 현대 구비전승」, 『국어문학』 42, 국어문학회, 2007.

_____, 「17·18세기 류큐(琉球) 사서(史書) 소재 왕통(王統) 시조 신화와 왕권의 논리」, 『비교문화연구』 35, 경희대학교 비교문화연구소, 2014.

조동일, 『동아시아 구비서사시의 양상과 변천』, 문학과지성사, 1997.

최진원, 『국문학과 자연』(증보판), 성균관대 출판부, 1981.

허남춘, 「琉球 오모로소시의 고대·중세 서사시적 특성」, 『비교민속학』 47, 비교민속학회, 2012.

_____, 「설문대할망의 창세신적 특성과 변모양상」, 『반교어문연구』, 반교어문학회, 2014.

島村幸一, 「『おもろさうし』の「ふし名」について」, 『沖繩文化研究』 10, 1983.

_____, 『『おもろさうし』と琉球文學』, 笠間書院, 2010.

小山和行, 「『おもろさうし』にみる神話、伝承、他界観 : 王の行幸と「創世オモロ」をめぐって」, 『沖繩文化研究』 42, 法政大學 沖繩文化研究所, 2015.

狩俣惠一, 「『おもろさうし』と琉球文學 書評」, 『口承文藝研究』 34, 日本口承文藝學會, 2011, 158-160쪽.

吳海寧, 「琉球における'天'の觀念の基礎研究」, 沖繩縣立藝術大學大學院 博士論文, 2015.

湧上元雄·大城秀子, 『沖繩の聖地』, むぎ社, 1997.

外間守善, 『おもろそうし』, 岩波書店, 1985.

_____, 『おもろそうし』 上, 岩波書店, 2000.

赤嶺政信, 『沖繩の神と食の文化』, 青春出版社, 2003.

竹内重雄, 「おもろそうしの敍事性」, 『沖繩文化研究』 42, 法政大學 沖繩文化研究所, 2015.

池宮正治, 島村幸一 編, 『琉球文學總論-池宮正治著作選集1』, 笠間書院, 2014.

眞喜志瑤子, 「〈おもろさうし〉にみる久米島出自の神の變容とその歷史的背景」, 『沖繩文化研究』 28, 2002.

波照間永吉, 「この半世紀の琉球文學研究, そしてこれからの研究」, 『沖繩文化研究』 42, 法政大學 沖繩文化研究所, 2015.

後田多敦, 「琉球國の最高女神官·聞得大君創設期の諸相」, 『沖繩文化研究』 40, 法政大學 沖繩文化研究所, 2014.

■ 제주와 오키나와의 해양신앙

고용희, 『바다에서 본 耽羅의 歷史』, 도서출판 각, 2006.
문무병·제주칠머리당굿보존회, 『바람의 축제 칠머리당 영등굿』, 황금알, 2005.
진성기, 『제주도 전설』, 백록, 1993.
_____, 『제주도무가본풀이사전』, 민속원, 2002.
허남춘, 『설문대할망과 제주신화』, 민속원, 2017.
현용준, 『濟州島 巫俗과 그 周邊』, 集文堂, 2002.
_____, 『제주도 무속자료 사전』, 도서출판 각, 2007.

牛島誌編纂委員會, 『牛島誌』, 1996.
제주대학교 탐라문화연구소, 『濟州島部落誌』(3), 1990.
濟州島, 『濟州島 傳說誌』, 1985.

柳田國男, 『海南小記』, 創元社, 昭和15.
高橋亨, 『濟州島の民謠』, 寶蓮閣, 1974.
外間守善, 『おもろそうし』 上, 岩波書店, 2000.

강소전, 「제주도 잠수굿 연구: 북제주군 구좌읍 김녕리 동김녕마을의 사례를 중심으
　　로」, 제주대학교 한국학협동과정 석사학위논문, 2005.
강정식, 「한국 제주도의 해양신앙」, 東亞細亞의 海洋信仰과 '海神' 張保皐 학술세미나
　　발표문, 목포대학교 도서문화연구소, 2005.
_____, 「입춘굿의 고을굿적 성격과 복원 방안」, 탐라입춘굿 복원 20돌 맞이 학술
　　세미나 "굿과 축제, 원형과 변형의 이중주" 발표문, 2017.
黑田一充, 「沖繩における男性の祭祀 ーシヌグとアミドゥシー」, 『關西大學博物館紀要』 13,
　　2007.
김용의, 「오키나와 야에야마(八重山) 지역의 낙원 전설」, 『일어일문학연구』 80(2), 한
　　국일어일문학회, 2012.
德丸亞木, 「韓日漁民信仰의 比較硏究」, 『韓國民俗學』 34, 한국민속학회, 2001.
朴貞淑, 「문헌자료를 통해 다시 살펴 본 中國의 海神 '媽祖' 原型과 그 變貌」, 『중국어문
　　학논집』 77, 중국어문학연구회, 2012.
송화섭, 「동아시아 해양신앙과 제주도의 영등할망, 선문대할망」, 『탐라문화』 37, 제주
　　대학교 탐라문화연구소, 2010.

李大和, 「濟州島 酺祭의 역사민속학적 考察」, 韓國精神文化硏究員 韓國學大學院 석사
학위논문, 1998.

이옥희, 「충제(蟲祭)의 제의적 의미와 정치적 기능 고찰」, 『남도민속연구』 20(20), 남
도민속학회, 2010.

주강현, 「동아세아(東亞細亞)의 해양신앙(海洋信仰)」, 『島嶼文化』 27, 목포대학교 도서
문화연구원, 2006.

程俊, 「중국의 마조(媽祖)신앙과 관음신앙」, 『島嶼文化』 27, 2006.

高梨一美, 「오키나와 구니가미(國頭) 지방의 운자미·시누구; 海洋祭祀에 관하여」, 『韓
國民俗學』 33, 한국민속학회, 2001.

高梨一美 著·이혜연 譯, 「풍요는 바다로부터 온다: 류큐 열도의 풍요(유우)와 타계
관념」, 『島嶼文化』 23, 목포대학교 도서문화연구소, 2004.

허남춘, 「오모로소시와 키코에오키미(聞得大君), 그리고 創世神」, 『구비문학연구』 35,
한국구비문학회, 2017.

국립해양조사원 홈페이지: www.khoa.go.kr

고전번역원 한국고전종합DB: db.itkc.or.kr

찾아보기

허남춘

제주대학교 국문학과 교수.
제주대학교 탐라문화연구소장, 박물관장 역임.
전 한국무속학회, 영주어문학회, 회장.
전 제주참여환경연대 공동대표.
저서에 『황조가에서 청산별곡 너머』(2010), 『제주도 본풀이와 주변신화』(2011),
『설문대할망과 제주신화』(2017), 『할망하르방이 들려주는 제주음식 이야기』
(2015, 공저) 등이 있다.

제주신화와 해양 문화

2023년 9월 5일 초판 1쇄 펴냄

지은이 허남춘
펴낸이 김흥국
펴낸곳 보고사

책임편집 이경민
표지디자인 김규범

등록 1990년 12월 13일 제6-0429호
주소 경기도 파주시 회동길 337-15 보고사
전화 031-955-9797
팩스 02-922-6990
메일 bogosabooks@naver.com
http://www.bogosabooks.co.kr

ISBN 979-11-6587-531-2 93090
ⓒ 허남춘, 2023

정가 26,000원